Zentrum für Militärgeschichte und
Sozialwissenschaften der Bundeswehr

Sicherheits- und verteidigungspolitisches Meinungsbild in der Bundesrepublik Deutschland

Ergebnisse und Analysen der Bevölkerungsbefragung 2020

Markus Steinbrecher
Timo Graf
Heiko Biehl
Christina Irrgang

Forschungsbericht 128
Oktober 2020
Veröffentlicht im März 2021

Impressum

Herausgeber: Zentrum für Militärgeschichte und Sozialwissenschaften der Bundeswehr
Verantwortlich für den Inhalt sind die Autoren
Anschrift: Zeppelinstraße 127/128, 14471 Potsdam
Tel.: 0331 9714 486
E-Mail: zmsbwmilitaersoziologie@bundeswehr.org
www.zmsbw.de

Projektnummer: 7110-09
ISBN: 978-3-941571-44-0
URN: https://nbn-resolving.org/urn:nbn:de:kobv:po79-opus4-4949

Inhaltsverzeichnis

1 Die wichtigsten Ergebnisse der Studie im Überblick 5

2 Einleitung 12

3 Methodisches Design der Studie 16

4 Subjektive Sicherheit und Bedrohungswahrnehmungen 22

5 Einstellungen zum außen- und sicherheitspolitischen Engagement Deutschlands 48

6 Wahrnehmungen der bilateralen Beziehungen zu China, Russland und den USA 74

7 Einstellungen zur EU-Verteidigungszusammenarbeit 90

8 Haltungen der Bürgerinnen und Bürger zur Bundeswehr 123

9 Wahrnehmung der Bundeswehr in der Öffentlichkeit 150

10 Attraktivität des Arbeitgebers Bundeswehr 164

11 Einstellungen zur Höhe der Verteidigungsausgaben, zum Personalumfang der Bundeswehr und zu bewaffneten Drohnen 201

12 Einstellungen zu den Aufgabenbereichen der Bundeswehr 226

13 Einstellungen zu den Auslandseinsätzen der Bundeswehr 247

Literaturverzeichnis 262

Methodenanhang 276

1 Die wichtigsten Ergebnisse der Studie im Überblick

Rahmendaten der Studie (Abschnitt 3, Methodenanhang)

- Die Daten der Bevölkerungsbefragung 2020 wurden vom 18. Juli bis 26. August 2020 im Rahmen von computergestützten persönlichen Interviews (CAPI) durch das Meinungsforschungsinstitut Ipsos erhoben.
- Es wurden 2.277 zufällig ausgewählte Bürgerinnen und Bürger ab 16 Jahren befragt, die in Privathaushalten in Deutschland leben.
- Nach Aufbereitung und Kontrolle der Datensätze durch Ipsos erhielt das ZMSBw am 7. September 2020 den Datensatz, der Grundlage der nachfolgenden Auswertungen ist. Es werden nur die Ergebnisse zu den geschlossenen Fragen präsentiert.

Subjektive Sicherheit und Bedrohungswahrnehmungen (Abschnitt 4)

- Die Mehrheit der Bürgerinnen und Bürger bewertet ihre persönliche und die nationale Sicherheitslage als sicher. Die weltweite Sicherheitslage wird dagegen als überwiegend unsicher wahrgenommen. Im Vergleich zum Vorjahr bleibt das Unsicherheitsempfinden auf allen drei Ebenen stabil – der Corona-Pandemie zum Trotz.
- Wie bereits im Vorjahr fühlen sich die Bürgerinnen und Bürger primär durch eine Mischung aus ökologischen (Klimawandel), ökonomischen (Inflation) und innenpolitischen (Zuwanderung) Risikofaktoren in ihrer persönlichen Sicherheit bedroht. Die Sorge vor der Corona-Pandemie kommt als vierter Faktor hinzu. Im Vergleich zum Vorjahr hat insbesondere das Bedrohungsgefühl durch ökonomische Risiken, wie Arbeitslosigkeit und Altersarmut, zugenommen.
- Weiterführende Analysen unterstreichen die Relevanz der wahrgenommenen außen- und innenpolitischen Bedrohungen für das Sicherheitsgefühl auf der persönlichen und der nationalen Ebene. Die Beurteilung der weltweiten Sicherheitslage ist dagegen maßgeblich mit der Wahrnehmung ökologischer und ökonomischer Risikofaktoren assoziiert.
- Die wahrgenommenen Bedrohungen beeinflussen zudem die von den Bürgerinnen und Bürgern empfundene Wichtigkeit der Bundeswehr: Je stärker sich die Befragten persönlich durch Sicherheitsrisiken bedroht fühlen, die in den Aufgabenbereich der Bundeswehr fallen und einen direkten Inlandsbezug aufweisen, desto mehr wissen sie

die Bundeswehr zu schätzen – und zwar unabhängig von der grundsätzlichen Einstellung zur Bundeswehr.

Einstellungen zum außen- und sicherheitspolitischen Engagement Deutschlands (Abschnitt 5)

- Eine klare Mehrheit der Bürgerinnen und Bürger spricht sich für eine aktive Außen- und Sicherheitspolitik aus. Bei der Wahl der außenpolitischen Mittel besteht in allen Wählergruppen und soziodemografischen Teilgruppen eine Präferenz für diplomatische Mittel. Die Mehrheit der Bevölkerung akzeptiert den Einsatz des Militärs als legitimes Mittel der Außenpolitik, steht aber der Anwendung von Gewalt eher kritisch gegenüber. Im Vergleich zum Vorjahr hat aber insbesondere die öffentliche Unterstützung für mögliche Kampfeinsätze der Bundeswehr deutlich zugenommen (+6 Prozentpunkte), während der Zuspruch zur Diplomatie am stärksten zurückging (-4 Prozentpunkte).
- Hinsichtlich ihrer außenpolitischen Grundhaltungen sind die Bundesbürger als eher anti-militaristisch, anti-atlantizistisch und klar multilateralistisch zu charakterisieren, d.h. sie halten militärische Gewalt nicht für ein effektives oder moralisch angemessenes Mittel der Außenpolitik, wünschen sich eine außenpolitische Emanzipation von den USA und sprechen sich eindeutig für eine Zusammenarbeit mit befreundeten Staaten und Bündnispartnern aus. Die Mehrheit der Bürgerinnen und Bürger unterstützt außerdem den Parlamentsvorbehalt des Deutschen Bundestags bei der Entsendung der Bundeswehr in Auslandseinsätze.
- Eine absolute Mehrheit der Bundesbürger befürwortet Deutschlands Mitgliedschaft und Engagement in der NATO. Die positive Haltung der Bürgerinnen und Bürger zur NATO bleibt selbst dann bestehen, wenn der Wunsch nach einer außenpolitischen Emanzipation von den USA besonders stark ausgeprägt ist.

Wahrnehmungen der bilateralen Beziehungen zu China, Russland und den USA (Abschnitt 6)

- Im Vergleich zum Vorjahr werden alle Aspekte der deutsch-chinesischen Beziehungen negativer bewertet, zum Teil deutlich. Ungeachtet dieser Veränderung bleibt die Haltung der Bundesbürger zu China von Ambivalenz geprägt. Beispielsweise glauben gleich viele Befragte, dass China ein zuverlässiger bzw. unzuverlässiger Partner Deutschlands ist.

- Das Meinungsbild der Bürgerinnen und Bürger über die bilateralen Beziehungen zu Russland hat sich im Vergleich zum Vorjahr insgesamt leicht verbessert – trotz der diplomatischen Verwerfungen. Insbesondere die sicherheitspolitischen Aspekte werden positiver bewertet als im Vorjahr. Dennoch gehen die Meinungen zu Russland in der deutschen Bevölkerung weit auseinander: Jeweils eine relative Mehrheit lehnt die Einschränkung der wirtschaftlichen Beziehungen ab und ist nicht bereit, der russischen Position (mehr) Verständnis entgegenzubringen, doch wird kein weiterer Aspekt der bilateralen Beziehungen von einer erkennbaren Mehrheit der Bevölkerung entweder positiv oder negativ bewertet.
- Der Blick der Bevölkerung auf die USA hat sich im Vergleich zum Vorjahr kaum verändert und ist immer noch von großer Skepsis geprägt: Nur 29 Prozent sehen in den USA einen zuverlässigen Partner Deutschlands – China erreicht den gleichen Wert. Insbesondere das Vertrauen in die NATO-Bündnistreue der USA ist weiter zurückgegangen: Nur noch etwas weniger als ein Drittel der Bürgerinnen und Bürger glaubt, dass die USA hinter ihren Verpflichtungen gegenüber anderen NATO-Staaten stehen. Auch wird die US-Außen- und Sicherheitspolitik inzwischen von einer relativen Mehrheit von 37 Prozent als Bedrohung für die Sicherheit Deutschlands gesehen und somit kritischer bewertet als die Politik Chinas oder Russlands.

Einstellungen zur EU-Verteidigungszusammenarbeit (Abschnitt 7)

- Die Mehrheit der Bürgerinnen und Bürger in Deutschland befürwortet die Verteidigungszusammenarbeit im Rahmen der Europäischen Union. Eine relative Mehrheit von 47 Prozent wünscht sich zudem den Aufbau einer gemeinsamen europäischen Armee und unterstützt damit eine Entwicklungsperspektive, die über den Status quo der engen militärischen Kooperation nationaler Streitkräfte hinausgeht. Im Vergleich zu den Vorjahren bleibt das positive Meinungsbild der Bevölkerung zur EU-Verteidigungszusammenarbeit stabil.
- Die Einstellung zur EU-Verteidigungszusammenarbeit wird neben der Befürwortung der NATO maßgeblich von dem Wunsch nach einem gemeinsamen Vorgehen in der Außen- und Sicherheitspolitik mit verbündeten Nationen (Multilateralismus) und einer aktiveren deutschen Rolle in der Weltpolitik (Internationalismus) sowie von der Bereitschaft zum Einsatz militärischer Gewalt in der Außen- und Sicherheitspolitik (Militarismus) positiv beeinflusst. Diese außenpolitischen Grundhaltungen erweisen sich als die mit Abstand wichtigsten Erklärungsfaktoren der öffentlichen Meinung zur EU-Verteidigungszusammenarbeit.

- Des Weiteren zeigt sich, dass Befürworter einer hypothetischen deutschen „Exekutivarmee“ die EU-Verteidigungskooperation und insbesondere die Schaffung einer gemeinsamen europäischen Armee stärker unterstützen als die Verfechter einer Parlamentsarmee. Die in politischen Debatten oftmals geäußerte Sorge, der Parlamentsvorbehalt des Deutschen Bundestags könnte zu einem möglichen Hindernis auf dem Weg zu gesamteuropäischen Verteidigungsstrukturen werden, findet in der öffentlichen Meinung also eine gewisse Resonanz.
- Ein Framing-Experiment ergab, dass sich die grundsätzlich positive Haltung der Bürgerinnen und Bürger zur Schaffung einer gemeinsamen europäischen Armee durch einfache kommunikative Rahmensetzungen und Bezüge (Framing) nicht beeinflussen lässt. Jedoch kann das Zusammenwirken positiver und negativer Frames Einflüsse auf die öffentliche Meinung erzeugen.

Haltungen der Bürgerinnen und Bürger zur Bundeswehr (Abschnitt 8)

- Die Bundeswehr genießt ein breites gesellschaftliches Renommee, das nochmals höher ist als in den vergangenen Jahren. 82 Prozent der Befragten haben eine positive Einstellung zur Bundeswehr. Das ist ein Zuwachs von 6 Prozentpunkten gegenüber dem Vorjahr.
- Der Prestigezuwachs ist nicht auf die Bundeswehr beschränkt. Öffentlichen Einrichtungen wie der Bundesregierung, dem Bundestag, der Bundesagentur für Arbeit und den politischen Parteien schenken die Bürgerinnen und Bürger ebenfalls ein weitaus höheres Vertrauen als im vergangenen Jahr.
- Weiterführende Analysen zeigen, dass der gewachsene Zuspruch für die Bundeswehr auf den generellen Vertrauenszuwachs in staatliche Institutionen und auf die Leistungen der Streitkräfte im Inland, etwa im Zusammenhang mit der Corona-Hilfe, zurückzuführen ist.

Wahrnehmung der Bundeswehr in der Öffentlichkeit (Abschnitt 9)

- Die Bürgerinnen und Bürger nehmen die Bundeswehr vor allem über die Massenmedien vermittelt wahr. Im Vergleich zu 2019 zeigt sich eine leichte Abnahme der Wahrnehmung der Bundeswehr. 71 Prozent der Befragten erfahren etwas über die Streitkräfte durch die Massenmedien. 39 Prozent nehmen die Bundeswehr im persönlichen Bereich wahr (im Alltag, in Gesprächen, in der Öffentlichkeit oder bei Zugfahrten).

- Der Eindruck von der Bundeswehr ist bei persönlichen Begegnungen besonders positiv. Die Berichterstattung in den Massenmedien wird – je nach Medium – von 39 bis 45 Prozent der Befragten auch (eher) positiv wahrgenommen. Im Vergleich zum Vorjahr ist der positive Eindruck um 3 bis 7 Prozentpunkte zurückgegangen.
- 2020 sind 33 Prozent der Befragten der Meinung, dass die Bundeswehr genug unternehme, um mit der Gesellschaft in Kontakt zu bleiben. Das sind 7 Prozentpunkte weniger als im Vorjahr. Mit 52 Prozent sind etwas mehr Bürgerinnen und Bürger als 2019 der Auffassung, die Bundeswehr bemühe sich nicht ausreichend darum, mit der Gesellschaft in Kontakt zu bleiben.

Attraktivität des Arbeitgebers Bundeswehr (Abschnitt 10)

- Für 63 Prozent der Befragten ist die Bundeswehr ein attraktiver Arbeitgeber für junge Menschen. Hier zeigt sich im Vergleich zum Vorjahr eine leichte Verschlechterung (-2 Prozentpunkte). 38 Prozent der Befragten sehen in der Bundeswehr einen für sie persönlich attraktiven Arbeitgeber. 59 Prozent sind gegenteiliger Ansicht.
- Je nach Situation würden sich 40 bis 52 Prozent der Bundesbürgerinnen und -bürger in Gesprächen über die Berufswahl für die Bundeswehr aussprechen oder diese als Arbeitgeber empfehlen. Lediglich 20 Prozent würden explizit von den Streitkräften als Arbeitgeber abraten.
- Die weitergehenden Analysen zeigen, dass für die Bewertung der Arbeitgeberattraktivität und für die Bereitschaft, die Bundeswehr als Arbeitgeber zu empfehlen, die Soldatinnen und Soldaten als Botschafter der Bundeswehr und die eigene Verbundenheit mit den Streitkräften von besonderer Bedeutung sind. Dies gilt sowohl für alle Befragten als auch für die Kernzielgruppe der Personalwerbung der Bundeswehr, die 16- bis 29-Jährigen. Insofern verdeutlichen die Analysen, dass es die Streitkräfte genauso wie einzelne Soldatinnen und Soldaten selbst in der Hand haben, Bürgerinnen und Bürger für den Dienst in der Bundeswehr zu begeistern.

Einstellungen zur Höhe der Verteidigungsausgaben, zum Personalumfang der Bundeswehr und zu bewaffneten Drohnen (Abschnitt 11)

- 2020 spricht sich wie in den Vorjahren eine relative Mehrheit der Bürgerinnen und Bürger (42 Prozent) für eine Erhöhung der Verteidigungsausgaben aus. 40 Prozent sind dafür, dass diese gleich bleiben sollten, 12 Prozent befürworten eine Verringerung des Verteidigungsetats. Für den zukünftigen Personalumfang der Bundeswehr zeigt sich ein ähnliches Bild: Für eine Erhöhung sprechen sich 42 Prozent aus, keinen

Veränderungsbedarf sehen ebenfalls 42 Prozent und 10 Prozent befürworten eine Reduzierung des Personals.

- Für die Erklärung dieser Einstellungen liefern die Analysen sehr ähnliche Befunde und Muster: Personen, die der Bundeswehr positiver gegenüberstehen, möchten ihr auch mehr Geld und Personal zur Verfügung stellen. Neben der Verbundenheit zur Bundeswehr spielen instrumentelle Erwägungen eine Rolle (Aufrechterhaltung des positiv bewerteten Ausbildungsstandes der Soldatinnen und Soldaten, Verbesserung von Ausrüstung und Bewaffnung sowie kritische Einstellungen gegenüber Russland).
- Die Befragten sehen den Personalumfang und die Höhe des Verteidigungshaushalts wie schon in den Vorjahren als zwei Seiten derselben Medaille. Ersichtlich wird dies an einem starken positiven Zusammenhang zwischen beiden Einstellungen: Befragte, die sich für höhere Verteidigungsausgaben aussprechen, plädieren auch für eine Steigerung der Personalstärke der Bundeswehr. Die relativ große Stabilität der Einstellungen seit 2015 spricht dafür, dass aus Sicht der Bevölkerung die optimale Höhe für beide Kennzahlen noch nicht erreicht ist – trotz der Steigerungen des Verteidigungsetats und der geplanten Verstärkung der Bundeswehr auf 203.000 Soldaten bis 2025.
- Die Frage, ob die Bundeswehr zukünftig mit bewaffneten Drohnen ausgerüstet werden sollte, bejahen 41 Prozent der Bundesbürger, jeweils 26 Prozent der Befragten sind geteilter Meinung oder lehnen dies ab. Im Vergleich zur letzten Abfrage 2014 sprechen sich die Befragten 2020 mit relativer Mehrheit für bewaffnete Drohnen für die Bundeswehr aus: Die Zustimmung der Bevölkerung ist deutlich gewachsen (+10 Prozentpunkte).

Einstellungen zu den Aufgabenbereichen der Bundeswehr (Abschnitt 12)

- Die Bundeswehr sollte nach Auffassung der Bevölkerung mit zahlreichen Aufgaben betraut werden. Die größte Zustimmung erhalten die Aufgabenbereiche, die sich durch einen direkten Bezug zur Sicherheit Deutschlands (Landesverteidigung) oder deutscher Staatsbürger (Evakuierungen) auszeichnen, eine humanitäre Basis haben (Einsatz bei Naturkatastrophen, Verhinderung eines Völkermords) oder dem Schutz und der Verteidigung von Bündnispartnern sowie der Terrorbekämpfung dienen.
- Die Bürgerinnen und Bürger befürworten mehrheitlich zahlreiche Einsatzmöglichkeiten der Bundeswehr im Inneren. Am stärksten unterstützt werden Inlandseinsätze, um Katastrophenhilfe innerhalb Deutschlands zu leisten (86 Prozent) oder den deutschen

Luftraum und die deutsche Küste zur Verhinderung von Terroranschlägen zu überwachen (77 Prozent). Vor dem Hintergrund der Corona-Pandemie unterstützen 71 Prozent den Einsatz der Bundeswehr zur Eindämmung einer gefährlichen Krankheit oder Seuche. Am wenigsten wird der Einsatz der Bundeswehr gegen digitale Bedrohungen und Angriffe befürwortet (48 bzw. 50 Prozent Zustimmung).

- Die Unterstützung für die Aufgabenübernahme im In- und Ausland wird durch eine Vielzahl von Faktoren beeinflusst. Als übergreifendes Resultat ist festzuhalten, dass sowohl funktionale als auch affektive Bewertungen der Streitkräfte die Zuweisung von Aufgaben durch die Bürgerinnen und Bürger durchgehend stark beeinflussen. Bewertet jemand die Bundeswehr an sich oder ihre Leistungen positiv, führt dies generell zu einer stärkeren Präferenz, dass die genannten Aufgaben durch Soldatinnen und Soldaten erledigt werden sollen. Insofern zeigt sich auch hier, dass es die Streitkräfte selbst in der Hand haben, sich Rückhalt in der Bevölkerung zu erarbeiten.

Einstellungen zu den Auslandseinsätzen der Bundeswehr (Abschnitt 13)

- Die Bevölkerungsmehrheit hat von den einzelnen Auslandseinsätzen der Bundeswehr wenigstens schon einmal etwas gehört oder gelesen. Doch nur wenige kennen zumindest einige Fakten. Viele wissen nichts Konkretes über die Einsätze. Die bekanntesten Einsätze der Bundeswehr sind die Missionen im Kosovo und in Afghanistan. Am wenigsten bekannt ist das Engagement der Marine im Mittelmeer (Irini). Im Vergleich zum Vorjahr ist das Informationsniveau der Bevölkerung nochmals gesunken.
- Die Mehrheit der Bürgerinnen und Bürger fühlt sich schlecht über die Auslandseinsätze der Bundeswehr informiert. Seit 2015 ist der Anteil derjenigen, die sich gut informiert fühlen, von 40 auf 16 Prozent zurückgegangen, während der Anteil derer, die sich schlecht informiert fühlen, von 27 auf 48 Prozent gestiegen ist.
- Die Missionen, die im Jahr 2020 am stärksten befürwortet wurden, sind der EUTM-Einsatz in Mali (51 Prozent Zustimmung) und die Operation Sea Guardian im Mittelmeer (49 Prozent Zustimmung). Insgesamt sprechen sich die Bürgerinnen und Bürger am ehesten für die Missionen aus, die als Hilfseinsätze wahrgenommen werden oder der Stabilisierung dienen.
- Weitergehende Analysen konnten zeigen, dass die Einstellung zu den Einsätzen wesentlich vom Kenntnisstand über die Missionen geprägt ist: Je mehr die Befragten über einen Einsatz wissen, desto eher stimmen sie diesem zu.

2 Einleitung

Seit Beginn des Jahres 2020 bestimmt die Corona-Pandemie das internationale und nationale Geschehen. Ein Großteil der politischen Aufmerksamkeit und Aktivitäten richtet sich auf die Bekämpfung und Eindämmung der Krankheit. Das öffentliche und gesellschaftliche Leben hat sich auf vielfache Weise angepasst. Hygiene- und Sicherheitsregeln bestimmen den Alltag der Bürgerinnen und Bürger. Diese massiven Veränderungen haben auch Einfluss auf die jährliche Bevölkerungsbefragung des Zentrums für Militärgeschichte und Sozialwissenschaften der Bundeswehr (ZMSBw) genommen – und dies in dreifacher Hinsicht. Zum ersten war die Organisation und Durchführung der Erhebung an die gegebenen Umstände anzupassen. Die Studie, die auf persönlichen Interviews beruht, konnte erst nach Aufhebung der Kontaktbeschränkungen im Juni 2020 beginnen. In der Durchführung der Befragung waren stets die geltenden Hygiene- und Sicherheitsmaßnahmen zu berücksichtigen (vgl. Abschnitt 3). Mit einer gewissen zeitlichen Verzögerung konnte die Befragung jedoch so durchgeführt werden, dass sie Vergleichsmöglichkeiten zu den Werten aus den Vorjahren bietet. Zum zweiten wurde der Fragebogen der Untersuchung um ausgewählte Fragen zu Covid-19 sowie zu Pandemien generell ergänzt. Insbesondere in der Sicherheits- und Bedrohungswahrnehmung fanden diese Aspekte Berücksichtigung und können dadurch in ihrer Wirkung auf weitere sicherheits- und verteidigungspolitische Einstellungen betrachtet werden. Zum dritten sind aufgrund der erheblichen Einschränkungen und Umstellungen, die die Corona-Pandemie mit sich gebracht hat, Veränderungen in den Wahrnehmungen und Einstellungen der Bevölkerung zu erwarten. Dies gilt nicht allein für die erwähnten Sicherheits- und Bedrohungswahrnehmungen. Aktuelle Studien haben bereits nachgewiesen, dass hierzulande das Vertrauen in staatliche Einrichtungen und politische Organisationen, wie Bundesregierung, Bundestag und politische Parteien, merklich gestiegen ist. Inwiefern sich der wachsende Zuspruch auf die Bundeswehr überträgt, wird genauer betrachtet (vgl. Abschnitt 8). Zugleich ist zu erwarten, dass die Bürgerinnen und Bürger Themen mit sicherheits- und verteidigungspolitischen Bezügen, wie der internationalen Sicherheitspolitik oder den Auslandseinsätzen der Bundeswehr, eine geringere Aufmerksamkeit schenken, standen diese doch seit Beginn des Jahres 2020 kaum noch im Fokus der Öffentlichkeit und der medialen Berichterstattung. Unter Berücksichtigung dieser situativen Besonderheiten und Anpassungen setzt die diesjährige Umfrage die jahrzehntelange Forschung des ZMSBw zum sicherheits- und verteidigungspolitischen Meinungsbild der deutschen Bevölkerung fort.

Mit seiner Bevölkerungsbefragung wendet sich das ZMSBw – wie generell mit seiner Forschung – an drei Adressatenkreise. Als Ressortforschungseinrichtung leistet das ZMSBw einen Beitrag zur wissenschaftsbasierten Politikberatung. Studien und Analysen werden dem Bundesministerium der Verteidigung und der Bundeswehr vorgelegt und die militärischen und politischen Verantwortungsträger auf diese Weise mit geschichts- und sozialwissenschaftlich abgesicherten Einsichten, Befunden und Bewertungen konfrontiert. Der zweite Adressat ist die Wissenschaft: Die Forschung am ZMSBw basiert auf der im Grundgesetz garantierten Freiheit von Wissenschaft, Forschung und Lehre und verfolgt das Ziel, wissenschaftlich relevante, methodisch fundierte sowie theoretisch ambitionierte Untersuchungen vorzulegen und die Grundlagenforschung in der Geschichtswissenschaft wie in den Sozialwissenschaften zu bereichern. Der dritte Adressat der Forschung des ZMSBw ist die interessierte Öffentlichkeit. Hierzu zählen Medien, politische Akteure, gesellschaftliche Vereinigungen und Interessenvertretungen sowie nicht zuletzt die Bürgerinnen und Bürger, die Interesse an militärgeschichtlichen und sozialwissenschaftlichen Themen haben.

Die Relevanz – und zuweilen Brisanz – der Bevölkerungsbefragung für Politik und Bundeswehr ist offensichtlich. Denn die Sicherheits- und Verteidigungspolitik sowie die Streitkräfte sind in der Demokratie auf den Rückhalt der Bürgerinnen und Bürger angewiesen. Die Führungskonzeption der Bundeswehr, die Innere Führung, verlangt sogar explizit mit ihrer Integrationsfunktion die Rückbindung der Streitkräfte und des sicherheitspolitischen Agierens an den Zuspruch der Gesellschaft. Die Bevölkerungsbefragung liefert substanzielle Hinweise zur öffentlichen Unterstützung der Bundeswehr, zur Haltung zu politischen Entscheidungen, nicht zuletzt zu den Auslandseinsätzen, sowie zu gesellschaftlichen Präferenzen und Prioritäten. Dabei treten sowohl Übereinstimmungen als auch Diskrepanzen zwischen öffentlichem Meinungsbild, militärischem Agieren und politischen Entscheidungen zutage, was mitunter Anlass für Diskussionen und Kontroversen bietet – wie es sich für eine lebendige demokratische Öffentlichkeit gehört. Mit der Publikation seiner Studien leistet das ZMSBw damit einen Beitrag zur Transparenz und demokratischen Kontrolle der Streitkräfte.

Die Aufbereitung der Ergebnisse der Bevölkerungsbefragung für die akademische Forschung nimmt naturgemäß mehr Zeit in Anspruch. Wie diverse Zeitschriftenartikel (z.B. Graf 2020a; Steinbrecher/Biehl 2017, 2020a; Steinbrecher/Höfig 2017; Steinbrecher/ Wanner 2018b), vielfältige Aufsätze in Sammelbänden (z.B. Biehl et al. 2017; Steinbrecher/Biehl 2020b; Steinbrecher et al. 2018) und mehrere Qualifikationsarbeiten dokumentieren (z.B. Endres 2018; Mader 2017; Rothbart i.V.; Wanner 2019), ist die Bevölkerungsbefragung bestens geeignet, die sozialwissenschaftliche Grundlagenforschung zu bereichern. Das Interesse externer Kolleginnen und Kollegen am Austausch des Datenmaterials sowie gemeinsame Publikationen sind weitere Belege für den wissenschaftlichen Wert und die Qualität der jährlichen Bevölkerungsbefragung. Dazu gehört etwa die Weitergabe der Daten der Bevölkerungsbefragungen an das Datenarchiv von „Gesis – Leibniz-Institut für Sozialwissenschaften“, die dort seit dem Frühjahr 2020 für die interessierte wissenschaftliche Öffentlichkeit zur Verfügung stehen. Ein weiteres Beispiel ist der Sammelband „Freiheit oder Sicherheit? Ein Spannungsverhältnis aus Sicht der Bürgerinnen und Bürger“ (Steinbrecher et al. 2018), der im Herbst 2018 erschienen ist. Anspruch der Forschung des ZMSBw ist dabei stets, entlang der internationalen Standards einen Beitrag zur Fortentwicklung der sozialwissenschaftlichen Disziplinen zu leisten.

Mit diesem Forschungsbericht wendet sich das ZMSBw aber auch an den dritten Adressatenkreis, die interessierte Öffentlichkeit.[1] Anspruch der vorliegenden Publikation ist es, einen möglichst breiten Kreis von Leserinnen und Lesern über die aktuellen Trends im sicherheits- und verteidigungspolitischen Meinungsbild zu informieren sowie die zugrunde liegenden Einflüsse zu identifizieren. Wie in den Vorjahren vereint der vorliegende Bericht deskriptive Darstellungen und weitergehende empirische Analysen, die auf die Bestimmungsgründe und Determinanten blicken, die die Haltungen der deutschen Bevölkerung zur Sicherheitspolitik und zu den Streitkräften beeinflussen.

Die jährliche Bevölkerungsbefragung des ZMSBw wird seit 1996 realisiert und stellt damit die längste Zeitreihe sicherheits- und verteidigungspolitischer Umfragen in Deutschland dar. Zentrale Themenstellungen der Befragung sind das Sicherheitsgefühl und die Bedrohungswahrnehmungen der Bundesbürgerinnen und -bürger sowie deren Einstellungen zum außen- und sicherheitspolitischen Engagement Deutschlands. Zudem wird die Haltung der Bevölkerung zur Bundeswehr sowie zu den Auslandseinsätzen analysiert. Die öffentliche Wahrnehmung der Streitkräfte sowie Fragen zur gesellschaftlichen Akzeptanz und Integration der Bundeswehr stellen weitere Themenbereiche dar. Darüber hinaus wird die Attraktivität der Bundeswehr als Arbeitgeber untersucht und das Verhältnis zwischen Streitkräften und Gesellschaft empirisch erfasst (vgl. Tabelle 3.1 für eine ausführliche Themenübersicht).

Das Studienkonzept, die Ausschreibungsunterlagen und der Fragebogen wurden – wie in den Vorjahren – am ZMSBw erarbeitet. Die Daten der vorliegenden Befragung wurden

---

1 Dass die Ergebnisse der Bevölkerungsbefragungen des ZMSBw auch in der sicherheits- und verteidigungspolitischen Öffentlichkeit umfassend rezipiert werden, belegt die Sonderausgabe des Munich Security Report zur deutschen Außen- und Sicherheitspolitik, der im Oktober 2020 erschienen ist (Bunde et al. 2020): Dort wird an zahlreichen Stellen auf die Befunde der in den Vorjahren veröffentlichten Forschungsberichte verwiesen.

im Zeitraum vom 18. Juli bis 26. August 2020 im Rahmen von computergestützten persönlichen Interviews (CAPI) durch das Meinungsforschungsinstitut Ipsos erhoben. Befragt wurden 2.277 zufällig ausgewählte Bürgerinnen und Bürger ab 16 Jahren, die in Privathaushalten in Deutschland leben (vgl. Abschnitt 3 für weitere Angaben zum methodischen Design). Nach Aufbereitung der erhobenen Daten durch Ipsos erhielt das ZMSBw am 7. September 2020 den Datensatz, der Grundlage der nachstehenden Auswertungen ist. Der folgende Forschungsbericht umfasst nur die geschlossenen Fragen.

3 Methodisches Design der Studie

In der durch das ZMSBw jährlich durchgeführten Bevölkerungsbefragung werden seit 1996[2] ausgewählte Variablen zu sicherheits- und verteidigungspolitischen Einstellungen der Bürgerinnen und Bürger in gleicher oder ähnlicher Form erhoben. Dies ermöglicht es, Aussagen über Stabilität und Veränderung der gemessenen Einstellungen zu treffen.[3] In Tabelle 3.1 sind die Themenbereiche und Items der Befragung 2020 aufgelistet.

Im Anhang sind umfassende Informationen zur methodischen Vorgehensweise zusammengefasst, die sich an Leserinnen und Leser richten, die sich ausführlicher mit Umfragedesign und Analysemethoden beschäftigen möchten. Dieser Abschnitt enthält hingegen einige Informationen, die für das grundlegende Verständnis der nachfolgenden Analyseergebnisse hilfreich sind.

3.1 Auswahlverfahren

Für die Untersuchung wurde die Grundgesamtheit, d.h. alle Personen, die für die Analyse von Interesse sind und über die im Rahmen der Untersuchung Aussagen getroffen werden sollen, definiert als deutschsprachige Bevölkerung ab 16 Jahren in Privathaushalten in Deutschland. Da nicht alle Personen der Grundgesamtheit befragt werden können, wurde eine Stichprobe gezogen. Die Auswahl der Personen in der Stichprobe erfolgte zufällig, sodass jedes Element der Grundgesamtheit eine Chance hatte, in die Stichprobe zu gelangen. Dieses Verfahren ermöglicht es, inferenzstatistische Berechnungen durchzuführen, d.h. die Messzahlen der Stichprobe auf die Grundgesamtheit zu beziehen und den dabei gemachten Fehler bestimmen zu können.[4] Je größer dieser Fehler ist, desto breiter ist das Vertrauensintervall, das den Wert in der Grundgesamtheit (Parameter) mit einer bestimmten Wahrscheinlichkeit abdeckt (vgl. Tabelle 3.2). Für weitere Ausführungen vgl. die entsprechenden Einträge in Abschnitt 1 des Methodenanhangs.

---

2 Bis 2012 führte das Sozialwissenschaftliche Institut der Bundeswehr (SOWI) die Befragungen durch. Bei älteren Umfragen wird im Folgenden nicht explizit darauf hingewiesen, dass die Daten vom SOWI stammen.

3 Bei der vorliegenden Untersuchung handelt es sich um eine Querschnittsuntersuchung, d.h. die für die Studie relevanten Merkmale der interessierenden Grundgesamtheit wurden einmalig und zeitgleich gemessen. Aussagen über Einstellungsänderungen beziehen sich daher auf die Aggregatebene der Gesamtheit aller Befragten (ähnlich eines Trenddesigns).

4 Gemeint ist hier der Stichprobenfehler, also die Streuung der Stichprobenkennwerte um den Wert in der Grundgesamtheit (Parameter). Der Fehler ist abhängig vom Stichprobenumfang und der Streuung der Werte in der Grundgesamtheit.

Tabelle 3.1: Themen der Bevölkerungsbefragung 2020

Subjektive Sicherheit
• Subjektives Sicherheitsgefühl (3 Items) • Sozioökonomische, ökologische, außen- und innenpolitische Bedrohungen (22 Items)
Einstellungen zum außen- und sicherheitspolitischen Engagement Deutschlands
• Internationale Verantwortung Deutschlands (2 Items) • Außen- und sicherheitspolitische Mittel (10 Items) • Außen- und sicherheitspolitische Grundorientierungen (13 Items)
Wahrnehmungen der bilateralen Beziehungen zu China, Russland und den USA
• Einstellungen zu NATO, Bündnisverteidigung und USA (8 Items) • Einstellungen zu NATO, Bündnisverteidigung und Russland (8 Items) • Einstellungen zu China (4 Items)
Einstellungen zur EU-Verteidigungszusammenarbeit
• Einstellungen zur EU-Verteidigungszusammenarbeit (6 Items) • Einstellung zum Verhältnis zwischen EU-Armee und nationalen Armeen (1 Item) • Framing-Experiment Europäische Armee (1 Item)
Haltungen der Bürgerinnen und Bürger zur Bundeswehr
• Persönliche Einstellung und Wichtigkeit (3 Items, davon 1 offen) • Ansehen der Bundeswehr und Anerkennung des Dienstes der Soldatinnen und Soldaten (4 Items) • Leistungen, Ausrüstung, Einbindung in die Gesellschaft, öffentliches Auftreten und Ausbildung der Bundeswehr (6 Items) • Institutionenvertrauen (16 Items) • Verhältnis von Bundeswehr und Gesellschaft (6 Items)
Wahrnehmung der Bundeswehr in der Öffentlichkeit
• Wahrnehmung und Bewertung der Bundeswehr (22 Items) • Kontakt der Bundeswehr zur Gesellschaft (1 Item)
Attraktivität des Arbeitgebers Bundeswehr
• Attraktivität Arbeitgeber Bundeswehr (10 Items)
Einstellungen zur Höhe der Verteidigungsausgaben, zum Personalumfang der Bundeswehr und zu bewaffneten Drohnen
• Höhe der Verteidigungsausgaben (1 Item) • Personalumfang der Bundeswehr (1 Item) • Einstellung zu bewaffneten Drohnen (1 Item)
Einstellungen zu den Aufgabenbereichen der Bundeswehr
• Aufgabenbereiche der Bundeswehr (12 Items) • Aufgabenbereiche der Bundeswehr in Deutschland (9 Items)
Einstellungen zu den Auslandseinsätzen der Bundeswehr
• Bekanntheit Auslandseinsätze (12 Items) • Unterstützung Auslandseinsätze (12 Items) • Persönliches Informationsniveau Auslandseinsätze (1 Item)
Eigenschaften und allgemeine politische Einstellungen der Befragten
• Soziodemografische Merkmale (14–18 Items) • Militärische Erfahrungen (11–29 Items) • Parteipolitische Orientierung (2 Items) • Militärische Sozialisation bzw. Bindung (5–6 Items) • Politisches und verteidigungspolitisches Interesse (2 Items) • Demokratiezufriedenheit (2 Items) • Bewertung der wirtschaftlichen Lage (2 Items) • Mediennutzung (5 Items) • Verbundenheit (5 Items)

Da es in Deutschland kein öffentliches Verzeichnis von Privathaushalten (Auswahlrahmen) gibt, wurde die Auswahl der Stichprobenelemente in einem mehrstufig geschichteten Verfahren getroffen. Dabei wurden im ersten Schritt Sample-Points abgegrenzt (d.h. das Gebiet Deutschlands in etwa 53.000 Flächen unterteilt), daraus anschließend Haushalte nach dem Random-Route-Prinzip[5] sowie im letzten Schritt die Zielperson im Haushalt nach dem Geburtstagsschlüssel[6] ausgewählt.

Tabelle 3.2: Vertrauensintervall für Stichproben

	Stichprobenumfang (n)									
Anteilswert des Merkmals (p)	**100**	**250**	**500**	**750**	**1.000**	**1.250**	**1.500**	**1.750**	**2.000**	**2.500**
5	(5,1)	3,2	2,3	1,8	1,6	1,4	1,3	1,2	1,1	1,0
10	7,0	4,4	3,1	2,5	2,2	2,0	1,8	1,7	1,6	1,4
15	8,3	5,2	3,7	3,0	2,6	2,3	2,1	2,0	1,9	1,7
20	9,3	5,9	4,1	3,4	2,9	2,6	2,4	2,2	2,1	1,9
25	10,0	6,4	4,5	3,7	3,2	2,8	2,6	2,4	2,2	2,0
30	10,6	6,7	4,8	3,9	3,4	3,0	2,7	2,5	2,4	2,1
35	11,1	7,0	4,9	4,0	3,5	3,1	2,9	2,6	2,5	2,2
40	11,4	7,2	5,1	4,1	3,6	3,2	2,9	2,7	2,5	2,3
45	11,5	7,3	5,2	4,2	3,6	3,3	3,0	2,8	2,6	2,3
50	11,6	7,3	5,2	4,2	3,7	3,3	3,0	2,8	2,6	2,3
55	11,5	7,3	5,2	4,2	3,6	3,3	3,0	2,8	2,6	2,3
60	11,4	7,2	5,1	4,1	3,6	3,2	2,9	2,7	2,5	2,3
65	11,1	7,0	4,9	4,0	3,5	3,1	2,9	2,6	2,5	2,2
70	10,6	6,7	4,8	3,9	3,4	3,0	2,7	2,5	2,4	2,1
75	10,0	6,4	4,5	3,7	3,2	2,8	2,6	2,4	2,2	2,0
80	9,3	5,9	4,1	3,4	2,9	2,6	2,4	2,2	2,1	1,9
85	8,3	5,2	3,7	3,0	2,6	2,3	2,1	2,0	1,9	1,7
90	7,0	4,4	3,1	2,5	2,2	2,0	1,8	1,7	1,6	1,4
95	(5,1)	3,2	2,3	1,8	1,6	1,4	1,3	1,2	1,1	1,0

Anmerkungen: Lesebeispiel: Bei einem Stichprobenumfang von 2.000 Fällen und einem Merkmalsanteil von 25 Prozent liegt der wahre Wert in der Grundgesamtheit (mit einer Wahrscheinlichkeit von 95 Prozent) im Bereich von 22,8 (25 - 2,2) bis 27,2 Prozent (25 + 2,2). Weitere Werte lassen sich mit folgender Formel berechnen:

$$P_i = 1{,}64 * \sqrt{2} * \sqrt{\frac{p*(1-p)}{n}}$$

---

5 Von einem zufällig ausgewählten Startpunkt innerhalb des Sample-Points wurde jeder dritte Haushalt ausgewählt (Begehungsregel).

6 Hierbei wurde diejenige im Haushalt lebende und zur Grundgesamtheit gehörende Person befragt, die zuletzt Geburtstag hatte (Verfahren zur Zufallsauswahl).

3.2. Datenerhebungstechnik und Feldphase

Ein erster Entwurf des standardisierten Fragebogens wurde am ZMSBw entwickelt. Die Überprüfung des Fragebogens (Pretest) und die Datenerhebung führte das externe Meinungsforschungsinstitut Ipsos GmbH durch. Die Autoren dieses Forschungsberichts standen vor und während der gesamten Feldphase in engem Kontakt zu Ipsos. Als erster Teil des Pretests fanden am 25. Juni 2020 in einem Befragungsstudio in Berlin vier Interviews statt (Studio-Pretest). Um eine möglichst große Heterogenität der Teilnehmerinnen und Teilnehmer zu erreichen, wurde nach Alter, Geschlecht, Bildungsabschluss und militärischer Erfahrung bei der Bundeswehr rekrutiert. Die Interviews wurden von den Autoren dieses Forschungsberichts aus einem Nebenraum verfolgt. Der zweite Teil des Pretests umfasste 58 Interviews, die im Zeitraum vom 5. bis 12. Juli 2020 unter realen Feldbedingungen in allen Bundesländern durchgeführt wurden. Auf der Basis dieser beiden Teile des Pretests erfolgten Anpassungen des Fragebogens, etwa bei der genauen Formulierung einzelner Items oder den Hilfestellungen für die Interviewer im Fragebogen.

Tabelle 3.3: Grundgesamtheit und Stichprobe

	Grundgesamtheit	Stichprobe	
		Gewichtet	Ungewichtet
Geschlecht			
Männer	49	49	49
Frauen	51	51	51
Alter			
16 bis 19 Jahre	5	6	4
20 bis 29 Jahre	14	13	13
30 bis 39 Jahre	15	15	15
40 bis 49 Jahre	15	15	16
50 bis 59 Jahre	19	19	20
60 bis 69 Jahre	14	15	14
70 Jahre und älter	18	17	17
Bildungsniveau			
Hochschul- bzw. Fachhochschulreife	33	33	24
Realschulabschluss	32	34	44
Hauptschulabschluss	35	34	32
Region			
Norddeutschland (SH, HH, HB, NI)	16	16	16
Ostdeutschland (MV, BB, BE, ST, SN, TH)	20	20	20
Süddeutschland (BW, BY)	29	29	28
Westdeutschland (NW, RP, HE, SL)	35	35	36

Anmerkungen: Angaben in Prozent. Nicht alle Prozentangaben ergeben in der Summe 100 Prozent, da sie gerundet wurden.

Datenbasis: Grundgesamtheit: Sollvorgaben aus dem Tageszeitungsdatensatz der Ipsos-Mediaanalyse aus dem Jahr 2019; Stichprobe: Bevölkerungsbefragung des ZMSBw 2020.

Im Rahmen computergestützter persönlicher Interviews (CAPI) wurden in einem Zeitraum von etwa fünf Wochen (18. Juli bis 26. August 2020) 2.277 Nettointerviews durch 253 erfahrene und geschulte Interviewer durchgeführt. Die Interviews dauerten im Mittel 53 Minuten. Das kürzeste Interview dauerte 25 Minuten, das längste 103 Minuten. Die erhobenen Daten wurden durch das Umfrageinstitut im Anschluss an die Erhebung nach den Merkmalen Alter, Geschlecht, Bildung und Ortsgröße gewichtet[7] (vgl. Tabelle 3.3), um die realisierte Stichprobe der demografischen Struktur der Grundgesamtheit anzupassen.

Während der Feldphase erfolgte durch Ipsos eine kontinuierliche Kontrolle der Interviews. Diese Kontrollen wurden postalisch durchgeführt und schlossen Fragen zu Thema, Zeitpunkt und Länge des Interviews ein. Zudem wurde gefragt, ob das Interview ordnungsgemäß am Tablet-Computer stattfand. So wurden 30 Prozent der Nettointerviews kontrolliert (Ipsos 2020a).

Im Rahmen der Grundlagenforschung des ZMSBw wurden die Einflüsse verschiedener Fragereihenfolgen und -formulierungen auf das Antwortverhalten der Befragten geprüft, hierzu wurden die Teilnehmerinnen und Teilnehmer der Umfrage zufällig in drei Gruppen aufgeteilt. Diese drei Gruppen bekamen die Fragen jeweils in einer anderen Reihenfolge gestellt. Der Fragebogen wurde dafür in drei thematisch abgegrenzte Fragenblöcke unterteilt. Fragenblock I enthielt alle Fragen zu Sicherheitsbewertungen, Bedrohungswahrnehmungen sowie zu Einstellungen zu verschiedenen außen- und sicherheitspolitischen Fragen (Abschnitte 4 bis 7). Fragenblock II umfasste alle Fragen mit Bezug zur Bundeswehr (Abschnitte 8 bis 13) und Fragenblock III schloss die Fragen zu allgemeinen politischen Einstellungen und Verhaltensweisen ein, die in allen Abschnitten als Erklärungsvariablen genutzt werden. Drei (der sechs theoretisch möglichen) Reihenfolgen dieser drei Fragenblöcke wurden in der Befragung umgesetzt (vgl. Abbildung 3.1). In der Regel werden in den nachstehenden Analysen die zusammengefassten Ergebnisse für alle Befragten präsentiert.

Zusätzlich gab es einige weitere Splits im Fragebogen für einzelne Fragen (z.B. bei den Einstellungen zu den USA, Russland und China; vgl. Abschnitt 6) sowie ein sogenanntes Framing-Experiment (zur europäischen Verteidigungszusammenarbeit; vgl. Abschnitt 7). Die Hypothese hinter der Variation der Frageformulierungen und den insgesamt fünf verschiedenen Varianten des Fragetextes für das Framing-Experiment ist, dass die Frageformulierung sich jeweils auf das Antwortverhalten der Befragten auswirkt.

---

7 Die Gewichtungsfaktoren reichen dabei von 0,09 bis 4,09 ($\bar{x}$ = 1,00; sd = 0,51). Vgl. den entsprechenden Eintrag zur Gewichtung im Methodenanhang.

Abbildung 3.1: Design der Bevölkerungsbefragung 2020

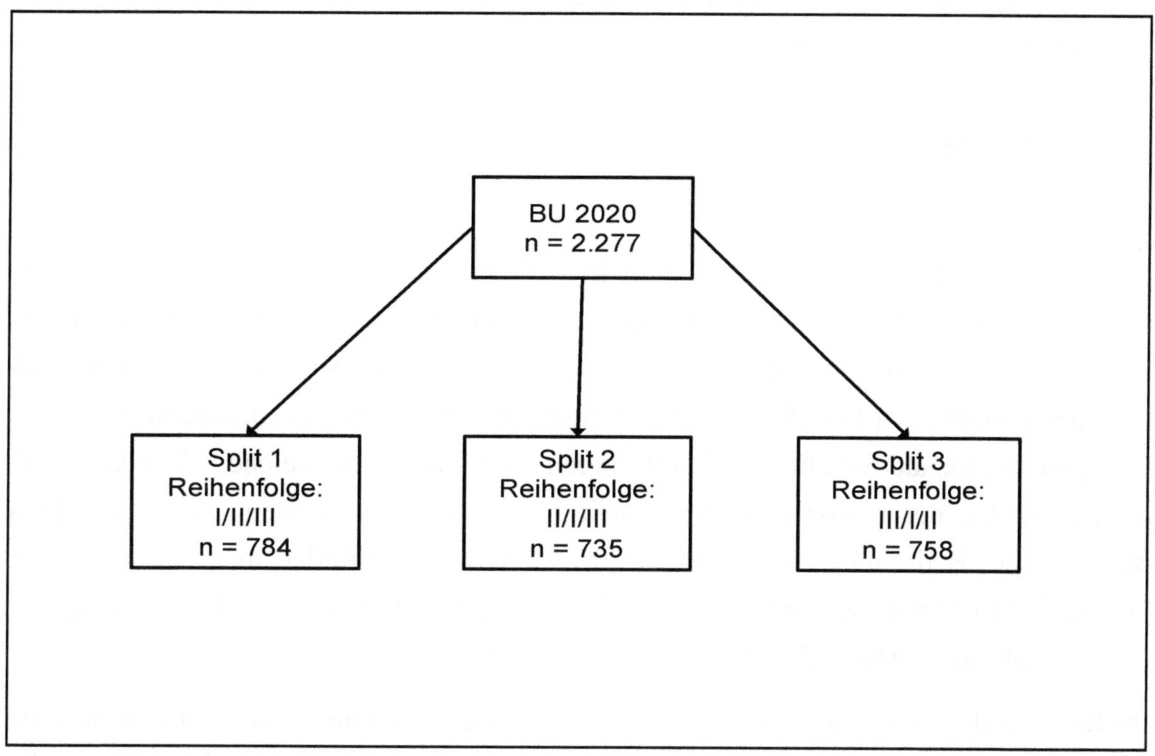

Anmerkungen: Split 1 = zuerst Fragenblock I: Sicherheitsbewertungen, Bedrohungswahrnehmungen, Einstellungen zu verschiedenen außen- und sicherheitspolitischen Fragen (Abschnitte 4 bis 7); Split 2 = zuerst Fragenblock II: Fragen mit Bezug zur Bundeswehr (Abschnitte 8 bis 13); Split 3 = zuerst Fragenblock III: allgemeine politische Einstellungen und Verhaltensweisen.

Datenbasis: Bevölkerungsbefragung des ZMSBw 2020.

Zuletzt soll in diesem Abschnitt auf die Herausforderungen durch die Covid-19-Pandemie und die entsprechenden Maßnahmen bei der Durchführung der Befragung eingegangen werden: Aufgrund der Entwicklung des Infektionsgeschehens und der entsprechenden Schutzmaßnahmen wurde die Datenerhebung verschoben und fand nicht – wie in den letzten Jahren üblich – im Mai und Juni statt, sondern erst im Juli und August.

Bei der Durchführung der Interviews wurde auf die Einhaltung der Abstands- und Hygieneregeln geachtet (Ipsos 2020a: 9f.). Für die Interviewer fand dazu vor der Studie ein separates Briefing statt. Zu den durch die Interviewer ergriffenen Maßnahmen gehörte das Tragen einer Mund-Nasen-Bedeckung vor, während und nach den Interviews. Die Interviewer waren dazu angewiesen, eine Mund-Nasen-Bedeckung in neutraler Gestaltung zu verwenden, um etwaige Beeinflussungen des Teilnahme- und Antwortverhaltens zu vermeiden. Zudem wurde stets ein Mindestabstand von 1,5 Metern eingehalten und vor den Augen der Befragten Desinfektionsmittel für die Hände verwendet. Trotz dieser Maßnahmen lag die Ausschöpfungsquote bei 31 Prozent und somit deutlich niedriger als in den Vorjahren (Ipsos 2020a: 13f.). Eine wesentliche Ursache für die geringere Ausschöpfung ist die deutlich höhere Zahl an verweigerten Interviews.

4 Subjektive Sicherheit und Bedrohungswahrnehmungen

Timo Graf

Dieser Abschnitt widmet sich der öffentlichen Wahrnehmung von Sicherheit und möglichen Bedrohungen für das persönliche Sicherheitsgefühl in der Bundesrepublik Deutschland. Um herauszufinden, welche Bevölkerungsgruppen sich sicherer und welche sich unsicherer fühlen, wird das Sicherheitsempfinden unterschiedlicher soziodemografischer Gruppen miteinander verglichen. Des Weiteren wird untersucht, welche Faktoren aktuell als Bedrohung der persönlichen Sicherheit wahrgenommen werden und in welchem Maße diese Bedrohungsperzeptionen das Sicherheitsempfinden der Menschen in Deutschland beeinflussen. Besondere Aufmerksamkeit gilt zudem der Entwicklung der öffentlichen Sicherheitswahrnehmung im Zeitverlauf.

Im Rahmen der gesamtstaatlichen Sicherheitsvorsorge übernimmt die Bundeswehr eine Vielzahl von Aufgaben zum Schutz der Bevölkerung. Nach außen gerichtet ist es die Hauptaufgabe der Bundeswehr, sicherheitspolitische Bedrohungen von Deutschland und seinen Bündnispartnern abzuwehren. Nach innen gerichtet leistet die Bundeswehr einen wesentlichen Beitrag zum Heimatschutz und zur nationalen Krisen- und Risikovorsorge, etwa durch die Überwachung und Sicherung des deutschen Luftraums oder Hilfeleistungen bei inneren Notständen wie der Corona-Pandemie oder Naturkatastrophen. Deshalb soll in diesem Abschnitt ebenfalls untersucht werden, ob und wie sich die Wahrnehmung von Bedrohungen, die in den Aufgabenbereich der Bundeswehr fallen, auf die wahrgenommene Wichtigkeit der Bundeswehr für Deutschland auswirkt. Die öffentliche Meinung zu den Aufgaben der Bundeswehr wird in Abschnitt 12 untersucht. Eine umfassende Analyse der grundsätzlichen Haltungen der Bürgerinnen und Bürger zur Bundeswehr bietet Abschnitt 8.

4.1 Definition(en) von Sicherheit

Sicherheit ist ein Grundbedürfnis des Menschen (Maslow 1943), ein universelles Menschenrecht (Vereinte Nationen 1948) und eine wesentliche Voraussetzung für die freie Entwicklung menschlicher Zivilisation (Dal Bó et al. 2016; Stewart 2004). Die Gewährleistung der Sicherheit der Bevölkerung ist ein konstitutiver Bestandteil des modernen, demokratischen Staatsauftrags (Endreß/Petersen 2012).

Obwohl oder gerade weil Sicherheit von so universeller Bedeutung ist, gibt es keine allgemeingültige Definition des Begriffs. Allen Definitionen von Sicherheit ist jedoch ein Aspekt gemein: Die Beschreibung eines Zustands ohne Gefahr oder Bedrohung (Brunner 1984; Endreß/Schattschneider 2010). Hier wird Sicherheit definiert als ein „Zustand, in dem sich Individuen, Gruppen und Staaten nicht von ernsten Gefahren bedroht fühlen bzw. sich wirksam vor ihnen geschützt sehen“ (Meier et al. 2008: 410). Diese Definition verdeutlicht den inhärent subjektiven Charakter von Sicherheit und zeigt auf, warum es wichtig ist, zwischen objektiver Sicherheit (z.B. Kriminalitätsstatistik) und subjektiv empfundener Sicherheit (z.B. Angst vor Kriminalität) zu unterscheiden (Daase 2012; Haverkamp 2014; Noll 1994; Rapoport 1988). Zwischen objektiver Sicherheit und deren subjektiver Wahrnehmung identifizieren empirische Studien oftmals eine Diskrepanz (Hummelsheim-Doss 2017; Reuband 2009; Windzio et al. 2007), weshalb einige Sozialwissenschaftlerinnen und Sozialwissenschaftler argumentieren, dass Sicherheit zum Teil sozial konstruiert sei (Altheide 1997, 2002; Buzan et al. 1998; Dake 1992; Krasmann et al. 2014; Rosenthal 2000). In diesem Zusammenhang wird den Massenmedien eine besondere Bedeutung zugeschrieben, da diese maßgeblich über Risiken und Gefahren informieren, die für die Mehrheit der Bürgerinnen und Bürger nicht unmittelbar erlebbar sind (z.B. Terrorismus oder Kriminalität: Dowler et al. 2006; Eschholz 1997; Heath/Gilbert 1996; Weitzer/Kubrin 2006). Ungeachtet dessen beeinflusst das subjektive Sicherheitsempfinden konkretes Denken und Handeln und hat somit ganz „reale“ Konsequenzen. So kann z.B. die Urlaubsplanung maßgeblich von der subjektiven Einschätzung der Sicherheitslage im Zielland beeinflusst werden (Sönmez/Graefe 1998).

Grundsätzlich muss zwischen der persönlich-autonomen und der soziotropen Ebene der Sicherheit und des Sicherheitsempfindens unterschieden werden (Huddy et al. 2002, 2005; Joslyn/Haider-Markel 2007; Stevens/Vaughn-Williams 2014). Soziotrope Sicherheitsempfindungen verbinden die (subjektive) Sicherheit des Individuums mit der Sicherheit von Gruppen, denen sich das Individuum zugehörig fühlt. Ein Beispiel hierfür ist die individuelle Bewertung der nationalen Sicherheitslage, sofern sich das Individuum mit der Nation verbunden fühlt. Die persönlich-autonome Sicherheitsempfindung bezieht sich dagegen einzig auf das Individuum ohne Berücksichtigung sozialer Gruppenzugehörigkeiten. Die ZMSBw-Bevölkerungsbefragung erfasst die individuelle Bewertung der persönlichen, der nationalen und der weltweiten Sicherheitslage.

4.2 Subjektive Sicherheit und das Coronavirus

Der Ausbruch des neuartigen Coronavirus (SARS-CoV-2) und die dadurch verursachte Lungenkrankheit Covid-19 haben sich zu einer Pandemie entwickelt.[8] In Deutschland haben sich bisher 306.086 Menschen nachweislich mit dem Coronavirus infiziert und über 9.500 sind an Covid-19 verstorben (Stand: 7.10.2020, Robert-Koch-Institut 2020). Weltweit haben sich über 35,5 Millionen Menschen nachweislich mit dem Coronavirus infiziert und mehr als 1.042.000 sind in der Folge gestorben (Stand: 7.10.2020, WHO 2020b).

Das Coronavirus und die Maßnahmen zu dessen Bekämpfung wirken sich auf alle Lebensbereiche aus und führen teilweise zu tiefen Eingriffen in die Grundrechte der Bürgerinnen und Bürger, etwa in das Versammlungs- und Demonstrationsrecht oder die Bewegungsfreiheit. Es ist anzunehmen, dass die Veränderung der objektiven Sicherheitslage die subjektive Bedrohungswahrnehmung der Menschen beeinflusst, ebenso wie deren Sicherheitsgefühl. Repräsentative Umfragen zeigen, dass das Coronavirus aktuell eine der größten Sorgen der Deutschen darstellt (Ipsos 2020b) und die Mehrheit davon überzeugt ist, dass das Coronavirus langfristig große oder mäßige persönliche Auswirkungen haben wird (Konrad-Adenauer-Stiftung 2020). Dabei scheint jedoch weniger die Angst vor einer gesundheitlichen Gefährdung durch eine Ansteckung mit dem Virus im Vordergrund zu stehen als die Sorge vor einem Wohlstandsverlust infolge der negativen wirtschaftlichen Auswirkungen der Pandemie (Centrum für Strategie und Höhere Führung 2020). Neben der subjektiven Wahrnehmung der persönlichen und der nationalen Sicherheitslage dürfte auch die Einschätzung der weltweiten Sicherheitslage von der Corona-Pandemie beeinflusst werden, da mittlerweile fast 190 Länder vom Coronavirus betroffen sind und zum Teil deutlich höhere Infektionszahlen und -raten aufweisen als Deutschland.

Der weltweite Ausbruch einer gefährlichen Krankheit oder Seuche als Bedrohung für die persönliche Sicherheit wurde zuletzt in der ZMSBw-Bevölkerungsbefragung 2018 abgefragt (Graf 2018a): 14 Prozent der Bürgerinnen und Bürger gaben an, sich hiervon bedroht zu fühlen, 25 Prozent waren geteilter Meinung und 60 Prozent fühlten sich nicht bedroht. Damit belegte die Bedrohung durch eine Pandemie den letzten Platz von insgesamt 18 Bedrohungsfaktoren für die persönliche Sicherheit und wurde daraufhin in der ZMSBw-Bevölkerungsbefragung 2019 nicht abgefragt (Graf 2019a). In der diesjährigen Befragung wurde die allgemeine Frage zur weltweiten Ausbreitung einer gefährlichen Krankheit oder Seuche zu Vergleichszwecken wieder aufgenommen und um die explizite

---

[8] Die Weltgesundheitsorganisation stufte die Ausbreitung des Coronavirus am 11. März 2020 offiziell als Pandemie ein (WHO 2020a).

Frage nach dem persönlichen Bedrohungsgefühl durch die Ansteckung mit dem Coronavirus ergänzt. Der Ausbruch des Coronavirus verdeutlicht, wie schnell sich objektive Sicherheitslagen ändern können. Die Umfrageforschung muss auf solche Veränderungen flexibel reagieren. Dies gilt aber nicht nur für die Instrumente zur Meinungserhebung, sondern auch für die Durchführung der Befragung selbst, wie in Abschnitt 3 dargelegt.

4.3 Wahrnehmungen der Sicherheitslage

Wie in den Vorjahren wurden die Teilnehmerinnen und Teilnehmer der ZMSBw-Bevölkerungsbefragung gebeten, die persönliche, nationale und weltweite Sicherheitslage zu beurteilen. Die weltweite Sicherheitslage wird durch die Bürgerinnen und Bürger differenziert wahrgenommen (vgl. Abbildung 4.1).

Abbildung 4.1: Beurteilung der weltweiten Sicherheitslage

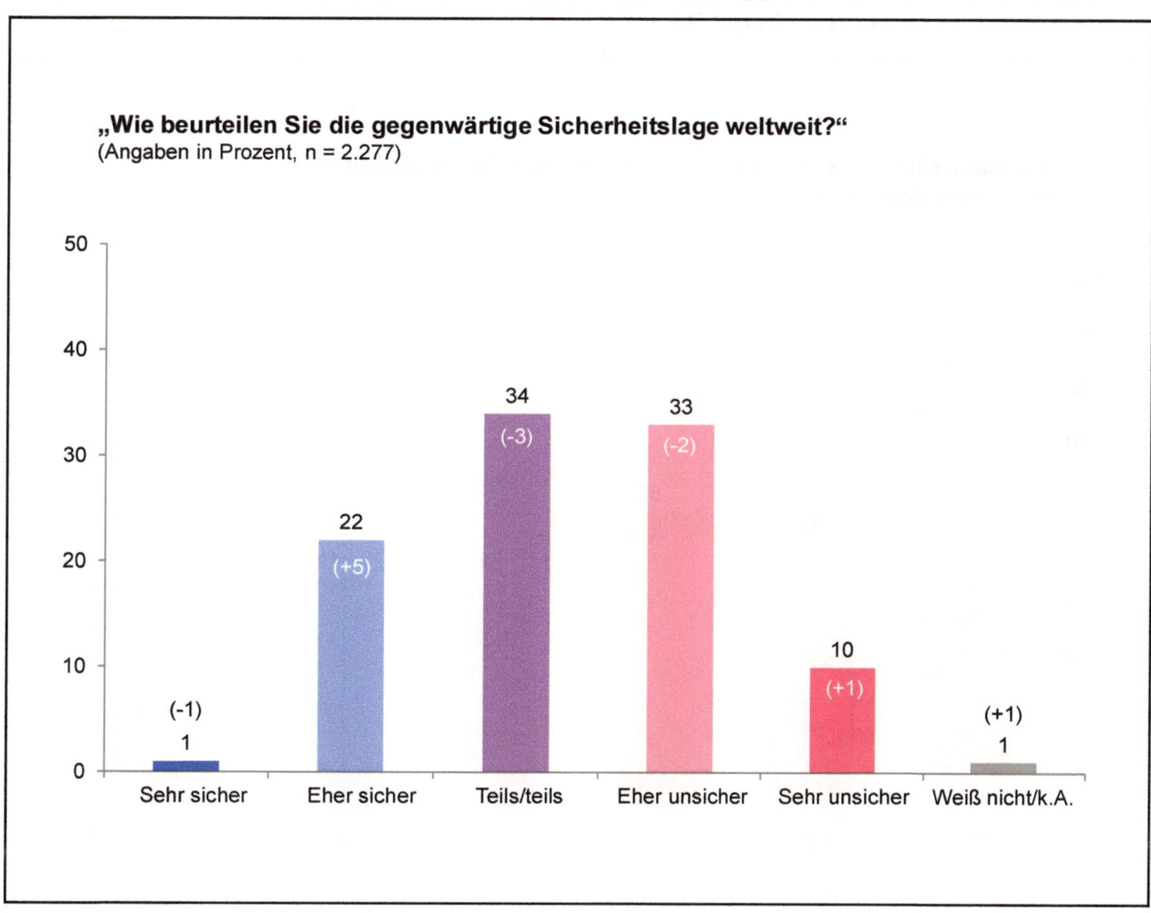

Anmerkungen: Nicht alle Prozentangaben ergeben in der Summe 100 Prozent, da die Einzelwerte gerundet wurden. Veränderungen gegenüber 2019 in Klammern.

Datenbasis: Bevölkerungsbefragungen des ZMSBw 2019 und 2020.

Nahezu ein Viertel der Befragten bewertet die globale Lage als insgesamt sehr sicher (1 Prozent; -1 Prozentpunkt im Vergleich zu 2019) oder eher sicher (22 Prozent; +5 Prozentpunkte). Im Gegensatz dazu meint jeder vierte Befragte, die Lage sei eher unsicher (33 Prozent; -2 Prozentpunkte) oder sehr unsicher (10 Prozent; +1 Prozentpunkt). Etwas mehr als ein Drittel der Befragten ist geteilter Meinung (34 Prozent; -3 Prozentpunkte). Im Vergleich zum Vorjahr hat sich die öffentliche Bewertung der weltweiten Sicherheitslage nicht wesentlich verändert. Die objektive Veränderung der weltweiten Sicherheitslage durch die Corona-Pandemie hat demnach zu keiner Veränderung der subjektiven Einschätzung der weltweiten Sicherheitslage geführt. Dieser Befund deckt sich mit der Umfragestudie „Die Ängste der Deutschen“ (R+V 2020), die im Ergebnis ebenfalls zu dem Schluss kommt, dass sich das Sicherheitsgefühl der deutschen Bevölkerung im Vergleich zum Vorjahr nicht wesentlich verändert hat – der Corona-Pandemie zum Trotz.

Abbildung 4.2: Beurteilung der weltweiten Sicherheitslage im Zeitvergleich – Unsicherheitsgefühl

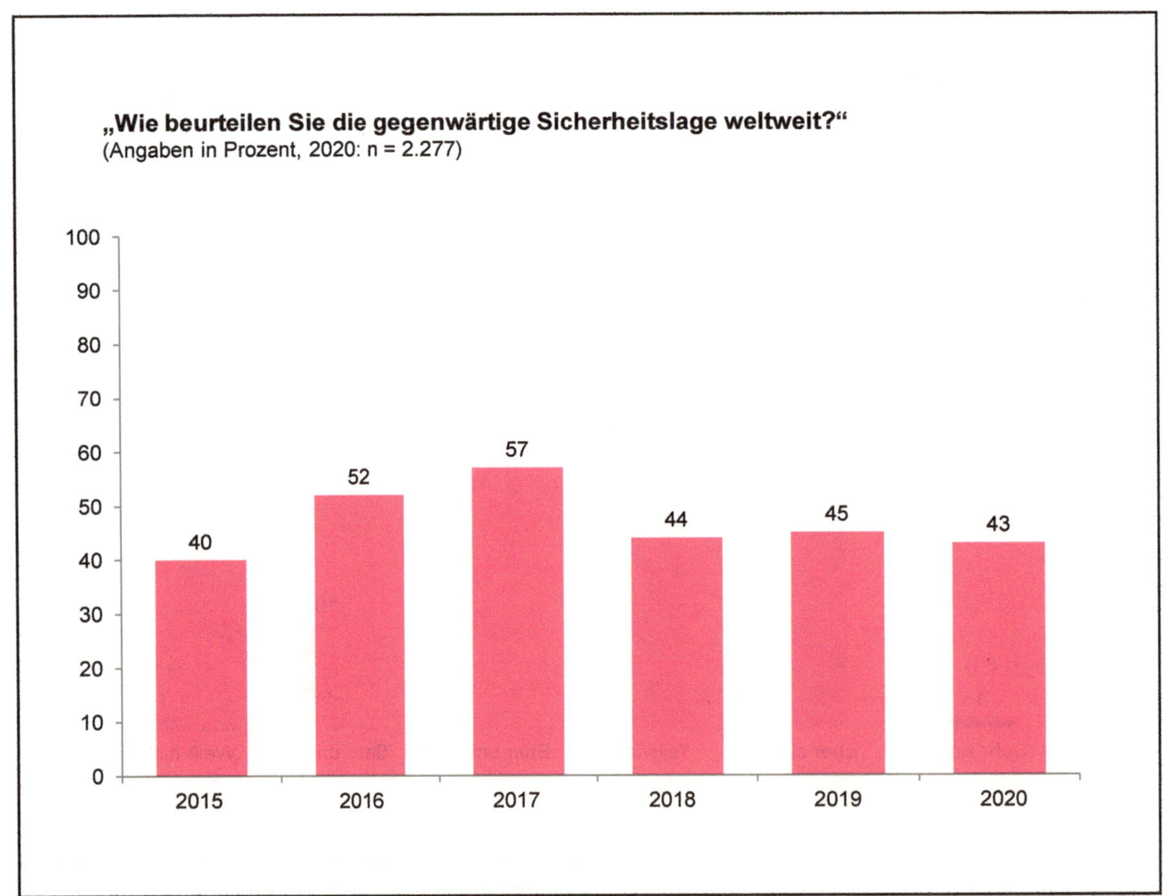

Anmerkung: Die Anteile „Sehr unsicher“ und „Eher unsicher“ wurden zusammengefasst.

Datenbasis: Bevölkerungsbefragungen des ZMSBw 2015–2020.

Die Beurteilung der weltweiten Sicherheitslage wird in der Bevölkerungsumfrage des ZMSBw seit 2015 erfasst. Von besonderem Interesse ist die Entwicklung des *Unsicherheitsgefühls* im Zeitverlauf, d.h. die Entwicklung der Anteile der Befragten, die die Sicherheitslage als sehr unsicher oder eher unsicher empfinden (vgl. Abbildung 4.2). Empfanden 2015 vier von zehn Befragten die weltweite Lage als unsicher, so stieg das Unsicherheitsgefühl im Jahr 2016 auf 52 Prozent und erreichte im Jahr 2017 mit 57 Prozent seinen Höchststand. Im Jahr darauf sank das Unsicherheitsgefühl um 13 Prozentpunkte auf 44 Prozent und ist seitdem stabil. Auch wenn der aktuelle Wert von 43 Prozent deutlich unter dem Höchststand von 2017 liegt, so bleibt das Unsicherheitsgefühl in Bezug auf die weltweite Lage dennoch relativ hoch, insbesondere im Vergleich zur Wahrnehmung der nationalen Sicherheitslage (vgl. Abbildung 4.3). Ein „Corona-Effekt" ist im Zeitverlauf jedoch nicht zu beobachten.

Abbildung 4.3: Beurteilung der nationalen Sicherheitslage

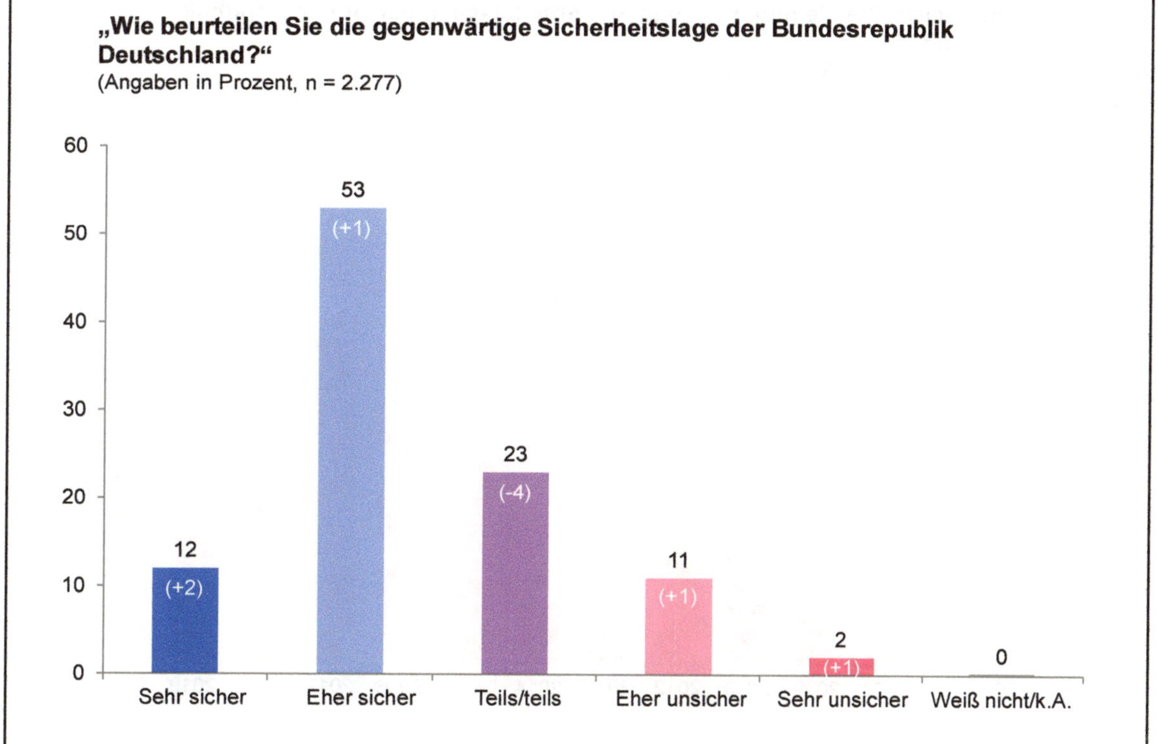

Anmerkungen: Nicht alle Prozentangaben ergeben in der Summe 100 Prozent, da die Einzelwerte gerundet wurden. Veränderungen gegenüber 2019 in Klammern.

Datenbasis: Bevölkerungsbefragungen des ZMSBw 2019 und 2020.

Im Vergleich zur weltweiten Sicherheitslage schätzen die Bürgerinnen und Bürger die Lage in der Bundesrepublik Deutschland deutlich positiver ein (vgl. Abbildung 4.3). Mehr als die Hälfte der Befragten beurteilt die Lage als eher sicher (53 Prozent; +1 Prozentpunkt im Vergleich zu 2019) oder sehr sicher (12 Prozent; +2 Prozentpunkte). Etwas weniger als ein Viertel der Befragten ist geteilter Meinung (23 Prozent; -4 Prozentpunkte), während etwa jeder Zehnte der Auffassung ist, die Lage in Deutschland sei eher unsicher (11 Prozent; +1 Prozentpunkt) oder sehr unsicher (2 Prozent; +1 Prozentpunkt). Insgesamt hat sich die öffentliche Bewertung der Sicherheitslage in Deutschland im Vergleich zum Vorjahr nicht wesentlich verändert und dass, obwohl die Corona-Pandemie alle Lebensbereiche der Menschen betroffen hat und in Deutschland bisher über 9.500 Menschen dem Coronavirus zum Opfer gefallen sind (Stand: 7.10.2020).

Abbildung 4.4: Beurteilung der nationalen Sicherheitslage im Zeitvergleich – Unsicherheitsgefühl

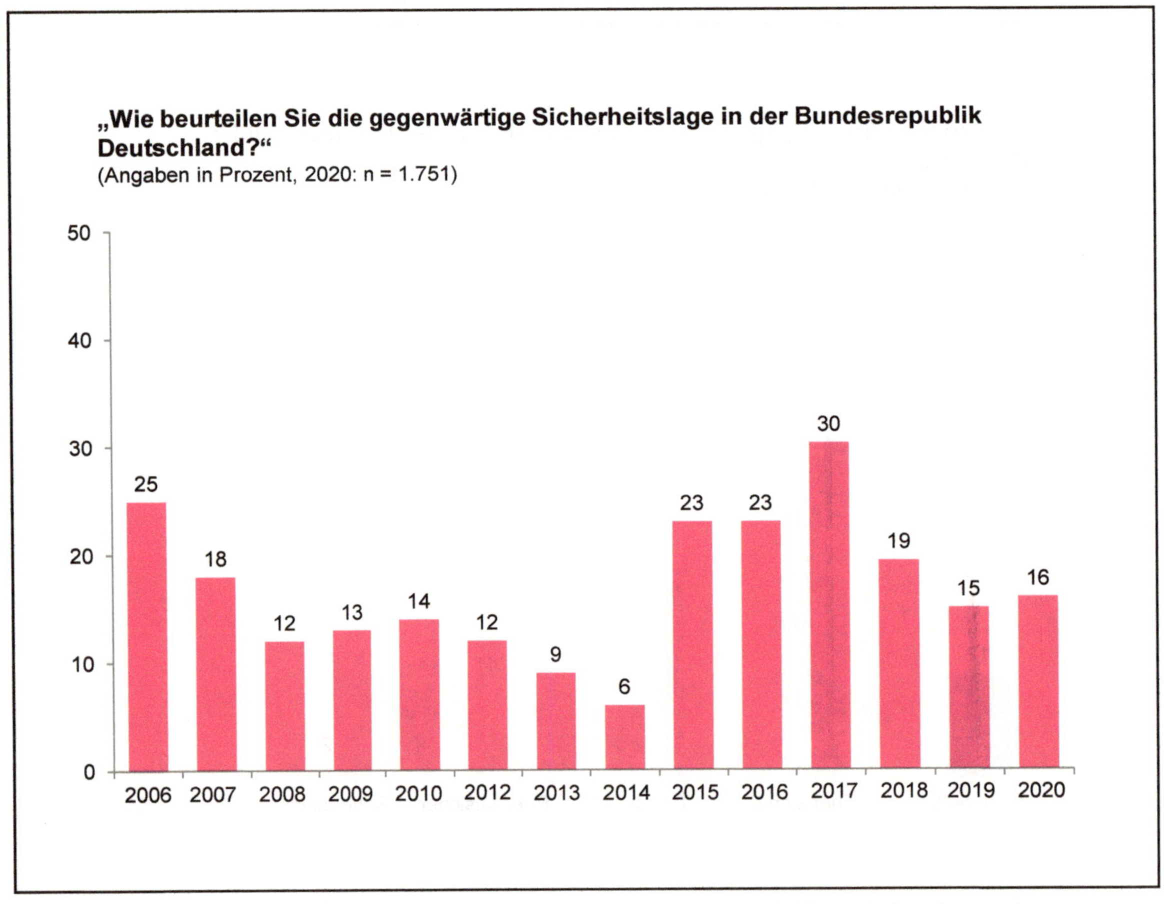

Anmerkungen: Anteile 2006–2013: „Sehr unsicher“, „Unsicher“ und „Eher unsicher“ zusammengefasst; ab 2014: „Sehr unsicher“ und „Eher unsicher“ zusammengefasst, „Teils/teils“ herausgerechnet. 2011 wurde die Frage nicht erhoben.

Datenbasis: Bevölkerungsbefragungen des ZMSBw 2006–2010, 2012–2020.

Die Betrachtung der öffentlichen Wahrnehmung der nationalen Sicherheitslage im Zeitverlauf zeigt, dass sich das Unsicherheitsgefühl im Jahr 2020 im Vergleich zum Vorjahr kaum verändert hat und etwa auf dem durchschnittlichen Niveau der Jahre 2006–2014 liegt (vgl. Abbildung 4.4).[9]

Abbildung 4.5: Beurteilung der persönlichen Sicherheitslage

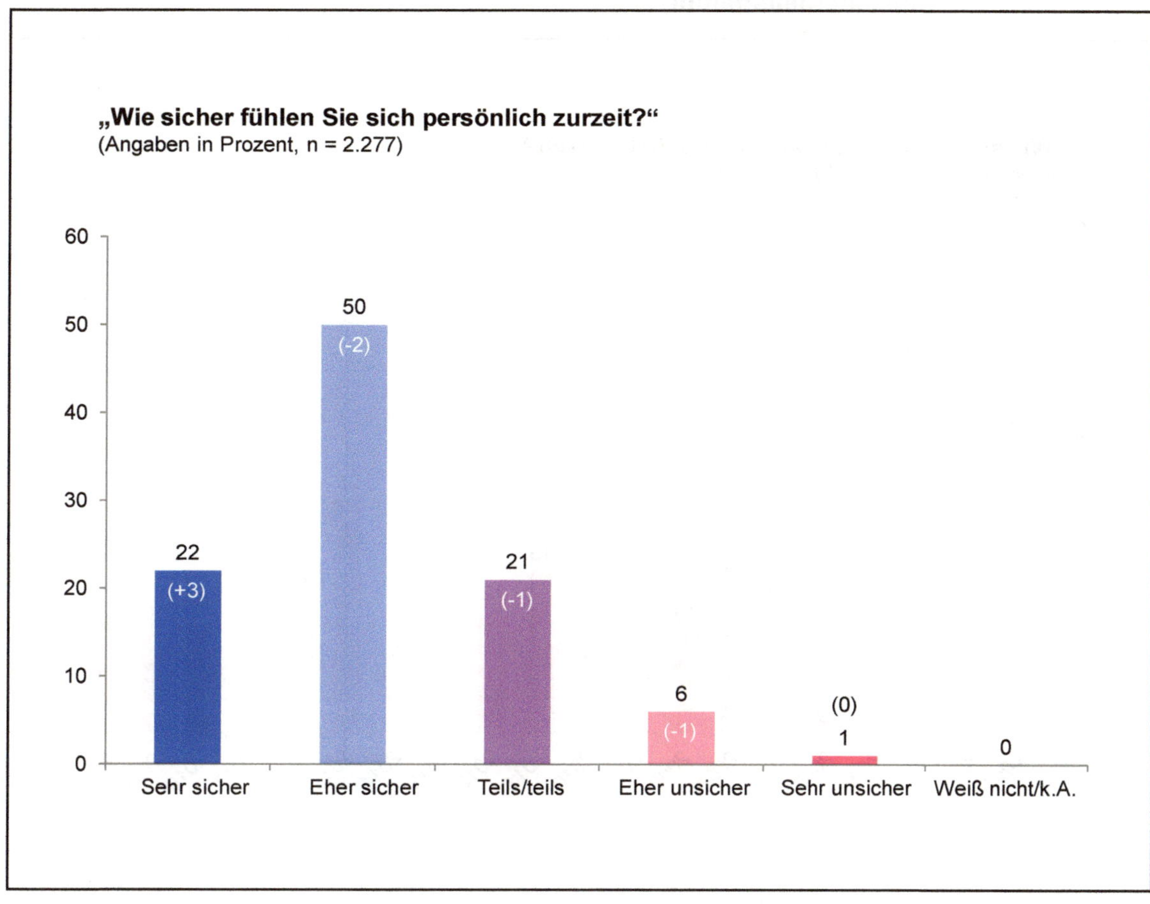

Anmerkungen: Nicht alle Prozentangaben ergeben in der Summe 100 Prozent, da die Einzelwerte gerundet wurden. Veränderungen gegenüber 2019 in Klammern.

Datenbasis: Bevölkerungsbefragungen des ZMSBw 2019 und 2020.

Die Bewertung der persönlichen Sicherheitslage fällt im Vergleich zur weltweiten und nationalen Sicherheitslage sehr viel positiver aus (vgl. Abbildung 4.5). Die Mehrheit der Befragten fühlt sich persönlich sehr sicher (22 Prozent; +3 Prozentpunkte im Vergleich zum Vorjahr) oder eher sicher (50 Prozent; -2 Prozentpunkte). Einer von fünf Befragten hat hingegen ein ambivalentes Sicherheitsgefühl (21 Prozent; -1 Prozentpunkt) und nur

---

9 Aufgrund unterschiedlicher Antwortskalen in den Vorjahren (ab 2014: 5-stufig; zuvor 6-stufig) wurden zu Vergleichszwecken die Befragten der Mittelkategorie (d.h. der Anteil „Teils/teils") für die Jahre 2014 bis 2020 herausgerechnet. Damit gehen in die Analysen noch 2.080 (2014), 1.924 (2015), 1.661 (2016), 1.662 (2017), 1.831 (2018), 1.806 (2019) bzw. 1.751 (2020) Befragte ein. So erklären sich auch die Abweichungen in den relativen Häufigkeiten für 2020 zwischen den Abbildungen 4.3 und 4.4.

wenige fühlen sich persönlich eher unsicher (6 Prozent; -1 Prozentpunkt) oder sehr unsicher (1 Prozent; keine Veränderung).

Abbildung 4.6: Beurteilung der persönlichen Sicherheitslage im Zeitvergleich – Unsicherheitsgefühl

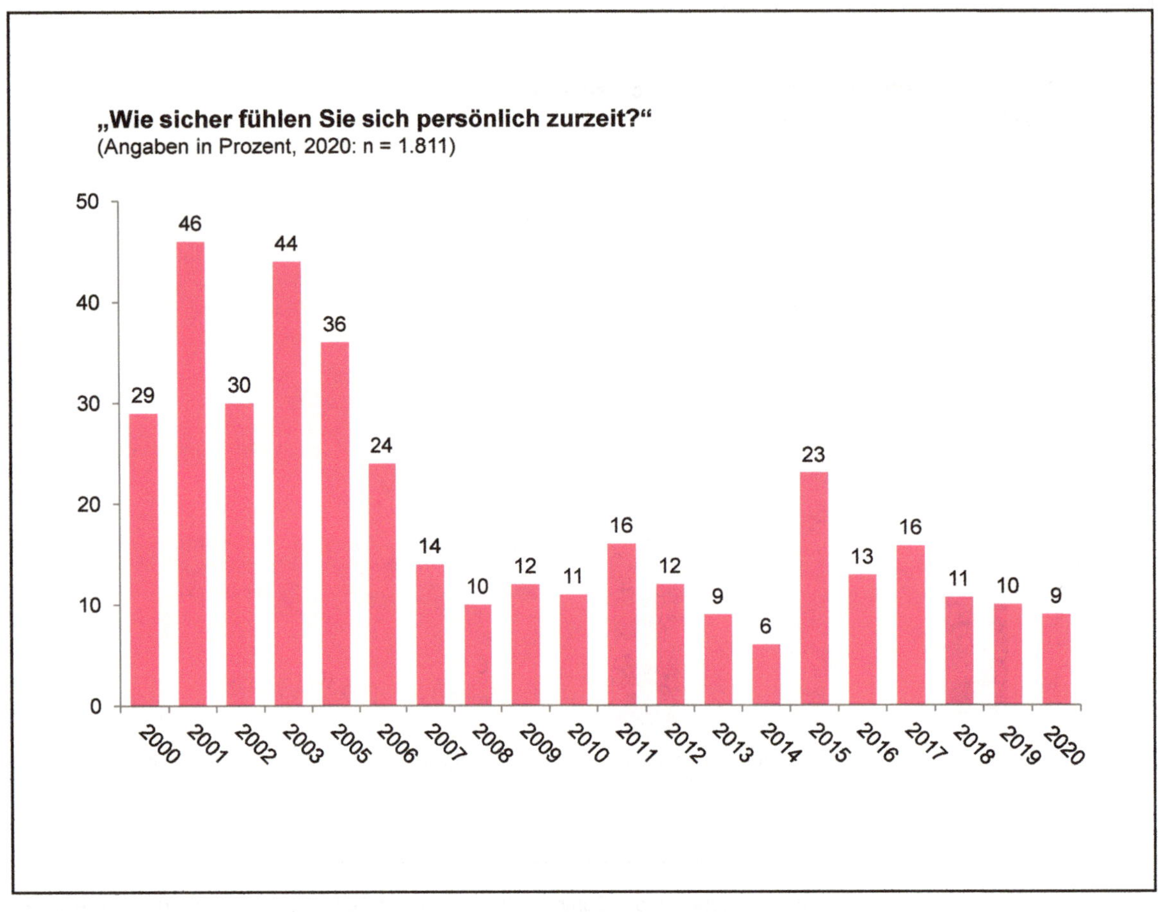

Anmerkungen: Anteile 2000–2013: „Sehr unsicher", „Unsicher" und „Eher unsicher" zusammengefasst; ab 2014: „Sehr unsicher" und „Eher unsicher" zusammengefasst, „Teils/teils" herausgerechnet. 2004 wurde die Frage nicht erhoben.

Datenbasis: Bevölkerungsbefragungen des ZMSBw 2000–2003, 2005–2020.

Im Vergleich zum Vorjahr hat sich auch das persönliche Unsicherheitsgefühl kaum verändert (vgl. Abbildung 4.6) und liegt damit etwas unterhalb des durchschnittlichen Niveaus der Jahre 2008 bis 2014.[10] Seit dem Jahr 2015 ist der Anteil der Befragten, die sich persönlich unsicher fühlen, um 14 Prozentpunkte zurückgegangen. Wird zudem der gesamte Erhebungszeitraum seit dem Jahr 2000 betrachtet, so ist festzustellen, dass das per-

[10] Aufgrund unterschiedlicher Antwortskalen in den Vorjahren (ab 2014: 5-stufig; zuvor 6-stufig) wurden zu Vergleichszwecken die Befragten der Mittelkategorie (d.h. der Anteil „Teils/teils") für die Jahre 2014 bis 2020 herausgerechnet. Damit gehen in die Analysen noch 2.160 (2014), 1.982 (2015), 1.831 (2016), 1.962 (2017), 1.984 (2018), 1.942 (2019) bzw. 1.811 (2020) Befragte ein. So erklären sich auch die Abweichungen in den relativen Häufigkeiten für 2020 zwischen den Abbildungen 4.5 und 4.6.

sönliche Unsicherheitsgefühl im Jahr 2020 vergleichsweise schwach ausgeprägt ist. Somit scheint auch das persönliche Sicherheitsgefühl der Bürgerinnen und Bürger nicht durch die Corona-Pandemie und die Maßnahmen zu deren Bekämpfung zu leiden.

4.4 Sicherheitsempfinden in soziodemografischen Gruppen

Individuelle Sicherheitswahrnehmungen werden durch eine Vielzahl von Faktoren determiniert (Daase 2010; Hummelsheim-Doss 2017; Krasmann et al. 2014). Insbesondere soziodemografische Faktoren spielen eine Rolle. So haben empirische Studien gezeigt, dass Frauen (Nellis 2009; Skitka et al. 2006; Wilcox et al. 2009), Ältere (Goodwin et al. 2005; Skitka et al. 2006), Personen mit geringem Einkommen (Skitka et al. 2006; Wilcox et al. 2009) sowie ethnische Minderheiten und Einwanderer (Eisenman et al. 2009) Bedrohungen eher wahrnehmen und sich entsprechend unsicherer fühlen. Vor diesem Hintergrund erscheint es geboten, zu untersuchen, ob sich die Sicherheitswahrnehmungen in der deutschen Bevölkerung zwischen verschiedenen soziodemografischen Gruppen unterscheiden. Um die Gruppen besser vergleichen zu können, werden im Folgenden Mittelwerte berichtet. Dazu wurden die Antworten der Befragten auf den Wertebereich 0 (sehr unsicher) bis 1 (sehr sicher) umkodiert, sodass ein Mittelwert kleiner als 0,50 ein negatives und ein Mittelwert größer als 0,50 ein positives Sicherheitsempfinden repräsentiert. Die Ergebnisse in Tabelle 4.1 zeigen, dass die persönliche und nationale Sicherheitslage in allen soziodemografischen Gruppen (im Mittel) als sicher empfunden wird, wohingegen die weltweite Sicherheitslage als eher unsicher bewertet wird.

Frauen bewerten die weltweite Sicherheitslage kritischer als Männer. In der Beurteilung der persönlichen und nationalen Sicherheitslage unterscheiden sich Männer und Frauen jedoch nicht. Zwischen den Altersgruppen bestehen keine signifikanten Unterschiede in der Bewertung der nationalen und weltweiten Sicherheitslage, jedoch bewerten ältere Befragte (70 Jahre und älter) die persönliche Sicherheitslage etwas kritischer als die jüngeren Vergleichsgruppen. Mit steigender Bildung verbessert sich das persönliche Sicherheitsgefühl, nicht aber die Bewertung der nationalen und weltweiten Sicherheitslage. Auch mit höherem Haushaltseinkommen wird die persönliche Sicherheitslage positiver beurteilt. Zudem beurteilen Befragte mit geringerem Einkommen (bis 2.000 Euro) die weltweite Sicherheitslage etwas kritischer als die beiden höheren Einkommensgruppen. Signifikante Unterschiede sind auch zwischen den Wählergruppen feststellbar: So bewerten die Anhänger der AfD und der Linken sowie die Gruppe der Nichtwähler die persönliche und die nationale Sicherheitslage weniger positiv als die Anhänger der anderen Parteien. Die weltweite Sicherheitslage wird von allen Wählergruppen (im Mittel) als unsicher bewertet, insbesondere aber von den Anhängern der Linken und den Nichtwählern.

Tabelle 4.1: Sicherheitsempfinden in soziodemografischen Gruppen

„Wie sicher fühlen Sie sich persönlich zurzeit?" / „Wie beurteilen Sie die gegenwärtige Sicherheitslage der Bundesrepublik Deutschland?" / „Wie beurteilen Sie die gegenwärtige Sicherheitslage weltweit?"
(Mittelwerte)

	Persönlich	Deutschland	Weltweit
Insgesamt	0,71	0,65	0,43
Geschlecht	n.s.	n.s.	***
Männer	0,72	0,66	0,44
Frauen	0,71	0,65	0,41
Alter	*	n.s.	n.s.
16 bis 29 Jahre	0,73	0,65	0,44
30 bis 49 Jahre	0,71	0,65	0,43
50 bis 69 Jahre	0,72	0,66	0,42
70 Jahre und älter	0,68	0,65	0,42
Bildungsniveau	*	n.s.	n.s.
Hochschul- bzw. Fachhochschulreife	0,74	0,67	0,43
Realschulabschluss	0,71	0,65	0,44
Hauptschulabschluss	0,69	0,65	0,41
Haushaltsnettoeinkommen pro Monat	***	n.s.	*
4.001 Euro und mehr	0,74	0,67	0,43
2.001 bis 4.000 Euro	0,71	0,65	0,44
Bis 2.000 Euro	0,68	0,65	0,41
Wahlabsicht Bundestagswahl	***	***	**
CDU/CSU	0,73	0,68	0,43
SPD	0,73	0,68	0,45
AfD	0,64	0,58	0,43
FDP	0,76	0,66	0,45
Die Linke	0,69	0,63	0,38
Bündnis 90/Die Grünen	0,74	0,68	0,45
Keine Parteipräferenz, Nichtwähler, w.n./k.A.	0,69	0,62	0,40
Region	*	n.s.	n.s.
Norddeutschland (SH, HH, HB, NI)	0,70	0,66	0,44
Ostdeutschland (MV, BB, BE, ST, SN, TH)	0,69	0,64	0,42
Süddeutschland (BW, BY)	0,74	0,67	0,41
Westdeutschland (NW, RP, HE, SL)	0,71	0,65	0,43
Migrationshintergrund	n.s.	n.s.	n.s.
Ja	0,70	0,65	0,40
Nein	0,72	0,65	0,43

Anmerkungen: Alle Variablen haben einen Wertebereich von [0 – sehr unsicher; 1 – sehr sicher]. Analyseverfahren: Varianzanalysen, Signifikanzniveau: *** $p < 0{,}001$; ** $p < 0{,}01$; * $p < 0{,}05$; n.s. = nicht signifikant ($p \geq 0{,}05$). Der Signifikanztest für die Varianzanalyse gibt an, ob sich der Mittelwert mindestens einer Gruppe von dem Mittelwert mindestens einer anderen Gruppe unterscheidet.

Datenbasis: Bevölkerungsbefragung des ZMSBw 2020.

Des Weiteren unterscheidet sich die persönliche Sicherheitswahrnehmung statistisch signifikant nach Region: So fühlen sich die Bürgerinnen und Bürger in Süddeutschland persönlich sicherer als jene in anderen Regionen. Die nationale und weltweite Sicherheitslage wird in allen Regionen annähernd gleich bewertet. Zwischen Personen mit und ohne Migrationshintergrund bestehen in der Bewertung der persönlichen, nationalen und weltweiten Sicherheitslage keine statistisch signifikanten Unterschiede.

Festzuhalten ist, dass sich insbesondere Befragte in höherem Alter (70 Jahre und älter), mit einer Wahlabsicht für die AfD, niedrigem Einkommen (bis 2.000 Euro), geringerer Bildung oder Wohnsitz in Ostdeutschland persönlich weniger sicher fühlen als die jeweiligen Vergleichsgruppen. Insofern lassen sich diese Teilgruppen der deutschen Bevölkerung durch eine stärker ausgeprägte subjektive Vulnerabilität charakterisieren. Hinsichtlich der positiven Bewertung der nationalen Sicherheitslage und der kritischen Bewertung der weltweiten Sicherheitslage herrscht weitestgehend Einigkeit in der Bevölkerung.

4.5 Persönliche Bedrohungswahrnehmungen

Zusätzlich zur Beurteilung der Sicherheitslage wurden die Teilnehmerinnen und Teilnehmer gebeten, anzugeben, inwieweit sie bestimmte Faktoren als Bedrohung für ihre persönliche Sicherheit empfinden. Wie Tabelle 4.2 veranschaulicht, herrscht in der Bevölkerung ein differenziertes Bewusstsein für die verschiedenen Risikofaktoren, die die persönliche Sicherheitslage beeinflussen können. Eine mögliche Ansteckung mit dem Coronavirus (44 Prozent) und die weltweite Ausbreitung einer gefährlichen Krankheit oder Seuche (44 Prozent) werden zwar von einem großen Teil der Befragten als Bedrohung der persönlichen Sicherheit wahrgenommen, aber die drei größten Risikofaktoren sind steigende Preise (48 Prozent), der weltweite Klimawandel (46 Prozent) und die Zuwanderung nach Deutschland (45 Prozent). Diese Bedrohungsfaktoren belegen bereits seit Jahren die Spitzenplätze in der ZMSBw-Bevölkerungsbefragung. Insbesondere das Bedrohungsgefühl durch den weltweiten Klimawandel hat jedoch im Vergleich zum Vorjahr deutlich abgenommen (-8 Prozentpunkte).

Zu den ökologischen Risikofaktoren gehören neben der weltweiten Ausbreitung einer gefährlichen Krankheit oder Seuche, der Ansteckung mit dem Coronavirus oder dem weltweiten Klimawandel auch große Naturkatastrophen, wie z.B. schwere Stürme oder Überschwemmungen und ein möglicher Störfall in einem Atomkraftwerk. Diese Risikofaktoren stehen jedoch weniger im Fokus der öffentlichen Debatte. Während große Naturkatastrophen von einem Drittel der Umfrageteilnehmerinnen und -teilnehmer als persönliche Bedrohung empfunden werden (33 Prozent; -1 Prozentpunkt im Vergleich zum

Vorjahr), fühlt sich nur etwas mehr ein Fünftel durch einen möglichen Störfall in einem Atomkraftwerk bedroht (22 Prozent; -4 Prozentpunkte).

Tabelle 4.2: Wahrgenommene Bedrohungen der persönlichen Sicherheitslage

„Inwieweit fühlen Sie sich persönlich zurzeit durch folgende Faktoren bedroht?"
(Angaben in Prozent, n = 2.277)

	Bedroht[1]	Teils/teils	Nicht bedroht[2]	Trifft nicht zu/ W.n./k.A.	Vgl. 2019 Bedroht[1]
Steigende Preise	48	26	26	0	-2
Weltweiter Klimawandel durch die globale Erwärmung	46	28	26	0	-8
Zuwanderung nach Deutschland	45	28	27	0	-3
Weltweite Ausbreitung einer gefährlichen Krankheit oder Seuche	44	31	26	0	2018: +30[3]
Ansteckung mit dem Coronavirus	44	26	30	0	Neu
Unzureichende finanzielle Absicherung im Alter	37	23	37	2	+2
Religiöser Fundamentalismus in Deutschland	34	29	36	1	-6
Große Naturkatastrophen wie z.B. schwere Stürme oder Überschwemmungen	33	29	38	0	-1
Weltweites militärisches Wettrüsten	31	30	38	2	-7
Terroranschläge in Deutschland	31	30	38	1	-6
Fremdenfeindlichkeit in Deutschland	27	29	44	1	-5
Verbreitung von falschen Informationen über die Medien oder das Internet (Fake News)	24	28	47	1	0
Kriminalität im Internet	23	28	49	1	Neu
Kriminalität in meinem Umfeld	22	28	50	0	-2
Störfall in einem Atomkraftwerk	22	25	51	1	-4
Verlust des eigenen Arbeitsplatzes bzw. Schwierigkeit, einen Arbeitsplatz zu finden	22	19	48	10	+8
Spannungen zwischen Europa und den USA	21	32	46	1	Neu
Internetangriff auf die Infrastruktur in Deutschland	19	27	51	3	-3
Spannungen zwischen dem Westen und Russland	17	31	51	2	-5
Konflikt im Irak und Syrien	17	25	57	1	-5
Zerfall der EU	15	26	58	2	-2
Krieg in Europa	15	21	63	1	0

Anmerkungen: Nicht alle Prozentangaben ergeben in der Summe 100 Prozent, da die Einzelwerte gerundet wurden. 1) Anteile „Stark bedroht" und „Eher bedroht" wurden zusammengefasst; 2) Anteile „Überhaupt nicht bedroht" und „Eher nicht bedroht" wurden zusammengefasst. W.n./k.A.: Weiß nicht/keine Angabe. 3) Das Item wurde zuletzt 2018 abgefragt.

Datenbasis: Bevölkerungsbefragungen des ZMSBw 2018–2020.

Innenpolitische Sicherheitsrisiken wie die Kriminalität im persönlichen Umfeld (22 Prozent; -2 Prozentpunkte im Vergleich zum Vorjahr), religiöser Fundamentalismus in Deutschland (34 Prozent; -6 Prozentpunkte), Terroranschläge in Deutschland (31 Prozent; -6 Prozentpunkte) und Fremdenfeindlichkeit (27 Prozent; -5 Prozentpunkte) werden von deutlich weniger Befragten als Bedrohung der persönlichen Sicherheit empfunden als im Vorjahr und liegen inzwischen nur noch im Mittelfeld.

Mögliche Gefahren aus dem Cyber- und Informationsraum wie die Verbreitung von Falschinformationen über die Medien oder das Internet (24 Prozent; keine Veränderung zum Vorjahr), Kriminalität im Internet (23 Prozent; neu) sowie Internetangriffe auf die Infrastruktur in Deutschland (19 Prozent; -3 Prozentpunkte) gehören ebenfalls zu den weniger prominenten Bedrohungsfaktoren für die persönliche Sicherheit.

Die geringste Bedrohung stellen aus Sicht der Bürgerinnen und Bürger jedoch außenpolitische Risiken dar, wie Spannungen zwischen Europa und den USA (21 Prozent; neu), der Konflikt im Irak und Syrien (17 Prozent; -5 Prozentpunkte im Vergleich zum Vorjahr), Spannungen zwischen dem Westen und Russland (17 Prozent; -5 Prozentpunkte), der Zerfall der Europäischen Union (15 Prozent; -2 Prozentpunkte) oder Krieg in Europa (15 Prozent; keine Veränderung zum Vorjahr). Eine Ausnahme ist „weltweites militärisches Wettrüsten“, das von nahezu einem Drittel der Befragten als persönliche Bedrohung empfunden wird (31 Prozent; -7 Prozentpunkte) und somit aus Sicht der Bürgerinnen und Bürger die aktuell größte außenpolitische Bedrohung für die eigene Sicherheit darstellt.

Insgesamt lässt sich mit Blick auf Tabelle 4.2 ein deutliches Muster erkennen: Im Vergleich zum Vorjahr werden alle Risikofaktoren entweder als weniger oder als gleich bedrohlich empfunden, außer jene, die mit der Corona-Krise assoziiert sind. Hierzu gehören nicht nur die unmittelbare gesundheitliche Gefahr einer Ansteckung mit dem Coronavirus, sondern auch die mit der Bekämpfung der Pandemie verbundenen ökonomischen Risiken, wie der Verlust des eigenen Arbeitsplatzes bzw. Schwierigkeiten einen Arbeitsplatz zu finden (22 Prozent; +8 Prozentpunkte) und die Sorge vor einer unzureichenden finanziellen Absicherung im Alter (37 Prozent; +2 Prozentpunkte). Eine Umfrage des US-amerikanischen Umfrageinstituts Pew Research Center dokumentiert für Deutschland ebenfalls einen starken Anstieg der ökonomischen Sorgen (Pew Research Center 2020). Hier scheint sich die Sorge der Menschen vor den wirtschaftlichen Folgen der Corona-Pandemie widerzuspiegeln. Diese Einschätzung wird von einer Umfrage im Auftrag des Centrums für Strategie und Höhere Führung (2020) gestützt, deren Ergebnisse zeigen, dass den Bürgerinnen und Bürgern im Zusammenhang mit der Corona-Pandemie vor allem die möglichen (persönlichen) wirtschaftlichen Auswirkungen Sorgen bereiten. Auch die Autoren der Umfragestudie „Die Ängste der Deutschen 2020“ kommen zu einem ähnlichen Schluss: „Nach unseren Erkenntnissen haben die Menschen aber deutlich mehr Angst davor, dass das Virus ihren Wohlstand bedroht als ihre Gesundheit“ (R+V 2020).[11]

---

[11] Laut R+V-Umfrage „Die Ängste der Deutschen 2020“ geben nur 32 Prozent der Befragten an, sich vor einer Ansteckung mit dem Coronavirus zu fürchten, während 48 Prozent (+13 Prozentpunkte im Vergleich zu 2019) eine schlechtere Wirtschaftslage und 40 Prozent (+12 Prozentpunkte) eine höhere Arbeitslosigkeit in Deutschland befürchten (R+V 2020).

4.6 Bedrohungswahrnehmungen in soziodemografischen Gruppen

Analog zum Sicherheitsempfinden wurde untersucht, ob sich die Bedrohungswahrnehmungen zwischen den verschiedenen soziodemografischen Gruppen statistisch signifikant unterscheiden. Da eine separate Betrachtung aller 22 Bedrohungsfaktoren weder zielführend noch praktisch darstellbar ist, werden diese in fünf thematische Blöcke zusammengefasst: 1) Außenpolitik; 2) Innenpolitik; 3) Ökonomie; 4) Ökologie; 5) Cyber- und Informationsraum (vgl. Tabelle 4.3).[12]

Tabelle 4.3: Thematische Kategorisierung der wahrgenommenen Bedrohungsfaktoren

Außenpolitik	Innenpolitik	Ökonomie	Ökologie	Cyber- und Informationsraum
Weltweites militärisches Wettrüsten Spannungen zwischen Europa und den USA Konflikt im Irak und in Syrien Spannungen zwischen dem Westen und Russland Zerfall der EU Krieg in Europa	Zuwanderung Religiöser Fundamentalismus Terroranschläge Fremdenfeindlichkeit Kriminalität in meinem Umfeld	Steigende Preise Altersarmut Arbeitslosigkeit	Ansteckung mit dem Coronavirus Pandemie Klimawandel Naturkatastrophen Störfall in einem Atomkraftwerk	Verbreitung von Falschinformationen Kriminalität im Internet Internetangriff auf die Infrastruktur in Deutschland

Datenbasis: Bevölkerungsbefragung des ZMSBw 2020.

Um die verschiedenen soziodemografischen Gruppen besser miteinander vergleichen zu können, werden erneut Mittelwerte berichtet. Dazu wurden die Antworten der Befragten umkodiert, sodass ein hoher Mittelwert ein hohes Bedrohungsempfinden (Maximalwert 1) und ein niedriger Wert ein geringes Bedrohungsgefühl (Minimalwert 0) repräsentiert. Tabelle 4.4 zeigt, dass in allen soziodemografischen Gruppen (im Mittel) ökologische Risikofaktoren insgesamt als größte Bedrohung für die persönliche Sicherheit wahrgenommen werden (Mittelwert: 0,51), gefolgt von ökonomischen (0,49) und innenpolitischen (0,47) Faktoren sowie Gefahren aus dem Cyber- und Informationsraum (0,39). Am geringsten fühlen sich die Bürgerinnen und Bürger in ihrer persönlichen Sicherheit durch außenpolitische Faktoren bedroht (0,38).

[12] Aus den einzelnen Bedrohungsitems wurden entsprechend der thematischen Kategorisierung (vgl. Tabelle 4.3) Mittelwertindizes berechnet. Die thematische Gruppierung der Bedrohungsperzeptionen erscheint auch empirisch gerechtfertigt, da alle Bedrohungsskalen eine annehmbare bis gute Reliabilität aufweisen (Cronbachs alpha): Außenpolitik (0,84); Innenpolitik (0,77); Ökonomie (0,70); Ökologie (0,75); Cyber- und Informationsraum (0,78).

Tabelle 4.4: Bedrohungswahrnehmungen in soziodemografischen Gruppen

Bedrohungen nach thematischen Kategorien (Mittelwerte)					
	Außen-Politik	Innen-Politik	Ökonomie	Ökologie	Cyber
Insgesamt	0,38	0,47	0,49	0,51	0,39
Geschlecht	n.s.	n.s.	n.s.	***	n.s.
Männer	0,38	0,47	0,48	0,49	0,40
Frauen	0,39	0,47	0,50	0,53	0,39
Alter	***	*	***	***	***
16 bis 29 Jahre	0,35	0,46	0,51	0,48	0,43
30 bis 49 Jahre	0,39	0,49	0,52	0,50	0,43
50 bis 69 Jahre	0,38	0,46	0,48	0,51	0,38
70 Jahre und älter	0,41	0,49	0,43	0,55	0,31
Bildungsniveau	*	n.s.	*	*	***
Hochschul- bzw. Fachhochschulreife	0,39	0,46	0,47	0,49	0,43
Realschulabschluss	0,40	0,49	0,51	0,52	0,41
Hauptschulabschluss	0,37	0,47	0,49	0,52	0,34
Haushaltsnettoeinkommen pro Monat	***	***	***	***	n.s.
4.001 Euro und mehr	0,36	0,43	0,41	0,46	0,39
2.001 bis 4.000 Euro	0,38	0,48	0,49	0,51	0,40
Bis 2.000 Euro	0,42	0,50	0,54	0,55	0,39
Wahlabsicht Bundestagswahl	n.s.	***	*	***	n.s.
CDU/CSU	0,39	0,49	0,48	0,52	0,40
SPD	0,38	0,45	0,46	0,52	0,36
AfD	0,37	0,56	0,51	0,41	0,41
FDP	0,42	0,47	0,48	0,48	0,41
Die Linke	0,41	0,50	0,51	0,57	0,40
Bündnis 90/Die Grünen	0,39	0,45	0,52	0,54	0,41
Keine Parteipräferenz, Nichtwähler, w.n./k.A.	0,37	0,45	0,49	0,50	0,40
Region	***	***	***	*	***
Norddeutschland (SH, HH, HB, NI)	0,41	0,47	0,46	0,53	0,42
Ostdeutschland (MV, BB, BE, ST, SN, TH)	0,43	0,53	0,52	0,52	0,44
Süddeutschland (BW, BY)	0,36	0,45	0,52	0,51	0,37
Westdeutschland (NW, RP, HE, SL)	0,36	0,46	0,46	0,50	0,37
Migrationshintergrund	n.s.	n.s.	**	*	n.s.
Ja	0,36	0,45	0,54	0,48	0,39
Nein	0,39	0,47	0,48	0,51	0,39

Anmerkungen: Alle Variablen haben einen Wertebereich von [0 – überhaupt nicht bedroht; 1 – stark bedroht]. Analyseverfahren: Varianzanalysen, Signifikanzniveau: *** $p < 0{,}001$; ** $p < 0{,}01$; * $p < 0{,}05$; n.s. = nicht signifikant ($p \geq 0{,}05$). Der Signifikanztest für die Varianzanalyse gibt an, ob sich der Mittelwert mindestens einer Gruppe von dem Mittelwert mindestens einer anderen Gruppe unterscheidet.

Datenbasis: Bevölkerungsbefragung des ZMSBw 2020.

Durch außenpolitische Risikofaktoren fühlen sich jüngere Befragte (16 bis 29 Jahre), Personen mit Hauptschulabschluss sowie die Bürgerinnen und Bürger in Süd- und Westdeutschland im Durchschnitt weniger stark in ihrer persönlichen Sicherheit bedroht als die jeweiligen Vergleichsgruppen. Die Sorge vor außenpolitischen Gefahren sinkt zudem kontinuierlich mit steigendem Haushaltseinkommen. Zwischen den Wählergruppen, Männern und Frauen sowie Befragten mit und ohne Migrationshintergrund bestehen keine signifikanten Unterschiede in der Wahrnehmung außenpolitischer Risiken.

Das Bedrohungsgefühl durch wahrgenommene innenpolitische Risikofaktoren, wie Zuwanderung, Terrorismus oder Kriminalität im persönlichen Umfeld, ist bei den Bürgerinnen und Bürgern in Ostdeutschland und bei den Anhängern der AfD im Durchschnitt stärker ausgeprägt als in den jeweiligen Vergleichsgruppen. Mit steigendem Haushaltseinkommen sinkt dagegen die wahrgenommene Bedrohung der persönlichen Sicherheit durch innenpolitische Risikofaktoren signifikant.

Auch zwischen den Altersgruppen bestehen statistisch signifikante Wahrnehmungsunterschiede, aber diese folgen keinem bestimmten Muster. Zwischen den Gruppen unterschiedlicher Bildung sowie Männern und Frauen existieren keine signifikanten Differenzen in der Wahrnehmung der innenpolitischen Risikofaktoren.

Das Bedrohungsgefühl durch mögliche ökonomische Risikofaktoren, wie Inflation, Arbeitslosigkeit oder Altersarmut, unterscheidet sich mit Ausnahme der Geschlechter zwischen allen untersuchten Teilgruppen statistisch signifikant. Insbesondere ältere Menschen (70 Jahre und älter), Befragte mit einem höheren Bildungsniveau und ohne Migrationshintergrund sehen ihre eigene Sicherheit weniger stark durch ökonomische Faktoren bedroht als die entsprechenden Vergleichsgruppen. Die Sorge vor ökonomischen Risiken nimmt zudem signifikant mit steigendem Haushaltseinkommen ab. Im Vergleich der Regionen fällt auf, dass sich die Bürgerinnen und Bürger in Ost- und Süddeutschland stärker durch Arbeitslosigkeit, steigende Preise und Altersarmut bedroht fühlen als jene in Nord- oder Westdeutschland. Die Wahrnehmungsunterschiede zwischen den Wählergruppen sind zwar ebenfalls statistisch signifikant, insgesamt aber nur schwach ausgeprägt. Auffällig ist, dass sich die Anhänger der SPD am wenigsten von ökonomischen Risiken bedroht fühlen.

Ökologische Bedrohungsfaktoren wie der globale Klimawandel oder die Ansteckung mit dem Coronavirus stellen für die Mehrheit der untersuchten soziodemografischen Teilgruppen die größte Sorge dar. Die Sorge vor ökologischen Risiken steigt dabei mit dem Alter und sinkt mit höherem Haushaltseinkommen sowie höherer Bildung. Zudem fühlen sich Frauen in ihrer persönlichen Sicherheit stärker von ökologischen Gefahren bedroht als Männer. Mit Blick auf die Wählergruppen fällt auf, dass die wahrgenommene Bedrohung durch ökologische Risiken bei den Anhängern der AfD am schwächsten ausgeprägt ist. Marginale Wahrnehmungsunterschiede bestehen zudem zwischen den Regionen und Befragten mit und ohne Migrationshintergrund.

Die Sorge vor möglichen Gefahren aus dem Cyber- und Informationsraum, wie z.B. Kriminalität im Internet oder die Verbreitung von Fake News, nimmt mit steigendem Alter und geringerer Bildung sukzessive ab und ist in Süd- und Westdeutschland weniger stark ausgeprägt als in Ost- oder Norddeutschland. Zwischen Männern und Frauen, den Einkommens- und Wählergruppen sowie Befragten mit und ohne Migrationshintergrund bestehen keine statistisch signifikanten Wahrnehmungsunterschiede.

4.7 Die Beziehung zwischen Bedrohungswahrnehmungen und Sicherheitsempfinden

Sicherheit wurde eingangs definiert als ein Zustand, der durch die Abwesenheit von Bedrohungen oder Gefahren gekennzeichnet ist. Deshalb soll nachfolgend untersucht werden, welche Beziehung die fünf Bedrohungswahrnehmungen (vgl. Tabelle 4.3) zur Beurteilung der persönlichen, der nationalen und der weltweiten Sicherheitslage aufweisen. Überprüft werden soll die grundlegende Hypothese, dass eine stärkere Wahrnehmung von Bedrohungen mit einem negativeren Sicherheitsempfinden einhergeht. Dabei ist jedoch zu berücksichtigen, dass die Bedrohungswahrnehmungen explizit als Bedrohungen für die persönliche Sicherheit erfasst wurden. Deshalb ist davon auszugehen, dass die Beziehung zu den beiden anderen Bewertungsebenen stetig abnimmt, d.h. je mehr sich die vom Befragten zu bewertende Sicherheitslage (national, weltweit) vom „persönlichen" Kontext entfernt, umso schwächer wird die Beziehung zu den erhobenen „persönlichen" Sicherheitsbedrohungen.

Tabelle 4.5: Bivariate Korrelationen zwischen Bedrohungswahrnehmungen und Sicherheitsempfinden

	Persönliche Sicherheitslage	Nationale Sicherheitslage	Weltweite Sicherheitslage
Bedrohungswahrnehmungen			
Außenpolitik	-0,34***	-0,28***	-0,08***
Innenpolitik	-0,38***	-0,28***	-0,05*
Ökonomie	-0,28***	-0,20***	-0,15***
Ökologie	-0,23***	-0,15***	-0,17***
Cyber- & Informationsraum	-0,25***	-0,19***	0,02[n.s.]

Anmerkungen: Analyseverfahren: Bivariate Korrelation. Angegebene Werte: Pearson Korrelationskoeffizienten. Signifikanzniveau: *** p < 0,001; ** p < 0,01; * p < 0,05; n.s. = nicht signifikant (p ≥ 0,05).

Datenbasis: Bevölkerungsbefragung des ZMSBw 2020.

Die Ergebnisse in Tabelle 4.5 bestätigen die grundlegende Hypothese, dass eine stärkere Wahrnehmung von Gefahren mit einer negativeren Bewertung der Sicherheit einhergeht. Des Weiteren zeigt sich: Der Zusammenhang zwischen den wahrgenommenen Bedrohungen für die persönliche Sicherheit und den zu bewertenden Sicherheitslagen wird mit zunehmender Distanz zum persönlichen Sicherheitskontext der Befragten schwächer.

Das persönliche Sicherheitsempfinden der Befragten weist die stärkste Beziehung zu den wahrgenommenen innenpolitischen Bedrohungsfaktoren wie Zuwanderung nach Deutschland oder Terroranschlägen in Deutschland auf. Überraschend stark fällt die Beziehung zwischen der Wahrnehmung möglicher außenpolitischer Bedrohungen und der Bewertung der persönlichen Sicherheitslage aus. Dieser Befund scheint zunächst im Widerspruch zum Ergebnis der bivariaten Analyse der Bedrohungsperzeptionen zu stehen (vgl. Tabelle 4.4), dass außenpolitische Faktoren von der Bevölkerung im Mittel weniger stark als Bedrohung für die persönliche Sicherheit gesehen werden als die anderen Bedrohungsfaktoren. Es ist jedoch wichtig, zwischen dem Niveau bzw. der Ausprägung und dem Zusammenhang von Variablen zu unterscheiden. Während außenpolitische Faktoren also insgesamt weniger stark als Bedrohung empfunden werden (Ausprägung), so weisen sie – als thematischer Block – dennoch einen vergleichsweise starken Bezug (Zusammenhang) zur Beurteilung der persönlichen Sicherheitslage auf. Ebenfalls unerwartet ist der vergleichsweise schwache Zusammenhang zwischen der Bewertung der persönlichen Sicherheitslage und der Wahrnehmung ökologischer Risiken. Jedoch könnten genau diese beiden unerwarteten Zusammenhänge erklären, warum sich trotz der Corona-Pandemie die Bewertung der persönlichen Sicherheitslage der Bürgerinnen und Bürger im Vergleich zum Vorjahr in ihrer Ausprägung kaum verändert hat (vgl. Abbildung 4.5): Die Wahrnehmung außenpolitischer Bedrohungen, die in einem stärkeren Zusammenhang zum persönlichen Sicherheitsgefühl stehen, ist gegenüber dem Vorjahr zurückgegangen, während die Wahrnehmung ökologischer Risiken, die in einem schwächeren Zusammenhang zum persönlichen Sicherheitsempfinden stehen, tendenziell zugenommen hat (vgl. Tabelle 4.2) – im Ergebnis hat sich nicht viel verändert. Dieser Logik folgend ist auch die starke Beziehung zwischen der Wahrnehmung innenpolitischer Bedrohungen und dem persönlichen Sicherheitsgefühl zu berücksichtigen, denn im Vergleich zum Vorjahr werden auch die innenpolitischen Risiken etwas weniger stark als Bedrohung wahrgenommen (vgl. Tabelle 4.2). Darüber hinaus wird das persönliche Sicherheitsgefühl durch eine stärkere Wahrnehmung ökonomischer und „digitaler" Risikofaktoren beeinträchtigt.

Die Beurteilung der nationalen Sicherheitslage steht am stärksten in Beziehung zur Wahrnehmung außen- und innenpolitischer Risikofaktoren, gefolgt von ökonomischen Bedrohungen sowie Risiken aus dem Cyber- und Informationsraum. Erneut weisen die ökologischen Bedrohungen den vergleichsweise schwächsten Zusammenhang zur Bewertung der (nationalen) Sicherheitslage auf. Anders verhält es sich dagegen bei der Bewertung der weltweiten Sicherheitslage, denn diese weist die stärkste Beziehung zur Wahrnehmung ökologischer Bedrohungen auf, dicht gefolgt von ökonomischen Risiken. Der Zusammenhang mit der Wahrnehmung innen- und außenpolitischer Bedrohungen ist dagegen sehr schwach ausgeprägt. Zwischen der Wahrnehmung von Gefahren aus dem Cyber- und Informationsraum und der Bewertung der weltweiten Sicherheitslage besteht gar kein Zusammenhang. Diese Befunde lassen den Schluss zu, dass die Corona-Pandemie und ihre ökonomischen Folgen von den Bürgerinnen und Bürgern eher als ein Risiko betrachtet werden, das im Zusammenhang mit der weltweiten Sicherheitslage steht und weniger mit der persönlichen oder nationalen Sicherheitslage.

4.8 Der Einfluss von Bedrohungsperzeptionen auf die wahrgenommene Wichtigkeit der Bundeswehr

Wie eingangs erwähnt, erfüllt die Bundeswehr im Rahmen der gesamtstaatlichen Sicherheitsvorsorge eine Vielzahl von Aufgaben im In- und Ausland, die zum Schutz der Bürgerinnen und Bürger vor unterschiedlichen Bedrohungen beitragen. Kurzum: Die Bundeswehr schützt vor Bedrohungen. Vor diesem Hintergrund soll folgende Hypothese überprüft werden: Je stärker die Wahrnehmung von Bedrohungen, deren Bekämpfung grundsätzlich zum Aufgabenbereich der Bundeswehr zählt, desto stärker ist die Überzeugung, dass die Bundeswehr für Deutschland wichtig ist.

In der ZMSBw-Bevölkerungsbefragung wurden insgesamt 22 Risikofaktoren für die persönliche Sicherheit erfasst (vgl. Tabelle 4.2). Nicht alle Bedrohungsfaktoren fallen in den Zuständigkeitsbereich der Bundeswehr, wie z.B. steigende Preise oder Kriminalität im Internet. Bedrohungsfaktoren mit fehlendem Bezug zu den Aufgaben der Bundeswehr werden in der nachfolgenden Analyse nicht berücksichtigt. Grundsätzlich lassen sich zwei Gruppen relevanter Bedrohungsfaktoren voneinander unterscheiden: die Faktoren, die einen direkten Inlandsbezug aufweisen und die ohne direkten Inlandsbezug (vgl. Tabelle 4.6). Die zwei Gruppen von Bedrohungsperzeptionen werden in zwei Indexvariablen zusammengefasst, die einen Wertebereich von 0 (schwaches Bedrohungsgefühl) bis 1 (starkes Bedrohungsgefühl) haben.[13]

---

[13] Die Indexvariablen „Sicherheitsbedrohungen mit direktem Inlandsbezug“ (Cronbachs alpha = 0,73) und „Sicherheitsbedrohungen ohne direkten Inlandsbezug“ (Cronbachs alpha = 0,78) weisen eine gute Reliabilität auf.

Tabelle 4.6: Wahrgenommene Sicherheitsbedrohungen im Aufgabenbereich der Bundeswehr

Sicherheitsbedrohungen *ohne* direkten Inlandsbezug	Sicherheitsbedrohungen *mit* direktem Inlandsbezug
Weltweites militärisches Wettrüsten	Ansteckung mit dem Coronavirus[14]
Konflikt im Irak und in Syrien	Pandemie
Spannungen zwischen dem Westen und Russland	Naturkatastrophen
Krieg in Europa	Zuwanderung nach Deutschland[15]
	Terroranschläge in Deutschland

Datenbasis: Bevölkerungsbefragung des ZMSBw 2020.

Ziel der nachfolgenden Analyse ist es, den Einfluss der Bedrohungsperzeptionen auf die Einschätzung, wie wichtig die Bundeswehr für Deutschland ist, zu bestimmen. Hierzu wurde eine Reihe von linearen multiplen Regressionsanalysen durchgeführt, die es ermöglichen, Zusammenhänge zwischen mehreren unabhängigen (erklärenden) Variablen und einer abhängigen (zu erklärenden) Variable zu bestimmen. Als abhängige Variable dient die Antwort der Befragten auf die Frage „Wie wichtig ist die Bundeswehr Ihrer Meinung nach für Deutschland?". Die Antworten wurden auf den Wertebereich 0 (sehr unwichtig) bis 1 (sehr wichtig) umkodiert. Zentraler Teil von Regressionsanalysen sind die Regressionskoeffizienten für jede einzelne im Modell berücksichtigte unabhängige Variable. Diese Koeffizienten geben an, ob und wenn ja, wie stark und in welcher Weise (positiv oder negativ) sich ein Erklärungsfaktor auf die abhängige Variable auswirkt (vgl. Methodenanhang, Abschnitt 3.4). Neben dem Einfluss der Bedrohungsperzeptionen ist der Einfluss weiterer Variablen zu berücksichtigen. Es ist anzunehmen, dass die empfundene Wichtigkeit der Bundeswehr positiv durch das Interesse für Verteidigungspolitik, die Verbundenheit mit Deutschland, die Wahrnehmung positiver Medienberichterstattung über die Bundeswehr und die grundlegende Einstellung zur Bundeswehr beeinflusst wird.

Insgesamt wurden vier Modelle berechnet (vgl. Tabelle 4.7). Die Modelle I–III berücksichtigen immer den Einfluss der soziodemografischen Kontrollvariablen sowie einer Gruppe von Erklärungsvariablen auf die empfundene Wichtigkeit der Bundeswehr. Der Einfluss der soziodemografischen Kontrollvariablen wird nicht gesondert ausgewiesen, weil diese nur knapp 2 Prozent der Varianz der abhängigen Variable erklären und keine

[14] Der Bedrohungsfaktor „Ansteckung mit dem Coronavirus" wird im Aufgabenbereich der Bundeswehr verortet, weil sie im Rahmen der Amtshilfe z.B. an der Nachverfolgung von Infektionsketten beteiligt war.

[15] Der Faktor „Zuwanderung nach Deutschland" kann analytisch dem Aufgabenbereich der Bundeswehr mit Inlandsbezug zugerechnet werden: Die Streitkräfte tragen z. B. im Rahmen ihres Engagements in der G5-Sahel-Zone zur Unterstützung der Partnerländer bei der Herausforderung der irregulären Migration nach Europa bei. Siehe z.B. die Begründung der Bundesregierung zur EUTM in Mali: <https://www.bundeswehr.de/resource/blob/255992/93838fcf731f08d3539b0073b58b82ff/antrag-bundes regierung-data.pdf> [7.10.2020].

starken Effekte aufweisen. Dieses Vorgehen ermöglicht es, den Effekt der jeweiligen Indikatoren auf die abhängige Variable separat zu schätzen und dann miteinander zu vergleichen (Biehl 2012). Abschließend wird in Modell IV in einer Art Gesamtschau umfassend getestet, inwieweit sich die Einflüsse der unterschiedlichen Erklärungsfaktoren auf die empfundene Wichtigkeit der Bundeswehr wechselseitig überlagern oder aufheben.

Wie die Ergebnisse in Tabelle 4.7 zeigen, haben die beiden Bedrohungsperzeptionen einen signifikanten Einfluss auf die empfundene Wichtigkeit der Bundeswehr (vgl. Modell I). Der Effekt der Sicherheitsbedrohungen *mit* direktem Inlandsbezug ist, wie erwartet, positiv: Je mehr man sich persönlich durch Sicherheitsrisiken bedroht fühlt, die in den Aufgabenbereich der Bundeswehr fallen und einen direkten Inlandsbezug aufweisen, desto wichtiger findet man die Bundeswehr. Die Bundeswehr hilft bei inneren Notlagen (z.B. Corona-Pandemie oder Naturkatastrophen) und wirkt durch ihre Auslandseinsätze etwa der Terrorgefahr in Deutschland entgegen. Wer sich durch diese Risiken in seiner eigenen Sicherheit bedroht fühlt, weiß die Bundeswehr zu schätzen. Entgegen der eingangs formulierten Hypothese ist der Effekt der Sicherheitsbedrohungen *ohne* direkten Inlandsbezug jedoch negativ: Je stärker man sich durch Sicherheitsrisiken bedroht fühlt, die zwar in den Aufgabenbereich der Bundeswehr fallen, aber keinen direkten Inlandsbezug aufweisen, umso weniger ist man der Überzeugung, die Bundeswehr sei wichtig für Deutschland. Wie ist dieses unerwartete Ergebnis zu interpretieren? Bei den „Sicherheitsrisiken ohne direkten Inlandsbezug“ handelt es sich um komplexe sicherheitspolitische Problemlagen bzw. Herausforderungen, die aus Sicht der deutschen Bevölkerung vielleicht nicht primär mit militärischen Mittel bearbeitet werden können oder sollten und viel eher einer politischen Lösung bedürfen. Zum Teil könnte die Bundeswehr als militärisches Mittel der deutschen Außen- und Sicherheitspolitik sogar eher als Problem denn als Lösung gesehen werden (vgl. Abschnitt 12). Wer sich z.B. durch das weltweite Wettrüsten bedroht fühlt, hält die Bundeswehr vermutlich für weniger wichtig, weil die eigenen Streitkräfte als Teil des weltweiten Wettrüstens betrachtet werden. Eine ähnliche Logik ließe sich auf die anderen „Sicherheitsbedrohungen ohne direkten Inlandsbezug“ anwenden. Die beiden Bedrohungsperzeptionen erklären jedoch nur 8 Prozent der Varianz in der empfundenen Wichtigkeit der Bundeswehr und verfügen demnach über eine eher begrenzte Erklärungskraft.

Des Weiteren zeigt sich, dass die Verbundenheit mit Deutschland einen starken positiven Einfluss darauf hat, ob die Bundeswehr als wichtig empfunden wird (vgl. Modell II): Je stärker man sich mit Deutschland verbunden fühlt, desto eher ist man der Auffassung, dass die nationalen Streitkräfte wichtig für das eigene Land sind. Die Einstufung der Bundeswehr als wichtig wird außerdem durch eine wahrgenommene positive Medienberichterstattung über die Bundeswehr gestärkt. Und je mehr man der Überzeugung ist, dass Deutschland eine aktivere Rolle in der Weltpolitik spielen sollte, umso mehr wird die Bundeswehr als wichtig erachtet. Wie die Ergebnisse in Abschnitt 5 zeigen, unterstützt eine absolute Mehrheit der Bevölkerung Ausbildungs- und Stabilisierungsmissionen der Bundeswehr als Mittel der deutschen Außen- und Sicherheitspolitik. Ob man sich für Verteidigungspolitik interessiert oder nicht, hat dagegen keinen Einfluss auf die Wichtigkeit der Bundeswehr. Zusammen erklären diese drei Faktoren etwa mehr als ein Viertel (26 Prozent) der Varianz der abhängigen Variable.

Tabelle 4.7: Einfluss der Sicherheitsbedrohungen auf die empfundene Wichtigkeit der Bundeswehr

	Modell I	Modell II	Modell III	Modell IV
Sicherheitsbedrohungen				
Mit direktem Inlandsbezug	0,25***			0,10***
Ohne direkten Inlandsbezug	-0,29***			-0,14***
Andere Einflussfaktoren				
Verbundenheit mit Deutschland		0,36***		0,19***
Interesse an Verteidigungspolitik		$0{,}03^{n.s.}$		$0{,}00^{n.s.}$
Positive Medienberichterstattung über die Bundeswehr		0,17***		$0{,}03^{n.s.}$
Internationalismus		0,20***		0,07***
Einstellung zur Bundeswehr			0,66***	0,55***
Korrigiertes R^2	0,08	0,26	0,45	0,50
n	1856	1856	1856	1856

Anmerkungen: Wertebereich der abhängigen Variable [0 – sehr unwichtig; 1 – sehr wichtig]. Alle erklärenden Variablen haben einen Wertebereich von [0 – negative bzw. niedrige Ausprägung; 1 – positive bzw. hohe Ausprägung]. Analyseverfahren: Multiple lineare Regressionen. Ausgewiesene Effekte: standardisierte Regressionskoeffizienten (beta). Signifikanzniveau: *** $p < 0{,}001$; ** $p < 0{,}01$; * $p < 0{,}05$; n.s. = nicht signifikant ($p \geq 0{,}05$). Die Modelle I–IV wurden nur für die Befragten berechnet, die gültige Werte für alle in der Analyse berücksichtigten Variablen aufweisen. Die soziodemografischen Variablen Alter, Geschlecht, Bildung, Haushaltseinkommen, Migrationshintergrund, Region (Ostdeutschland) und Wahlpräferenz (AfD) gehen als Kontrollvariablen in die Modelle I–IV ein. Einzig die Variablen Alter und Einkommen haben einen signifikanten positiven Effekt, sodass die empfundene Wichtigkeit der Bundeswehr mit steigendem Alter und höherem Haushaltseinkommen zunimmt. Die soziodemografischen Kontrollvariablen erklären 2 Prozent der Varianz in der abhängigen Variable.

Datenbasis: Bevölkerungsbefragung des ZMSBw 2020.

Den mit Abstand stärksten Einfluss übt jedoch die grundsätzliche Einstellung der Befragten zur Bundeswehr aus: Je positiver die Einstellung zur Bundeswehr, desto eher ist man der Überzeugung, dass diese auch wichtig für Deutschland sei (vgl. Modell III und Abschnitt 8). Der starke Einfluss der Einstellung zur Bundeswehr spiegelt sich auch in dem hohen Anteil der erklärten Varianz wider: 45 Prozent.

Abschließend soll geprüft werden, ob der Einfluss der beiden Bedrohungsperzeptionen statistisch signifikant bleibt, wenn der Einfluss der anderen Erklärungsfaktoren berücksichtigt wird. Wie die Ergebnisse zeigen, ist dies der Fall. Das bedeutet, dass die beiden

Bedrohungswahrnehmungen einen Einfluss darauf haben, ob die Bundeswehr als wichtig eingestuft wird, unabhängig von der Erklärungskraft der übrigen Variablen (vgl. Modell IV). Insbesondere ein Ergebnis überrascht: Selbst unter Berücksichtigung des sehr großen Einflusses der allgemeinen Einstellung der Befragten zur Bundeswehr bleibt der negative Effekt der Wahrnehmung von „Sicherheitsbedrohungen ohne direkten Inlandsbezug" statistisch signifikant. Gleichwohl gilt, ein stärker ausgeprägtes Bedrohungsgefühl durch Sicherheitsrisiken *mit* Inlandsbezug stärkt die Überzeugung, dass die Bundeswehr für Deutschland wichtig ist. Das Gesamtmodell erklärt die Hälfte der Varianz in der empfundenen Wichtigkeit der Bundeswehr, wobei der Großteil davon auf die grundlegende Einstellung der Befragten zur Bundeswehr zurückzuführen ist.

4.9 Fazit

Eine klare Mehrheit der deutschen Bevölkerung fühlt sich persönlich sicher und auch die Sicherheitslage in Deutschland wird mehrheitlich positiv bewertet. Im Kontrast dazu steht die Wahrnehmung der weltweiten Sicherheitslage, die nur von wenigen Bürgerinnen und Bürgern als sicher und von einer relativen Mehrheit sogar als unsicher eingeschätzt wird. Der Corona-Pandemie zum Trotz haben sich die Bewertungen der persönlichen, nationalen und weltweiten Sicherheitslage im Vergleich zum Vorjahr nicht wesentlich verändert. Diese Beobachtung wird durch andere repräsentative Umfragen bestätigt (vgl. R+V 2020).

Insgesamt betrachtet legt die deutsche Bevölkerung mit Blick auf die Bewertung der Sicherheitslage eine erstaunliche „Corona-Robustheit" an den Tag. In diesem Zusammenhang sei jedoch darauf hingewiesen, dass die ZMSBw-Bevölkerungsbefragung größtenteils in einem Zeitraum stattfand, der durch das niedrigste Infektionsgeschehen seit dem Ausbruch des Coronavirus in Deutschland gekennzeichnet war. Es ist nicht auszuschließen, dass die Bevölkerungsbefragung eine „Momentaufnahme" in einer vergleichsweise ruhigen Phase des Infektionsgeschehens in Deutschland darstellt – nach der ersten Infektionswelle, aber noch vor der zweiten. Die seit April 2020 monatlich durchgeführten „Krisenbarometer"-Umfragen der Konrad-Adenauer-Stiftung zeigen allerdings, dass das Interesse der Bevölkerung an Corona-Nachrichten sukzessive abgenommen hat, ebenso wie das Bedrohungsgefühl durch das Coronavirus (Konrad-Adenauer-Stiftung 2020).

Auch wenn sich die Bewertungen der persönlichen, nationalen und weltweiten Sicherheitslage im Vergleich zum Vorjahr nicht wesentlich verändert haben, hat sich die Wahrnehmung einzelner Risiken für die persönliche Sicherheit durchaus verändert: Die Ansteckung mit dem Coronavirus und die Ausbreitung einer gefährlichen Krankheit oder Seuche gehören zu den größten Sorgen der Bürgerinnen und Bürger. Jedoch weist die Wahrnehmung ökologischer Bedrohungen – zu der beide Sorgen gerechnet wurden – nur einen vergleichsweise schwachen Zusammenhang zur Bewertung der persönlichen und nationalen Sicherheitslage auf. Die Bewertung der persönlichen und der nationalen Sicherheitslage ist primär mit der Wahrnehmung außen- und innenpolitischer Bedrohungsfaktoren (negativ) assoziiert, jedoch werden eben diese Bedrohungen weniger stark wahrgenommen als im Vorjahr. Zusammengenommen legen diese Befunde nahe, dass sich die Bewertung der persönlichen und nationalen Sicherheitslage im Vergleich zum Vorjahr nicht wesentlich verändert hat, weil jene Risikofaktoren, die einen vergleichsweise starken Zusammenhang zur Bewertung dieser Sicherheitslagen aufweisen, weniger stark wahrgenommen werden als im Vorjahr. Hingegen werden die Bedrohungen stärker wahrgenommen, die nur eine vergleichsweise schwache Beziehung zur Bewertung der persönlichen und nationalen Sicherheitslage aufweisen. Das Bedrohungsgefühl durch ökologische Risikofaktoren ist dagegen am stärksten mit der Bewertung der weltweiten Sicherheitslage assoziiert: Je mehr man sich durch die mögliche Ansteckung mit dem Coronavirus oder durch den weltweiten Klimawandel bedroht fühlt, desto negativer bewertet man auch die weltweite Sicherheitslage.

Insgesamt fühlen sich die Bürgerinnen und Bürger durch eine Mischung aus ökologischen (Coronavirus und Klimawandel), innenpolitischen (Zuwanderung nach Deutschland) und ökonomischen Risikofaktoren (steigende Preise) in ihrer persönlichen Sicherheit bedroht. Im Vergleich zum Vorjahr werden neben den Pandemie-Risiken vor allem ökonomische Faktoren wie Arbeitslosigkeit oder Altersarmut etwas stärker als Bedrohung der persönlichen Sicherheit wahrgenommen. Andere Umfrageergebnisse legen nahe, dass viele Bürgerinnen und Bürger im Zusammenhang mit der Corona-Pandemie insbesondere negative wirtschaftliche Konsequenzen fürchten (Centrum für Strategie und Höhere Führung 2020). Das leicht gestiegene Bedrohungsgefühl durch ökonomische Risiken könnte demzufolge eine Begleit- bzw. Folgeerscheinung der Corona-Pandemie sein. Das Bedrohungsgefühl durch außen- und innenpolitische Risiken sowie durch Gefahren aus dem Cyber- und Informationsraum hat dagegen abgenommen. Insbesondere außenpolitische Risikofaktoren spielen insgesamt eine nachgeordnete Rolle für das persönliche Sicherheitsgefühl der Bürgerinnen und Bürger.

Die Bedrohungsperzeptionen stehen aber nicht nur im Zusammenhang mit dem Sicherheitsempfinden der deutschen Bevölkerung, sondern beeinflussen auch die Einschätzung der Befragten, wie wichtig die Bundeswehr für Deutschland ist. Wer sich stärker durch Sicherheitsrisiken bedroht fühlt, die in den Aufgabenbereich der Bundeswehr fallen und einen direkten Inlandsbezug aufweisen, der weiß die Bundeswehr auch mehr zu schätzen – und zwar unabhängig von seiner grundlegenden Einstellung zur Bundeswehr. Wer sich jedoch in seiner persönlichen Sicherheit durch komplexe sicherheitspolitische Risiken im internationalen Raum bedroht fühlt, wie z.B. weltweites Wettrüsten oder Spannungen zwischen dem Westen und Russland, der beurteilt die Bundeswehr als weniger wichtig. Es steht zu vermuten, dass die Mehrheit in Deutschland die Bundeswehr nicht als vorrangiges Mittel zur Bearbeitung internationaler Sicherheitsherausforderungen betrachtet (vgl. Abschnitt 5). Vielmehr erachtet die Bevölkerung die Bundeswehr dann als wichtig, wenn sie sich durch mögliche Sicherheitsrisiken bedroht fühlt, die einen konkreten Inlandsbezug aufweisen und dadurch – gefühlt – näher an den Bürgerinnen und Bürgern sind, wie z.B. das Coronavirus, Naturkatastrophen, Zuwanderung nach Deutschland oder Terroranschläge in Deutschland (vgl. Abschnitt 12). Die Bevölkerung schätzt die Bundeswehr also vor allem dann, wenn sie sich an der Heimatfront bedroht fühlt und weniger am Hindukusch.

5 Einstellungen zum außen- und sicherheitspolitischen Engagement Deutschlands

Timo Graf

Seit mehreren Jahren fordern hochrangige deutsche Politiker und Regierungsvertreter ein größeres Engagement Deutschlands in der Weltpolitik: Deutschland müsse mehr Verantwortung für die Sicherheit und Stabilität in der Welt und in Europa übernehmen. Derartige Forderungen werden seit Langem von Bündnispartnern an Deutschland gestellt, beispielsweise von den USA oder Frankreich. Der Ruf nach mehr internationaler Verantwortung im Allgemeinen und einem größeren militärischen Engagement im Besonderen kommt zu einer Zeit, in der sich die regelbasierte internationale Ordnung im Umbruch befindet. Einflussreiche Länder, allem voran China und Russland, verfolgen mit ihrer Außen-, Sicherheits- und Wirtschaftspolitik alternative Ordnungsentwürfe.

Ganz konkret sehen sich Deutschland und die Europäische Union einer Vielzahl von sicherheitspolitischen Herausforderungen gegenüber, wie der Zunahme von Cyberangriffen, der Ausbreitung fragiler Staatlichkeit und des transnationalen Terrorismus, irregulärer Migration nach Europa und zwischenstaatlichen Konflikten. Viele dieser Faktoren beeinflussen oder verstärken sich wechselseitig. Hinzu kommt der Ausbruch des neuartigen Coronavirus (SARS-CoV-2), der die Sicherheitslage in nahezu allen Ländern der Welt beeinträchtigt – auch in den Einsatzgebieten der Bundeswehr.

Zum Schutz seiner nationalen Interessen, im Rahmen von Bündnisverpflichtungen und zur Stärkung der regelbasierten internationalen Ordnung engagiert sich Deutschland in der internationalen Politik mit einer aktiven Außen- und Sicherheitspolitik. Diese Politik basiert auf der Werteordnung des Grundgesetzes sowie den Bestimmungen des europäischen Rechts und des Völkerrechts (BMVg 2016a: 24). Im Rahmen des gesamtstaatlichen Ansatzes zur Sicherheitsvorsorge hat die Bundeswehr unter anderem den Auftrag, die außen- und sicherheitspolitische Handlungsfähigkeit Deutschlands zu gewährleisten, sicherheitspolitische Gefahren für Deutschland und seine Verbündeten abzuwehren sowie Sicherheit und Stabilität im internationalen Rahmen zu fördern (BMVg 2016a: 90).

Dieser Abschnitt untersucht die Einstellungen in der Bevölkerung zu Deutschlands außen- und sicherheitspolitischem Engagement. Was denken die Bürgerinnen und Bürger über Deutschlands Rolle in der Welt? Welche Mittel sollte Deutschland in der Außen- und Sicherheitspolitik einsetzen? Welche Rolle kommt dabei der Bundeswehr zu? An welchen Leitprinzipien sollte sich die deutsche Außen- und Sicherheitspolitik orientieren? Wie steht die Bevölkerung zur parlamentarischen Kontrolle der Streitkräfte? Und welche Bedeutung wird der NATO beigemessen? Neben der Beantwortung dieser und weiterer Fragen zu Deutschlands Außen- und Sicherheitspolitik soll untersucht werden, in welchem Maße sich die außen- und sicherheitspolitischen Einstellungen zwischen verschiedenen soziodemografischen Gruppen unterscheiden.

5.1 Wahrgenommene Verantwortung Deutschlands auf internationaler Ebene

Wie eingangs erwähnt, wird seit einigen Jahren verstärkt über die gestiegene internationale Verantwortung Deutschlands diskutiert. Auch die Bürgerinnen und Bürger in Deutschland nehmen einen Zuwachs an internationaler Verantwortung wahr (vgl. Abbildung 5.1).

Abbildung 5.1: Verantwortung Deutschlands auf internationaler Ebene im Zeitvergleich

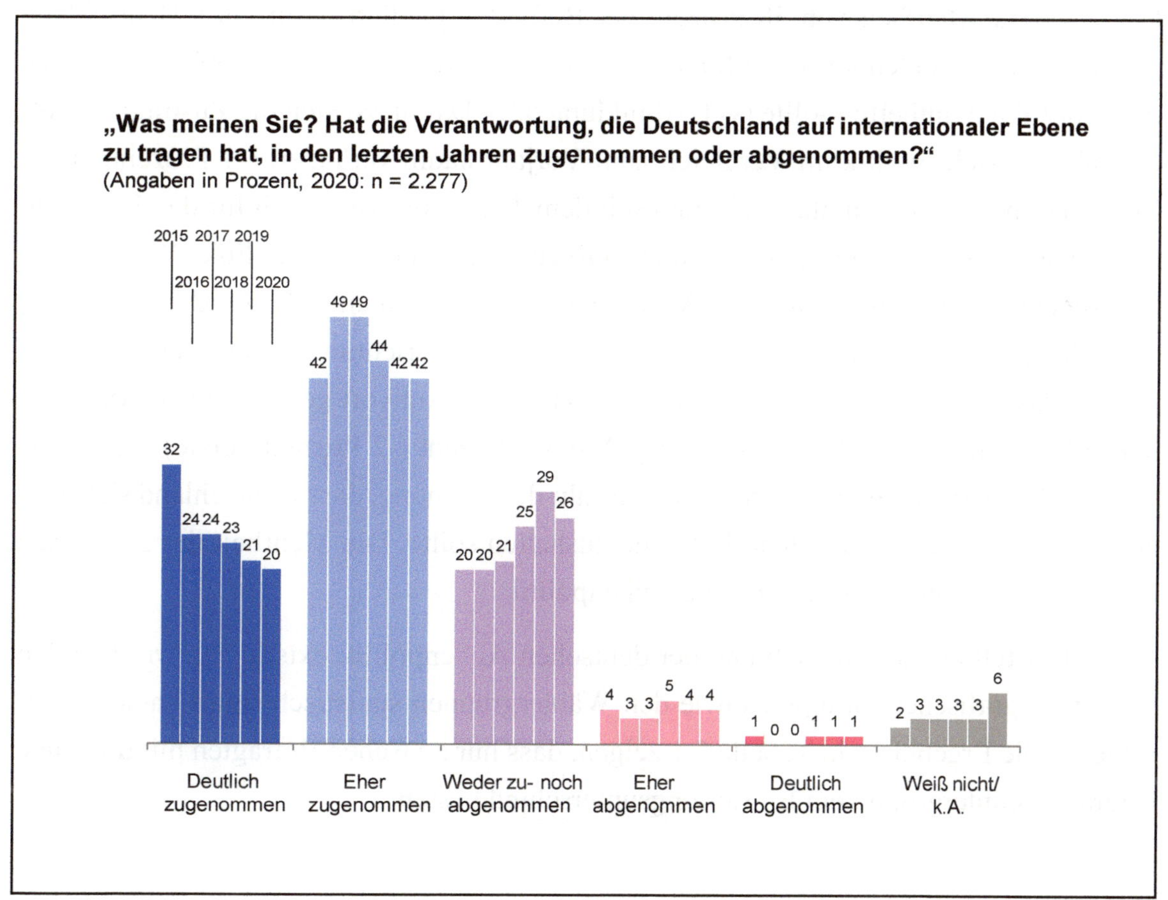

Anmerkung: Nicht alle Prozentangaben ergeben in der Summe 100 Prozent, da die Einzelwerte gerundet wurden.

Datenbasis: Bevölkerungsbefragungen des ZMSBw 2015–2020.

Eine klare Mehrheit von 62 Prozent ist 2020 der Überzeugung, dass die Verantwortung Deutschlands auf internationaler Ebene in den letzten Jahren deutlich oder eher zugenommen hat. Im Vergleich zum Vorjahr ist das ein Rückgang um einen Prozentpunkt und seit 2017 der dritte Rückgang in Folge. Etwas mehr als ein Viertel der Befragten (26 Prozent) nimmt keine Veränderung hinsichtlich Deutschlands Verantwortung in der Welt wahr. Auch dieser Anteil ist im Vergleich zum Vorjahr um 3 Prozentpunkte gesunken. Der Anteil derjenigen, die der Auffassung sind, dass Deutschlands internationale Verantwortung eher abgenommen (4 Prozent) oder deutlich abgenommen hat (1 Prozent), hat sich im Vergleich zu 2019 nicht verändert. Zugenommen hat dagegen die Unsicherheit hinsichtlich Deutschlands internationaler Verantwortung, denn der Anteil der Bürgerinnen und Bürger, die keine Angabe machen wollten oder konnten, hat sich im Vergleich zum Vorjahr verdoppelt (6 Prozent; +3 Prozentpunkte).

5.2 Einstellung zum außenpolitischen Engagement Deutschlands

Eine absolute Mehrheit von 58 Prozent der Befragten plädiert dafür, dass Deutschland eher eine aktive Außenpolitik verfolgen und bei der Bewältigung von Problemen, Krisen und Konflikten mithelfen sollte (vgl. Abbildung 5.2). Damit hat sich die Zustimmung für eine aktive Außenpolitik im Vergleich zum Vorjahr kaum verändert (-1 Prozentpunkt). Betrachtet man den gesamten Zeitraum seit dem Jahr 2000, zeigt sich für das Jahr 2020 eine relativ hohe Zustimmung zu einer aktiven deutschen Außenpolitik. Wie bei der Wahrnehmung der internationalen Verantwortung Deutschlands (vgl. Abbildung 5.1) zeigt sich auch für die Frage nach der grundsätzlichen Ausrichtung der deutschen Außenpolitik, dass in diesem Jahr etwas mehr Befragte keine Antwort geben können oder wollen (6 Prozentpunkte; +2 Prozentpunkte). Mit 36 Prozent (-2 Prozentpunkte) sind etwas weniger Bürgerinnen und Bürger als im Vorjahr der Meinung, dass Deutschland sich eher aus Problemen, Krisen und Konflikten heraushalten sollte. Die Mehrheit der Deutschen befürwortet also eine aktive deutsche Außenpolitik.

In der Einstellung zur Ausrichtung der deutschen Außenpolitik existieren zwischen den soziodemografischen Gruppen sowie den Wählergruppen statistisch signifikante Unterschiede. Die Ergebnisse in Tabelle 5.1 zeigen, dass nur zwischen Befragten mit und ohne Migrationshintergrund kein Einstellungsunterschied besteht.

Abbildung 5.2: Einstellung zum außenpolitischen Engagement Deutschlands im Zeitvergleich

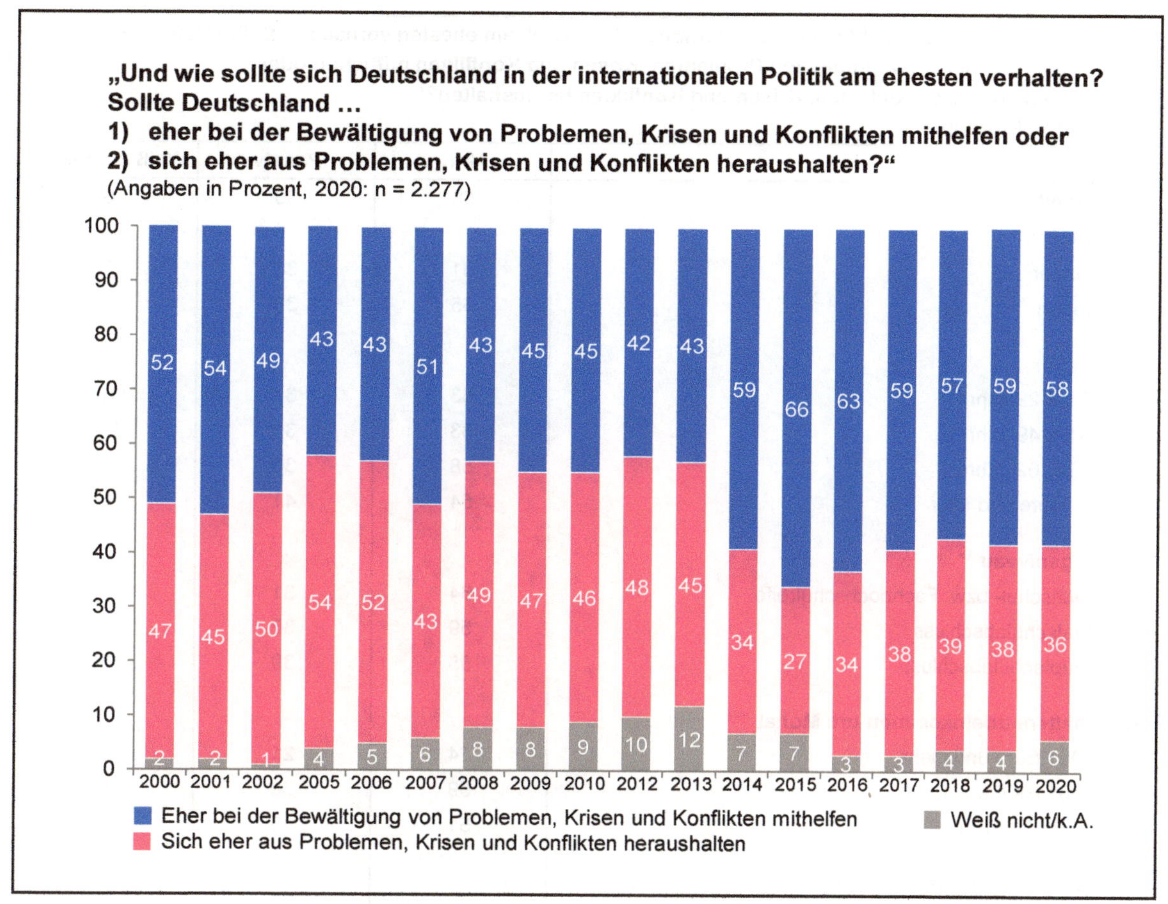

Anmerkungen: Nicht alle Prozentangaben ergeben 100 Prozent in der Summe, da die Einzelwerte gerundet wurden. Bis 2013 lautete die Formulierung der Antwortoptionen wie folgt: „1) eher eine aktive Politik verfolgen und bei der Bewältigung von Problemen, Krisen und Konflikten mithelfen oder; 2) sich eher auf die Bewältigung der eigenen Probleme konzentrieren und sich aus Problemen, Krisen und Konflikten anderer möglichst heraushalten?“. 2014 wurde die Formulierung der Antwortoptionen geändert: „1) eher eine aktive Politik verfolgen und bei der Bewältigung von Problemen, Krisen und Konflikten mithelfen oder; 2) eher eine passive Politik verfolgen und sich aus Problemen, Krisen und Konflikten anderer möglichst heraushalten?“. 2015 wurden beide Frageformulierungen abgefragt. Ein Vergleich dieser Daten zeigt, dass sich die Antwortverteilung zwischen alter und neuer Formulierung nicht signifikant unterscheidet. 2019 wurden erneut zwei Formulierungen verwendet: Die Frageformulierung der Antwortoption 2) wurde der Hälfte der Befragten mit dem Zusatz „... Konflikten anderer“ gestellt und der anderen Hälfte der Befragten ohne den Zusatz „anderer“ (Split-Half). Die Antwortverteilung unterschied sich zwischen den Formulierungen nicht statistisch signifikant. Die Frage wurde 2003, 2004 und 2011 nicht erhoben.

Datenbasis: Bevölkerungsbefragungen des ZMSBw 2000–2002, 2005–2010, 2012–2020.

Ungeachtet der statistisch signifikanten Differenzen wird eine aktive deutsche Außenpolitik aber von fast allen soziodemografischen Teilgruppen mehrheitlich unterstützt. Einzig die Anhänger der Linken sprechen sich mehrheitlich für eine passive Außenpolitik aus. Die Haltung der Bürgerinnen und Bürger in Ostdeutschland oder die der AfD-Anhänger lässt sich dagegen als ambivalent charakterisieren, da in diesen Gruppen nahezu gleich große Teile sowohl eine passive wie auch eine aktive Außenpolitik befürworten.

Tabelle 5.1: Einstellung zum außenpolitischen Engagement Deutschlands in soziodemografischen Gruppen

„Und wie sollte sich Deutschland in der internationalen Politik am ehesten verhalten? Sollte Deutschland ...
1) eher bei der Bewältigung von Problemen, Krisen und Konflikten mithelfen oder
2) sich eher aus Problemen, Krisen und Konflikten heraushalten?“
(Angaben in Prozent)

	Aktiv	Passiv	Weiß nicht/k.A.
Insgesamt	58	36	6
Geschlecht *			
Männer	61	34	5
Frauen	55	38	7
Alter *			
16 bis 29 Jahre	53	37	(10)
30 bis 49 Jahre	63	33	(4)
50 bis 69 Jahre	58	36	(5)
70 Jahre und älter	54	41	(5)
Bildungsniveau **			
Hochschul- bzw. Fachhochschulreife	64	31	(5)
Realschulabschluss	59	36	(5)
Hauptschulabschluss	55	39	(5)
Haushaltsnettoeinkommen pro Monat ***			
4.001 Euro und mehr	74	21	(5)
2.001 bis 4.000 Euro	59	38	(4)
Bis 2.000 Euro	51	43	(6)
Wahlabsicht Bundestagswahl ***			
CDU/CSU	65	33	(2)
SPD	69	28	(3)
AfD	49	47	(4)
FDP	78	(20)	(2)
Die Linke	38	56	(6)
Bündnis 90/Die Grünen	64	31	(6)
Keine Parteipräferenz, Nichtwähler, w.n./k.A.	46	40	14
Region ***			
Norddeutschland (SH, HH, HB, NI)	59	38	(3)
Ostdeutschland (MV, BB, BE, ST, SN, TH)	49	47	(4)
Süddeutschland (BW, BY)	58	34	8
Westdeutschland (NW, RP, HE, SL)	63	31	7
Migrationshintergrund n.s.			
Ja	63	31	6
Nein	58	36	6

Anmerkungen: Nicht alle Prozentangaben ergeben in der Summe 100 Prozent, da die Einzelwerte gerundet wurden. Analyseverfahren: Chi²-Unabhängigkeits-Test, Signifikanzniveau: *** $p < 0{,}001$; ** $p < 0{,}01$; * $p < 0{,}05$; n.s. = nicht signifikant ($p \geq 0{,}05$); Werte in Klammern: $n \leq 50$.

Datenbasis: Bevölkerungsbefragung des ZMSBw 2020.

Mehr Männer (61 Prozent) als Frauen (55 Prozent) sprechen sich für Deutschlands aktive Mithilfe bei der Lösung von internationalen Krisen und Konflikten aus. Ungeachtet dessen unterstützt aber auch eine absolute Mehrheit der Frauen eine aktive Außenpolitik. Im Vergleich der Altersgruppen ist festzustellen, dass sich die 30- bis 49-Jährigen am stärksten für eine aktive deutsche Außenpolitik aussprechen und die Gruppe der 16- bis 29-Jährigen (53 Prozent) am wenigsten. Bei den 16- bis 29-Jährigen fällt zudem der hohe Anteil derjenigen auf, die keine Antwort geben wollten oder konnten (10 Prozent). Die Unterstützung für eine aktive deutsche Außenpolitik wächst darüber hinaus mit dem Grad der Bildung und dem Haushaltseinkommen der Befragten. Wie bereits erwähnt, sind auch zwischen den Wählergruppen signifikante Einstellungsunterschiede festzustellen. Die Mithilfe Deutschlands bei der Lösung von internationalen Problemen, Konflikten und Krisen wird am stärksten von den Anhängern der FDP befürwortet (78 Prozent), gefolgt von den Anhängern der SPD (69 Prozent), der CDU/CSU (65 Prozent) und der Grünen (64 Prozent). Befragte mit einer Wahlpräferenz für die AfD sprechen sich zu fast gleichen Teilen für eine aktive (49 Prozent) und passive (47 Prozent) Außenpolitik aus. Einzig die Anhänger der Linken sind mehrheitlich (56 Prozent) der Auffassung, dass sich Deutschland eher aus internationalen Problemen, Krisen und Konflikten heraushalten sollte. Im Vergleich der Regionen fällt auf, dass die Bürgerinnen und Bürger in Ostdeutschland eine aktive Außenpolitik weniger stark befürworten (49 Prozent) als jene in den anderen Regionen. Der größte Unterschied in der Zustimmung zu einer aktiven deutschen Außenpolitik (14 Prozentpunkte) besteht zwischen Ost- und Westdeutschland.

5.3 Einstellungen zu Mitteln der deutschen Außen- und Sicherheitspolitik

Gefragt nach den Mitteln, die Deutschland in der Außen- und Sicherheitspolitik einsetzen sollte, erhalten diplomatische Verhandlungen (81 Prozent; -4 Prozentpunkte im Vergleich zu 2019) die höchste Zustimmung der Befragten (vgl. Abbildung 5.3). Allerdings ist das auch das einzige Mittel, das an öffentlicher Zustimmung verloren hat, während den übrigen Mitteln entweder unverändert oder stärker zugestimmt wird. Die Mehrheit der Bevölkerung befürwortet zudem Rüstungskontrolle (73 Prozent; keine Veränderung zum Vorjahr), Entwicklungshilfe (71 Prozent; keine Veränderung), Ausbildungseinsätze der Bundeswehr (64 Prozent; +4 Prozentpunkte), Stabilisierungseinsätze der Bundeswehr (61 Prozent; +5 Prozentpunkte) und Wirtschaftssanktionen (57 Prozent; +1 Prozentpunkt).

Keine mehrheitliche Unterstützung erfahren die Aufnahme von Flüchtlingen (36 Prozent; +9 Prozentpunkte), Polizeieinsätze im Ausland (34 Prozent; +4 Prozentpunkte), Kampfeinsätze der Bundeswehr (33 Prozent; +6 Prozentpunkte) sowie Waffenlieferungen an befreundete Staaten (30 Prozent; +4 Prozentpunkte). Die größte Veränderung im Vergleich zum Vorjahr ergibt sich bei der Zustimmung zur Aufnahme von Flüchtlingen (+9 Prozentpunkte). Dieses Mittel der Außen- und Sicherheitspolitik lag im Vorjahr noch auf dem vorletzten Platz. Ansonsten hat sich die Rangfolge der Mittel gegenüber dem Vorjahr kaum verändert (vgl. Graf 2019b).

Abbildung 5.3: Mittel der deutschen Außen- und Sicherheitspolitik

„Und was meinen Sie, welche Mittel sollte Deutschland in der Außen- und Sicherheitspolitik einsetzen?“
(Angaben in Prozent, n = 2.277)

	Zustimmung	Teils/teils	Ablehnung	Weiß nicht/k.A.	Vgl. 2019
Diplomatische Verhandlungen	81	14	4	1	-4
Rüstungskontrolle	73	18	7	2	0
Entwicklungshilfe	71	22	7	1	0
Ausbildungseinsätze der Bundeswehr	64	24	11	1	+4
Stabilisierungseinsätze der Bundeswehr	61	25	12	2	+5
Wirtschaftssanktionen	57	25	15	2	+1
Aufnahme von Flüchtlingen	36	32	32	1	+9
Polizeieinsätze im Ausland	34	25	39	1	+4
Kampfeinsätze der Bundeswehr	33	31	35	2	+6
Waffenlieferungen an befreundete Staaten	30	29	39	2	+4

Anmerkungen: Nicht alle Prozentangaben ergeben in der Summe 100 Prozent, da die Einzelwerte gerundet wurden. Zustimmung: Anteile „Stimme völlig zu“ und „Stimme eher zu“ zusammengefasst; Ablehnung: Anteile „Lehne völlig ab“ und „Lehne eher ab“ zusammengefasst. Vgl. 2019: Differenz Zustimmung 2020 zu 2019.

Datenbasis: Bevölkerungsbefragungen des ZMSBw 2019 und 2020.

Die Mehrheit der Bürgerinnen und Bürger hat also eine klare Präferenz für den Einsatz „weicherer“ Mittel, während explizit gewaltsame Mittel eher auf Ablehnung stoßen. Vor diesem Hintergrund erfolgt auch eine klare Differenzierung mit Blick auf die Einsätze der Bundeswehr: Ausbildungs- und Stabilisierungseinsätze der Bundeswehr werden von einer großen Mehrheit befürwortet, nicht jedoch Kampfeinsätze. Die Streitkräfte werden also nicht prinzipiell als Mittel der deutschen Außenpolitik abgelehnt, sondern lediglich der Einsatz von Gewalt durch die Bundeswehr wird nicht mehrheitlich unterstützt. Diese

Haltung ist seit Jahren stabil (Graf 2019c). Auch wenn die öffentliche Meinung in Deutschland zu Kampfeinsätzen der Bundeswehr als Mittel der deutschen Außen- und Sicherheitspolitik insgesamt gespalten bleibt, ist der gestiegene Zuspruch zu Kampfeinsätzen (+6 Prozentpunkte) für sich betrachtet beachtenswert.

Tabelle 5.2: Mittel der deutschen Außen- und Sicherheitspolitik – Dimensionen

	Faktor I: „Bewaffnete" Mittel	Faktor II: „Unbewaffnete" Mittel
Kampfeinsätze der Bundeswehr	0,82	
Polizeieinsätze im Ausland	0,72	
Waffenlieferungen an befreundete Staaten	0,68	
Stabilisierungseinsätze der Bundeswehr	0,62	
Ausbildungseinsätze der Bundeswehr	0,60	
Wirtschaftssanktionen	0,46	0,39
Diplomatische Verhandlungen		0,80
Entwicklungshilfe		0,72
Rüstungskontrolle		0,72
Aufnahme von Flüchtlingen		0,40
Eigenwert	3,55	1,57
Erklärte Varianz (%)	35,5	15,7

Anmerkungen: Analyseverfahren: Explorative Faktorenanalyse (Hauptkomponentenanalyse mit Varimax-Rotation). Signifikanz nach Bartlett p = 0,000; Anti-Image KMO (Kaiser-Meyer-Olkin-Kriterium) = 0,83. In der Tabelle sind nur Faktorladungen ≥ 0,40 ausgewiesen.

Datenbasis: Bevölkerungsbefragung des ZMSBw 2020.

Die vorangegangene Analyse legt nahe, dass die Bürgerinnen und Bürger grundsätzlich zwischen „weichen" und „harten" Mitteln der Außen- und Sicherheitspolitik unterscheiden. Eine explorative Faktorenanalyse (Hauptkomponentenanalyse) zeigt jedoch, dass aus empirischer Sicht eher zwischen „bewaffneten" und „unbewaffneten" Mitteln zu unterscheiden ist, also die (potenzielle) Verwendung bewaffneter Mittel die unterschiedliche Zustimmung der Befragten erklären kann (vgl. Tabelle 5.2). Der erste Faktor, den die Hauptkomponentenanalyse extrahiert, umfasst alle bewaffneten Mittel: die verschiedenen Einsätze der Bundeswehr, Polizeieinsätze im Ausland und Waffenlieferungen an befreundete Staaten. Die Größe der ausgewiesenen Faktorladungen zeigt zudem (je höher die Faktorladung, desto stärker der Zusammenhang mit der Dimension), dass eine Abstufung der Mittel erfolgt, die sich am Grad der (potenziellen) Gewaltsamkeit orientiert. Der zweite Faktor umfasst alle Mittel, die ohne den Einsatz von Waffengewalt auskommen. Wirtschaftssanktionen haben jedoch einen nahezu gleich starken Bezug zu beiden Faktoren, werden aber bewusst dem Faktor „unbewaffnete Mittel" zugeordnet, da in diesem Fall keine Sicherheitskräfte zum Einsatz kommen.

Tabelle 5.3: Mittel der deutschen Außen- und Sicherheitspolitik in soziodemografischen Gruppen

„Und was meinen Sie, welche Mittel sollte Deutschland in der Außen- und Sicherheitspolitik einsetzen?" (Mittelwerte)		
	„Unbewaffnete" Mittel	**„Bewaffnete" Mittel**
Insgesamt	0,69	0,55
Geschlecht	n.s.	***
Männer	0,69	0,57
Frauen	0,70	0,53
Alter	n.s.	n.s.
16 bis 29 Jahre	0,69	0,54
30 bis 49 Jahre	0,69	0,56
50 bis 69 Jahre	0,70	0,55
70 Jahre und älter	0,70	0,56
Bildungsniveau	**	n.s.
Hochschul- bzw. Fachhochschulreife	0,71	0,56
Realschulabschluss	0,69	0,55
Hauptschulabschluss	0,68	0,55
Haushaltsnettoeinkommen pro Monat	***	***
4.001 Euro und mehr	0,72	0,59
2.001 bis 4.000 Euro	0,69	0,55
Bis 2.000 Euro	0,67	0,53
Wahlabsicht Bundestagswahl	***	***
CDU/CSU	0,72	0,60
SPD	0,72	0,59
AfD	0,61	0,59
FDP	0,71	0,61
Die Linke	0,68	0,45
Bündnis 90/Die Grünen	0,73	0,51
Keine Parteipräferenz, Nichtwähler, w.n./k.A.	0,66	0,51
Region	***	***
Norddeutschland (SH, HH, HB, NI)	0,66	0,54
Ostdeutschland (MV, BB, BE, ST, SN, TH)	0,66	0,50
Süddeutschland (BW, BY)	0,71	0,58
Westdeutschland (NW, RP, HE, SL)	0,71	0,56
Migrationshintergrund	n.s.	n.s.
Ja	0,71	0,56
Nein	0,69	0,55

Anmerkungen: Die abhängigen Variablen haben einen Wertebereich von [0; 1]. Analyseverfahren: Varianzanalysen, Signifikanzniveau: *** p < 0,001; ** p < 0,01; * p < 0,05; n.s. = nicht signifikant (p ≥ 0,05). Der Signifikanztest für die Varianzanalyse gibt an, ob sich der Mittelwert mindestens einer Gruppe von dem Mittelwert mindestens einer anderen Gruppe unterscheidet.

Datenbasis: Bevölkerungsbefragung des ZMSBw 2020.

Die Aufnahme von Flüchtlingen hat zwar nur einen schwachen Bezug zu diesem Faktor, kann aber aus rein empirischer Sicht nicht als eigenständiger Faktor extrahiert werden.[16]

Nachfolgend soll geklärt werden, ob es zwischen den soziodemografischen Gruppen signifikante Unterschiede hinsichtlich der Einstellung zum Einsatz von bewaffneten und unbewaffneten Mitteln in der deutschen Außen- und Sicherheitspolitik gibt. Um die soziodemografischen Gruppen besser miteinander vergleichen zu können, werden im Folgenden Mittelwerte berichtet. Dazu wurden die Antworten der Befragten umkodiert, sodass ein hoher Mittelwert Zustimmung (Maximalwert 1) und ein geringer Wert Ablehnung (Minimalwert 0) repräsentiert. Aus den einzelnen Items wurden entsprechend der in Tabelle 5.2 dargestellten Dimensionen zwei Indexvariablen berechnet.[17] Beide Variablen haben einen Wertebereich von 0 (Ablehnung) bis 1 (Zustimmung). Ein Mittelwert von 0,5 repräsentiert eine ambivalente Meinung zum Einsatz der jeweiligen Mittel.

Die Ergebnisse in Tabelle 5.3 bestätigen zunächst die ausgeprägte Präferenz der deutschen Bevölkerung (d.h. im Mittel und über alle Gruppen hinweg) für den *Einsatz unbewaffneter Mittel* in der Außen- und Sicherheitspolitik (Mittelwert 0,69). Dennoch besteht eine Vielzahl von statistisch signifikanten Unterschieden zwischen den soziodemografischen Teilgruppen: So steigt die Zustimmung für den Einsatz diplomatischer Mittel mit dem Grad der Bildung und dem Haushaltseinkommen leicht an. Auch wenn insgesamt eine parteiübergreifende Präferenz für den Einsatz unbewaffneter Mittel in der deutschen Außen- und Sicherheitspolitik feststellbar ist, fällt auf, dass die Einstellung der AfD-Anhänger zum Einsatz unbewaffneter Mittel am kritischsten ist (der Mittelwert liegt aber immer noch bei 0,61). Bei der Betrachtung der regionalen Unterschiede wird deutlich, dass die Bürgerinnen und Bürger in Süd- und Westdeutschland den Einsatz diplomatischer Mittel stärker befürworten als jene in Nord- und Ostdeutschland. Die Unterschiede zwischen Männern und Frauen, den Altersgruppen sowie Menschen mit und ohne Migrationshintergrund sind nicht statistisch signifikant.

Der *Einsatz bewaffneter Mittel* in der deutschen Außen- und Sicherheitspolitik wird im Vergleich mit den diplomatischen und humanitären Mitteln im Durchschnitt zwar deutlich weniger stark befürwortet (Mittelwert 0,55), aber insgesamt dennoch leicht positiv bewertet. Einzig die Anhänger der Linken lehnen den Einsatz bewaffneter Mittel tendenziell ab (Mittelwert 0,45), während die Gruppe der Nichtwähler und Unentschiedenen

---

16 Weitere Analysen haben gezeigt, dass der anfängliche Eigenwert kleiner 1 ist und damit eine Extraktion aus empirischer Sicht nicht gerechtfertigt wäre (vgl. Methodenanhang, Abschnitt 3.4).

17 Die beiden Indexvariablen „bewaffnete Mittel“ (Cronbachs alpha = 0,77) und „unbewaffnete Mittel“ (Cronbachs alpha = 0,66) weisen eine annehmbare bis gute Skalenreliabilität auf, was deren Bildung empirisch rechtfertigt.

(0,51) sowie die Anhänger der Grünen (0,51) in dieser Frage eine ambivalente Einstellung aufweisen. Alle anderen Parteianhänger stehen dem Einsatz bewaffneter Mittel deutlich positiver gegenüber. Darüber hinaus zeigt sich, dass die Bereitschaft zum Einsatz militärischer Mittel in der Außenpolitik mit dem Haushaltseinkommen signifikant zunimmt und bei Männern im Durchschnitt stärker ausgeprägt ist als bei Frauen. Abschließend ist festzustellen, dass die Bürgerinnen und Bürger in Ostdeutschland den Einsatz bewaffneter Mittel in der deutschen Außen- und Sicherheitspolitik weniger stark befürworten als jene in den anderen Regionen. Die Einstellungsunterschiede zwischen den Alters- und den Bildungsgruppen sowie zwischen Befragten mit und ohne Migrationshintergrund sind nicht statistisch signifikant.

5.4 Außen- und sicherheitspolitische Grundhaltungen

Ausgehend von der Hypothese einer hierarchischen Strukturierung außen- und sicherheitspolitischer Einstellungen, hat die Einstellungsforschung eine Reihe *abstrakter* außen- und sicherheitspolitischer Grundhaltungen identifiziert (z.B. Asmus et al. 2005; Bardes/Oldendick 1990; Chittick et al. 1995),[18] die die Einstellungen zu *spezifischen* außen- und sicherheitspolitischen Themen beeinflussen (Hurwitz/Peffley 1987; Hurwitz et al. 1993; Peffley/Hurwitz 1993)[19] und dadurch einen Meinungsbildungsprozess ermöglichen, der weitestgehend *unabhängig* vom konkreten Wissensstand zu den spezifischen Themen ist (Feldman 1988; Hurwitz/Peffley 1987). Die vier prominentesten Grundhaltungen sind Internationalismus, Multilateralismus, Militarismus und Atlantizismus. Diese vier Dimensionen reflektieren die persönliche Überzeugung, dass die vitalen Interessen des eigenen Landes am besten durch ein aktives Engagement in der Weltpolitik (Internationalismus), durch internationale Zusammenarbeit mit Verbündeten (Multilateralismus), den Einsatz militärischer Gewalt in der Außenpolitik (Militarismus) und, im Fall europäischer Länder, durch die Orientierung der eigenen Außenpolitik an den USA (Atlantizismus) gewahrt werden können.

Die vier außen- und sicherheitspolitischen Grundhaltungen wurden in der Bevölkerungsumfrage mit jeweils mindestens zwei Items erfasst (vgl. Abbildung 5.4). Im Vergleich

---

18 In der englischsprachigen Literatur hat sich der Begriff „strategic postures“ etabliert.

19 Für ausführlichere Erläuterungen zur Rolle und Wirkungsweise der außen- und sicherheitspolitischen Grundhaltungen sei auf den Sammelband von Biehl und Schoen (2015) sowie die Studien von Endres (2018), Irondelle et al. (2015), Mader (2015, 2017) und Rattinger et al. (2016) verwiesen.

zum Vorjahr wurde ein neues Item ergänzt, um die Grundhaltung der Befragten zum Militarismus differenzierter erfassen zu können.[20] Auf Basis der Ergebnisse in Abbildung 5.4 lässt sich die außenpolitische Grundorientierung der deutschen Bevölkerung im Durchschnitt als anti-militaristisch, anti-atlantizistisch, multilateralistisch und internationalistisch bezeichnen. Im Vergleich zum Vorjahr hat sich dieses Einstellungsprofil nicht wesentlich verändert (Graf 2019b).

Abbildung 5.4: Außen- und sicherheitspolitische Grundorientierungen

„Im Folgenden finden Sie verschiedene Aussagen zur Außen- und Sicherheitspolitik. Bitte sagen Sie mir zu jeder dieser Aussagen, ob Sie ihr völlig zustimmen, eher zustimmen, teils zustimmen/teils ablehnen, eher ablehnen oder völlig ablehnen.“
(Angaben in Prozent, n = 2.277)

	Aussage	Zustimmung	Teils/teils	Ablehnung	Weiß nicht/k.A.	Vgl. 2019
MIL	**Es ist manchmal notwendig, militärische Gewalt anzuwenden, um die Ordnung in der Welt aufrecht zu erhalten.**	29	29	40	2	Neu
	Unter bestimmten Bedingungen ist Krieg notwendig, um Gerechtigkeit zu erlangen.	24	23	51	2	+1
	In internationalen Krisen ist wirtschaftliche Macht wichtiger als militärische Macht.	62	29	7	2	-3
INT	**Deutschland sollte eine aktivere Rolle in der Weltpolitik spielen.**	46	30	21	3	+1
	Deutschland wahrt seine Interessen am besten dadurch, dass es sich nicht in die Angelegenheiten anderer Staaten einmischt.	44	33	21	3	-2
MUL	**Bei einer internationalen Krise sollten sich Deutschland und seine Verbündeten auf eine gemeinsame Haltung einigen.**	73	21	5		-4
	Für seine Sicherheit sollte Deutschland vor allem alleine sorgen.	41	33	24	2	-1
ATL	**In außenpolitischen Fragen sollte Deutschland in Übereinstimmung mit den USA handeln.**	29	37	30	4	-4
	Deutschland sollte seine Interessen gegenüber den USA selbstbewusster vertreten.	75	17	6	2	-3

Anmerkungen: Nicht alle Prozentangaben ergeben in der Summe 100 Prozent, da die Einzelwerte gerundet wurden. Zustimmung: Anteile „Stimme völlig zu“ und „Stimme eher zu“ zusammengefasst; Ablehnung: Anteile „Lehne völlig ab“ und „Lehne eher ab“ zusammengefasst. Vgl. 2019: Differenz Zustimmung 2020 zu 2019. Die hervorgehobenen Aussagen werden in den weiterführenden Analysen zur Operationalisierung der entsprechenden Grundhaltungen verwendet: Militarismus (MIL), Internationalismus (INT), Multilateralismus (MUL), Atlantizismus (ATL).

Datenbasis: Bevölkerungsbefragungen des ZMSBw 2019 und 2020.

[20] Das neue Item zur Erfassung der militaristischen Grundhaltung weist eine mittelstarke und statistisch signifikante Korrelation ($r = 0,50$; $p < 0,001$) mit der Bereitschaft zum Einsatz bewaffneter Mittel in der deutschen Außenpolitik auf (vgl. Tabelle 5.2), was als Beleg für die Konvergenzvalidität des Items gelten kann (vgl. Methodenanhang, Abschnitt 1.4).

Die Mehrheit der Bürgerinnen und Bürger weist eine insgesamt anti-militaristische Grundhaltung auf. So ist nur etwas weniger als ein Drittel (29 Prozent) der Befragten der Meinung, dass es manchmal notwendig sei, militärische Gewalt anzuwenden, um die Ordnung in der Welt aufrecht zu erhalten. Eine relative Mehrheit von 40 Prozent lehnt diese Aussage ab und 29 Prozent sind unentschieden. Etwas weniger als ein Viertel (24 Prozent) der Bürgerinnen und Bürger ist der Auffassung, dass Krieg unter bestimmten Bedingungen notwendig sei, um Gerechtigkeit zu erlangen. 51 Prozent lehnen diese Aussage ab und ein knappes Viertel (23 Prozent) hat eine ambivalente Einstellung. Eine klare Mehrheit (62 Prozent) ist zudem der Auffassung, dass in internationalen Krisen wirtschaftliche Macht wichtiger sei als militärische Macht. Nur 7 Prozent vertreten hier die gegenteilige Position und 29 Prozent sind unentschieden. Diese Ergebnisse suggerieren einen in der deutschen Bevölkerung stark ausgeprägten Anti-Militarismus. Jedoch bedarf dieser Befund einer kritischen Einordnung.

Wie die Ergebnisse in Tabelle 5.3 gezeigt haben, hat die deutsche Bevölkerung im Durchschnitt zwar eine klare Präferenz für den Einsatz unbewaffneter Mittel in der Außenpolitik und eine eher ambivalente Haltung zum Einsatz bewaffneter und gewaltsamer Mittel. Der Einsatz militärischer Mittel in der Außen- und Sicherheitspolitik wird aber nicht kategorisch abgelehnt, denn die öffentliche Zustimmung zu Ausbildungs- und Stabilisierungseinsätzen der Bundeswehr ist hoch (vgl. Abbildung 5.3). Selbst der explizite Einsatz militärischer *Gewalt* durch die Bundeswehr in Form von Kampfeinsätzen wird von gleichen Teilen in der Bevölkerung unterstützt und abgelehnt (vgl. Abbildung 5.3). Das ambivalente Verhältnis der deutschen Bevölkerung zum Einsatz militärischer Gewalt spiegelt sich auch in dem Befund wider, dass von allen Aufgaben der Bundeswehr die „Bekämpfung gegnerischer Kräfte“ zwar den geringsten Zuspruch in der Öffentlichkeit erfährt, aber dennoch von einer relativen Mehrheit der Befragten (47 Prozent) unterstützt wird (vgl. Abschnitt 12, Abbildung 12.2). In der Summe lässt sich also sagen, dass die Bevölkerung im Durchschnitt zwar eine anti-militaristische außen- und sicherheitspolitische Grundhaltung aufweist, den *gewaltlosen* oder *gewaltarmen* Einsatz der Bundeswehr als Mittel der Außen- und Sicherheitspolitik aber mehrheitlich unterstützt und der expliziten Anwendung militärischer Gewalt durch die Bundeswehr in Form von Kampfeinsätzen geteilt gegenübersteht. Dieses Einstellungsprofil ist seit Jahren stabil (Graf 2019c).

Hinsichtlich des internationalen Engagements Deutschlands (Internationalismus) zeigen sich wie schon in den Vorjahren vermeintlich widersprüchliche Ergebnisse (vgl. Graf 2018b, 2019b). Während sich eine relative Mehrheit (46 Prozent) für eine aktivere Rolle Deutschlands in der Weltpolitik ausspricht, sind 44 Prozent der Auffassung, dass

Deutschland seine Interessen am besten durch die Nichteinmischung in die Angelegenheiten anderer Staaten wahre. Jeweils ein Fünftel der Befragten lehnt beide Aussagen ab und jeweils ein Drittel ist unentschieden. Offensichtlich unterscheiden die Bürgerinnen und Bürger zwischen Deutschlands internationalem Engagement einerseits und einer interventionistischen Außenpolitik andererseits, wobei ersteres eher Zustimmung erfährt und letztere mehrheitlich auf Ablehnung stößt. Eine aktive deutsche Außenpolitik muss nicht zwangsläufig eine Einmischung in die Angelegenheiten anderer Staaten bedeuten – zumindest nicht aus Sicht der deutschen Bevölkerung.

Die Befragten haben eine unverändert klare Präferenz für ein gemeinsames Vorgehen mit den Verbündeten im Falle einer internationalen Krise (Multilateralismus). Dies wird von nahezu drei Vierteln der Bürgerinnen und Bürger unterstützt (73 Prozent) und nur von 5 Prozent abgelehnt. Wenn es darum geht, für die Sicherheit des Landes zu sorgen, sagen jedoch 41 Prozent, dass Deutschland dies vor allem allein tun sollte. Ein knappes Viertel (24 Prozent) der Befragten lehnt diese Aussage ab und ein Drittel (33 Prozent) ist unentschieden.[21]

Hinsichtlich der Orientierung an den USA in außenpolitischen Fragen (Atlantizismus) zeigt sich ein gespaltenes Meinungsbild: Während etwas weniger als ein Drittel (29 Prozent) der Befragten der Auffassung ist, dass Deutschland außenpolitisch in Übereinstimmung mit den USA handeln sollte, sind 37 Prozent in dieser Frage geteilter Meinung und 30 Prozent lehnen diese Haltung ab. Im Vergleich zum Vorjahr ist die Befürwortung einer transatlantischen Ausrichtung der deutschen Außenpolitik um 4 Prozentpunkte gesunken. Zudem sind drei Viertel (75 Prozent) der Befragten der Meinung, dass Deutschland seine Interessen gegenüber den USA selbstbewusster vertreten sollte (-3 Prozentpunkte im Vergleich zu 2019). In der Bevölkerung überwiegt demnach der Wunsch nach einer von den USA unabhängigeren deutschen Außen- und Sicherheitspolitik. Dieser Befund deckt sich mit dem insgesamt sehr kritischen Meinungsbild über die bilateralen Beziehungen zu den USA, wie die Ergebnisse in Abschnitt 6 verdeutlichen (vgl. Abbildung 6.3).

Nachfolgend wird beschrieben, welche Unterschiede zwischen den soziodemografischen Teilgruppen in der Bevölkerung hinsichtlich der vier außen- und sicherheitspolitischen Grundhaltungen bestehen.

---

[21] Die Formulierung dieses Items ist problematisch, da die Wahrung der nationalen Sicherheit zu den grundlegendsten Aufgaben eines jeden modernen Staates gehört und zugleich Ausdruck staatlicher Souveränität ist. Die Aussage abzulehnen, könnte also auch bedeuten, die Souveränität Deutschlands infrage zu stellen. Die Aussage bzw. das Item zur Kooperation mit Verbündeten im Krisenfall erfasst die Grundhaltung „Multilateralismus“ sehr viel besser, genau genommen aber nur den „diminished multilateralism“, also die Bildung von Ad-hoc-Koalitionen (vgl. Rüland 2018).

Tabelle 5.4: Außenpolitische Grundhaltungen in soziodemografischen Gruppen

„Im Folgenden finden Sie verschiedene Aussagen zur Außen- und Sicherheitspolitik. Bitte sagen Sie mir zu jeder dieser Aussagen, ob Sie ihr völlig zustimmen, eher zustimmen, teils zustimmen/teils ablehnen, eher ablehnen oder völlig ablehnen.
In außenpolitischen Fragen sollte Deutschland in Übereinstimmung mit den USA handeln. [Atlantizismus]
Deutschland sollte eine aktivere Rolle in der Weltpolitik spielen. [Internationalismus]
Es ist manchmal notwendig, militärische Gewalt anzuwenden, um die Ordnung in der Welt aufrecht zu erhalten. [Militarismus]
Bei einer internationalen Krise sollten sich Deutschland und seine Verbündeten auf eine gemeinsame Haltung einigen. [Multilateralismus]“
(Mittelwerte)

	Atlantizismus	Internationalismus	Militarismus	Multilateralismus
Insgesamt	0,49	0,59	0,44	0,75
Geschlecht	n.s.	n.s.	***	n.s.
Männer	0,50	0,60	0,48	0,75
Frauen	0,48	0,58	0,41	0,76
Alter	n.s.	**	n.s.	n.s.
16 bis 29 Jahre	0,51	0,61	0,43	0,74
30 bis 49 Jahre	0,50	0,61	0,46	0,75
50 bis 69 Jahre	0,49	0,56	0,45	0,76
70 Jahre und älter	0,48	0,59	0,42	0,78
Bildungsniveau	***	n.s.	n.s.	n.s.
Hochschul- bzw. Fachhochschulreife	0,52	0,60	0,46	0,76
Realschulabschluss	0,50	0,60	0,45	0,75
Hauptschulabschluss	0,46	0,58	0,43	0,76
Haushaltsnettoeinkommen pro Monat	**	***	**	*
4.001 Euro und mehr	0,52	0,67	0,47	0,76
2.001 bis 4.000 Euro	0,51	0,60	0,46	0,76
Bis 2.000 Euro	0,47	0,56	0,41	0,73
Wahlabsicht Bundestagswahl	***	***	***	***
CDU/CSU	0,53	0,62	0,49	0,79
SPD	0,53	0,63	0,47	0,80
AfD	0,46	0,62	0,57	0,70
FDP	0,49	0,65	0,51	0,74
Die Linke	0,47	0,53	0,33	0,71
Bündnis 90/Die Grünen	0,49	0,60	0,40	0,74
Keine Parteipräferenz, Nichtwähler, w.n./k.A.	0,45	0,53	0,39	0,72
Region	n.s.	***	***	**
Norddeutschland (SH, HH, HB, NI)	0,48	0,55	0,47	0,73
Ostdeutschland (MV, BB, BE, ST, SN, TH)	0,51	0,54	0,43	0,74
Süddeutschland (BW, BY)	0,50	0,62	0,47	0,78
Westdeutschland (NW, RP, HE, SL)	0,48	0,61	0,41	0,75
Migrationshintergrund	n.s.	*	n.s.	**
Ja	0,50	0,64	0,46	0,79
Nein	0,49	0,59	0,44	0,75

Anmerkungen: Alle Variablen haben einen Wertebereich von [0; 1]. Analyseverfahren: Varianzanalysen, Signifikanzniveau: *** $p < 0,001$; ** $p < 0,01$; * $p < 0,05$; n.s. = nicht signifikant ($p \geq 0,05$). Der Signifikanztest für die Varianzanalyse gibt an, ob sich der Mittelwert mindestens einer Gruppe von dem Mittelwert mindestens einer anderen Gruppe unterscheidet.

Datenbasis: Bevölkerungsbefragung des ZMSBw 2020.

Der Vergleich der vier Grundhaltungen beschränkt sich dabei auf die in Abbildung 5.4 hervorgehobenen Aussagen.[22] Zur besseren Vergleichbarkeit und Interpretation der Variablen wurden diese auf einen Wertebereich von 0 bis 1 rekodiert. Hohe Werte zeigen eine eher militaristische, internationalistische, multilateralistische oder atlantizistische Grundorientierung an. Niedrige Werte repräsentieren dagegen eine eher anti-militaristische, isolationistische, unilateralistische oder anti-atlantizistische Grundhaltung.

Die Ergebnisse in Tabelle 5.4 zeigen, dass nahezu alle untersuchten soziodemografischen Gruppen ein vergleichbares außenpolitisches Einstellungsprofil aufweisen, das durch ein starkes Bekenntnis zum Multilateralismus, Zuspruch zum Internationalismus sowie eine ambivalente Haltung zum Atlantizismus und eine Ablehnung des Militarismus geprägt ist. Dennoch bestehen zwischen den soziodemografischen Teilgruppen und den Wählergruppen signifikante Unterschiede in der relativen Ausprägung der vier außenpolitischen Grundhaltungen.

Die Ansicht, dass Deutschland in außenpolitischen Fragen in Übereinstimmung mit den USA handeln sollte (Atlantizismus), ist bei Befragten mit einer Wahlpräferenz für die Regierungsparteien CDU/CSU und SPD stärker ausgeprägt als bei den anderen Wählergruppen und nimmt mit dem Bildungsniveau und Haushaltseinkommen der Befragten zu. Die Einstellungsunterschiede zwischen Männern und Frauen, den Altersgruppen, den Regionen sowie Befragten mit und ohne Migrationshintergrund sind nicht statistisch signifikant.

Die Grundhaltung, dass Deutschland eine aktivere Rolle in der Weltpolitik spielen sollte (Internationalismus), ist umso stärker ausgeprägt, je höher das Haushaltseinkommen der Befragten ist. Darüber hinaus zeigt sich, dass der Internationalismus bei den Bürgerinnen und Bürgern in Süd- und Westdeutschland, Befragten mit Migrationshintergrund sowie den beiden jüngeren Altersgruppen stärker ausgeprägt ist als bei den jeweiligen Vergleichsgruppen. Im Vergleich der Wählergruppen fällt die ambivalente Haltung der Nichtwähler und der Anhänger der Linken auf. Alle anderen Wählergruppen weisen eine

---

[22] In den vergangenen Jahren wurden die vier außenpolitischen Grundhaltungen als Indexvariablen operationalisiert, bestehend aus den jeweiligen Items, wie sie in Abbildung 5.4 aufgeführt sind. Die entsprechenden Items wiesen jedoch bereits in den Vorjahren eine schwache Skalenreliabilität auf (vgl. Graf 2019b: 52), was darauf hindeutet, dass sie als zusammengeführte Indexvariablen unter einer mangelnden internen Konsistenz leiden und in der Folge die entsprechenden außenpolitischen Grundhaltungen nicht inhaltsvalide abbilden. Da die Skalenreliabilität in diesem Jahr teilweise noch geringer ausfällt als in den Vorjahren, wird auf die Bildung von Indexvariablen auf Basis der jeweiligen Items bewusst verzichtet: Cronbachs alpha: Atlantizismus (0,07); Internationalismus (0,36); Militarismus (0,21); Multilateralismus (0,08). Die Operationalisierung der außenpolitischen Grundhaltungen mit einzelnen Items erfolgte bereits in anderen wissenschaftlichen Publikationen (Graf 2020a; Mader/Pötzschke 2014).

internationalistische Grundhaltung auf. Zwischen Männern und Frauen sowie den Bildungsgruppen bestehen keine statistisch signifikanten Unterschiede.

Die Auffassung, dass der Einsatz militärischer Gewalt zur Aufrechterhaltung der Ordnung in der Welt manchmal notwendig ist (Militarismus), wird von allen untersuchten Teilgruppen mehr oder weniger stark abgelehnt. Eine Ausnahme bilden die Anhänger der AfD, die im Durchschnitt eine leicht positive Einstellung zum Einsatz militärischer Mittel in der Außenpolitik aufweisen (Mittelwert 0,57). Die Anhänger der FDP, von CDU/CSU und der SPD weisen im Durchschnitt eine eher ambivalente Haltung zum Militarismus auf, während die Gruppe der Nichtwähler sowie Befragte mit einer Wahlpräferenz für die Linken oder die Grünen klar anti-militaristisch eingestellt sind. Auch zwischen den Regionen bestehen statistisch signifikante Einstellungsunterschiede: So ist der Anti-Militarismus in West- und Ostdeutschland etwas stärker ausgeprägt als in Nord- und Süddeutschland. Zudem zeigt sich, dass die Bereitschaft zum Einsatz militärischer Gewalt in der Außenpolitik mit steigendem Haushaltseinkommen zunimmt. Abschließend ist festzustellen, dass Männer eher als Frauen der Auffassung sind, der Einsatz militärischer Gewalt könne zur Aufrechterhaltung der Ordnung in der Welt notwendig sein. Für sich betrachtet ist die Haltung der Männer zum Einsatz militärischer Gewalt aber als ambivalent zu bezeichnen. Statistisch signifikante Einstellungsunterschiede zum Militarismus sind zwischen den Alters- und Bildungsgruppen sowie zwischen Menschen mit und ohne Migrationshintergrund nicht feststellbar.

Die Überzeugung, dass Deutschland sich bei einer internationalen Krise mit seinen Verbündeten auf eine gemeinsame Haltung einigen sollte (Multilateralismus), wird in allen Gruppen von einer großen Mehrheit geteilt. Dennoch ist der Multilateralismus bei einigen Teilgruppen stärker ausgeprägt als bei anderen. Die Bürgerinnen und Bürger in Süddeutschland, Befragte mit Migrationshintergrund sowie die Anhänger von CDU/CSU und SPD sind stärker multilateralistisch eingestellt als die jeweiligen Vergleichsgruppen. Personen mit geringerem Einkommen (bis 2.000 Euro) sind dagegen weniger multilateralistisch orientiert als die beiden höheren Einkommensgruppen. Zwischen Männern und Frauen sowie den Alters- und Bildungsgruppen unterscheidet sich die Einstellung zum Multilateralismus nicht.

5.5 Einstellungen zur Rolle des Bundestags beim Einsatz der Bundeswehr

Neben den außen- und sicherheitspolitischen Grundhaltungen kommt der Einstellung zum Parlamentsvorbehalt bei Auslandseinsätzen der Bundeswehr eine besondere Bedeutung zu: Auslandseinsätze der Bundeswehr bedürfen der konstitutiven Zustimmung des

Deutschen Bundestags, was den besonderen Charakter der Bundeswehr als Parlamentsarmee betont. Die Einstellung der Befragten zu dieser Rolle des Bundestags gibt also Aufschluss über ihre Haltung zur Konzeption der Bundeswehr als Parlamentsarmee.

Abbildung 5.5: Aussagen zur Rolle des Bundestags bei Einsätzen der Bundeswehr

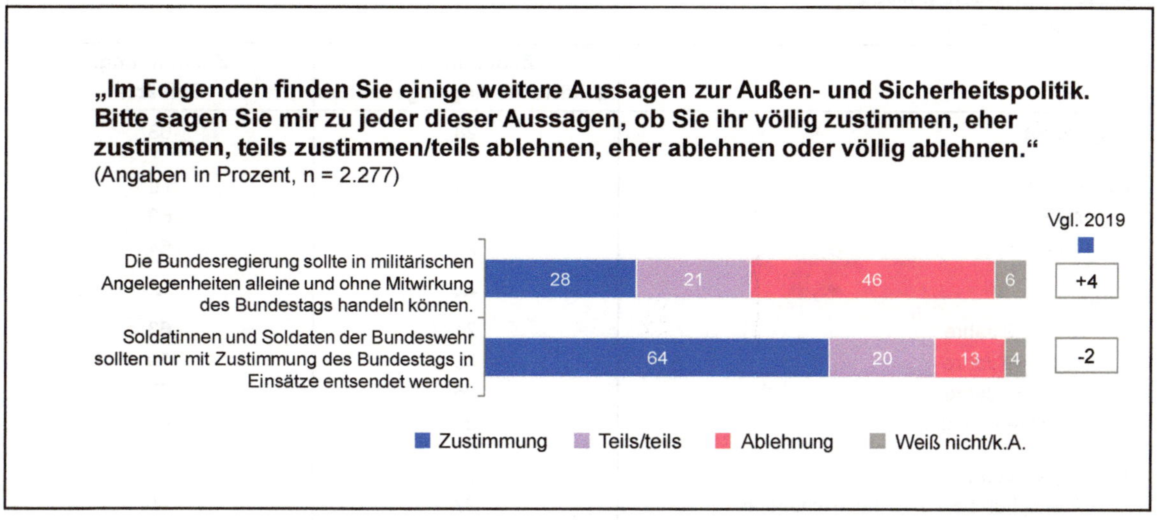

Anmerkungen: Nicht alle Prozentangaben ergeben in der Summe 100 Prozent, da die Einzelwerte gerundet wurden. Zustimmung: Anteile „Stimme völlig zu“ und „Stimme eher zu“ zusammengefasst; Ablehnung: Anteile „Lehne völlig ab“ und „Lehne eher ab“ zusammengefasst. Vgl. 2019: Differenz Zustimmung 2020 zu 2019.

Datenbasis: Bevölkerungsbefragungen des ZMSBw 2019 und 2020.

Zum Verhältnis zwischen Bundesregierung und Bundestag bei Entscheidungen über militärische Einsätze und Angelegenheiten zeigt sich ein eindeutiges Meinungsbild (vgl. Abbildung 5.5): Während etwas mehr als ein Viertel der Befragten befürwortet (28 Prozent; +4 Prozentpunkte im Vergleich zu 2019), dass die Bundesregierung in militärischen Angelegenheiten allein und ohne Mitwirkung des Bundestags handeln können sollte, lehnt dies eine relative Mehrheit ab (46 Prozent; -4 Prozentpunkte). Eindeutiger ist die Zustimmung bei der zweiten Frage zu diesem Thema: 64 Prozent (-2 Prozentpunkte) der Bürgerinnen und Bürger sind dafür, dass die Bundeswehr nur mit Zustimmung des Bundestags in Einsätze entsendet werden sollte. Nur 13 Prozent (+2 Prozentpunkte) der Befragten lehnen dies ab. Eine klare Mehrheit der deutschen Bevölkerung unterstützt somit die Mitsprache des Deutschen Bundestags in militärischen Angelegenheiten im Allgemeinen und bei der Entsendung der Bundeswehr in Auslandseinsätze im Besonderen.

Aus diesem Befund lässt sich ableiten, dass die Mehrheit der Bevölkerung die Konzeption der Bundeswehr als Parlamentsarmee befürwortet und einer der Legislative weitgehend entzogenen „Exekutivarmee“ kritisch gegenübersteht. Im Vergleich zum Vorjahr ist der öffentliche Zuspruch zur parlamentarischen Kontrolle der Streitkräfte jedoch leicht gesunken.

Tabelle 5.5: Aussagen zur Rolle des Bundestags bei Einsätzen der Bundeswehr in soziodemografischen Gruppen

„Im Folgenden finden Sie einige weitere Aussagen zur Außen- und Sicherheitspolitik. Bitte sagen Sie mir zu jeder dieser Aussagen, ob Sie ihr völlig zustimmen, eher zustimmen, teils zustimmen/teils ablehnen, eher ablehnen oder völlig ablehnen.

Die Bundesregierung sollte in militärischen Angelegenheiten alleine und ohne Mitwirkung des Bundestags handeln können. [Militärische Angelegenheiten]

Soldatinnen und Soldaten der Bundeswehr sollten nur mit Zustimmung des Bundestags in Einsätze entsendet werden. [Einsätze]“

(Angaben in Prozent)

	Zustimmung: Militärische Angelegenheiten	Zustimmung: Einsätze
Insgesamt	28	63
Geschlecht	n.s.	n.s.
Männer	30	63
Frauen	26	64
Alter	***	*
16 bis 29 Jahre	24	63
30 bis 49 Jahre	32	59
50 bis 69 Jahre	26	67
70 Jahre und älter	28	64
Bildungsniveau	n.s.	n.s.
Hochschul- bzw. Fachhochschulreife	27	65
Realschulabschluss	30	63
Hauptschulabschluss	28	64
Haushaltsnettoeinkommen pro Monat	*	*
4.001 Euro und mehr	26	71
2.001 bis 4.000 Euro	31	64
Bis 2.000 Euro	27	63
Wahlabsicht Bundestagswahl	***	***
CDU/CSU	33	67
SPD	30	65
AfD	36	57
FDP	26	59
Die Linke	20	72
Bündnis 90/Die Grünen	24	68
Keine Parteipräferenz, Nichtwähler, w.n./k.A.	24	57
Region	***	***
Norddeutschland (SH, HH, HB, NI)	33	70
Ostdeutschland (MV, BB, BE, ST, SN, TH)	28	70
Süddeutschland (BW, BY)	30	63
Westdeutschland (NW, RP, HE, SL)	24	58
Migrationshintergrund	*	n.s.
Ja	21	68
Nein	29	63

Anmerkungen: Die Anteile „Stimme völlig zu“ und „Stimme eher zu“ wurden jeweils zusammengefasst. Analyseverfahren: Chi²-Unabhängigkeits-Test, Signifikanzniveau: *** $p < 0,001$; ** $p < 0,01$; * $p < 0,05$; n.s. = nicht signifikant ($p \geq 0,05$).

Datenbasis: Bevölkerungsbefragung des ZMSBw 2020.

Zwischen den soziodemografischen Teilgruppen sowie den Wählergruppen in der Bevölkerung bestehen folgende statistisch signifikante Unterschiede in der Einstellung zur parlamentarischen Kontrolle der Bundeswehr (vgl. Tabelle 5.5): Die Mitsprache des Bundestags bei *Bundeswehreinsätzen* wird von Befragten mit hohem Einkommen, Anhängern der Linken sowie Bürgerinnen und Bürgern in Nord- und Ostdeutschland stärker befürwortet als von den jeweiligen Vergleichsgruppen. Der Zuspruch zum Parlamentsvorbehalt bei der Entsendung der Bundeswehr in Auslandseinsätze fällt in der Gruppe der 30- bis 49-Jährigen etwas schwächer aus als in den anderen Altersgruppen. Die Aussage, dass die Bundesregierung in *militärischen Angelegenheiten* allein und ohne Mitwirkung des Bundestags handeln können sollte, erfährt von den Anhängern der AfD, Befragten mit mittlerem Haushaltseinkommen, den Bürgerinnen und Bürgern in Norddeutschland sowie von Befragten ohne Migrationshintergrund mehr Zustimmung als von den entsprechenden Vergleichsgruppen. Erneut ist festzustellen, dass die Gruppe der 30- bis 49-Jährigen eher bereit ist, die parlamentarische Kontrolle der Streitkräfte zu verringern als die anderen Altersgruppen. In der Gesamtschau ist aber festzustellen, dass die Unterschiede zwischen den soziodemografischen Gruppen und Wählergruppen eher gering ausfallen: Eine absolute Mehrheit in allen soziodemografischen Teilgruppen der deutschen Bevölkerung unterstützt die parlamentarische Kontrolle der Streitkräfte und steht damit hinter der Konzeption der Bundeswehr als Parlamentsarmee.

5.6 Einstellung zu Deutschlands Mitgliedschaft und Engagement in der NATO

Als kollektives Verteidigungsbündnis gewährleistet die NATO seit 70 Jahren den militärischen Schutz Europas. Deutschlands Sicherheit ist untrennbar mit der seiner Bündnispartner verbunden. Daher gilt: „Bündnissolidarität ist deutsche Staatsräson“ (BMVg 2016a: 49). Die deutsche Bevölkerung weiß um die herausragende Bedeutung der NATO für die Sicherheit Deutschlands. Nahezu drei Viertel der Befragten (71 Prozent; -1 Prozentpunkt im Vergleich zu 2019) stehen hinter Deutschlands Mitgliedschaft im nordatlantischen Verteidigungsbündnis und 60 Prozent (+1 Prozentpunkt) sind der Auffassung, dass sich Deutschland sicherheits- und verteidigungspolitisch vorrangig im Rahmen der NATO engagieren sollte (vgl. Abbildung 5.6). Nur eine Minderheit von 7 bzw. 8 Prozent spricht sich gegen Deutschlands Mitgliedschaft bzw. vorrangiges Engagement in der NATO aus. Die Einstellung zur NATO wird in der ZMSBw-Bevölkerungsbefragung seit

2016 erfasst. Die Auswertung dieser Daten zeigt, dass die öffentliche Zustimmung zu Deutschlands NATO-Mitgliedschaft im Betrachtungszeitraum äußerst stabil ist.[23]

Abbildung 5.6: Aussagen zu Deutschlands Engagement und Mitgliedschaft in der NATO

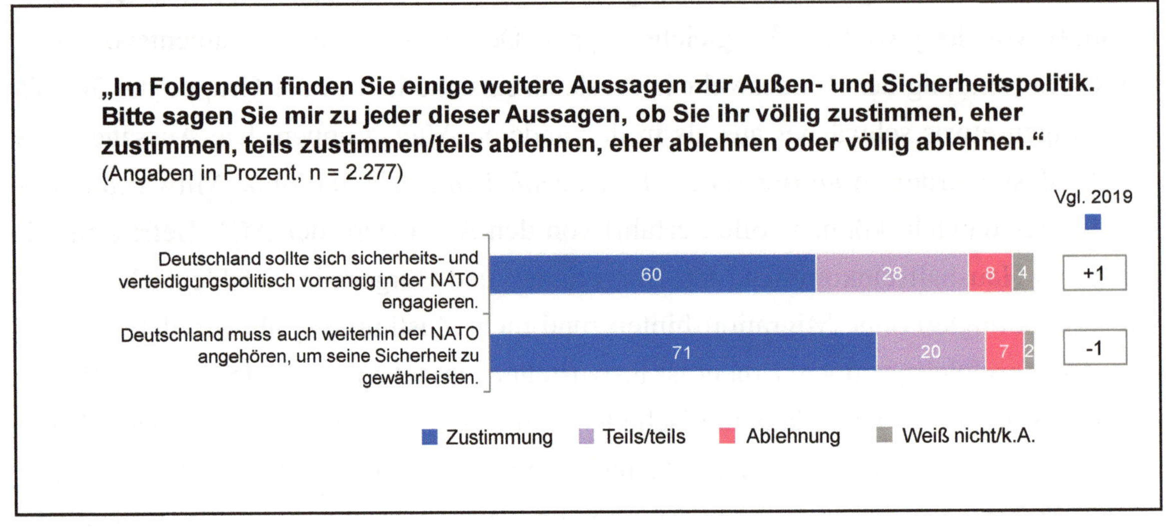

Anmerkungen: Nicht alle Prozentangaben ergeben in der Summe 100 Prozent, da die Einzelwerte gerundet wurden. Zustimmung: Anteile „Stimme völlig zu" und „Stimme eher zu" zusammengefasst; Ablehnung: Anteile „Lehne völlig ab" und „Lehne eher ab" zusammengefasst. Vgl. 2019: Differenz Zustimmung 2020 zu 2019.

Datenbasis: Bevölkerungsbefragungen des ZMSBw 2019 und 2020.

Im Anschluss wurde untersucht, ob sich die Einstellung zu Deutschlands Engagement und Mitgliedschaft in der NATO zwischen den soziodemografischen Gruppen in der Bevölkerung signifikant unterscheidet. Da die beiden Aussagen zur NATO stark miteinander korrelieren ($r = 0{,}60$, $p < 0{,}001$) und eine gute Skalenreliabilität aufweisen (Cronbachs alpha = 0,75), wird aus diesen eine Indexvariable gebildet und Mittelwerte miteinander verglichen. Die Indexvariable hat einen Wertebereich von 0 (negativ) bis 1 (positiv). Ein Mittelwert von 0,5 repräsentiert eine ambivalente Einstellung.

Die Ergebnisse in Tabelle 5.6 zeigen sehr deutlich, dass alle Wählergruppen und soziodemografischen Teilgruppen eine im Durchschnitt positive Einstellung zu Deutschlands NATO-Mitgliedschaft aufweisen. Trotzdem existieren einige statistisch signifikante Einstellungsunterschiede: So wird die Einstellung zu Deutschlands Mitgliedschaft in der NATO mit steigendem Haushaltseinkommen positiver.

---

23 2016 lag die Zustimmung bei 74 Prozent, 2017 bei 75 Prozent, 2018 bei 74 Prozent und 2019 bei 72 Prozent. Die Anteile „Stimme völlig zu" und „Stimme eher zu" wurden zusammengefasst.

Tabelle 5.6: Einstellung zu Deutschlands NATO-Mitgliedschaft in soziodemografischen Gruppen

„Im Folgenden finden Sie einige weitere Aussagen zur Außen- und Sicherheitspolitik. Bitte sagen Sie mir zu jeder dieser Aussagen, ob Sie ihr völlig zustimmen, eher zustimmen, teils zustimmen/teils ablehnen, eher ablehnen oder völlig ablehnen.“
(Mittelwerte)

	Einstellung zu Deutschlands NATO-Mitgliedschaft
Insgesamt	0,72
Geschlecht n.s.	
Männer	0,72
Frauen	0,72
Alter n.s.	
16 bis 29 Jahre	0,70
30 bis 49 Jahre	0,72
50 bis 69 Jahre	0,73
70 Jahre und älter	0,74
Bildungsniveau n.s.	
Hochschul- bzw. Fachhochschulreife	0,73
Realschulabschluss	0,72
Hauptschulabschluss	0,73
Haushaltsnettoeinkommen pro Monat ***	
4.001 Euro und mehr	0,77
2.001 bis 4.000 Euro	0,72
Bis 2.000 Euro	0,70
Wahlabsicht Bundestagswahl ***	
CDU/CSU	0,76
SPD	0,77
AfD	0,68
FDP	0,72
Die Linke	0,66
Bündnis 90/Die Grünen	0,72
Keine Parteipräferenz, Nichtwähler, w.n./k.A.	0,68
Region ***	
Norddeutschland (SH, HH, HB, NI)	0,71
Ostdeutschland (MV, BB, BE, ST, SN, TH)	0,69
Süddeutschland (BW, BY)	0,73
Westdeutschland (NW, RP, HE, SL)	0,74
Migrationshintergrund n.s.	
Ja	0,73
Nein	0,72

Anmerkungen: Die Variable „Einstellung zu Deutschlands NATO-Mitgliedschaft“ hat einen Wertebereich von [0; 1]. Analyseverfahren: Varianzanalysen, Signifikanzniveau: *** $p < 0{,}001$; ** $p < 0{,}01$; * $p < 0{,}05$; n.s. = nicht signifikant ($p \geq 0{,}05$). Der Signifikanztest für die Varianzanalyse gibt an, ob sich der Mittelwert mindestens einer Gruppe von dem Mittelwert mindestens einer anderen Gruppe unterscheidet.

Datenbasis: Bevölkerungsbefragung des ZMSBw 2020.

Im Vergleich der Wählergruppen fällt auf, dass bei den Anhängern der Linken die positive Einstellung zur NATO-Mitgliedschaft am schwächsten ausgeprägt ist (Mittelwert 0,66) und bei den Anhängern der SPD (0,77) und CDU/CSU (0,76) am stärksten. Die Bürgerinnen und Bürger in Ostdeutschland (0,69) stehen Deutschlands NATO-Mitgliedschaft am wenigsten positiv gegenüber, während die Befragten in Westdeutschland (0,74) die positivste Einstellung aufweisen. Die Einstellungen von Männern und Frauen sowie Menschen mit und ohne Migrationshintergrund unterscheiden sich nicht. Auch die geringfügigen Einstellungsunterschiede zwischen den Alters- und den Bildungsgruppen sind nicht statistisch signifikant.

Zwischen den untersuchten soziodemografischen Teilgruppen und den Wählergruppen bestehen demnach keine größeren Unterschiede in der (positiven) Einstellung zu Deutschlands NATO-Mitgliedschaft. Ungeachtet dieses Ergebnisses könnte es dennoch unterschiedliche Meinungslager hierzu geben, nämlich dann, wenn die Einstellung in der Bevölkerung zum Atlantizismus betrachtet wird: Deutschlands Engagement und Mitgliedschaft in der NATO sind ein wesentliches Fundament der transatlantischen Partnerschaft. Deshalb ist anzunehmen, dass diejenigen in der deutschen Bevölkerung, die sich für eine von den USA unabhängige deutsche Außen- und Sicherheitspolitik aussprechen, Deutschlands Engagement und Mitgliedschaft in der NATO kritischer gegenüberstehen als diejenigen, die davon überzeugt sind, Deutschland sollte in außenpolitischen Fragen in Übereinstimmung mit den USA handeln.

Tabelle 5.7: Einstellung zum Atlantizismus: Zustimmung zu Deutschlands Mitgliedschaft und Engagement in der NATO

„Im Folgenden finden Sie einige weitere Aussagen zur Außen- und Sicherheitspolitik. Bitte sagen Sie mir zu jeder dieser Aussagen, ob Sie ihr völlig zustimmen, eher zustimmen, teils zustimmen/teils ablehnen, eher ablehnen oder völlig ablehnen.
In außenpolitischen Fragen sollte Deutschland in Übereinstimmung mit den USA handeln. [Atlantizismus]
Deutschland muss auch weiterhin der NATO angehören, um seine Sicherheit zu gewährleisten. [Mitgliedschaft]
Deutschland sollte sich sicherheits- und verteidigungspolitisch vorranging in der NATO engagieren. [Engagement]“
(Angaben in Prozent)

	Zustimmung: Mitgliedschaft	Zustimmung: Engagement
Einstellung zum Atlantizismus	***	***
Zustimmung	80	72
Teils/teils	73	62
Ablehnung	63	50

Anmerkungen: Die Anteile „stimme völlig zu“ und „stimme eher zu“ sowie „lehne völlig ab“ und „lehne eher ab“ wurden jeweils zusammengefasst. Analyseverfahren: Chi²-Unabhängigkeits-Test, Signifikanzniveau: *** $p < 0,001$; ** $p < 0,01$; * $p < 0,05$; n.s. = nicht signifikant ($p \geq 0,05$).

Datenbasis: Bevölkerungsbefragung des ZMSBw 2020.

Wie erwartet, zeigen die Ergebnisse in Tabelle 5.7, dass die Atlantizisten Deutschlands Engagement und Mitgliedschaft in der NATO stärker zustimmen als die Anti-Atlantizisten. Überraschend ist hingegen das Ergebnis, dass selbst unter denjenigen Befragten, die eine von den USA unabhängige(re) deutsche Außenpolitik fordern, noch immer eine absolute Mehrheit Deutschlands Engagement und Mitgliedschaft in der NATO unterstützt. Demzufolge geht der Wunsch nach einer außenpolitischen Emanzipation von den USA zwar mit einem geringeren Zuspruch zu Deutschlands Engagement und Mitgliedschaft in der NATO einher, aber dieser Wunsch geht nicht soweit, dass dadurch die deutsche NATO-Mitgliedschaft grundsätzlich infrage gestellt wird.

5.7. Fazit

Die grundlegende Haltung der Bevölkerung zur deutschen Außenpolitik hat sich im Vergleich zu den Vorjahren nicht wesentlich verändert. Es fällt auf, dass in den meisten Fragen zur Außenpolitik ein gesamtgesellschaftlicher Konsens besteht, d.h. die vereinzelten statistisch signifikanten Einstellungsunterschiede zwischen den untersuchten soziodemografischen Teilgruppen und Wählergruppen sind in den meisten Fällen nicht so stark ausgeprägt, dass man von unterschiedlichen Einstellungen sprechen kann.

Eine absolute Mehrheit von 62 Prozent der Bürgerinnen und Bürger ist sich der Zunahme von Deutschlands internationaler Verantwortung bewusst, obgleich diese Wahrnehmung seit drei Jahren kontinuierlich abnimmt. Ein ähnliches Meinungsbild ergibt sich für die Ausrichtung der deutschen Außenpolitik: Eine absolute Mehrheit von 58 Prozent unterstützt ein aktives Engagement Deutschlands in internationalen Krisen und Konflikten. Einzig die Gruppe der Befragten mit einer Parteipräferenz für Die Linke stimmen mehrheitlich für eine passive Außenpolitik. Unter den Bürgerinnen und Bürgern in Ostdeutschland oder den AfD-Anhängern ist der Zuspruch zu einer passiven deutschen Außenpolitik ebenfalls recht stark ausgeprägt (beide Gruppen: 47 Prozent).

Hinsichtlich der Mittel in der Außen- und Sicherheitspolitik sind sich die Deutschen ebenfalls einig, denn in allen soziodemografischen Teilgruppen und Wählergruppen besteht eine Präferenz für den Einsatz „weicherer" Mittel wie diplomatische Verhandlungen oder Entwicklungshilfe. „Härtere" Mittel wie Waffenlieferungen an befreundete Staaten stoßen in der Öffentlichkeit dagegen auf ein geteiltes Echo. Diese Differenzierung zwischen „harten" und „weichen" Mitteln überträgt sich auch auf die Zustimmung zu möglichen Bundeswehr-Einsätzen als Mittel der deutschen Außen- und Sicherheitspolitik: Während Stabilisierungs- und Ausbildungseinsätze der Bundeswehr die Zustimmung einer absoluten Mehrheit der Befragten erfahren, ist die Bevölkerung bei Kampfeinsätzen unentschieden. Bundeswehr-Einsätze werden also keineswegs kategorisch als Mittel der deutschen

Außenpolitik abgelehnt, aber zumindest die explizite Gewaltanwendung durch die Bundeswehr in Form von möglichen Kampfeinsätzen wird nur von einer Minderheit unterstützt. Somit bestätigt sich erneut der Befund, dass die deutsche Bevölkerung die Bundeswehr zwar als „Brunnenbohrer“ und „Entwicklungshelfer“ akzeptiert, nicht aber als „Kampftruppe“ (vgl. Graf 2019c). Auch wenn der Einsatz der Bundeswehr in Ausbildungs- oder Stabilisierungsmissionen im Prinzip von einer klaren Mehrheit der Befragten unterstützt wird, so zeigen die Ergebnisse in Abschnitt 13, dass die öffentliche Meinung zu diesen konkreten Missionen kritischer ausfällt.

Die außenpolitischen Grundhaltungen der deutschen Bevölkerung haben sich im Vergleich zum Vorjahr ebenfalls kaum verändert. Die Mehrheit der Bürgerinnen und Bürger begrüßt die Abstimmung mit Verbündeten im Falle internationaler Krisen (Multilateralismus), spricht sich für eine aktivere Rolle Deutschlands in der Weltpolitik aus (Internationalismus), lehnt den Einsatz gewaltsamer Mittel eher ab (Anti-Militarismus) und ist für eine von den USA unabhängigere deutsche Außenpolitik (Anti-Atlantizismus). Dieses Einstellungsprofil variiert nur geringfügig zwischen den soziodemografischen Teilgruppen und den Wählergruppen. Die starke Ausprägung des Multilateralismus in der Bevölkerung spiegelt sich auch in der öffentlichen Meinung zu Deutschlands Mitgliedschaft und Engagement in der NATO wider, die in allen Gruppen im Mittel positiv ausfällt. Parallel zur öffentlichen Zustimmung zum Multilateralismus ist auch die öffentliche Unterstützung für Deutschlands NATO-Mitgliedschaft seit Jahren stabil (vgl. Graf 2018b, 2019b). Wichtig ist zudem die Erkenntnis, dass eine anti-atlantizistische Einstellung zwar die Zustimmung zu Deutschlands Mitgliedschaft und Engagement in der NATO reduziert, aber selbst unter den Anti-Atlantizisten eine absolute Mehrheit die Mitgliedschaft und das Engagement in der NATO befürwortet. Die positive Haltung der Bevölkerung zur NATO bleibt also selbst dann bestehen, wenn der Wunsch nach einer außenpolitischen Emanzipation von den USA besonders stark ausgeprägt ist.

Weitgehende Einigkeit herrscht auch in der Frage der parlamentarischen Kontrolle der Streitkräfte: In allen soziodemografischen Teilgruppen und Wählergruppen fordert eine absolute Mehrheit die Beteiligung des Deutschen Bundestags bei der Entsendung der Bundeswehr in Auslandseinsätze. Nur eine Minderheit spricht sich dafür aus, dass die Regierung in militärischen Angelegenheiten allein und ohne Beteiligung des Bundestags entscheiden können sollte. Eine klare Mehrheit der deutschen Bevölkerung unterstützt folglich die Konzeption der Bundeswehr als Parlamentsarmee, auch wenn diese Unterstützung im Vergleich zum Vorjahr etwas abgenommen hat.

Zusammenfassend lässt sich sagen, dass die Mehrheit der Befragten eine aktive und von den USA unabhängige(re) Außenpolitik wünscht, die sich vorrangig auf den Einsatz nicht-gewaltsamer Mittel stützt und mit den Verbündeten abgestimmt ist. Zwar ist die Mehrheit in Deutschland prinzipiell auch bereit, die Bundeswehr als Mittel in der Außenpolitik einzusetzen, aber nur solange die explizite Anwendung militärischer Gewalt nicht im Zentrum des Einsatzauftrags steht. Die parlamentarische Kontrolle der Streitkräfte und Deutschlands NATO-Mitgliedschaft werden von einer großen Mehrheit unterstützt. Dieses außenpolitische Einstellungsprofil variiert in den soziodemografischen Teilgruppen und in den Wählergruppen insgesamt nur geringfügig und ist seit Jahren weitestgehend stabil.

6 Wahrnehmungen der bilateralen Beziehungen zu China, Russland und den USA

Timo Graf

Die internationalen Beziehungen werden heute geprägt durch unterschiedliche Machtpole und deren Interaktion, allen voran China, Russland, die USA und die Europäische Union, zunehmend auch Indien. Jeder dieser Akteure verfolgt eine Außen-, Sicherheits- und Wirtschaftspolitik, die interessengeleitet und mit der ein definierter Machtanspruch verbunden ist. Dieser Machtanspruch spiegelt sich unter anderem auch in den seit Jahren weltweit steigenden Verteidigungsausgaben wider. Die USA, China, Indien und Russland wenden von allen Ländern weltweit am meisten für Verteidigung auf (SIPRI 2020). Als Reaktion auf die sich verändernde sicherheitspolitische Lage ist auch der deutsche Verteidigungshaushalt in den letzten Jahren gestiegen – eine Entwicklung, die eine relative Mehrheit (42 Prozent) der deutschen Bevölkerung mitträgt (vgl. Abschnitt 11).

Durch den Wandel zur Multipolarität gerät die regelbasierte internationale Ordnung, die von den USA und ihren Verbündeten nach dem Ende des Zweiten Weltkriegs etabliert und nach dem Kalten Krieg aufrechterhalten wurde, zunehmend unter Druck. Unterschiedliche Ordnungsentwürfe für die Ausgestaltung des internationalen Systems konkurrieren heute miteinander. Deutschland profitiert als exportorientierte Handelsnation von der Stabilität der bestehenden Ordnung und dem damit einhergehenden freien Handel und Zugang zu Ressourcen. Wesentliches Fundament dieser regelbasierten internationalen Ordnung sind das Völkerrecht und eine institutionelle Landschaft, die dabei hilft, internationale Konflikte friedlich und geordnet zu lösen. Die Schwächung dieser Ordnung birgt für Deutschland und seine Bündnispartner erhebliche Risiken. Darüber hinaus wird insbesondere die europäische Friedensordnung von Russland offen infrage gestellt, wie die völkerrechtswidrige und gewaltsame Annexion der Krim im Jahr 2014 verdeutlicht hat. Auch die Beziehungen Deutschlands zu China und den USA sind in den vergangenen Jahren komplexer und schwerer vorhersehbar geworden. China formuliert seinen gewachsenen Machtanspruch in weiten Teilen der Welt immer offener und aggressiver, während die USA unter Präsident Donald Trump eine nationalistische und unilaterale Außen-, Sicherheits- und Wirtschaftspolitik verfolgen, die zu erheblichen Spannungen in der transatlantischen Partnerschaft geführt hat.

Deutschlands Außen- und Sicherheitspolitik ist interessengeleitet und wertegebunden. Die Richtschnur für die Formulierung der deutschen Interessen bilden die Werteordnung des Grundgesetzes, die Bestimmungen des europäischen Rechts, das Völkerrecht und die Bündnisverpflichtungen. Die Aufrechterhaltung der regelbasierten internationalen Ordnung auf der Grundlage des Völkerrechts, die Vertiefung der europäischen Integration und die Festigung der transatlantischen Partnerschaft sind erklärte Ziele deutschen Regierungshandelns. Hieraus folgt, dass Deutschland als einflussreicher Akteur in den internationalen Beziehungen nicht neutral ist. Diese Position wurde von der Bundesministerin der Verteidigung Annegret Kramp-Karrenbauer in ihrer Rede bei der Münchener Sicherheitskonferenz im Februar 2020 mit Nachdruck formuliert: „Wir sind nicht neutral. [...] Wir sind und bleiben im Westen. Denn wir stehen fest auf der Seite der Freiheit und des Rechtsstaats, der Demokratie und Gewaltenteilung. Wir stehen zu Multilateralismus, fairem freien Handel und gesellschaftlicher Offenheit."[24] Diese Position deckt sich mit der öffentlichen Meinung. Eine Umfrage im Auftrag der Körber-Stiftung aus dem Jahr 2019 zeigt, dass sich eine absolute Mehrheit (55 Prozent) der Deutschen dafür ausspricht, dass die deutsche Außenpolitik auch in Zukunft „im Westen verankert" bleiben sollte (Körber-Stiftung 2019: 9). Insbesondere mit den USA und den europäischen Partnern teilt Deutschland ein gemeinsames Wertefundament, das sich außen-, sicherheits- und verteidigungspolitisch in der Breite gemeinsamer Interessen bewährt.

Wie denken die Bürgerinnen und Bürger über Deutschlands bilaterale Beziehungen zu den drei Großmächten Russland, China und den USA? Neben der öffentlichen Meinung wird auch beschrieben, ob sich die Wahrnehmung der Außen- und Sicherheitspolitik Chinas, Russlands und der USA zwischen den soziodemografischen Gruppen in der deutschen Bevölkerung signifikant unterscheidet. Diese Untersuchung ist geboten, weil sozialwissenschaftliche Studien der öffentlichen Meinung einen signifikanten Einfluss auf die Außen-, Sicherheits- und Verteidigungspolitik attestieren, zumindest in westlichen Demokratien (Holsti 1992; Isernia et al. 2002; Jacobs/Page 2005; Page/Shapiro 1983; Risse-Kappen 1991; Sobel 2001; Wittkopf 1990).[25]

---

[24] Rede der Bundesministerin der Verteidigung Annegret Kramp-Karrenbauer am 15.2.2020 auf der Münchener Sicherheitskonferenz: <https://www.bmvg.de/resource/blob/182726/82e686b41c624f562e34d59b156884c1/20200215-download-rede-akk-data.pdf> [16.9.2020].

[25] Empirische Studien zeigen jedoch auch, dass insbesondere im Bereich der Außen-, Sicherheits- und Verteidigungspolitik die Stärke des Einflusses der öffentlichen Meinung auf die Politik von der Salienz der jeweiligen Themen abhängt (Burstein 2006; Page/Shapiro 1983; Soroka 2003).

6.1 Haltungen zum Verhältnis zu Russland

Die völkerrechtswidrige Annexion der ukrainischen Halbinsel Krim durch Russland im Jahr 2014 hat zu einem grundlegenden verteidigungspolitischen Umdenken in Deutschland und Europa geführt. So stellt das Bundesministerium der Verteidigung (BMVg) im Weißbuch 2016 fest, dass Russland „[d]urch seine auf der Krim und im Osten der Ukraine zutage getretene Bereitschaft, die eigenen Interessen auch gewaltsam durchzusetzen und völkerrechtlich garantierte Grenzen einseitig zu verschieben", die europäische Sicherheitsordnung offen infrage stelle und somit eine Herausforderung für die europäische und deutsche Sicherheit darstelle (BMVg 2016a: 31–32). Zugleich wird aber auch auf die Notwendigkeit der Kooperation mit Russland hingewiesen, weshalb im „Umgang mit Russland die richtige Mischung aus kollektiver Verteidigung und dem Aufbau von Resilienz einerseits und Ansätzen kooperativer Sicherheit und sektoraler Zusammenarbeit andererseits" wichtig sei (BMVg 2016a: 32). In einem Interview für „Zeit Online" im Juli 2020 fasste die Bundesministerin der Verteidigung Annegret Kramp-Karrenbauer die deutsche Position zu Russland wie folgt zusammen: „Wir brauchen eine vernünftige Nachbarschaft mit Russland, wir gehen auf die russischen Menschen zu. Dem Anspruch der jetzigen russischen Führung müssen wir gleichzeitig eine klare Haltung gegenüberstellen: Wir sind wehrhaft und im Zweifel auch dazu bereit, uns zu wehren."[26] So verteidigt die Bundesregierung einerseits den Bau der Gaspipeline Nord Stream 2 zwischen Russland und Deutschland gegen den wachsenden Widerstand der USA. Andererseits beteiligt sich die Bundesrepublik im Rahmen der NATO an den intensivierten Maßnahmen zur Rückversicherung der östlichen Mitgliedsländer. Darüber hinaus engagiert sich Deutschland auch weiterhin für eine politische Lösung des Konflikts zwischen Russland und der Ukraine und hält in diesem Zusammenhang das Sanktionsregime gegen Russland in Kraft.

Die deutsch-russischen Beziehungen wurden seit der letzten ZMSBw-Bevölkerungsbefragung im Mai und Juni 2019 durch mindestens zwei Ereignisse schwer belastet. Im August 2019 wurde in Berlin ein georgischer Staatsbürger ermordet. Im Juni 2020 gab die Bundesanwaltschaft bekannt, dass sie von einem Auftragsmord durch die russische Zentralregierung ausgehe. Gegen den in Untersuchungshaft befindlichen russischen Staatbürger wurde inzwischen Anklage erhoben. Bereits zu Beginn der Ermittlungsaufnahme wurden zwei russische Diplomaten aus Deutschland ausgewiesen. Der zweite

26 Interview der Bundesministerin der Verteidigung Annegret Kramp-Karrenbauer, Zeit Online, 16.7.2020: <https://www.zeit.de/politik/deutschland/2020-07/annegret-kramp-karrenbauer-verteidigungsministerium-bundeswehr> [3.9.2020].

Vorfall liegt bereits einige Jahre zurück: Bei einem Cyberangriff auf den Deutschen Bundestag im Jahr 2015 wurden die Computer in zahlreichen Abgeordnetenbüros mit Spionagesoftware infiziert, darunter auch ein Computer im Bundestagsbüro der Kanzlerin. Jedoch wurde erst im Mai 2020 von der Bundesregierung öffentlich bekannt gegeben, dass der mutmaßliche Haupttäter, ein russischer Staatsbürger, zum Zeitpunkt des Angriffs dem russischen Auslandsgeheimdienst GRU angehört haben soll. Der Generalbundesanwalt stellte am 5. Mai einen Haftbefehl gegen den Haupttäter aus. In einer Rede vor dem Deutschen Bundestag am 13. Mai 2020 sprach die Bundeskanzlerin in diesem Zusammenhang von „harten Evidenzen“ für die Beteiligung russischer Kräfte und verurteilte den Vorgang als „ungeheuerlich“ (Deutscher Bundestag 2020: 19700). Sowohl über den Auftragsmord in Berlin wie auch über den von russischen Kräften durchgeführten Cyberangriff auf den Bundestag berichteten die deutschen Medien ausführlich.[27]

Ungeachtet dieser Vorfälle hat sich die öffentliche Meinung über das deutsch-russische Verhältnis im Vergleich zum Vorjahr sogar leicht verbessert (vgl. Abbildung 6.1). Insbesondere sicherheits- und verteidigungspolitische Aspekte im Verhältnis zu Russland werden positiver bewertet: Nur noch etwas weniger als ein Drittel der Befragten (30 Prozent; -4 Prozentpunkte im Vergleich zum Vorjahr) nimmt die russische Außen- und Sicherheitspolitik als eine Bedrohung für die Sicherheit Deutschlands wahr, ein Drittel (34 Prozent) ist geteilter Meinung und 30 Prozent sehen kein Bedrohungspotenzial. Auch sorgt sich nur noch etwas mehr als ein Viertel (27 Prozent) der Bürgerinnen und Bürger, dass es zu einem neuen Kalten Krieg zwischen Russland und dem Westen kommen könnte, was einen Rückgang von 9 Prozentpunkten im Vergleich zu 2019 und 11 Prozentpunkten im Vergleich zu 2018 bedeutet. Etwas weniger als ein Drittel (30 Prozent) ist in dieser Frage geteilter Meinung, während 39 Prozent diese Sorge nicht teilen. Das militärische Vorgehen Russlands in der Ukraine und in Syrien wird ebenfalls von weniger Befragten als Bedrohung für die Sicherheit Deutschlands wahrgenommen (Ukraine: 26 Prozent, -8 Prozentpunkte; Syrien: 27 Prozent, -5 Prozentpunkte).

Die im Vergleich zum Vorjahr weniger kritische öffentliche Meinung zu Russlands sicherheitspolitischem Bedrohungspotenzial schlägt sich aber nicht auf die öffentliche Un-

---

[27] Ein weiteres potenziell wirksames Ereignis könnte die Vergiftung des russischen Oppositionspolitikers Alexej Nawalny darstellen. Dieser wurde am 22. August zur Behandlung aus Russland nach Berlin gebracht. Dass Nawalny nachweislich vergiftet wurde, teilte die Bundesregierung der Öffentlichkeit am 2. September mit, also zu einem Zeitpunkt, an dem die ZMSBw-Bevölkerungsbefragung bereits abgeschlossen war (Ende der Feldphase: 26. August). Daher kann ausgeschlossen werden, dass die deutsche Medienberichterstattung über den Fall Nawalny die öffentliche Meinung zu den deutsch-russischen Beziehungen beeinflusst hat.

terstützung für Deutschlands Engagement in der NATO zur Rückversicherung der östlichen Bündnispartner nieder. Die militärische Verstärkung der NATO-Präsenz in Osteuropa wird jeweils von einem Drittel der Befragten unterstützt (34 Prozent; +2 Prozentpunkte im Vergleich zu 2019) und abgelehnt (32 Prozent; -1 Prozentpunkt). Ebenfalls leicht gestiegen ist die Zustimmung in der Bevölkerung zur militärischen Unterstützung der baltischen Staaten durch Deutschland, damit diese sich gegen Russland wehren können (29 Prozent; +2 Prozentpunkte). Weniger als ein Drittel (29 Prozent) ist in dieser Frage geteilter Meinung, während 35 Prozent eine solche Unterstützung ablehnen. Diese Haltung spiegelt die insgesamt ambivalente Position der deutschen Bevölkerung zu den beiden einsatzgleichen Verpflichtungen der Bundeswehr im Baltikum wider (vgl. Abschnitt 13). Das militärische Engagement der Bundesregierung zur Rückversicherung der östlichen NATO-Partner, insbesondere der baltischen Länder, wird also nur von einer Minderheit in der deutschen Bevölkerung unterstützt.

Abbildung 6.1: Aussagen über das Verhältnis zu Russland

„Im Folgenden finden Sie einige Aussagen zum Verhältnis zu Russland. Bitte sagen Sie mir zu jeder dieser Aussagen, ob Sie ihr völlig zustimmen, eher zustimmen, teils zustimmen/teils ablehnen, eher ablehnen oder völlig ablehnen."
(Angaben in Prozent, n = 2.277)

	Zustimmung	Teils/teils	Ablehnung	Weiß nicht/k.A.	Vgl. 2019
Ich mache mir Sorgen, dass es zu einem neuen „Kalten Krieg" zwischen Russland und dem Westen kommt.	27	30	39	4	-9
Deutschland sollte seine wirtschaftlichen Beziehungen zu Russland einschränken.	24	28	42	5	+1
Deutschland sollte (mehr) Verständnis für die Position Russlands haben.*	22	29	44	6	0
Das militärische Vorgehen Russlands in der Ukraine bedroht die Sicherheit Deutschlands.	26	33	34	7	-8
Das militärische Vorgehen Russlands in Syrien bedroht die Sicherheit Deutschlands.	27	34	31	8	-5
Die NATO sollte ihre militärische Präsenz in Osteuropa verstärken.	34	27	32	8	+2
Deutschland sollte die baltischen Staaten militärisch unterstützen, damit diese sich gegen Russland wehren können.	29	29	35	7	+2
Die Außen- und Sicherheitspolitik Russlands ist eine Bedrohung für die Sicherheit Deutschlands.	30	34	30	6	-4

Anmerkungen: Nicht alle Prozentangaben ergeben in der Summe 100 Prozent, da die Einzelwerte gerundet wurden. Zustimmung: Anteile „Stimme völlig zu" und „Stimme eher zu" zusammengefasst; Ablehnung: Anteile „Lehne völlig ab" und „Lehne eher ab" zusammengefasst. Vgl. 2019: Differenz Zustimmung 2020 zu 2019. *Die Formulierung des Items wurde im Vergleich zu 2019 teilweise geändert (siehe Hinweise in Fußnote 28).

Datenbasis: Bevölkerungsbefragungen des ZMSBw 2019 und 2020.

Anders als die im Vergleich zum Vorjahr positivere Bewertung der sicherheitspolitischen Aspekte der deutsch-russischen Beziehungen, hat sich die öffentliche Meinung zu grundlegenderen Aspekten nicht verändert. In der Frage, ob Deutschland (mehr) Verständnis für die Position Russlands haben sollte, gibt es im Vergleich zum Vorjahr keine Veränderung in der Haltung der Bürgerinnen und Bürger: Etwas mehr als ein Fünftel der Befragten ist davon überzeugt, dass Deutschland (mehr) Verständnis für die Position Russlands haben sollte (22 Prozent; keine Veränderung gegenüber 2019), 44 Prozent sind anderer Auffassung und 29 Prozent sind geteilter Meinung.[28] Auch die Zustimmung zur Einschränkung der wirtschaftlichen Beziehungen zu Russland hat sich im Vergleich zum Vorjahr kaum verändert (24 Prozent; +1 Prozentpunkt), obgleich der Anteil derjenigen, die eine Einschränkung ablehnen, um 8 Prozentpunkte auf 42 Prozent zurückgegangen ist.

Das Meinungsbild der Bürgerinnen und Bürger über die deutsch-russischen Beziehungen hat sich im Vergleich zum Vorjahr insgesamt leicht verbessert – den objektiven diplomatischen Verwerfungen zum Trotz. Insbesondere die sicherheitspolitischen Aspekte werden positiver bewertet als 2019. Insgesamt ist das öffentliche Meinungsbild über das deutsch-russische Verhältnis aber als ambivalent zu bezeichnen: Mit Ausnahme der ablehnenden Haltung gegenüber einer Einschränkung der wirtschaftlichen Beziehungen zu Russland und der mangelnden Bereitschaft, der russischen Position (mehr) Verständnis entgegenzubringen, wird kein Aspekt der bilateralen Beziehungen von einer klaren Mehrheit der Bevölkerung entweder positiv oder negativ bewertet. In der deutschen Öffentlichkeit gehen die Meinungen zum Thema Russland weit auseinander – und das bereits seit Jahren.

6.2 Haltungen zum Verhältnis zu China

Zum zweiten Mal seit 2019 enthält die Bevölkerungsbefragung des ZMSBw Fragen zu den bilateralen Beziehungen zwischen Deutschland und der Volksrepublik China. China ist Deutschlands wichtigster Handelspartner. Vor diesem Hintergrund verwundert es

---

28 Die Formulierung des entsprechenden Items wurde im Jahr 2020 modifiziert. Die Hälfte der Befragten erhielt die Formulierung aus den Vorjahren: „Deutschland sollte *mehr* Verständnis für die Position Russlands haben." Die andere Hälfte der Befragten erhielt die neue Formulierung: „Deutschland sollte Verständnis für die Position Russlands haben." Die Zuweisung der Formulierung erfolgte durch eine computergesteuerte zufällige Aufteilung der Befragten (randomisierter Split-Half). Die Antworten der zwei Gruppen unterscheiden sich nicht statistisch signifikant, was eine zusammengefasste Auswertung erlaubt. Diese Vorgehensweise wurde auch für die entsprechenden Aussagen zu China und den USA gewählt. Auch hier unterscheiden sich die Antworten der beiden Gruppen nicht. In zukünftigen ZMSBw-Bevölkerungsbefragungen wird ausschließlich die neue Formulierung verwendet, weil durch das Weglassen des Wortes „mehr" der nicht klar zu definierende (weil subjektiv empfundene) Referenzpunkt („mehr" im Vergleich zu was?) entfällt und die Aussage somit eindeutiger zu interpretieren ist.

nicht, dass sich Deutschland allem voran wirtschaftspolitisch und weniger sicherheitspolitisch mit China befasst, denn „Politiker und Wirtschaftsvertreter sehen in China einen enormen Markt, der große ökonomische Gewinne verspricht, und verschließen deshalb oftmals die Augen vor den sicherheitspolitischen und politischen Ambitionen Chinas" (Masala 2018: 18). Dabei sind die sicherheitspolitischen Herausforderungen bereits seit Jahren sichtbar, die sich für die westlichen Staaten aus Chinas rapidem Machtzuwachs und zusehends globaler und aggressiver Machtprojektion ergeben. Hierzu gehören z.B. der enorme Fähigkeitsaufwuchs der chinesischen Streitkräfte (insbesondere der Marine), die vertiefte militärische Zusammenarbeit zwischen China und Russland sowie Chinas militärische Nutzung befestigter Atolle im Südchinesischen Meer unter bewusster Missachtung internationaler Rechtsprechung. Zuletzt sorgte die Diskussion um den möglichen Ausschluss der chinesischen Telekommunikationsfirma Huawei vom Wettbewerb um den Aufbau der deutschen Infrastruktur für den neuen Telekommunikationsstandard 5G für Irritationen im deutsch-chinesischen Verhältnis, ebenso wie die wachsende Einflussnahme Chinas in Hongkong und die gravierenden Menschenrechtsverletzungen im Zusammenhang mit Chinas Behandlung der Volksgruppe der Uiguren. Vor diesem Hintergrund werden allmählich die Stimmen lauter, die zu einem kritischeren Umgang mit China aufrufen. So wird China in den Leitlinien der Bundesregierung zum Indo-Pazifik als eine aufstrebende Weltmacht beschrieben, die „die Regeln der internationalen Ordnung stellenweise in Frage stellt" (Auswärtiges Amt 2020: 8). Der Vorsitzende des Auswärtigen Ausschusses des Deutschen Bundestags, Norbert Röttgen, wurde anlässlich des Besuchs des chinesischen Außenministers in Berlin am 2. September 2020 in den „Tagesthemen" noch deutlicher: „China ist ein systemischer Rivale, der eine immer lückenlosere digitalisierte Unterdrückung im eigenen Land praktiziert und nach Außen immer expansiver und auch aggressiver wird. Diese Realität müssen wir sehen und unsere Interessen und unsere Werte auch klar vertreten."

Die Ergebnisse in Abbildung 6.2 zeigen, dass die deutsche Bevölkerung ein vergleichsweise wohlwollendes Bild von den bilateralen Beziehungen zu China hat, zumindest im direkten Vergleich mit den USA und Russland. Gegenüber dem Vorjahr hat sich die öffentliche Meinung dennoch verschlechtert: So sehen 29 Prozent der Befragten in China einen zuverlässigen Partner Deutschlands, 36 Prozent sind geteilter Meinung und 28 Prozent lehnen diese Aussage ab. Auch wenn der Anteil derjenigen, die in China einen zuverlässigen Partner Deutschlands sehen, um 9 Prozentpunkte im Vergleich zum Vorjahr zurückgegangen ist, so entspricht dieser Wert exakt dem für die USA (vgl. Abbildung 6.3) – China wird also von einem gleich großen Teil der deutschen Bevölkerung als zuverlässiger Partner gesehen wie der NATO-Bündnispartner USA.

Abbildung 6.2: Aussagen über das Verhältnis zu China

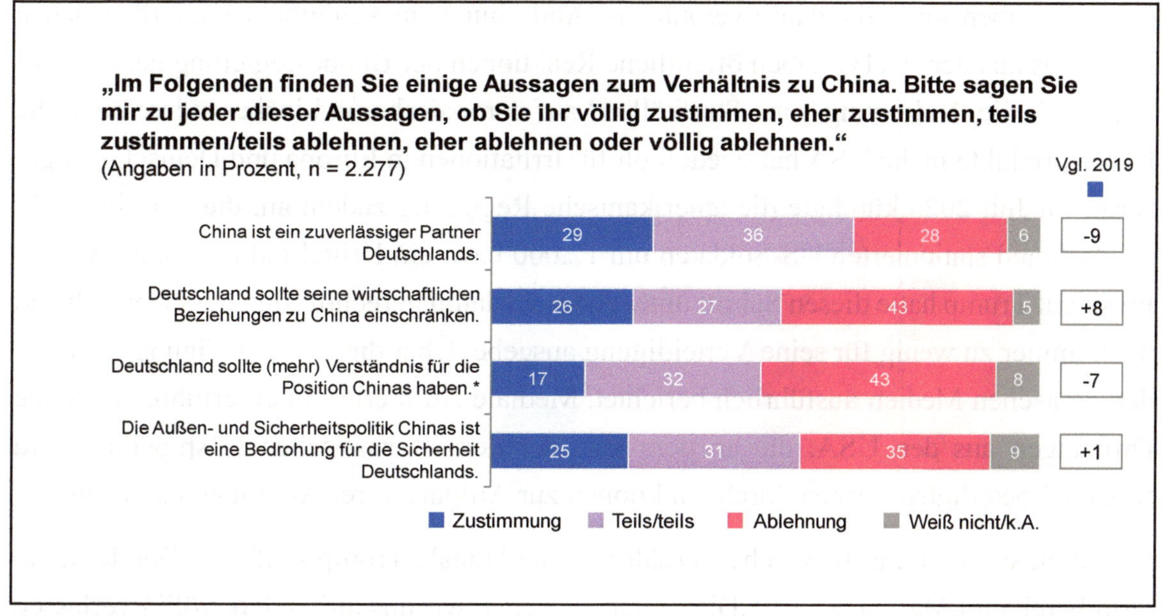

Anmerkungen: Nicht alle Prozentangaben ergeben in der Summe 100 Prozent, da die Einzelwerte gerundet wurden. Zustimmung: Anteile „Stimme völlig zu" und „Stimme eher zu" zusammengefasst; Ablehnung: Anteile „Lehne völlig ab" und „Lehne eher ab" zusammengefasst. Vgl. 2019: Differenz Zustimmung 2020 zu 2019. *Die Formulierung des Items wurde im Vergleich zu 2019 teilweise geändert (siehe Hinweise in Fußnote 28).

Datenbasis: Bevölkerungsbefragungen des ZMSBw 2019 und 2020.

Für eine Einschränkung der wirtschaftlichen Beziehungen zu China spricht sich etwas mehr als ein Viertel der Befragten aus (26 Prozent; +8 Prozentpunkte gegenüber 2019), ein ähnlich großer Anteil (27 Prozent) ist geteilter Meinung und eine relative Mehrheit von 43 Prozent lehnt dies ab. Diese Haltung ist mit der zu den USA und Russland vergleichbar. Gegenüber dem Vorjahr sind auch deutlich weniger Bürgerinnen und Bürger der Auffassung, dass Deutschland Verständnis für die Position Chinas haben sollte (17 Prozent; -7 Prozentpunkte). Einzig die Wahrnehmung von Chinas Außen- und Sicherheitspolitik als eine Bedrohung für die Sicherheit Deutschlands hat sich kaum verschlechtert: Ein Viertel (25 Prozent) der Befragten sieht in Chinas Politik ein Sicherheitsrisiko für Deutschland, etwas weniger als ein Drittel (31 Prozent) ist unentschieden und etwas mehr als ein Drittel (35 Prozent) erkennt keine Bedrohung. Chinas Außen- und Sicherheitspolitik wird somit von der deutschen Bevölkerung weniger als eine Bedrohung für die Sicherheit Deutschlands empfunden (25 Prozent) als die Politik Russlands (30 Prozent) oder der USA (37 Prozent).

6.3 Haltungen zum Verhältnis zu den USA

Die Beziehungen zwischen Deutschland und den USA unterliegen seit dem Amtsantritt von US-Präsident Donald Trump gewissen Spannungen. Insbesondere Präsident Trumps

Kritik an der Lastenteilung innerhalb der NATO und der Höhe der deutschen Verteidigungsausgaben sowie die damit verbundene Androhung eines möglichen amerikanischen Rückzugs aus der NATO haben öffentliche Reaktionen der Bundesregierung hervorgerufen. Auch die Androhung von „Strafzöllen“ auf europäische und insbesondere deutsche Exportprodukte in die USA hat wiederholt für Irritationen in Europa und Deutschland gesorgt. Im Juli 2020 kündigte die amerikanische Regierung zudem an, die Anzahl der in Deutschland stationierten US-Soldaten um 12.000 bzw. ein Drittel reduzieren zu wollen. Präsident Trump hatte diesen Schritt unter anderem damit gerechtfertigt, dass Deutschland noch immer zu wenig für seine Verteidigung ausgebe. Über diese Ankündigung wurde in den deutschen Medien ausführlich berichtet. Mediale Aufmerksamkeit erfuhren auch die Drohungen aus den USA, die an dem Bau der deutsch-russischen Gaspipeline Nord Stream 2 beteiligten Firmen durch Sanktionen zur Aufgabe ihrer Aktivitäten zu zwingen.

Mit Blick auf das transatlantische Verhältnis unter Donald Trump stellte die Bundeskanzlerin bereits im Mai 2018 fest: „Die Zeiten, in denen wir uns auf andere völlig verlassen konnten, die sind ein Stück vorbei. [...] Und deshalb kann ich nur sagen: Wir Europäer müssen unser Schicksal wirklich in unsere eigene Hand nehmen.“[29] Bundesaußenminister Heiko Maas plädierte sogar dafür, die transatlantische „Partnerschaft neu zu vermessen“.[30] Und Bundespräsident Frank-Walter Steinmeier gab in einer öffentlichen Rede in den USA über die transatlantischen Beziehungen zu bedenken, dass der „Schaden der heutigen Erschütterung tiefgehender, langfristiger und vor allem irreparabel sein“ könnte.[31] Die Bundesregierung stellt offenkundig eine Veränderung in den Beziehungen zu den USA fest. Wie aber beurteilt die deutsche Bevölkerung das Verhältnis zu den USA?

Die Bevölkerungsumfrage des ZMSBw erfasst die öffentliche Meinung zu den transatlantischen Beziehungen ausführlich seit 2017. Vergleiche mit der öffentlichen Meinung über die Beziehungen zu den USA unter Präsident Barack Obama sind also mit diesen Daten nicht möglich. Jedoch zeigen andere repräsentative Umfragen, dass sich die öffentliche Meinung in Deutschland über die USA und die transatlantischen Beziehungen seit dem Amtsantritt von Präsident Trump massiv verschlechtert hat (Pew Research Center 2017). Zudem macht die Forschung zu außen- und sicherheitspolitischen Einstellungen

---

29 Öffentliche Rede der Bundeskanzlerin Angela Merkel am 28. Mai 2018 bei einer Veranstaltung in München; zitiert u.a. auf Spiegel Online: <https://www.spiegel.de/politik/deutschland/angela-merkel-das-bedeutet-ihre-bierzelt-rede-ueber-donald-trump-a-1149649.html> [7.10.2020].

30 Gastkommentar des Bundesaußenministers Heiko Maas im Handelsblatt vom 21. August 2018.

31 Öffentliche Rede des Bundespräsidenten Frank-Walter Steinmeier in den USA am 19. Juni 2018; zitiert u.a. im Handelsblatt vom 19. August 2018.

deutlich, dass die Haltung zu einem Land stark von der Bewertung des jeweiligen politischen Spitzenpersonals beeinflusst wird (z.B. Balmas 2018).

Die ZMSBw-Bevölkerungsumfrage 2020 zeigt, dass sich die öffentliche Meinung über die Beziehungen zu den USA im Vergleich zum Vorjahr nicht wesentlich verändert hat (vgl. Abbildung 6.3) und damit insgesamt sehr kritisch bleibt. Die deutsch-amerikanischen Beziehungen werden in einigen Aspekten sogar kritischer beurteilt als Deutschlands Verhältnis zu Russland (vgl. Abbildung 6.1) und China (vgl. Abbildung 6.2), insbesondere in sicherheitspolitischen Fragen.

Nur etwas mehr als ein Viertel (29 Prozent; -1 Prozentpunkt gegenüber 2019) der deutschen Bevölkerung sieht in den USA einen zuverlässigen Partner Deutschlands – genauso viele Befragte sehen auch in China einen zuverlässigen Partner. 38 Prozent sind in dieser Frage unentschieden und 31 Prozent betrachten die USA als unzuverlässigen Partner Deutschlands. Sehr viel deutlicher hat sich die Wahrnehmung der NATO-Bündnistreue der USA verschlechtert: Nur 31 Prozent (-5 Prozentpunkte) der Bürgerinnen und Bürger glauben, dass die USA hinter ihren Verpflichtungen gegenüber anderen NATO-Staaten stehen, ein Drittel (34 Prozent) ist geteilter Meinung und 27 Prozent glauben dies nicht. Eine relative Mehrheit (47 Prozent; keine Veränderung) ist zudem der Auffassung, die Außen- und Sicherheitspolitik der USA gefährde den Zusammenhalt in der NATO; nur 17 Prozent sind gegenteiliger Meinung. Dieser Vertrauensverlust in den NATO-Partner USA spiegelt sich auch in der relativ geringen Unterstützung dafür wider, dass die USA in die Verteidigung Europas eingebunden bleiben sollten: Nur noch 45 Prozent (-1 Prozentpunkt) sprechen sich dafür aus, 27 Prozent sind unentschieden und etwas weniger als ein Viertel (23 Prozent) lehnt dies ab.

Die öffentliche Meinung über das Verhältnis zu den USA hat sich in einigen Aspekten im Vergleich zum Vorjahr aber auch verbessert. Für die Einschränkung der wirtschaftlichen Beziehungen zu den USA sprechen sich etwas weniger Befragte aus als im Vorjahr (23 Prozent; -1 Prozentpunkt). Auch das militärische Vorgehen der USA in Syrien (29 Prozent; -7 Prozentpunkte) und die Außen- und Sicherheitspolitik der USA (37 Prozent; -2 Prozentpunkte) werden von einem kleineren Teil der Bevölkerung als eine Bedrohung für die Sicherheit Deutschlands empfunden als noch im Vorjahr. Ungeachtet dieser partiellen und eher geringfügigen Verbesserungen des Meinungsbildes, sehen aber immer noch mehr Bürgerinnen und Bürger in der Außen- und Sicherheitspolitik der USA eine Bedrohung für die Sicherheit Deutschlands als in der Politik Chinas (25 Prozent) oder Russlands (30 Prozent).

Abbildung 6.3: Aussagen über das Verhältnis zu den USA

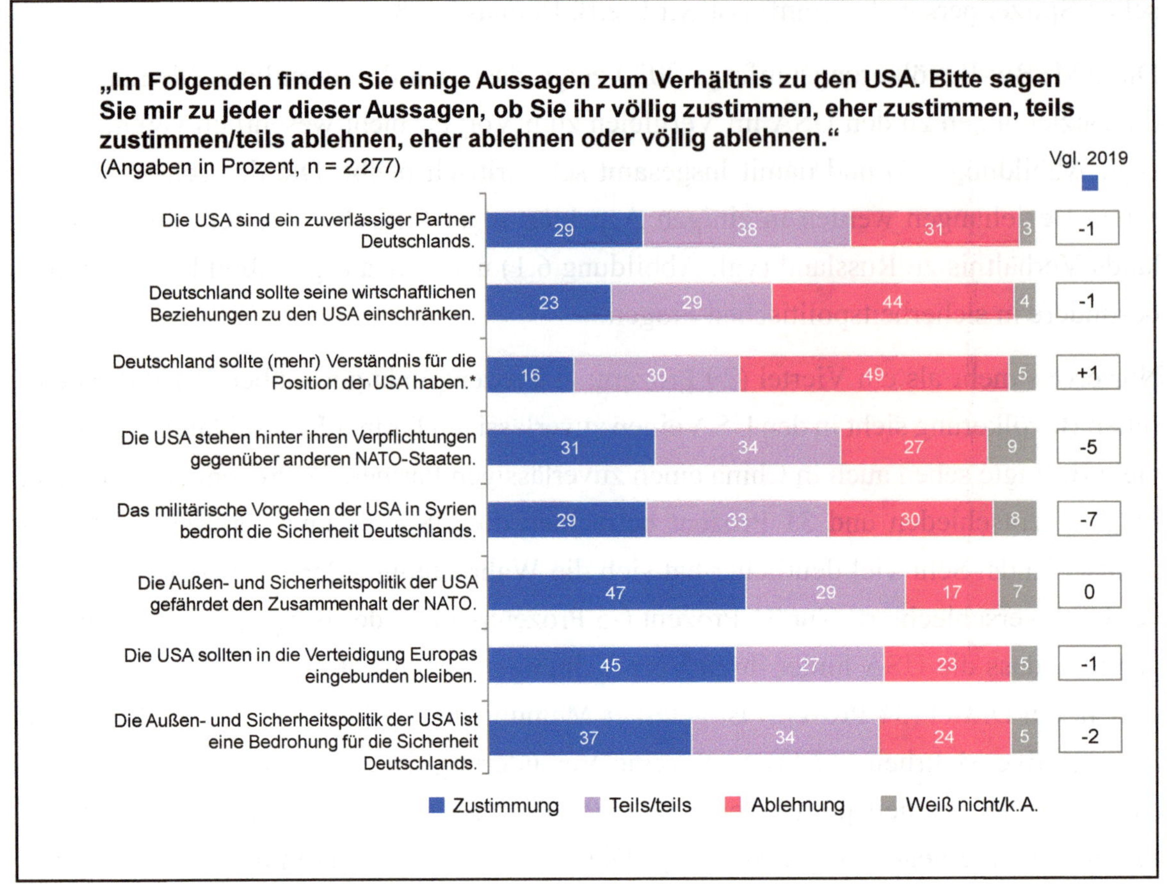

Anmerkungen: Nicht alle Prozentangaben ergeben in der Summe 100 Prozent, da die Einzelwerte gerundet wurden. Zustimmung: Anteile „Stimme völlig zu" und „Stimme eher zu" zusammengefasst; Ablehnung: Anteile „Lehne völlig ab" und „Lehne eher ab" zusammengefasst. Vgl. 2019: Differenz Zustimmung 2020 zu 2019. *Die Formulierung des Items wurde im Vergleich zu 2019 teilweise geändert (siehe Hinweise in Fußnote 28).

Datenbasis: Bevölkerungsbefragungen des ZMSBw 2019 und 2020.

Nahezu unverändert kritisch ist auch die Haltung der Bevölkerung in der Frage, ob Deutschland Verständnis für die Position der USA haben sollte: Lediglich 16 Prozent (+1 Prozentpunkt) sprechen sich dafür aus, 30 Prozent sind geteilter Meinung und eine relative Mehrheit von 49 Prozent lehnt dies ab. Die Befragten sind also eher der Überzeugung, dass Deutschland der Position Russlands (vgl. Abbildung 6.1) oder Chinas (vgl. Abbildung 6.2) Verständnis entgegenbringen sollte als der Position der USA.

In der Gesamtbetrachtung der öffentlichen Meinung über das Verhältnis zu den USA sollten auch die Ergebnisse des Abschnitts zu den außenpolitischen Grundhaltungen berücksichtigt werden, insbesondere die Einstellung der Bevölkerung zum Atlantizismus: Nur etwas mehr als ein Viertel der Befragten (29 Prozent) ist der Auffassung, dass Deutschland in außenpolitischen Fragen in Übereinstimmung mit den USA handeln sollte, und drei Viertel (75 Prozent) sprechen sich dafür aus, dass Deutschland seine Interessen gegenüber den USA selbstbewusster vertreten sollte (vgl. Abschnitt 5, Abbildung 5.4). Die öffentliche Meinung zum transatlantischen Verhältnis ist von dem Wunsch nach einer von den USA unabhängigeren deutschen Außen- und Sicherheitspolitik geprägt. Eine umfassende verteidigungspolitische Emanzipation wird aber nicht uneingeschränkt befürwortet, denn eine relative Mehrheit (45 Prozent) der Bürgerinnen und Bürger ist der Auffassung, dass die USA in die Verteidigung Europas eingebunden bleiben sollten.

6.4 Internationale Bedrohungsperzeptionen in soziodemografischen Gruppen

Nachfolgend wurde untersucht, ob sich die Wahrnehmung der amerikanischen, russischen und chinesischen Außen- und Sicherheitspolitik als eine Bedrohung für die Sicherheit Deutschlands zwischen den soziodemografischen Teilgruppen in der Bevölkerung signifikant unterscheidet. Bei dieser Bedrohungsperzeption handelt es sich um eine soziotrope Wahrnehmung, da sich diese nicht primär auf die Sicherheit des Individuums bezieht, sondern auf die der Nation (vgl. Abschnitt 4). Die Antworten der Befragten wurden so umkodiert, dass ein hoher Wert ein hohes Maß an subjektiver Bedrohung (Maximalwert 1) und ein geringer Wert ein niedriges Maß an subjektiver Bedrohung (Minimalwert 0) repräsentiert. Ein Wert von 0,5 repräsentiert eine ambivalente Bedrohungsperzeption.

Die Ergebnisse in Tabelle 6.1 zeigen, dass es nur wenige statistisch signifikante Unterschiede in den Bedrohungswahrnehmungen zwischen den soziodemografischen Teil- und Wählergruppen gibt und diese auch nur schwach ausgeprägt sind. Die Außen- und Sicherheitspolitik der USA wird insgesamt als die vergleichsweise größte Bedrohung für die Sicherheit Deutschlands empfunden (Mittelwert 0,54) – nicht nur im Bevölkerungsdurchschnitt, sondern auch in allen Teilgruppen. Die Außen- und Sicherheitspolitik Russlands und Chinas wird mit einem Mittelwert von 0,49 bzw. 0,47 insgesamt etwas positiver beurteilt. Absolut betrachtet ist die öffentliche Wahrnehmung der Außen- und Sicherheitspolitik aller drei Länder als ambivalent zu charakterisieren.

Tabelle 6.1: Internationale Bedrohungsperzeptionen in soziodemografischen Gruppen

„Im Folgenden finden Sie einige Aussagen zum Verhältnis zu den USA/Russland/China. Bitte sagen Sie mir zu jeder dieser Aussagen, ob Sie ihr völlig zustimmen, eher zustimmen, teils zustimmen/teils ablehnen, eher ablehnen oder völlig ablehnen. Die Außen- und Sicherheitspolitik der USA/Russlands/Chinas ist eine Bedrohung für die Sicherheit Deutschlands."
(Mittelwerte)

	Russland	USA	China
Insgesamt	0,49	0,54	0,47
Geschlecht	*	n.s.	n.s.
Männer	0,48	0,53	0,46
Frauen	0,51	0,55	0,47
Alter	n.s.	n.s.	**
16 bis 29 Jahre	0,49	0,53	0,45
30 bis 49 Jahre	0,51	0,56	0,50
50 bis 69 Jahre	0,48	0,53	0,45
70 Jahre und älter	0,51	0,54	0,47
Bildungsniveau	n.s.	n.s.	n.s.
Hochschul- bzw. Fachhochschulreife	0,50	0,55	0,48
Realschulabschluss	0,49	0,54	0,46
Hauptschulabschluss	0,50	0,54	0,47
Haushaltsnettoeinkommen pro Monat	n.s.	*	n.s.
4.001 Euro und mehr	0,50	0,53	0,48
2.001 bis 4.000 Euro	0,49	0,53	0,47
Bis 2.000 Euro	0,51	0,57	0,47
Wahlabsicht Bundestagswahl	*	**	*
CDU/CSU	0,52	0,55	0,48
SPD	0,47	0,51	0,46
AfD	0,44	0,50	0,53
FDP	0,52	0,56	0,49
Die Linke	0,48	0,60	0,43
Bündnis 90/Die Grünen	0,50	0,53	0,47
Keine Parteipräferenz, Nichtwähler, w.n./k.A.	0,49	0,55	0,45
Region	**	**	**
Norddeutschland (SH, HH, HB, NI)	0,50	0,56	0,46
Ostdeutschland (MV, BB, BE, ST, SN, TH)	0,47	0,57	0,50
Süddeutschland (BW, BY)	0,52	0,53	0,48
Westdeutschland (NW, RP, HE, SL)	0,48	0,53	0,44
Migrationshintergrund	n.s.	n.s.	n.s.
Ja	0,47	0,55	0,46
Nein	0,50	0,54	0,47

Anmerkungen: Alle Variablen haben einen Wertebereich von [0; 1]. Analyseverfahren: Varianzanalysen, Signifikanzniveau: *** p < 0,001; ** p < 0,01; * p < 0,05; n.s. = nicht signifikant (p ≥ 0,05). Der Signifikanztest für die Varianzanalyse gibt an, ob sich der Mittelwert mindestens einer Gruppe von dem Mittelwert mindestens einer anderen Gruppe unterscheidet.

Datenbasis: Bevölkerungsbefragung des ZMSBw 2020.

Die Außen- und Sicherheitspolitik Russlands wird von Frauen etwas stärker als Bedrohung für die Sicherheit Deutschlands wahrgenommen als von Männern. Auch zwischen den Regionen besteht ein Wahrnehmungsunterschied: Die Bürgerinnen und Bürger in Süddeutschland beurteilen die Politik Russlands kritischer als jene in Ostdeutschland. Im Vergleich der Wählergruppen fällt zudem auf, dass die Anhänger der AfD in der russischen Außen- und Sicherheitspolitik die geringste Gefahr für Deutschland erkennen – auch im Vergleich zur Politik der USA und Chinas. Zwischen den Alters-, Bildungs- und Einkommensgruppen sowie zwischen Befragten mit und ohne Migrationshintergrund bestehen keine statistisch signifikanten Unterschiede in der Wahrnehmung der russischen Außen- und Sicherheitspolitik.

Die Außen- und Sicherheitspolitik der USA wird von allen untersuchten soziodemografischen Teilgruppen und den Wählergruppen als die vergleichsweise größte Bedrohung der Sicherheit Deutschlands wahrgenommen – mit Ausnahme der AfD-Anhänger, die Chinas Politik noch kritischer gegenüberstehen. Von allen Wählergruppen betrachten die Anhänger der Linken die Außen- und Sicherheitspolitik der USA als die größte Bedrohung für die Sicherheit Deutschlands. Auch zwischen den soziodemografischen Teilgruppen bestehen statistisch signifikante Wahrnehmungsunterschiede: Befragte mit einem geringen Haushaltseinkommen (bis 2.000 Euro) beurteilen die Politik der USA kritischer als Befragte mit höheren Haushaltseinkommen. In Süd- und Westdeutschland, also in jenen Regionen, in denen die USA über eine besonders starke militärische Präsenz verfügen, wird die Außen- und Sicherheitspolitik der USA etwas weniger stark als Bedrohung wahrgenommen als in Nord- und Ostdeutschland. Zwischen Männern und Frauen, den Alters- und Bildungsgruppen sowie Befragten mit und ohne Migrationshintergrund bestehen keine statistisch signifikanten Unterschiede in der wahrgenommenen Bedrohung durch die amerikanische Außen- und Sicherheitspolitik.

Im Vergleich zu Russland oder den USA wird Chinas Außen- und Sicherheitspolitik von den meisten der untersuchten soziodemografischen Teilgruppen und Wählergruppen als die geringste Bedrohung für die Sicherheit Deutschlands wahrgenommen. Eine Ausnahme, wie bereits erwähnt, sind die Anhänger der AfD, die in Chinas Politik die größte Gefahr sehen. Ein weiterer signifikanter Unterschied besteht zwischen den Altersgruppen: Befragte im Alter von 30 bis 49 Jahren erkennen in der chinesischen Außen- und Sicherheitspolitik eher eine Bedrohung für die Sicherheit Deutschlands als die anderen Altersgruppen. Zwischen Männern und Frauen, den Bildungs- und Einkommensgruppen sowie Befragten mit und ohne Migrationshintergrund existieren hierbei keine statistisch signifikanten Unterschiede.

6.5 Fazit

Deutschlands bilaterale Beziehungen zu China, Russland und den USA sind in den vergangenen Jahren komplexer und weniger vorhersehbar geworden. Die deutsche Bevölkerung nimmt diese Beziehungen sehr differenziert war. Dennoch besteht zwischen der Realität der bilateralen Beziehungen und der öffentlichen Meinung darüber eine zum Teil auffällige Diskrepanz. So wird die russische Außen- und Sicherheitspolitik von weniger Befragten als im Vorjahr als eine Bedrohung für Deutschlands Sicherheit wahrgenommen, obwohl inzwischen öffentlich bekannt wurde, dass nachweislich russische Kräfte den Cyberangriff auf den Deutschen Bundestag im Jahr 2015 verübten und die Zentralregierung in Moskau ausländische Staatsbürger auch in Deutschland mutmaßlich gezielt töten lässt. Die deutschen Medien haben dazu ausführlich berichtet. Der öffentlichen Meinung über das deutsch-russische Verhältnis scheinen diese Vorfälle oder die Medienberichterstattung hierüber aber nicht geschadet zu haben.

Ebenso verwundert es, dass Deutschlands Verhältnis zu Russland oder China in einigen Aspekten positiver bewertet wird als das zu den USA. So sehen mehr Bürgerinnen und Bürger in der Außen- und Sicherheitspolitik des NATO-Bündnispartners USA eine Bedrohung für die Sicherheit Deutschlands als in der Politik Chinas oder Russlands. Bemerkenswert ist in diesem Zusammenhang der Befund, dass dieses Meinungsbild in nahezu allen untersuchten soziodemografischen Teilgruppen und den Wählergruppen vorherrscht, d.h. es besteht ein gesamtgesellschaftlicher Konsens in der kritischen Bewertung der Außen- und Sicherheitspolitik der USA. Auch betrachten gleich viele Bürgerinnen und Bürger China und die USA als einen zuverlässigen Partner Deutschlands. Und eine relative Mehrheit der Bevölkerung glaubt nicht, dass die USA hinter ihren Bündnisverpflichtungen gegenüber anderen NATO-Ländern stehen, obwohl die USA z.B. im Rahmen der European Deterrence Initiative in den vergangenen Jahren mehr und nicht weniger Haushaltsmittel für die Verteidigung Europas bereitgestellt haben. Der Vertrauensverlust der deutschen Bevölkerung in den Bündnispartner USA ist real und mit Blick auf die historische und strategische Bedeutung der transatlantischen Partnerschaft besorgniserregend.

Die Ankündigungen und Drohungen der Trump-Regierung, das in Deutschland stationierte amerikanische Militärpersonal als „Strafe“ für die aus ihrer Sicht zu geringen deutschen Verteidigungsausgaben reduzieren zu wollen oder Sanktionen gegen deutsche Firmen verhängen zu wollen, die am Bau der Gaspipeline Nord Stream 2 zwischen Russland und Deutschland beteiligt sind, könnten die öffentliche Meinung zum deutsch-amerikanischen Verhältnis im Befragungszeitraum beeinflusst haben. Empirisch überprüfen lässt sich dieser Zusammenhang mit den Daten der ZMSBw-Bevölkerungsbefragung nicht.

Unabhängig davon ist ohnehin anzunehmen, dass die Haltung zu den USA maßgeblich von der Bewertung des Präsidenten beeinflusst wird (Balmas 2018) und weniger von spezifischen sicherheits- oder verteidigungspolitischen Themen. Damit kommt der US-Präsidentschaftswahl im November 2020 eine besondere Bedeutung für die Zukunft der deutsch-amerikanischen Beziehungen, der transatlantischen Partnerschaft und der westlichen Staatengemeinschaft zu.

Die kritische Einstellung gegenüber den USA bedeutet aber nicht zwangsläufig eine „Hinwendung" der deutschen Bevölkerung zu anderen Großmächten wie Russland oder China. Auch wenn die öffentliche Meinung über das Verhältnis zu China in einigen Aspekten positiver ausfällt als die zu den USA, so hat sich das China-Bild der Deutschen im Vergleich zum Vorjahr deutlich verschlechtert. Zur Einordnung der Ergebnisse der ZMSBw-Bevölkerungsbefragung hilft auch ein Blick auf die Daten anderer repräsentativer Umfragen: Eine Umfrage im Auftrag der Körber-Stiftung aus dem Jahr 2019 zeigt, dass 87 Prozent der Befragten das chinesische Gesellschaftmodell negativ bewerten, eine relative Mehrheit von 46 Prozent den wachsenden Einfluss Chinas in der Welt negativ beurteilt und den Deutschen gute Beziehungen zu den USA wichtiger sind als zu China (24 Prozent vs. 50 Prozent USA) oder zu Russland (25 Prozent vs. 39 Prozent USA) (Körber-Stiftung 2019). Andererseits ergibt dieselbe Umfrage, dass sich 66 Prozent eine stärkere Zusammenarbeit Deutschlands mit Russland, 60 Prozent mit China und nur 50 Prozent mit den USA wünschen (Körber-Stiftung 2019).

In der Gesamtschau der Ergebnisse zeigt sich, dass die deutsche Bevölkerung die bilateralen Beziehungen zu allen drei Großmächten differenziert betrachtet und eine ambivalente Haltung zu ihnen aufweist. Kein einziger Teilaspekt der bilateralen Beziehungen zwischen Deutschland und den drei Großmächten wird von einer absoluten Mehrheit der Bevölkerung positiv bewertet. Am ehesten ist sich die Bevölkerung darin einig, dass Deutschland zu keiner der drei Großmächte die wirtschaftlichen Beziehungen einschränken sollte. Die öffentliche Meinung über das deutsch-amerikanische Verhältnis unter Donald Trump ist zwar besonders kritisch, eine „Hinwendung" zu den anderen beiden Großmächten aber nicht zu erkennen. Im Angesicht der sicherheitspolitischen Herausforderung durch Russland und China führt der Vertrauensverlust in den NATO-Partner USA vielmehr zu einer größeren öffentlichen Unterstützung für die europäische Zusammenarbeit und Integration im Bereich der Verteidigungspolitik, wie Abschnitt 7 darlegt.

7 Einstellungen zur EU-Verteidigungszusammenarbeit

Timo Graf

Die Europäische Union veröffentlichte im Jahr 2016 die European Union Global Strategy (European Union 2016). Dieses höchste außen- und sicherheitspolitische Strategiedokument der EU benennt die Vertiefung der europäischen Zusammenarbeit im Bereich der Sicherheits- und Verteidigungspolitik als eines der vorrangigen Handlungsfelder der EU, um die europäische Integration voranzutreiben und die Sicherheit der EU-Bürger auch in Zukunft gewährleisten zu können. Die Bundesregierung teilt diese Auffassung und strebt deshalb als Fernziel die Schaffung einer Europäischen Sicherheits- und Verteidigungsunion an (BMVg 2016a: 73). Die Mehrheit der im Deutschen Bundestag vertretenen Parteien bekennt sich in ihren aktuellen Parteiprogrammen ebenfalls zum weiteren Ausbau der EU-Verteidigungszusammenarbeit.

Deutschland hat im Juli 2020 die Präsidentschaft im Rat der Europäischen Union für sechs Monate übernommen. Im Rahmen seiner EU-Ratspräsidentschaft setzt sich Deutschland im Bereich der Gemeinsamen Sicherheits- und Verteidigungspolitik (GSVP) dafür ein, dass die Mitgliedsländer bis Ende 2020 eine gemeinsame Bedrohungsanalyse erstellen, die als „strategischer Kompass" zur Grundlage gemeinsamer Zielsetzungen im Bereich der GSVP werden soll. Darüber hinaus engagiert sich Deutschland für eine stärkere Kooperation zwischen der NATO und der EU, nicht zuletzt auch deshalb, weil „wir in der EU insgesamt ein gutes Stück davon entfernt sind, die Fähigkeiten der NATO und der transatlantischen Partner durch eigene EU-Kräfte ersetzen zu können", wie die Bundesministerin der Verteidigung Annegret Kramp-Karrenbauer bei der Präsentation der deutschen Pläne für die EU-Ratspräsidentschaft am 14. Juli 2020 betonte.[32]

Über die öffentliche Meinung in Deutschland zur EU-Verteidigungszusammenarbeit liegen bisher nur begrenzte Informationen vor, insbesondere zur Schaffung einer gemeinsamen europäischen Armee. Der Grund hierfür besteht in einem Mangel an aktuellen, re-

[32] Unterrichtung der zuständigen Ausschüsse des Europäischen Parlaments über die Schwerpunkte der deutschen EU-Ratspräsidentschaft im Bereich der Gemeinsamen Sicherheits- und Verteidigungspolitik durch die Verteidigungsministerin Annegret Kramp-Karrenbauer am 14. Juli 2020: <https://www.bmvg.de/de/aktuelles/akk-eu-parlament-prioritaeten-eu-ratspraesidentschaft-livestream-315342> [3.9.2020].

präsentativen und wissenschaftlichen Standards genügenden Studien zu diesem Themenkomplex. Die Bevölkerungsbefragung des ZMSBw ist die umfassendste Datenquelle zur öffentlichen Meinung in der Bundesrepublik Deutschland über die EU-Verteidigungszusammenarbeit. Auf Basis der Befragungsergebnisse 2020 untersucht dieser Abschnitt: die Einstellungen der Bürgerinnen und Bürger zu verschiedenen Aspekten der europäischen Verteidigungszusammenarbeit, Meinungsunterschiede zwischen den verschiedenen soziodemografischen Gruppen in der deutschen Bevölkerung und die Determinanten der Einstellung zur EU-Verteidigungszusammenarbeit. Besondere Aufmerksamkeit wird der öffentlichen Meinung zur Schaffung einer gemeinsamen europäischen Armee geschenkt.

Eine handlungsfähige Europäische Verteidigungsunion würde den Kern der modernen nationalstaatlichen Souveränität berühren: das legitime Gewaltmonopol. Aus diesem Grund sollten die europäischen Integrationsbemühungen im Bereich der Verteidigungspolitik durch den Willen der Bürgerinnen und Bürger demokratisch legitimiert sein. Empirische Untersuchungen der öffentlichen Meinung zur EU-Verteidigungszusammenarbeit im Allgemeinen und zur Schaffung einer EU-Armee im Besonderen können diesbezüglich wichtige Erkenntnisse liefern, die in den politischen Planungen und öffentlichen Debatten berücksichtigt werden sollten – nicht als finales Votum der Bevölkerung, sondern als aktuelle und wissenschaftlich fundierte Informationsbeiträge in einer sich fortlaufend entwickelnden Diskussion über die Zukunft der Verteidigung der Europäischen Union und ihrer Mitgliedstaaten.

7.1 Einstellungen zur europäischen Verteidigungszusammenarbeit im Rahmen der EU

Die europäische Verteidigungszusammenarbeit findet in unterschiedlichen Formaten statt, etwa im Rahmen der EU (z.B. EU Battle Groups, deutsch: EU-Kampfgruppen) und der NATO (z.B. Framework Nations Concept, deutsch: Rahmennationenkonzept), auf der Grundlage bilateraler Kooperationen zwischen einzelnen Staaten (z.B. Deutsch-Französische Brigade) oder in multinationalen Kooperationen außerhalb der Strukturen von NATO und EU (z.B. Europäische Interventionsinitiative, EI2). Darüber hinaus besteht selbst in originären EU-Initiativen, wie z.B. der Ständigen Strukturierten Zusammenarbeit (englisch: Permanent Structured Cooperation, PESCO) oder den EU Battle Groups, die Möglichkeit zur freiwilligen Teilnahme von Nicht-EU-Ländern, die bestimmte Voraussetzungen erfüllen. Hinzu kommt, dass bestimmte EU-Initiativen (z.B. PESCO) und Nicht-EU-Strukturen und -Initiativen (z.B. NATO und EI2) aufeinander abgestimmt werden (sollen), um unnötige Dopplungen hinsichtlich des Auftrags, der Organisation und der Ressourcen zu vermeiden. Viele der unterschiedlichen Maßnahmen und Strukturen, die die Vertiefung der europäischen Verteidigungszusammenarbeit im Allgemeinen und der militärischen Kooperation im Besonderen zum Ziel haben, stehen somit in Beziehung zueinander. Es gibt also mehrere sich parallel und teilweise auch gemeinsam entwickelnde Initiativen und Strukturen zur Stärkung und Vertiefung der europäischen Verteidigungszusammenarbeit, aber nicht *die* europäische Verteidigungszusammenarbeit. Die Zusammenarbeit europäischer Länder (sowohl Mitgliedstaaten der EU als auch Nichtmitglieder) in der Sicherheits- und Verteidigungspolitik im institutionellen Rahmen der EU ist daher nur eine Facette einer umfassenderen Entwicklung. Mit genau diesem Teilaspekt der europäischen Verteidigungszusammenarbeit befassen sich die nachfolgend beschriebenen Untersuchungen.

Seit 2017 hat die Verteidigungszusammenarbeit im Rahmen der EU große Fortschritte gemacht. Ende 2017 beschlossen 25 EU-Mitgliedstaaten die PESCO, die eine engere Kooperation im Bereich der Verteidigung ermöglicht. So wurden im Rahmen von PESCO bisher 47 Einzelprojekte zur militärischen Fähigkeitsentwicklung initiiert. Ebenfalls im Jahr 2017 wurde der Europäische Verteidigungsfonds (englisch: European Defence Fund, EDF) ins Leben gerufen, der die gemeinschaftliche Entwicklung und Beschaffung neuer Rüstungsgüter in Europa finanziell unterstützen soll. Erste konkrete Rüstungsprojekte werden bereits durch den EDF kofinanziert.[33] Zusätzlich nehmen seit 2017 alle EU-Mitgliedstaaten an der Koordinierten Jährlichen Überprüfung der Verteidigung teil (englisch: Coordinated Annual Review on Defence, CARD), in der sie sich gegenseitig über ihre Verteidigungsausgaben und Planungsvorhaben unterrichten, um die Fähigkeitsentwicklung untereinander besser abstimmen zu können.

Wie die Ergebnisse in Abbildung 7.1 verdeutlichen, steht die deutsche Bevölkerung der europäischen Verteidigungskooperation im Rahmen der EU positiv gegenüber. Im Vergleich zum Vorjahr hat sich die öffentliche Zustimmung zur EU-Verteidigungszusammenarbeit nicht einheitlich entwickelt. Eine klare Mehrheit vertritt die Auffassung, dass die EU eine gemeinsame Sicherheits- und Verteidigungspolitik haben sollte (66 Prozent Zustimmung; -3 Prozentpunkte im Vergleich zu 2019) und als eigenständiger sicherheits- und verteidigungspolitischer Akteur auftreten sollte (57 Prozent; +2 Prozentpunkte). Nur eine Minderheit von 9 bzw. 12 Prozent lehnt diese Aussagen ab. Eine Mehrheit spricht sich zudem dafür aus, dass die EU eine gemeinsame europäische Armee haben (47 Prozent;

33 Für die Jahre 2019–2020 stehen Fördermittel im Umfang von 525 Millionen Euro zur Verfügung. Für den Zeitraum 2021–2027 ist ein EDF-Budget von insgesamt 13 Milliarden Euro vorgesehen.

+1 Prozentpunkt) und die gemeinsame Entwicklung europäischer Rüstungsprojekte finanziell unterstützen sollte (52 Prozent; neu in 2020).[34] Der letztgenannte Aspekt entspricht der Funktion des 2017 initiierten Europäischen Verteidigungsfonds. Obwohl es sich hierbei also um ein recht junges Projekt der EU-Verteidigungszusammenarbeit handelt, das sich erst noch bewehren muss, erhält die zugrunde liegende Idee von einer absoluten Mehrheit der Bevölkerung Zuspruch. Die positive Haltung der Bürgerinnen und Bürger zur EU-Verteidigungszusammenarbeit manifestiert sich außerdem in der Überzeugung, dass Deutschland sich sicherheits- und verteidigungspolitisch vorrangig mit den Staaten der EU engagieren sollte (65 Prozent; +2 Prozentpunkte); nur 9 Prozent sprechen sich dagegen aus.[35]

Großbritannien hat die EU am 31. Januar 2020 verlassen, wodurch die EU militärisches Potenzial verloren hat. Jedoch wird der Austritt Großbritanniens von einigen verteidigungspolitischen Experten auch als politische Chance für die EU-Verteidigungszusammenarbeit gesehen: „Mit dem Ausscheiden Großbritanniens aus der EU hat ein traditioneller Blockierer einer europäischen verteidigungspolitischen Zusammenarbeit die Bühne verlassen. Das eröffnet Möglichkeiten“ (Varwick 2020: 46). Danach gefragt, ob Großbritannien auch nach dem Austritt aus der EU in die Verteidigung Europas eingebunden bleiben sollte, spricht sich eine Mehrheit von 49 Prozent der Bürgerinnen und Bürger für eine weitere Einbindung aus, etwas weniger als ein Viertel (23 Prozent) lehnt dies ab und ebenso viele Befragte (23 Prozent) sind in dieser Frage geteilter Meinung.[36] Wie eingangs erwähnt, können Nicht-EU-Staaten an PESCO teilnehmen, sofern sie bestimmte Kriterien erfüllen – eine weitere Einbindung Großbritanniens in die EU-Verteidigungszusammenarbeit ist somit nicht ausgeschlossen.

---

[34] Das Konzept der „europäischen Armee“ wurde in der Umfrage an dieser Stelle nicht näher definiert. Durch die fehlende Definition ergibt sich eine konzeptionelle Unklarheit in Bezug auf die Organisation der Streitkräfte: Sollte eine gemeinsame europäische Armee parallel zu den nationalen Streitkräften existieren oder diese sogar ersetzen? Die Präferenz der Bevölkerung hinsichtlich der Organisation von Streitkräften in Europa wird deshalb nachfolgend gesondert beschrieben.

[35] Dieser Befund lässt nicht die Schlussfolgerung zu, dass die Bevölkerungsmehrheit der NATO als verteidigungspolitischem Bündnis weniger Bedeutung beimisst als der EU (vgl. Abschnitt 5). Die Beziehung zwischen der Einstellung der Bevölkerung zur NATO und zur EU-Verteidigungszusammenarbeit wird nachfolgend untersucht. Die ZMSBw-Bevölkerungsbefragung aus dem Jahr 2018 ergab zudem: 64 Prozent der deutschen Bevölkerung sind davon überzeugt, dass die NATO auch in Zukunft das wichtigste Sicherheitsbündnis der westlichen Staaten bleibe, selbst wenn die europäischen Staaten immer enger militärisch zusammenarbeiten. Hingegen sind 30 Prozent der Auffassung, dass die NATO ihre Funktion als westliches Sicherheitsbündnis weitgehend verloren habe, weil die europäischen Staaten immer enger militärisch zusammenarbeiten und eigene Verteidigungsstrukturen aufbauen (Graf 2018b: 60–61).

[36] Ungeachtet des Austritts aus der EU und einer möglichen Partizipation im Rahmen der PESCO bleibt Großbritannien als NATO-Mitglied in die Verteidigung Europas eingebunden, daher ist nicht klar, ob die Befragten der weiteren Einbindung Großbritanniens in die Verteidigung Europas im institutionellen Rahmen der EU oder der NATO zustimmen.

Abbildung 7.1: Einstellungen zur europäischen Verteidigungszusammenarbeit im Rahmen der EU

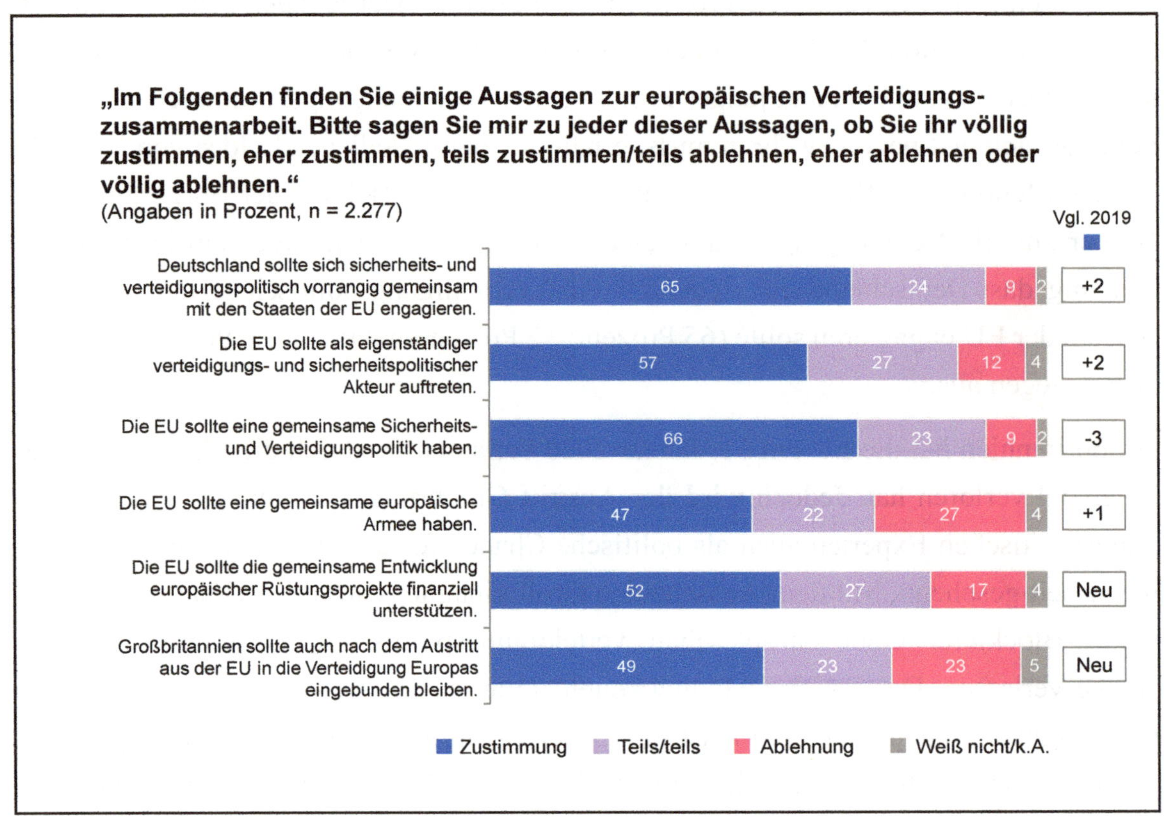

Anmerkungen: Nicht alle Prozentangaben ergeben in der Summe 100 Prozent, da die Einzelwerte gerundet wurden. Zustimmung: Anteile „Stimme völlig zu" und „Stimme eher zu" zusammengefasst; Ablehnung: Anteile „Lehne völlig ab" und „Lehne eher ab" zusammengefasst. Vgl. 2019: Differenz Zustimmung 2020 zu 2019.

Datenbasis: Bevölkerungsbefragungen des ZMSBw 2019 und 2020.

Die Aussage zur Schaffung einer EU-Armee benennt die einzige Perspektive, die tatsächlich eine Weiterentwicklung in der EU-Verteidigungszusammenarbeit bedeuten würde, denn die EU verfügt bereits über eine Gemeinsame Sicherheits- und Verteidigungspolitik (GSVP) und tritt als eigenständiger verteidigungs- und sicherheitspolitischer Akteur in Erscheinung (z.B. in Einsätzen wie EUTM-Mali; vgl. Abschnitt 13). Die Aussage zur Schaffung einer gemeinsamen EU-Armee stellt eine mögliche Vision der europäischen Verteidigungszusammenarbeit zur Abstimmung, die über den Status quo der *Kooperation* hinausgeht und die Frage nach der Bereitschaft zur *Integration* von Verteidigungsstrukturen stellt.[37] Eine genauere Untersuchung der öffentlichen Meinung zu diesem Thema erfolgt im weiteren Verlauf des Abschnitts.

---

[37] Die kritischen Anmerkungen zum Konzept der „europäischen Armee" in Fußnote 34 sind auch hier zu berücksichtigen.

Nachfolgend werden mögliche statistisch signifikante Unterschiede in den Einstellungen zu den verschiedenen Aspekten der EU-Verteidigungszusammenarbeit zwischen den soziodemografischen Gruppen in der Bevölkerung beschrieben. Zur besseren Vergleichbarkeit wurden die Angaben zu den vier Einzelaussagen zur EU-Verteidigungszusammenarbeit („Die EU sollte ...“; vgl. Abbildung 7.1) auf den Wertebereich 0 (völlige Ablehnung) bis 1 (völlige Zustimmung) umkodiert. Ein Mittelwert von 0,5 repräsentiert eine ambivalente Einstellung. Berichtet werden die Mittelwerte für die jeweiligen soziodemografischen Teilgruppen.

Insgesamt betrachtet, fällt auf, dass in allen soziodemografischen Teilgruppen eine im Durchschnitt positive Einstellung zu allen vier Aspekten der EU-Verteidigungszusammenarbeit besteht (vgl. Tabelle 7.1). Die einzige Ausnahme ist die eher ablehnende Haltung der AfD-Anhänger gegenüber der Schaffung einer gemeinsamen europäischen Armee. Darüber hinaus ist festzustellen, dass mit Ausnahme der Wählergruppen in allen untersuchten soziodemografischen Gruppen die gemeinsame Sicherheits- und Verteidigungspolitik der EU (GSVP) im Mittel die größte Zustimmung erfährt, gefolgt vom Auftreten der EU als eigenständiger sicherheits- und verteidigungspolitischer Akteur (Akteur), der finanziellen Unterstützung von europäischen Rüstungsprojekten durch die EU (EDF) und der Schaffung einer EU-Armee (EU-Armee). Zwischen den Altersgruppen bestehen bei keinem Aspekt der EU-Verteidigungszusammenarbeit statistisch signifikante Einstellungsunterschiede.

Insbesondere zwischen den Wählergruppen bestehen statistisch signifikante und zum Teil auch deutlich ausgeprägte Unterschiede, wobei sich im Wesentlichen drei Meinungsgruppen erkennen lassen. Die erste Gruppe bilden die Anhänger von CDU/CSU, SPD, FDP und Bündnis 90/Die Grünen, die zu allen vier Aspekten der EU-Zusammenarbeit die vergleichsweise positivste Einstellung aufweisen. Jedoch ist die Einstellung der Anhänger der Grünen zur Schaffung einer gemeinsamen EU-Armee als eher ambivalent zu bezeichnen. Die zweite Gruppe besteht aus den Anhängern der Linken und den Nichtwählern, die im Durchschnitt eine positive Einstellung zu den abstrakteren Aspekten der EU-Verteidigungszusammenarbeit (GSVP und Akteur) aufweisen, aber konkreteren Projekten wie der finanziellen Unterstützung von europäischen Rüstungsprojekten durch die EU (EDF) und der Schaffung einer EU-Armee eher neutral bzw. ambivalent gegenüberstehen. Die dritte Gruppe bilden die Anhänger der AfD, deren Einstellung zu allen vier Aspekten der EU-Verteidigungszusammenarbeit am wenigsten positiv ausfällt, wobei die Schaffung einer gemeinsamen europäischen Armee sogar eher abgelehnt wird.

Tabelle 7.1: Zustimmung zur EU-Verteidigungszusammenarbeit in soziodemografischen Gruppen

„Im Folgenden finden Sie einige weitere Aussagen zur Außen- und Sicherheitspolitik. Bitte sagen Sie mir zu jeder dieser Aussagen, ob Sie ihr völlig zustimmen, eher zustimmen, teils zustimmen/teils ablehnen, eher ablehnen oder völlig ablehnen.

Die EU sollte eine gemeinsame Sicherheits- und Verteidigungspolitik haben. [GSVP]

Die EU sollte als eigenständiger verteidigungs- und sicherheitspolitischer Akteur auftreten. [Akteur]

Die EU sollte die gemeinsame Entwicklung europäischer Rüstungsprojekte finanziell unterstützen. [EDF]

Die EU sollte eine gemeinsame europäische Armee haben. [EU-Armee]“

(Mittelwerte)

	GSVP	Akteur	EDF	EU-Armee
Insgesamt	0,71	0,66	0,63	0,57
Geschlecht	n.s.	n.s.	n.s.	*
Männer	0,70	0,66	0,63	0,55
Frauen	0,71	0,65	0,63	0,59
Alter	n.s.	n.s.	n.s.	n.s.
16 bis 29 Jahre	0,69	0,65	0,65	0,59
30 bis 49 Jahre	0,70	0,67	0,61	0,57
50 bis 69 Jahre	0,71	0,65	0,62	0,55
70 Jahre und älter	0,72	0,65	0,65	0,59
Bildungsniveau	n.s.	n.s.	**	n.s.
Hochschul- bzw. Fachhochschulreife	0,71	0,66	0,63	0,56
Realschulabschluss	0,70	0,65	0,61	0,56
Hauptschulabschluss	0,72	0,67	0,65	0,59
Haushaltsnettoeinkommen pro Monat	n.s.	**	n.s.	*
4.001 Euro und mehr	0,75	0,67	0,66	0,62
2.001 bis 4.000 Euro	0,70	0,66	0,62	0,56
Bis 2.000 Euro	0,69	0,64	0,62	0,56
Wahlabsicht Bundestagswahl	***	***	***	***
CDU/CSU	0,75	0,69	0,69	0,63
SPD	0,74	0,70	0,66	0,62
AfD	0,62	0,55	0,57	0,45
FDP	0,69	0,64	0,72	0,62
Die Linke	0,66	0,61	0,57	0,54
Bündnis 90/Die Grünen	0,72	0,67	0,61	0,55
Keine Parteipräferenz, Nichtwähler, w.n./k.A.	0,67	0,63	0,57	0,53
Region	***	***	***	***
Norddeutschland (SH, HH, HB, NI)	0,68	0,63	0,62	0,57
Ostdeutschland (MV, BB, BE, ST, SN, TH)	0,69	0,61	0,58	0,50
Süddeutschland (BW, BY)	0,75	0,70	0,66	0,58
Westdeutschland (NW, RP, HE, SL)	0,69	0,66	0,63	0,60
Migrationshintergrund	**	***	***	n.s.
Ja	0,76	0,70	0,69	0,60
Nein	0,70	0,65	0,62	0,57

Anmerkungen: Alle Variablen haben einen Wertebereich von [0; 1]. Analyseverfahren: Varianzanalysen, Signifikanzniveau: *** $p < 0{,}001$; ** $p < 0{,}01$; * $p < 0{,}05$; n.s. = nicht signifikant ($p \geq 0{,}05$). Der Signifikanztest für die Varianzanalyse gibt an, ob sich der Mittelwert mindestens einer Gruppe von dem Mittelwert mindestens einer anderen Gruppe unterscheidet.

Datenbasis: Bevölkerungsbefragung des ZMSBw 2020.

Darüber hinaus bestehen folgende statistisch signifikante Einstellungsunterschiede zwischen den soziodemografischen Teilgruppen: Die Gemeinsame Sicherheits- und Verteidigungspolitik der EU, das Auftreten der EU als eigenständiger sicherheits- und verteidigungspolitischer Akteur und die finanzielle Unterstützung von europäischen Rüstungsprojekten durch die EU wird von Befragten mit Migrationshintergrund sowie den Bürgerinnen und Bürgern in Süddeutschland stärker unterstützt als in den jeweiligen Vergleichsgruppen. Die Schaffung einer gemeinsamen EU-Armee wird dagegen von den Befragten in Ostdeutschland ambivalent betrachtet, während in allen anderen Regionen eine eher positive Einstellung besteht. Außerdem wird die Einstellung zu einem eigenständigen Auftreten der EU und zur Schaffung einer EU-Armee mit steigendem Haushaltseinkommen positiver. Frauen unterstützen die Schaffung einer EU-Armee stärker als Männer. Befragte mit einem mittleren Bildungsniveau haben eine etwas weniger positive Einstellung zum EDF als Befragte mit einem anderen Bildungsstand.

Abbildung 7.2: Zustimmung zur EU-Verteidigungszusammenarbeit im Zeitvergleich, 2017–2020

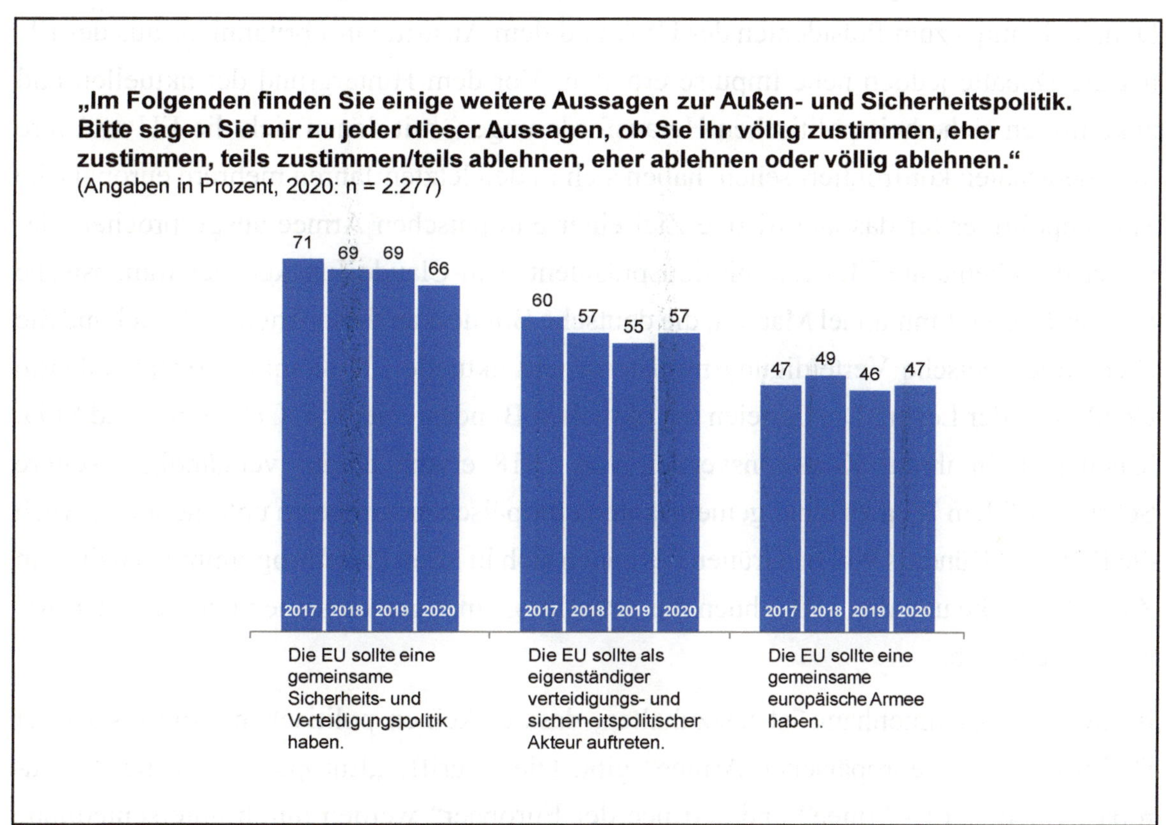

Anmerkung: Die Anteile „stimme völlig zu“ und „stimme eher zu“ wurden zusammengefasst.

Datenbasis: Bevölkerungsbefragungen des ZMSBw 2017–2020.

Die ZMSBw-Umfragedaten erfassen die öffentliche Zustimmung zur GSVP, zur Schaffung einer EU-Armee und zum eigenständigen Auftreten der EU als sicherheits- und verteidigungspolitischer Akteur seit 2017. Im Betrachtungszeitraum 2017–2020 erweist sich die öffentliche Zustimmung zur EU-Verteidigungszusammenarbeit als relativ stabil, mit einer leicht negativen Tendenz bei der Zustimmung zur GSVP (Abnahme um 5 Prozentpunkte; vgl. Abbildung 7.2). In allen vier Jahren war die Zustimmung zur GSVP am größten, gefolgt vom Auftreten der EU als eigenständiger sicherheits- und verteidigungspolitischer Akteur und der Schaffung einer gemeinsamen EU-Armee.

7.2 Einstellungen zur zukünftigen Organisation der Streitkräfte in Europa

Seit einigen Jahren wird in der europäischen Politik eine Debatte über die Schaffung einer gemeinsamen Armee im Rahmen der EU geführt. Diese Debatte ist nicht neu. Erinnert sei an den gescheiterten Versuch der Gründung der Europäischen Verteidigungsgemeinschaft (EVG) Anfang der 1950er-Jahre. Mit der russischen Annexion der Krim, der Wahl Donald Trumps zum Präsidenten der USA und dem Austritt Großbritanniens aus der EU hat die Debatte jedoch neue Impulse erhalten. Vor dem Hintergrund der aktuellen und zukünftigen sicherheitspolitischen Herausforderungen, mit denen sich die EU und ihre Mitgliedstaaten konfrontiert sehen, haben sich in den letzten Jahren mehrere europäische Spitzenpolitiker für das langfristige Ziel einer europäischen Armee ausgesprochen, darunter der ehemalige EU-Kommissionspräsident Jean-Claude Juncker, der französische Staatspräsident Emmanuel Macron, die deutsche Bundeskanzlerin Angela Merkel und die ehemalige deutsche Verteidigungsministerin und aktuelle EU-Kommissionspräsidentin Ursula von der Leyen. Die Parteien der aktuellen Bundesregierung, CDU/CSU und SPD, haben sich in ihrem Koalitionsvertrag von 2018 erneut darauf verständigt, weitere Schritte auf dem Weg zu einer gemeinsamen europäischen Armee zu unternehmen. Auch die FDP und Bündnis 90/Die Grünen bekennen sich in ihren Parteiprogrammen zu diesem Ziel. Die Linke und die AfD lehnen die Schaffung einer gemeinsamen europäischen Armee dagegen ab.

In diesem Zusammenhang ist festzuhalten, dass es keinen politischen Konsens zu der Definition einer „europäischen Armee" gibt. Die Begriffe „Europäische Armee", „Europa-Armee", „EU-Armee" und „Armee der Europäer" werden durch unterschiedliche politische Akteure in unterschiedlichen Kontexten unterschiedlich verwendet. Allen Begriffen gemein ist jedoch die Vision der (teilweisen) Integration europäischer Streitkräfte, die über den Status quo der engen militärischen Zusammenarbeit nationaler Streitkräfte hinausginge und somit nicht nur bereits vorhandene militärische Strukturen und Fähigkeiten zusammenführen würde, sondern auch gänzliche neue schüfe. Zum jetzigen Zeitpunkt ist die „europäische Armee“ vor allem eine regulative Idee, „die den aktuellen Entscheidungen eine Richtung gibt“ (Bartels 2017: 52).

Die in Abbildung 7.1 präsentierten Ergebnisse zeigen, dass eine relative Mehrheit (47 Prozent) der Bundesbürgerinnen und -bürger die Schaffung einer gemeinsamen europäischen Armee befürwortet. Von allen soziodemografischen Teilgruppen und Wählergruppen nehmen einzig die AfD-Anhänger eine eher ablehnende Haltung in dieser Frage ein (vgl. Tabelle 7.1). Diese Erkenntnisse geben jedoch keine Auskunft über die Präferenz in der Bevölkerung hinsichtlich der zukünftigen *Organisation* der europäischen Streitkräfte. Insbesondere die Frage, ob eine gemeinsame europäische Armee parallel zu den nationalen Streitkräften geschaffen werden oder diese gänzlich ersetzen sollte, hat weitreichende Implikationen für die Souveränität der Mitgliedstaaten und damit vermutlich auch für die öffentliche Akzeptanz der „europäischen Armee“ als regulativer Idee in der aktuellen Debatte über die Weiterentwicklung der EU-Verteidigungszusammenarbeit.

Die Umfrageteilnehmer wurden deshalb in der ZMSBw-Bevölkerungsbefragung zu ihrer Präferenz hinsichtlich der zukünftigen Organisation der Streitkräfte in Europa befragt (vgl. Abbildung 7.3). Etwas mehr als ein Drittel der Bürgerinnen und Bürger (35 Prozent; -3 Prozentpunkte im Vergleich zu 2019) präferiert die enge Kooperation nationaler Streitkräfte im Rahmen der EU. Ein gleich großer Anteil bevorzugt die Schaffung einer dauerhaften europäischen Armee parallel zu den nationalen Streitkräften (35 Prozent; +3 Prozentpunkte), während 8 Prozent (-4 Prozentpunkte) dem Aufbau einer gemeinsamen europäischen Armee zustimmen, welche die nationalen Streitkräfte ersetzen würde. Demnach sprechen sich insgesamt 42 Prozent der Bürgerinnen und Bürger für den Aufbau einer dauerhaften EU-Armee aus und unterstützen somit eine Entwicklungsperspektive, die über den Status quo der engen Kooperation nationaler Streitkräfte hinausgeht. Lediglich 10 Prozent der Befragten (-1 Prozentpunkt) wünschen sich dagegen eine rein nationale Organisation der Streitkräfte und 6 Prozent (+1 Prozentpunkt) sprechen sich dafür aus, sämtliche Streitkräfte abzuschaffen.

Vergleicht man die Präferenzen der soziodemografischen Gruppen in der Bevölkerung hinsichtlich der zukünftigen Organisation der Streitkräfte in Europa, zeigt sich, dass in 13 der 25 untersuchten Teilgruppen eine relative Mehrheit den Aufbau einer permanenten EU-Armee parallel zu den bestehenden nationalen Streitkräften präferiert, während in 10 Teilgruppen eine relative Mehrheit die enge Kooperation nationaler Streitkräfte im europäischen Rahmen bevorzugt (vgl. Tabelle 7.2). Oftmals liegen die Zustimmungswerte zu diesen beiden Organisationspräferenzen innerhalb der untersuchten Gruppen aber sehr nah beieinander. Die Ergebnisse in Tabelle 7.2 zeigen somit nicht nur die Präferenzunterschiede zwischen den Teilgruppen auf, sondern auch die teilweise konkurrierenden Positionen innerhalb der Gruppen.

Abbildung 7.3: Aussagen zur zukünftigen Organisation von Streitkräften in Europa

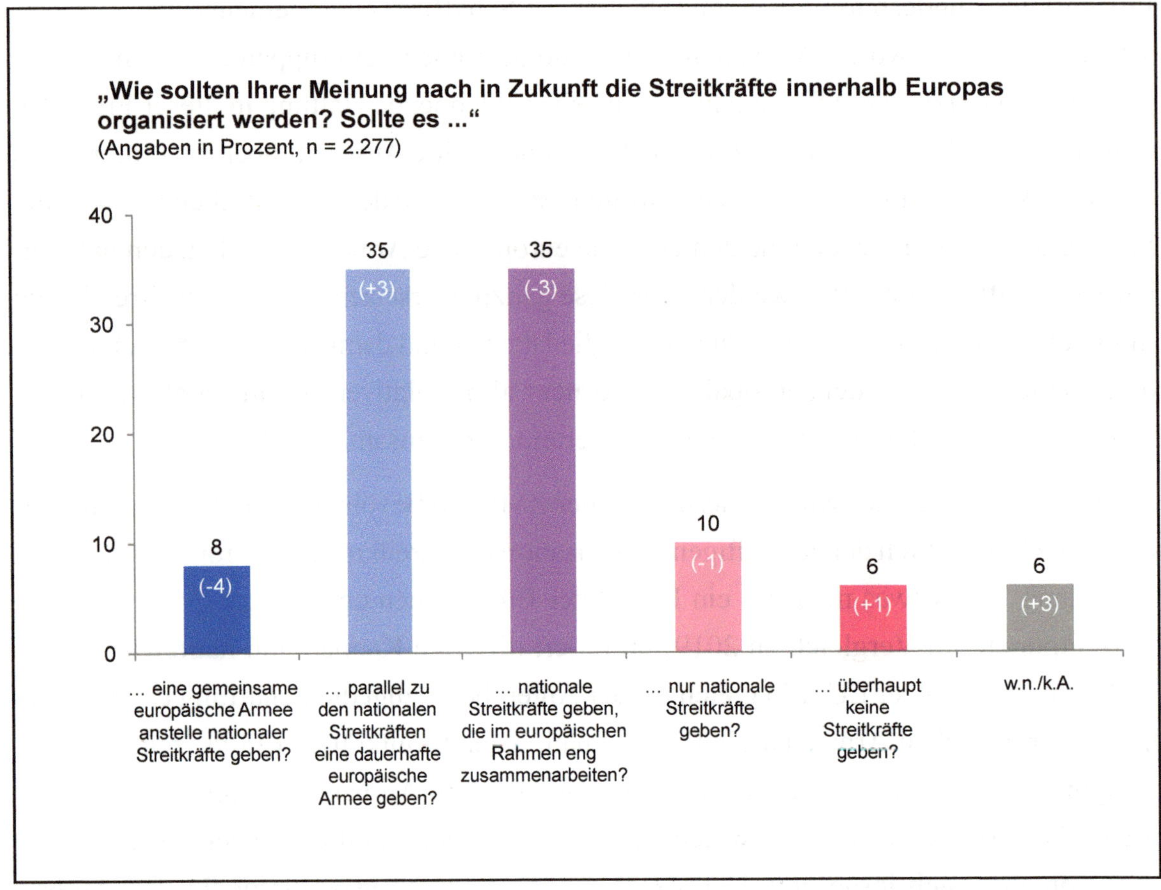

Anmerkungen: Nicht alle Prozentangaben ergeben in der Summe 100 Prozent, da die Einzelwerte gerundet wurden. Veränderungen gegenüber 2019 in Klammern.

Datenbasis: Bevölkerungsbefragungen des ZMSBw 2019 und 2020.

Zwischen den Alters- und Bildungsgruppen bestehen keine statistisch signifikanten Unterschiede in der Präferenz der zukünftigen Organisation der Streitkräfte in Europa. Die größten Unterschiede zwischen den Geschlechtern bestehen darin, dass mehr Männer (12 Prozent) als Frauen (8 Prozent) eine rein nationale Organisation der Streitkräfte bevorzugen und sich auch mehr Männer (38 Prozent) als Frauen (33 Prozent) für die enge Kooperation nationaler Streitkräfte im Rahmen der EU entscheiden. Bei der vergleichenden Betrachtung der Einkommensgruppen fällt auf, dass die Gruppe der Höchstverdiener (Haushaltseinkommen 4.001 Euro und mehr) einer parallel zu den nationalen Streitkräften organisierten EU-Armee sehr viel stärker zustimmt als die beiden niedrigeren Einkommensgruppen.

Tabelle 7.2: Aussagen zur zukünftigen Organisation der Streitkräfte innerhalb Europas in soziodemografischen Gruppen

„Wie sollten Ihrer Meinung nach in Zukunft die Streitkräfte innerhalb Europas organisiert werden? Sollte es ...
... eine gemeinsame europäische Armee anstelle nationaler Streitkräfte geben? [Nur EU-Armee]
... parallel zu den nationalen Streitkräften eine dauerhafte europäische Armee geben? [EU-Armee parallel]
... nationale Streitkräfte geben, die im europäischen Rahmen eng zusammenarbeiten? [Enge Kooperation]
... nur nationale Streitkräfte geben? [Nur national]
... überhaupt keine Streitkräfte geben? [Keine Streitkräfte]“
(Angaben in Prozent)

	Nur EU-Armee	EU-Armee parallel	Enge Kooperation	Nur national	Keine Streitkräfte
Insgesamt	8	35	35	10	6
Geschlecht ***					
Männer	8	34	38	12	(4)
Frauen	8	36	33	8	7
Alter n.s.					
16 bis 29 Jahre	(9)	31	32	(8)	(8)
30 bis 49 Jahre	(7)	39	35	10	(4)
50 bis 69 Jahre	8	35	37	10	(6)
70 Jahre und älter	(8)	32	38	(11)	(6)
Bildungsniveau n.s.					
Hochschul- bzw. Fachhochschulreife	10	37	35	10	(5)
Realschulabschluss	8	35	36	11	(6)
Hauptschulabschluss	7	37	36	8	(6)
Haushaltsnettoeinkommen pro Monat *					
4.001 Euro und mehr	(9)	41	35	(8)	(2)
2.001 bis 4.000 Euro	8	34	37	10	5
Bis 2.000 Euro	(7)	34	32	11	9
Wahlabsicht Bundestagswahl ***					
CDU/CSU	9	40	38	(7)	(3)
SPD	(8)	41	34	(8)	(4)
AfD	(3)	(34)	(31)	(28)	0
FDP	(6)	(48)	(33)	(7)	(3)
Die Linke	(10)	37	(27)	(10)	(11)
Bündnis 90/Die Grünen	(13)	28	36	(6)	(9)
Keine Parteipräferenz, Nichtwähler, w.n./k.A.	(6)	28	37	12	(7)
Region ***					
Norddeutschland (SH, HH, HB, NI)	(7)	37	29	(13)	(9)
Ostdeutschland (MV, BB, BE, ST, SN, TH)	(7)	34	36	13	(5)
Süddeutschland (BW, BY)	8	32	44	8	(3)
Westdeutschland (NW, RP, HE, SL)	9	37	31	8	7
Migrationshintergrund *					
Ja	(14)	31	31	(13)	(7)
Nein	7	36	36	9	6

Anmerkungen: Fehlende Prozente zu 100 Prozent entsprechen dem Antwortanteil „weiß nicht/keine Antwort“. Analyseverfahren: Chi²-Unabhängigkeits-Test, Signifikanzniveau: *** $p < 0{,}001$; ** $p < 0{,}01$; * $p < 0{,}05$; n.s. = nicht signifikant ($p \geq 0{,}05$). Werte in Klammern: $n < 50$.

Datenbasis: Bevölkerungsbefragung des ZMSBw 2020.

Auch zwischen den Wählergruppen unterscheiden sich die Organisationspräferenzen deutlich. Die Differenzen sind zum Teil aber auch deshalb stärker ausgeprägt als zwischen den soziodemografischen Gruppen, weil hier die Fallzahl in den einzelnen Teilgruppen kleiner ausfällt, was mitunter zu größeren „Ausschlägen" führen kann. Mit Ausnahme der Nichtwähler und der Anhänger der Grünen präferiert eine relative Mehrheit in allen Wählergruppen den Aufbau einer dauerhaften EU-Armee parallel zu den nationalen Streitkräften. Jedoch erhalten die einzelnen Möglichkeiten zur Organisation der Streitkräfte in Europa unterschiedlich starken Zuspruch: Im Vergleich zu den anderen Wählergruppen fällt besonders die hohe Zustimmung der AfD-Anhänger zur rein nationalen Organisation auf (28 Prozent). Innerhalb der AfD-Anhänger präferieren jedoch etwas größere Teile (34 Prozent) den Aufbau einer EU-Armee parallel zu den nationalen Streitkräften und die enge Kooperation nationaler Streitkräfte im Rahmen der EU (31 Prozent). Der größte Teil der AfD-Wähler steht der europäischen Militärkooperation somit aufgeschlossen gegenüber, obgleich die AfD-Anhänger als Gruppe insgesamt sehr viel „nationaler" orientiert sind als die anderen Wählergruppen.

Die Schaffung einer EU-Armee parallel zu den nationalen Streitkräften wird am vergleichsweise stärksten von den FDP-Anhängern begrüßt (48 Prozent). Der Aufbau einer dauerhaften EU-Armee, die anstelle der nationalen Streitkräfte existiert, wird am ehesten von den Anhängern der Grünen (13 Prozent) bevorzugt. Die enge Kooperation nationaler Streitkräfte im europäischen Rahmen wird im Vergleich zu den anderen Wählergruppen am ehesten von den Anhängern von CDU/CSU favorisiert (38 Prozent), obgleich sich innerhalb der Gruppe der CDU/CSU-Anhänger ein etwas größerer Teil (40 Prozent) für die Schaffung einer „parallelen" EU-Armee ausspricht. Der Wunsch nach einer Abschaffung jeglicher Streitkräfte ist dagegen am stärksten bei den Anhängern der Linken (11 Prozent) ausgeprägt.

Zwischen den Regionen bestehen ebenfalls statistisch signifikante Präferenzunterschiede. Knappe Mehrheiten in Nord- (37 Prozent) und Westdeutschland (37 Prozent) bevorzugen den Aufbau einer „parallelen" EU-Armee, während in Ost- (36 Prozent) und Süddeutschland (44 Prozent) eher die enge Kooperation nationaler Streitkräfte präferiert wird. Darüber hinaus fällt auf, dass der Zuspruch zur rein nationalen Organisation von Streitkräften in Nord- (13 Prozent) und Ostdeutschland (13 Prozent) etwas stärker ausgeprägt ist als in Süd- (8 Prozent) und Westdeutschland (8 Prozent).

Abschließend ist festzustellen, dass der Aufbau einer EU-Armee, die die nationalen Armeen ersetzt, deutlich stärker von Befragten mit Migrationshintergrund (14 Prozent) unterstützt wird als von Befragten ohne Migrationshintergrund (7 Prozent). In beiden Gruppen sprechen sich aber die meisten Befragten entweder für den Aufbau einer EU-Armee parallel zu den nationalen Armeen oder für die enge Kooperation nationaler Streitkräfte aus.

7.3 Zustimmung zur EU-Armee und zur parlamentarischen Kontrolle der Streitkräfte

Auslandseinsätze der Bundeswehr bedürfen der konstitutiven Zustimmung des Deutschen Bundestags, was den besonderen Charakter der Bundeswehr als Parlamentsarmee betont. Im Zuge der Vertiefung der europäischen Verteidigungszusammenarbeit wird der Parlamentsvorbehalt in der deutschen Politik kontrovers diskutiert, könnte sich dieser doch als mögliches Hindernis auf dem Weg zu einer gemeinsamen europäischen Armee erweisen. Ungeachtet der Perspektive, die man in dieser Debatte einnimmt, würden „gemeinsame Streitkräfte die EU-Mitglieder zwingen, ihre nationalen Entscheidungsprozesse zu harmonisieren, um so die Reaktionsfähigkeit zu erhöhen. Damit müsste eine tragfähige Regelung für den deutschen Parlamentsvorbehalt gefunden werden“ (Kamp 2015: 3).

Tabelle 7.3: Einstellung zur parlamentarischen Kontrolle der Streitkräfte: Zustimmung zur Schaffung einer EU-Armee

„Im Folgenden finden Sie einige weitere Aussagen zur Außen- und Sicherheitspolitik. Bitte sagen Sie mir zu jeder dieser Aussagen, ob Sie ihr völlig zustimmen, eher zustimmen, teils zustimmen/teils ablehnen, eher ablehnen oder völlig ablehnen.

Die EU sollte eine gemeinsame europäische Armee haben. [EU-Armee]

Die Bundesregierung sollte in militärischen Angelegenheiten alleine und ohne Mitwirkung des Bundestags handeln können.

Soldatinnen und Soldaten der Bundeswehr sollten nur mit Zustimmung des Bundestags in Einsätze entsendet werden.“

(Angaben in Prozent)

	EU-Armee			
	Zustimmung	Teils/teils	Ablehnung	W.n./k.A.
Einstellung zur parlamentarischen Kontrolle der Streitkräfte ***				
Zustimmung	44	18	34	4
Teils/teils	46	32	20	2
Ablehnung	60	24	15	1

Anmerkungen: Nicht alle Prozentangaben ergeben in der Summe 100 Prozent, da die Einzelwerte gerundet wurden. Zustimmung: Anteile „Stimme völlig zu“ und „Stimme eher zu“ zusammengefasst; Ablehnung: Anteile „Lehne völlig ab“ und „Lehne eher ab“ zusammengefasst. Analyseverfahren: Chi²-Unabhängigkeits-Test, Signifikanzniveau: *** $p < 0,001$; ** $p < 0,01$; * $p < 0,05$; n.s. = nicht signifikant ($p \geq 0,05$).

Datenbasis: Bevölkerungsbefragung des ZMSBw 2020.

Wie die Ergebnisse in Abschnitt 5 (vgl. Abbildung 5.5) gezeigt haben, unterstützt eine klare Mehrheit der deutschen Bevölkerung die Mitsprache des Bundestags in militärischen Angelegenheiten im Allgemeinen und bei der Entsendung der Bundeswehr in Auslandseinsätze im Besonderen. Aus diesem Befund lässt sich ableiten, dass die Mehrheit der Bevölkerung die Konzeption der Bundeswehr als Parlamentsarmee befürwortet und einer der Legislative weitgehend entzogenen „Exekutivarmee“ kritisch gegenübersteht. Wie wirkt sich die Haltung der Befragten zur parlamentarischen Kontrolle der Streitkräfte auf ihre Zustimmung zur Schaffung einer EU-Armee aus?

Aus den beiden Aussagen zur parlamentarischen Kontrolle der Streitkräfte wurde eine Indexvariable gebildet, die die Einstellung der Befragten zur parlamentarischen Kontrolle der Streitkräfte erfasst.[38] Vergleicht man die Befürworter und Gegner der parlamentarischen Kontrolle der Streitkräfte, so zeigt sich, dass die Befürworter der Parlamentsarmee die Schaffung einer gemeinsamen europäischen Armee statistisch signifikant weniger unterstützen als die Befürworter einer „Exekutivarmee“ – die Differenz beträgt 16 Prozentpunkte (vgl. Tabelle 7.3). Ob diese Beziehung auch dann noch besteht, wenn andere Erklärungsgrößen berücksichtigt werden, zeigt die Regressionsanalyse am Ende dieses Abschnitts (vgl. Unterabschnitt 7.6). Festzuhalten bleibt, dass die Mehrheit der Bundesbürger die parlamentarische Kontrolle der Streitkräfte befürwortet und diese Mehrheit die Schaffung einer europäischen Armee deutlich kritischer sieht als jene Minderheit in der Bevölkerung, die eine „Exekutivarmee“ präferiert. Zwar spricht sich aktuell eine relative Mehrheit von 47 Prozent der Bundesbürgerinnen und -bürger im Abstrakten für die Schaffung einer EU-Armee aus (vgl. Abbildung 7.1), aber diese dürfte weniger öffentliche Zustimmung in Deutschland erfahren, wenn sie nicht als Parlamentsarmee nach dem Vorbild der Bundeswehr konzipiert und kommuniziert wird.

7.4 Einstellung zur NATO und zur EU-Verteidigungszusammenarbeit

Als kollektives Verteidigungsbündnis gewährleistet die NATO seit 70 Jahren den militärischen Schutz Europas. Deutschlands Sicherheit ist untrennbar mit der seiner Bündnispartner verbunden. Daher gilt: „Bündnissolidarität ist deutsche Staatsräson“ (BMVg 2016a: 49). Doch auch die EU trägt zur Sicherheit Europas und Deutschlands bei. Anders als die NATO war die EU jedoch nie als kollektives Verteidigungsbündnis geplant. Dennoch enthält der Vertrag von Lissabon mit Artikel 42, Absatz 7 eine Klausel, in der sich die EU-Mitgliedstaaten ihrer gegenseitigen Unterstützung im Falle eines bewaffneten Angriffs versichern.[39] Diese Beistandsklausel wurde erstmals im November 2015 von Frankreich infolge einer Serie terroristischer Anschläge in Paris aktiviert. Als Reaktion auf die sich seit

---

38 Die beiden Aussagen zur parlamentarischen Kontrolle der Streitkräfte weisen eine adäquate Skalenreliabilität auf (Cronbachs alpha = 0,67), was die Bildung einer Indexvariable rechtfertigt.

39 Artikel 42, Absatz 7 EU-Vertrag: „Im Falle eines bewaffneten Angriffs auf das Hoheitsgebiet eines Mitgliedstaats schulden die anderen Mitgliedstaaten ihm alle in ihrer Macht stehende Hilfe und Unterstützung, im Einklang mit Artikel 51 der Charta der Vereinten Nationen.“

2014 verändernde sicherheitspolitische Lage in ihrer südlichen und östlichen Nachbarschaft erklärte die EU in der European Union Global Strategy im Jahr 2016 ihre Bereitschaft, zum Schutz ihrer Bürger mehr militärische Fähigkeiten entwickeln zu wollen. Auch im Zuge der anhaltenden Diskussion um die Lastenteilung in der NATO werden die Forderungen nach einer substanziellen Stärkung der militärischen Fähigkeiten der europäischen Bündnispartner lauter.

Mit der seit 2017 voranschreitenden Vertiefung der europäischen Zusammenarbeit im Bereich der Sicherheits- und Verteidigungspolitik stellt sich jedoch zunehmend die Frage nach dem Verhältnis von EU und NATO, denn 21 EU-Mitgliedstaaten sind zugleich NATO-Mitglieder (Stand: nach dem Austritt Großbritanniens aus der EU). Hierdurch ergibt sich die Notwendigkeit einer strukturierten und kooperativen Beziehung. Die Zusammenarbeit von EU und NATO ist deshalb in den sogenannten Gemeinsamen Erklärungen 2016 und 2018 definiert worden. Ein Leuchtturmprojekt der militärischen Zusammenarbeit zwischen der EU und der NATO ist zum Beispiel die „Militärische Mobilität", ein Projekt, das die Verlegefähigkeit von militärischem Personal und Material über europäische Landesgrenzen hinweg beschleunigen und vereinfachen soll. Ungeachtet der praktischen Zusammenarbeit zwischen NATO und EU stellt sich dennoch die Frage nach dem Fernziel des europäischen militärischen Fähigkeitsaufwuchses und der Kompatibilität dieser Fähigkeiten mit den militärischen Anforderungen und Planungszielen der NATO. Die Bundesregierung setzt sich dafür ein, die militärischen Fähigkeiten in der EU so zu entwickeln, dass diese wesentlich zur Stärkung des europäischen Pfeilers der NATO beitragen und die NATO somit als Ganzes gestärkt wird. Bestes Beispiel hierfür ist das von Deutschland initiierte Rahmennationenkonzept, das kleineren europäischen Nationen ermöglicht, sich mit eigenen Truppen in multinationale Fähigkeitsverbände unter der Führung einer Rahmennation (z.B. Deutschland) zu integrieren. Wie eingangs erwähnt, setzt sich Deutschland während seiner EU-Ratspräsidentschaft im zweiten Halbjahr 2020 bewusst für eine stärkere Kooperation zwischen der NATO und der EU ein, nicht zuletzt auch deshalb, weil die NATO für die Verteidigung Europas noch immer unverzichtbar ist.[40]

Wie gestaltet sich die öffentliche Meinung in Deutschland zur NATO einerseits und zur EU-Verteidigungszusammenarbeit andererseits? Die Ergebnisse in Abschnitt 5 haben gezeigt, dass eine klare Mehrheit der Bürgerinnen und Bürger Deutschlands Mitgliedschaft

---

[40] Unterrichtung der zuständigen Ausschüsse des Europäischen Parlaments über die Schwerpunkte der deutschen EU-Ratspräsidentschaft im Bereich Sicherheits- und Verteidigungspolitik durch die Verteidigungsministerin Annegret Kramp-Karrenbauer am 14. Juli 2020: <https://www.bmvg.de/de/aktuelles/akk-eu-parlament-prioritaeten-eu-ratspraesidentschaft-livestream-315342> [3.9.2020].

(71 Prozent, vgl. Abbildung 5.6) und sicherheits- und verteidigungspolitisches Engagement in der NATO (60 Prozent) unterstützt und dass in allen soziodemografischen Teilgruppen eine positive Einstellung zur NATO besteht (vgl. Tabelle 5.6). Stehen die Befürworter der NATO der EU-Verteidigungszusammenarbeit besonders kritisch gegenüber, weil sie „Konkurrenz" befürchten? Oder stehen sie der EU-Verteidigungszusammenarbeit positiv gegenüber, weil sie darin eine Stärkung des europäischen Pfeilers der NATO sehen?

Tabelle 7.4: Einstellung zu Deutschlands NATO-Mitgliedschaft: Zustimmung zu verschiedenen Aspekten der EU-Verteidigungszusammenarbeit

„Im Folgenden finden Sie einige weitere Aussagen zur europäischen Verteidigungszusammenarbeit. Bitte sagen Sie mir zu jeder dieser Aussagen, ob Sie ihr völlig zustimmen, eher zustimmen, teils zustimmen/teils ablehnen, eher ablehnen oder völlig ablehnen.
Die EU sollte eine gemeinsame Sicherheits- und Verteidigungspolitik haben. [GSVP]
Die EU sollte als eigenständiger verteidigungs- und sicherheitspolitischer Akteur auftreten. [EU als Akteur]
Die EU sollte die gemeinsame Entwicklung europäischer Rüstungsprojekte finanziell unterstützen. [EDF]
Die EU sollte eine gemeinsame europäische Armee haben. [EU-Armee]"
(Angaben in Prozent)

	Zustimmung: GSVP	**Zustimmung: EU als Akteur**	**Zustimmung: EDF**	**Zustimmung: EU-Armee**
Einstellung zu Deutschlands NATO-Mitgliedschaft	***	***	***	***
Zustimmung	75	64	61	54
Teils/teils	40	38	28	28
Ablehnung	36	28	22	25

Anmerkungen: Die Anteile „Stimme völlig zu" und „Stimme eher zu" sowie „Lehne völlig ab" und „Lehne eher ab" wurden jeweils zusammengefasst. Analyseverfahren: Chi²-Unabhängigkeits-Test, Signifikanzniveau: *** p < 0,001; ** p < 0,01; * p < 0,05; n.s. = nicht signifikant (p ≥ 0,05).

Datenbasis: Bevölkerungsbefragung des ZMSBw 2020.

Um diese Fragen zu beantworten, wurde aus den beiden Aussagen zu Deutschlands Mitgliedschaft und Engagement in der NATO eine Indexvariable gebildet und diese anschließend in drei Gruppen aufgeteilt: NATO-Befürworter, NATO-Gegner und Unentschiedene.[41] Vergleicht man nun die Gruppe derjenigen, die Deutschlands NATO-Mitgliedschaft ablehnen, mit der Gruppe der Befürworter, zeigt sich, dass die NATO-Befürworter alle vier Aspekte der EU-Verteidigungszusammenarbeit signifikant stärker unterstützen als die NATO-Gegner (vgl. Tabelle 7.4). Ganz konkret: Im Vergleich zu den NATO-Gegnern fällt die Zustimmung der NATO-Befürworter zu allen vier Aspekten der EU-Verteidigungszusammenarbeit mehr als doppelt so groß aus.

Die NATO-Fürsprecher in der deutschen Bevölkerung stehen einer Vertiefung und Weiterentwicklung der Verteidigungszusammenarbeit im Rahmen der EU also nicht im Weg –

---

41 Die beiden Aussagen zur NATO weisen einen mittelstarken Korrelationskoeffizienten nach Pearson (r = 0,60; p < 0,001) und eine gute Skalenreliabilität auf (Cronbachs alpha = 0,75), was die Bildung einer Indexvariable empirisch rechtfertigt.

es sind die NATO-Gegner, die gegen eine vertiefte EU-Verteidigungszusammenarbeit sind. Dabei ist zu berücksichtigen, dass der positive Zusammenhang zwischen der Einstellung zur NATO und zur EU-Verteidigungszusammenarbeit durch die grundlegende Einstellung der Befragten zum Multilateralismus bedingt sein könnte. Diese Vermutung wird in der Regressionsanalyse am Ende dieses Abschnitts (vgl. Unterabschnitt 7.6) untersucht.

7.5 Ergebnisse eines Framing-Experiments zur EU-Armee

Die Schaffung einer gemeinsamen europäischen Armee wird von einer relativen Mehrheit der deutschen Bevölkerung unterstützt (vgl. Abbildung 7.1). Doch welche Gründe sprechen aus Sicht der Bevölkerung eigentlich dafür oder dagegen? Die in der öffentlichen Debatte am häufigsten genannten Gründe für und gegen die Schaffung einer gemeinsamen europäischen Armee wurden den Teilnehmern der ZMSBw-Bevölkerungsbefragung im Jahr 2019 als Aussagen zur Bewertung präsentiert (Graf 2019b: 60–62). Die in der Befragung genannten Gründe *für* die Schaffung einer solchen Armee deckten die drei populärsten Narrative ab, wonach eine gemeinsame europäische Armee (1) zur Stärkung des Zusammenhalts in Europa beitragen könnte, (2) Europa mehr Einfluss in der Welt gäbe und (3) die Effizienz gegenüber nationalen Streitkräften steigern und die Kosten senken könnte. Als möglicher Grund *gegen* die Schaffung einer gemeinsamen europäischen Armee wurde unter anderem die Möglichkeit genannt, dass Deutschland einen Teil seiner Souveränität verlieren würde. Das soziale Narrativ „Zusammenhalt in Europa“ und das realistische Narrativ „Einfluss in der Welt“ erfuhren die Zustimmung von jeweils 55 Prozent der Bevölkerung. Kritischer bewertet wurde das ökonomische Narrativ einer möglichen Kostenersparnis für Deutschland (35 Prozent Zustimmung). Eine relative Mehrheit von 41 Prozent stimmte der Aussage zu, dass durch die Schaffung einer gemeinsamen europäischen Armee Deutschland einen Teil seiner Souveränität verlieren würde.

In der Bevölkerungsbefragung 2020 wurden die drei „positiven“ Aussagen über die Schaffung einer EU-Armee und das Gegenargument des drohenden Souveränitätsverlustes als Grundlage für ein sogenanntes Framing-Experiment genutzt. In der sozialwissenschaftlichen Forschung, insbesondere der Kommunikations- und Medieneffektforschung, wird ein Frame als die gezielte Kommunikation eines Themas verstanden, die die Meinung des Rezipienten spezifisch beeinflussen soll, indem bestimmte Attribute oder Assoziationen bewusst gemacht werden (De Vreese 2005; Potthoff 2012; Scheufele 1999). Empirische Studien zur öffentlichen Meinung über die Europäische Union und den europäischen Integrationsprozess bestätigen die grundsätzliche Wirkmächtigkeit des Framings (Gabel/Scheve 2007; Karstens 2019; Maier et al. 2012; Medrano 2003; Schuck/De Vreese 2006; Vliegenthart et al. 2008). In Deutschland scheint insbesondere der Frame des Souveränitätsverlustes die öffentliche Meinung zur EU-Mitgliedschaft (negativ) zu beeinflussen (Yordanova et al. 2020). Grundsätzlich ist zu berücksichtigen, dass die Wirkung eines Frames auf Individuen unterschiedlich ausfallen kann und abhängig von einer Vielzahl intervenierender bzw. moderierender Faktoren ist, wie z.B. dem individuellen Wissensstand zum Thema oder dessen subjektiver Bedeutung, der subjektiven Vertrauenswürdigkeit der Informationsquelle, der Kontakthäufigkeit mit dem spezifischen Frame (sowie konkurrierenden Frames) oder der medialen Form des Frames (schriftlich, audiovisuell etc.; vgl. Lecheler et al. 2009; Levin et al. 1998; Levin et al. 2002; Slothuus 2008).

Ziel des Framing-Experiments im Rahmen der ZMSBw-Bevölkerungsbefragung 2020 war es, zu bestimmen, ob sich die öffentliche Meinung zur Schaffung einer gemeinsamen europäischen Armee bereits durch ein einfaches Framing des Themas beeinflussen lässt. Die Teilnehmerinnen und Teilnehmer wurden während der Befragung zufällig einer von insgesamt fünf Versuchsgruppen (vier Frames und Kontrollgruppe) zugeordnet. Alle Umfrageteilnehmer erhielten denselben Fragetext, jedoch wurde dieser im Fall der vier Frame-Gruppen durch eine zusätzliche Aussage ergänzt, die die gezielte Manipulation darstellt. Der Kontrollgruppe wurde die folgende Frage gestellt: „Bevor wir zum nächsten Thema kommen, hätte ich noch eine Nachfrage zur europäischen Verteidigungszusammenarbeit. Wie beurteilen Sie den Vorschlag zur Schaffung einer gemeinsamen europäischen Armee? Stimmen Sie diesem völlig zu, stimmen Sie eher zu, stimmen Sie teils zu/lehnen Sie teils ab, lehnen Sie eher ab oder lehnen Sie diesen völlig ab?“ Der Fragetext der vier Frame-Gruppen wurde jeweils nach dem ersten Satz um eine spezifische Aussage ergänzt: 1) *Positiver Frame „Zusammenhalt in Europa“:* „Insbesondere durch die Schaffung einer gemeinsamen europäischen Armee könnte der Zusammenhalt in Europa gestärkt werden.“ 2) *Positiver Frame „Einfluss in der Welt“:* „Insbesondere durch die Schaffung einer gemeinsamen europäischen Armee hätte Europa mehr Einfluss in der Welt.“ 3) *Positiver Frame „Kostenersparnis“:* „Insbesondere durch die Schaffung einer gemeinsamen europäischen Armee könnte Deutschland Kosten sparen.“ 4) *Negativer Frame „Souveränitätsverlust“:* „Insbesondere durch die Schaffung einer gemeinsamen europäischen Armee würde Deutschland einen Teil seiner politischen Unabhängigkeit verlieren.“

Die Wirkung der Frames wird ermittelt durch einen Vergleich der Mittelwerte (Varianzanalyse) der Einstellung zur EU-Armee zwischen den fünf Gruppen. Der Signifikanztest für die Varianzanalyse gibt an, ob sich der Mittelwert mindestens einer Gruppe von dem Mittelwert mindestens einer anderen Gruppe unterscheidet. Sogenannte Post-hoc-Tests können im Anschluss aufzeigen, zwischen welchen Gruppen ein signifikanter Unterschied im Mittelwert besteht (vgl. Methodenanhang, Abschnitt 3.4).

Abbildung 7.4: Einstellung zur Schaffung einer gemeinsamen europäischen Armee in den Gruppen des Framing-Experiments

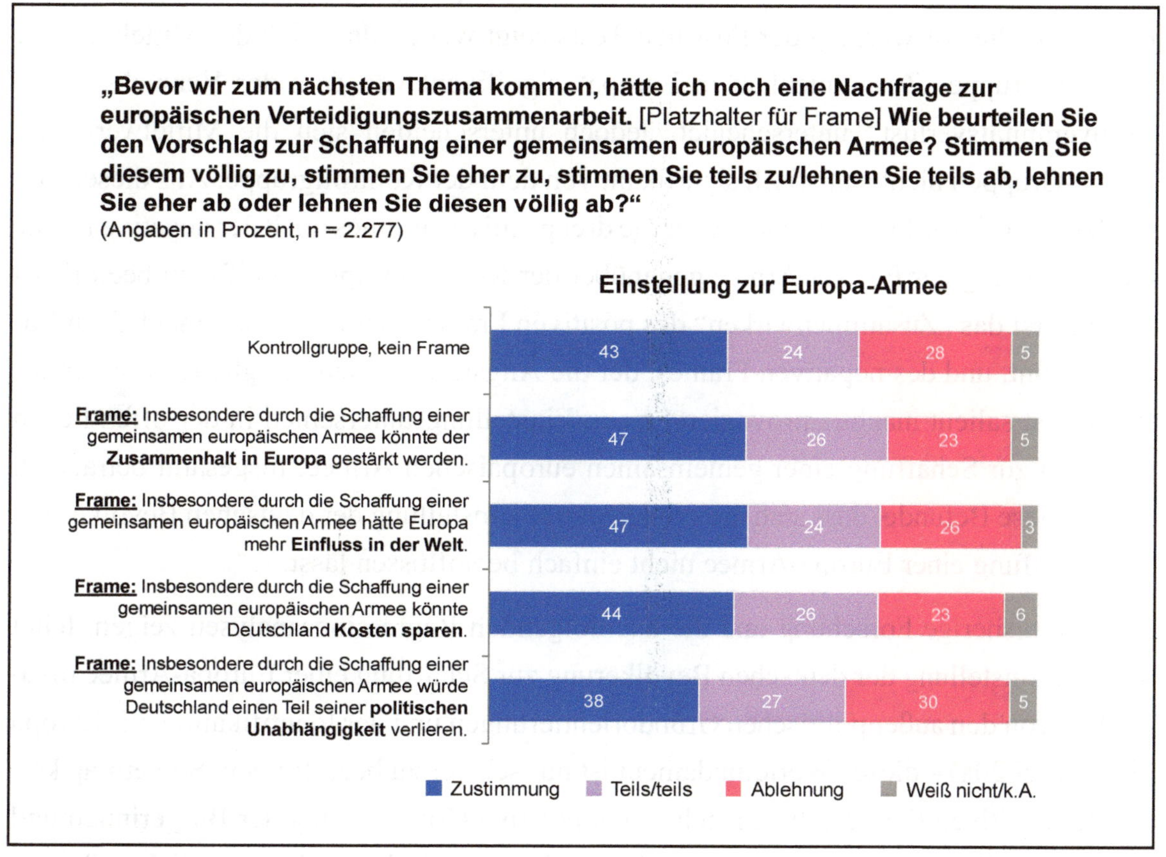

Anmerkungen: Die Anteile „Stimme völlig zu" und „Stimme eher zu" sowie „Lehne völlig ab" und „Lehne eher ab" wurden jeweils zusammengefasst. Nicht alle Prozentangaben ergeben in der Summe 100 Prozent, da die Einzelwerte gerundet wurden.

Datenbasis: Bevölkerungsbefragung des ZMSBw 2020.

Die deskriptiven Ergebnisse in Abbildung 7.4 zeigen zunächst einmal, dass eine relative Mehrheit der Befragten (43 Prozent) in der Kontrollgruppe der Schaffung einer gemeinsamen europäischen Armee zustimmt, etwas mehr als ein Viertel (28 Prozent) der Befragten dies ablehnt und ein knappes Viertel (24 Prozent) unentschieden ist. Die Zustimmungswerte der Befragten, die einen der drei positiven Frames erhalten haben, sind alle geringfügig höher als die der Kontrollgruppe. Der Zustimmungswert der Befragten, die den negativen Frame erhalten haben („Souveränitätsverlust"), fällt im Vergleich zur Kontrollgruppe 5 Prozentpunkte geringer aus (38 Prozent). Um zu überprüfen, ob diese geringfügigen Unterschiede in der Einstellung zur Schaffung einer Europa-Armee zwischen den Gruppen statistisch signifikant sind, wurde eine Varianzanalyse durchgeführt. Hierzu wurden die ursprünglichen Antworten der Befragten auf den Wertebereich von 0 (Ablehnung) bis 1 (Zustimmung) umkodiert.

Die Varianzanalyse ergibt, dass sich der Mittelwert mindestens einer Versuchsgruppe von dem Mittelwert mindestens einer anderen Versuchsgruppe unterscheidet ($F = 2{,}535$; $p > 0{,}38$). Die Auswertung der Post-hoc-Tests zeigt weiter, dass sich der Mittelwert der Versuchsgruppe „Zusammenhalt in Europa“ signifikant von dem der Versuchsgruppe „Souveränitätsverlust“ unterscheidet. Jedoch unterscheiden sich die Mittelwerte der Frame-Gruppen nicht statistisch signifikant von dem der Kontrollgruppe. Aus diesen Befunden lässt sich schließen, dass weder die drei positiven Frames noch der negative Frame die Einstellung zur Europa-Armee gegenüber der Kontrollgruppe signifikant beeinflusst haben. Erst das „Zusammenwirken“ des positiven Frames, der den Zusammenhalt in Europa betont, und des negativen Frames, der die Ängste vor einem möglichen Souveränitätsverlust salient macht, „provoziert“ einen Einstellungsunterschied in der öffentlichen Meinung zur Schaffung einer gemeinsamen europäischen Armee. Insgesamt betrachtet, zeigen diese Befunde, dass sich die grundlegende Einstellung der deutschen Bevölkerung zur Schaffung einer Europa-Armee nicht einfach beeinflussen lässt.

Wie die bisherige Forschung und die nachfolgenden Regressionsanalysen zeigen, leitet sich die Einstellung der deutschen Bevölkerung zur Schaffung einer Europa-Armee maßgeblich von den außenpolitischen Grundorientierungen und der Identifikation mit Europa ab (Graf 2020a) – dieses Wertefundament ist nur schwer zu beeinflussen. So vermag keiner der positiven Frames, die an sich schon positive Grundhaltung der Bürgerinnen und Bürger zur EU-Armee zu verstärken. Aber auch die Androhung eines möglichen Souveränitätsverlustes verfehlt ihre intendierte Wirkung. Wird die Schaffung einer gemeinsamen europäischen Armee explizit als Stärkung des Zusammenhalts in Europa kommuniziert, so kann zumindest dem negativen Narrativ des drohenden Souveränitätsverlustes entgegengewirkt werden.

7.6 Determinanten der Einstellung zur EU-Verteidigungszusammenarbeit

Dieser Unterabschnitt beschäftigt sich mit den Faktoren, die die Einstellung der Bürgerinnen und Bürger zur EU-Verteidigungszusammenarbeit beeinflussen. Hierzu wird eine Reihe von linearen multiplen Regressionsanalysen durchgeführt, die es ermöglichen, Zusammenhänge zwischen mehreren unabhängigen (erklärenden) Variablen und einer abhängigen (zu erklärenden) Variable zu bestimmen. Als abhängige Variable dient die Indexvariable „EU-Verteidigungszusammenarbeit“, sie umfasst die Einstellung der Befragten zur Schaffung einer gemeinsamen europäischen Armee im Rahmen der EU, zum Auftreten der EU als eigenständiger sicherheits- und verteidigungspolitischer Akteur, zur GSVP der EU und zur finanziellen Unterstützung europäischer Rüstungsprojekte durch die EU (vgl. Abbildung 7.1 und Tabelle 7.1).[42]

Aus der bisherigen Forschung und den vorherigen Analysen ergibt sich die Notwendigkeit, eine ganze Reihe von Erklärungsfaktoren zu berücksichtigen. Empirische Studien zeigen, dass die Einstellung der Bürgerinnen und Bürger in Europa (Irondelle et al. 2015; Steinbrecher 2018c) und in Deutschland (GSVP: Irondelle et al. 2015, Endres 2018; GSVP und EU-Armee: Graf 2018b, 2019b, 2020a, 2020b) zur EU-Verteidigungskooperation maßgeblich durch deren außen- und sicherheitspolitische Grundhaltungen beeinflusst wird. Ausgehend von der Hypothese einer hierarchischen Strukturierung außen- und sicherheitspolitischer Einstellungen hat die Forschung eine Reihe *abstrakter* außen- und sicherheitspolitischer Grundhaltungen identifiziert (z.B. Asmus et al. 2005; Bardes/Oldendick 1990; Chittick et al. 1995),[43] welche die Einstellungen zu *spezifischen* außen- und sicherheitspolitischen Themen beeinflussen (Hurwitz/Peffley 1987; Hurwitz et al. 1993; Peffley/Hurwitz 1993)[44] und dadurch einen Meinungsbildungsprozess ermöglichen, der weitestgehend *unabhängig* vom konkreten Wissensstand zu den spezifischen Themen ist (vgl. Feldman 1988; Hurwitz/Peffley 1987). Die vier prominentesten Grundhaltungen sind Internationalismus, Multilateralismus, Militarismus und Atlantizismus (vgl. Abschnitt 5). Diese vier Dimensionen reflektieren die persönliche Überzeugung, dass die vitalen Interessen des eigenen Landes am besten durch ein aktives Engagement in der Weltpolitik (Internationalismus), durch die internationale Zusammenarbeit mit Verbündeten (Multilateralismus), durch den Einsatz militärischer Gewalt in der Außenpolitik (Militarismus) oder – im Fall europäischer Länder – durch die Orientierung der eigenen Außenpolitik an den USA (Atlantizismus) gewahrt werden können. Empirische Studien für Deutschland zeigen, dass Internationalismus und Multilateralismus einen positiven Effekt auf die Einstellung zur Gemeinsamen Außen- und Sicherheitspolitik der EU (GASP) haben, während der Einfluss der militaristischen und atlantizistischen Grundeinstellungen nicht statistisch signifikant ist (Mader 2015: 85). Ähnliche Effekte ergeben sich für die Zustimmung zur GSVP (Endres 2018). Die umfassendste empirische Untersuchung der öffentlichen Meinung in Deutschland zur EU-Verteidigungszusammenarbeit wurde im Jahr 2020 vom ZMSBw veröffentlicht (Graf 2020b). Diese Untersuchung zeigt,

---

42 Die vier Variablen weisen eine hohe Skalenreliabilität auf (Cronbachs alpha = 0,79), was deren Bündelung in einer Indexvariable aus empirischer Sicht sinnvoll erscheinen lässt.

43 In der englischsprachigen Literatur hat sich der Begriff „strategic postures“ etabliert.

44 Für ausführlichere Erläuterungen zur Rolle und Wirkungsweise der außen- und sicherheitspolitischen Grundhaltungen sei auf den Sammelband von Biehl und Schoen (2015) sowie die Studien von Endres (2018), Irondelle et al. (2015), Mader (2015, 2017) und Rattinger et al. (2016) verwiesen.

dass eine internationalistische, multilateralistische und militaristische Grundhaltung einen positiven Einfluss auf die Einstellung zur EU-Verteidigungszusammenarbeit hat, während die Überzeugung, dass sich Deutschlands Außenpolitik an der der USA orientieren sollte, keinen Einfluss hat. Ähnliche Zusammenhänge bestehen auch bei der Einstellung zur Schaffung einer gemeinsamen europäischen Armee (Graf 2020a).

Neben den außen- und sicherheitspolitischen Grundhaltungen spielt die Verbundenheit mit der EU und der eigenen Nation eine wichtige Rolle für die Einstellung zur EU-Verteidigungskooperation. Die bisherige Forschung zeigt, dass die Verbundenheit mit der EU einen positiven Einfluss auf die Einstellung zur EU-Verteidigungszusammenarbeit (Graf 2018b, 2019b, 2020b; Kentmen 2010; Schoen 2008; Steinbrecher 2018c) und zur Schaffung einer Europa-Armee hat (Graf 2020a). Die Rolle der Verbundenheit mit der Nation gestaltet sich hingegen etwas komplexer, denn die bloße Verbundenheit mit der eigenen Nation hat keinen (Graf 2018b; Schoen 2008) oder sogar einen positiven Einfluss (Graf 2019b, 2020a, 2020b; Steinbrecher 2018c) auf die Einstellung zur EU-Verteidigungskooperation (GSVP und EU-Armee), während die nationale Identifikation in bewusster Abgrenzung zur EU einen negativen Effekt hat (Schoen 2008; Steinbrecher 2018c).

Des Weiteren ist anzunehmen, dass die Einstellung zum Aufbau gesamteuropäischer Verteidigungsstrukturen durch die persönliche Haltung der Befragten zu den nationalen Streitkräften, hier also der Bundeswehr, beeinflusst wird. Zwei konkurrierende Hypothesen lassen sich formulieren: Erstens, je positiver die Haltung zur Bundeswehr, desto kritischer wird die EU-Verteidigungskooperation gesehen, da diese den Fortbestand der *nationalen* Streitkräfte infrage stellen könnte. Zweitens, je positiver die Haltung zur Bundeswehr, desto positiver wird auch die EU-Verteidigungszusammenarbeit bewertet, weil die Einstellung zur Bundeswehr die Einstellung zum Militär im Allgemeinen erfasst und/oder die Bundeswehr als wesentlicher Bestandteil einer zukünftigen europäischen Streitkraft gesehen wird. Empirische Studien zeigen, dass die Einstellung zur Bundeswehr einen schwachen positiven Einfluss auf die Einstellung zur EU-Verteidigungszusammenarbeit hat (Graf 2019b, 2020b). Neben der grundsätzlichen Haltung der Befragten zur Bundeswehr soll eine Leistungsbeurteilung der Streitkräfte Eingang in die Analyse finden. Der Leistungsbewertung der Bundeswehr in ihren Auslandseinsätzen kommt dabei eine besondere Bedeutung zu, sind doch diese Einsätze neben den Maßnahmen zur Bündnis- und Landesverteidigung (z.B. Air Policing im Baltikum) ihr Hauptauftrag und damit einer der besten Indikatoren für die Leistungsfähigkeit der Bundeswehr überhaupt. Auch dieser Aspekt hat sich in den bisherigen empirischen Untersuchungen zur öffentlichen Meinung zur EU-Verteidigungszusammenarbeit als ein wichtiger Prädiktor erwiesen (Graf 2020a, 2020b).

In der Literatur zur EU-Verteidigungszusammenarbeit werden insbesondere die Spannungen im transatlantischen Verhältnis und die Bedrohung deutscher und europäischer Sicherheitsinteressen durch Russlands Außen- und Verteidigungspolitik als maßgebliche Treiber der Vertiefung der europäischen Verteidigungszusammenarbeit diskutiert (z.B. Bartels 2017; Daehnhardt 2018; Dembinski/Peters 2018; Ehle 2018; Kellner/Optenhögel 2017; Lippert et al. 2019; Meyer zum Felde 2018; Patrick 2017). Mit Blick auf das transatlantische Verhältnis haben empirische Untersuchungen gezeigt: Der Wunsch der Befragten nach einer außenpolitischen Emanzipation Deutschlands von den USA (Graf 2020b) und die Wahrnehmung, dass die Außen- und Sicherheitspolitik der USA den Zusammenhalt in der NATO gefährdet (Graf 2020a, 2020b), führen zu einer stärkeren Unterstützung für die EU-Verteidigungszusammenarbeit. Neben der Wahrnehmung der USA als Bedrohung könnte die entsprechende Wahrnehmung Russlands eine Rolle spielen. Der ehemalige Präsident der Europäischen Kommission Jean-Claude Juncker sagte im Jahr 2015 hinsichtlich der russischen Annexion der Krim im Jahr zuvor, dass eine gemeinsame europäische Armee ein klares Signal an Russland senden würde, dass man es ernst meine mit der Verteidigung der europäischen Werte.[45] In der ZMSBw-Bevölkerungsbefragung 2019 stimmten immerhin 44 Prozent der Befragten der Aussage zu, Europa könnte mit einer gemeinsamen Armee der militärischen Herausforderung durch Russland besser begegnen. Die bisherige Forschung konnte zudem zeigen, dass die Wahrnehmung einer russischen Bedrohung für die Sicherheit Deutschlands tatsächlich einen positiven Einfluss auf die Einstellung zur EU-Verteidigungszusammenarbeit hat (Graf 2020a, 2020b), könnte der Aufbau gesamteuropäischer Verteidigungsstrukturen doch zu einer effektiveren Abschreckung Russlands beitragen.

In diesem Zusammenhang ist es erforderlich, die Einstellung der Befragten zu Deutschlands Mitgliedschaft und Engagement in der NATO als weitere Erklärungsgröße zu berücksichtigen. Die vorherigen Ergebnisse haben bereits gezeigt, dass diejenigen, die Deutschlands Mitgliedschaft und Engagement in der NATO befürworten, die EU-Verteidigungszusammenarbeit stärker unterstützen als die NATO-Gegner (vgl. Tabelle 7.4). Jedoch ist zu überprüfen, ob die Zustimmung zur NATO auch dann noch einen Einfluss auf die Einstellung zur EU-Verteidigungszusammenarbeit hat, wenn die Einstellung der Befragten zum Multilateralismus in der Analyse kontrolliert wird. Bleibt der NATO-

45 Der ehemalige Präsident der Europäischen Kommission, Jean-Claude Juncker, zitiert auf Reuters am 8. März 2015: <https://www.reuters.com/article/us-eu-defence-juncker/juncker-calls-for-eu-army-says-would-deter-russia-idUSKBN0M40KL20150308> [26.8.2020].

Effekt in diesem Fall statistisch signifikant, so wäre dieser unabhängig von der Einstellung zum Multilateralismus wirksam. Wird der NATO-Effekt jedoch statistisch insignifikant, so muss dieser Effekt der Einstellung zum Multilateralismus zugeschrieben werden. Die bisherige Forschung legt nahe, dass der NATO-Effekt unabhängig vom Einfluss des Multilateralismus wirkt und die Zustimmung zur EU-Verteidigungszusammenarbeit erhöht (Graf 2020b).

Abschließend werden ausgewählte politische Einstellungen sowie das Interesse an Politik im Allgemeinen und Verteidigungspolitik im Besonderen als weitere Erklärungsfaktoren berücksichtigt. Insbesondere der deutsche Parlamentsvorbehalt bei Auslandseinsätzen der Bundeswehr wird in der politischen Debatte oftmals als Argument gegen die Schaffung einer europäischen Armee bzw. einer vertieften europäischen Verteidigungszusammenarbeit angeführt. Es besteht die Sorge, dass die Schaffung gesamteuropäischer Verteidigungsstrukturen und die damit notwendigen Reformen politischer Entscheidungsprozesse zu einem Verlust der Kontrolle des Deutschen Bundestags über die Streitkräfte führen könnten. Vor dem Hintergrund dieser Debatte ist anzunehmen, dass Personen, die sich für die parlamentarische Kontrolle der Streitkräfte aussprechen, dem weiteren Ausbau gesamteuropäischer Verteidigungsstrukturen skeptischer gegenüberstehen als Personen, die eher für eine „Exekutivarmee“ plädieren. Die Ergebnisse in Tabelle 7.3 scheinen diese Annahme zu bestätigen, zumindest in Bezug auf die Schaffung einer gemeinsamen europäischen Armee. Nachfolgend wird überprüft, ob dieser Zusammenhang bestehen bleibt, wenn die zu erklärende Variable um die Einstellung der Befragten zur GSVP, zum Auftreten der EU als eigenständigem verteidigungspolitischen Akteur und zur finanziellen Unterstützung gesamteuropäischer Rüstungsprojekte durch die EU erweitert wird und die Einflüsse der übrigen Erklärungsfaktoren berücksichtigt werden. Empirische Studien haben gezeigt, dass die Befürwortung der parlamentarischen Kontrolle der Streitkräfte einen negativen Einfluss auf die Einstellung zur Schaffung einer EU-Armee hat (Graf 2020a, 2020b).

Eine weitere wichtige Determinante der Einstellung zur EU-Verteidigungszusammenarbeit ist die Zufriedenheit mit der Demokratie in der EU (Graf 2020b; Schoen 2008; Steinbrecher 2018c), die in der Meinungsforschung zur EU als Indikator für die Performanzbewertung der EU-Institutionen genutzt wird (Karp/Bowler 2006). Die vorherige bivariate Analyse (vgl. Tabelle 7.1) hat gezeigt, dass die Zustimmung der AfD-Anhänger zur EU-Verteidigungskooperation deutlich geringer ausfällt als die anderer Wählergruppen, weshalb die Wahlabsicht für die AfD ebenfalls als relevante Erklärungsgröße in der Analyse berücksichtigt werden muss. Das Interesse der Befragten an Politik im Allgemeinen und das Interesse an Verteidigungspolitik im Besonderen dienen als Kontrollvariablen. Empirische Untersuchungen zur öffentlichen Meinung über die Auslandseinsätze der Bundeswehr haben gezeigt, dass der Wissensstand über die Einsätze einen sehr starken Einfluss auf die Zustimmung zu ihnen hat (Graf/Biehl 2019; vgl. Abschnitt 13). Da Interesse und Wissen aber nicht das Gleiche sind, lassen sich für das (verteidigungs-)politische Interesse auch keine klaren Hypothesen formulieren.

Insgesamt wurden sechs Modelle berechnet (vgl. Tabelle 7.5). Die Modelle I–V berücksichtigen immer den Einfluss der soziodemografischen Kontrollvariablen sowie einer Gruppe von Erklärungsvariablen auf die Einstellung zur EU-Verteidigungszusammenarbeit. Der Einfluss der soziodemografischen Kontrollvariablen wird nicht gesondert ausgewiesen, weil diese nur knapp 3 Prozent der Varianz in der Einstellung zur EU-Verteidigungszusammenarbeit erklären und keine starken Effekte aufweisen.[46] Die einzelnen Modelle ermöglichen es, den Effekt der jeweiligen Indikatoren auf die Haltung zur EU-Verteidigungszusammenarbeit separat zu schätzen und dann miteinander zu vergleichen (Biehl 2012). Abschließend wurde in Modell VI in einer Art Gesamtschau umfassend getestet, inwieweit sich die Einflüsse der unterschiedlichen Erklärungsfaktoren auf die Einstellung zur EU-Verteidigungszusammenarbeit wechselseitig überlagern oder aufheben.

Die *außen- und sicherheitspolitischen Grundhaltungen* der Befragten erklären 37 Prozent der Varianz in der Einstellung der Befragten zur EU-Verteidigungszusammenarbeit (vgl. Tabelle 7.5, Modell I). Die Überzeugung, dass sich die deutsche Außenpolitik an der der USA orientieren sollte (Atlantizismus), hat unter Berücksichtigung der übrigen außenpolitischen Grundhaltungen einen leicht positiven Einfluss. Überzeugte „Transatlantiker“ stehen der europäischen Verteidigungskooperation also nicht skeptischer gegenüber als andersdenkende Bundesbürger. Internationalismus, Militarismus und Multilateralismus haben sehr viel stärkere positive Einflüsse: Je mehr man eine aktive deutsche Außenpolitik, außenpolitisches Handeln in Absprache mit Verbündeten und den Einsatz militärischer Mittel in der Außenpolitik begrüßt, umso stärker unterstützt man die EU-Verteidigungszusammenarbeit. Dieses Ergebnis ist wenig überraschend, ist doch die vertiefte Verteidigungszusammenarbeit in der EU selbst Ausdruck einer internationalistischen, multilateralistischen und einer militaristischen politischen Überzeugung (European Union 2016). Wer also diese außen- und sicherheitspolitischen Grundhaltungen teilt, ist eher geneigt, die EU-Verteidigungszusammenarbeit zu befürworten als die Unilateralis-

---

46 Befragte mit hohem Haushaltseinkommen sowie mit Migrationshintergrund haben eine statistisch signifikant positivere Einstellung zur EU-Verteidigungszusammenarbeit als die entsprechenden Vergleichsgruppen. Befragte in Ostdeutschland haben dagegen eine signifikant negativere Einstellung zur EU-Verteidigungszusammenarbeit als Befragte in anderen Regionen. Die Variablen Geschlecht, Alter und Bildung haben keinen statistisch signifikanten Einfluss. Die soziodemografischen Variablen gehen als Kontrollvariablen in die Modelle I–VI ein (vgl. Tabelle 7.5).

ten, Isolationisten und Anti-Militaristen in der deutschen Bevölkerung. Die positiven Effekte der multilateralistischen und internationalistischen Grundhaltungen decken sich mit den empirischen Befunden anderer deutscher Forschungsarbeiten zu diesem Thema (Endres 2018; Graf 2019b, 2020a, 2020b; Mader 2015). Der positive Effekt der militaristischen Grundhaltung steht zwar älteren Befunden der deutschen Forschungsliteratur entgegen (Endres 2018: 162; Mader 2015: 85), deckt sich aber mit den neuesten Erkenntnissen zu diesem Thema (Graf 2020a, 2020b).

Die *Verbundenheit* mit der EU und mit Deutschland hat jeweils einen positiven Einfluss auf die Einstellung zur EU-Verteidigungszusammenarbeit, wobei der Einfluss der Verbundenheit mit der EU nahezu doppelt so groß ist (vgl. Modell II). Diese Effekte decken sich mit den Ergebnissen anderer empirischer Studien (Graf 2018b, 2019b, 2020a, 2020b; Kentmen 2010; Schoen 2008; Steinbrecher 2018c). Die Vertiefung der europäischen Verteidigungszusammenarbeit ist Teil größerer europäischer Integrationsbestrebungen im Rahmen der EU. Wer sich mit diesem Projekt als Ganzes identifiziert, stimmt eher der vertieften Integration in Teilbereichen zu, in diesem Fall der Verteidigungspolitik. Die Verbundenheit mit der EU und der Nation erklären 12 Prozent der Varianz in der Einstellung zur EU-Verteidigungszusammenarbeit.

Wie wirken sich die *Einstellungen der Bürgerinnen und Bürger zur Bundeswehr* aus? Die Ergebnisse zeigen, dass eine positive Haltung zu den nationalen Streitkräften einen positiven Einfluss auf die Zustimmung zur EU-Verteidigungszusammenarbeit hat (vgl. Modell III). Jene Bürger, die der Bundeswehr wohlgesonnen sind, stehen einer weiteren Vertiefung der europäischen Verteidigungskooperation positiver gegenüber als diejenigen, die eine ambivalente oder negative Haltung zur „eigenen Truppe“ haben. Die Bewertung der Leistung der Bundeswehr in ihren Auslandseinsätzen spielt eine ähnlich große Rolle: Je positiver die Leistung der Bundeswehr in den Auslandseinsätzen beurteilt wird, desto mehr wird die EU-Verteidigungszusammenarbeit befürwortet. Wie lässt sich dieser Effekt erklären? Realistisch gesehen, kann die Mehrheit der Bürgerinnen und Bürger die Leistung der Bundeswehr in ihren Einsätzen gar nicht beurteilen, weil ihnen die Auslandseinsätze größtenteils unbekannt sind (Graf/Biehl 2019; vgl. Abschnitt 13) und damit das nötige Wissen über die Ziele und Erfolge dieser Einsätze fehlt. Es ist daher anzunehmen, dass die Beurteilung der Bundeswehr in ihren Auslandseinsätzen, so wie sie in der ZMSBw-Bevölkerungsbefragung erhoben wurde, eher eine abstrakte Zustimmung oder Ablehnung zu den Einsätzen reflektiert als eine tatsächliche Leistungsbewertung, die einen gewissen Wissensstand voraussetzt, über den die Mehrheit der Befragten aber nicht verfügt. Außerdem weist die Beurteilung der Leistung der Bundeswehr bei Auslandseinsätzen eine signifikante und positive Korrelation ($r = 0{,}37$; $p < 0{,}001$) zur Bereitschaft auf, bewaffnete Mittel in der Außen- und Sicherheitspolitik einzusetzen, was darauf hindeutet, dass eine positive Leistungseinschätzung, zumindest teilweise, Ausdruck einer militaristischen Grundhaltung sein könnte. Wenn dem so ist, dann müsste der statistisch signifikante Effekt der Leistungsbeurteilung auf die Einstellung zur EU-Verteidigungszusammenarbeit verschwinden (d.h. nicht länger statistisch signifikant sein), wenn der Einfluss der militaristischen Grundhaltung kontrolliert wird (vgl. Modell VI). Insgesamt erklärt die Haltung zur Bundeswehr knapp ein Viertel (24 Prozent) der Varianz in der Einstellung der Befragten zur EU-Verteidigungszusammenarbeit.

Als nächstes wird der Einfluss der *Einstellung zu verschiedenen Aspekten der internationalen Sicherheitspolitik* beschrieben (vgl. Modell IV). Die Einstellung zu Deutschlands sicherheits- und verteidigungspolitischem Engagement und der NATO-Mitgliedschaft hat einen positiven Einfluss auf die Einstellung zur europäischen Verteidigungszusammenarbeit. Wie in Tabelle 7.4 zeigt sich hier erneut: NATO-Befürworter unterstützen die EU-Verteidigungszusammenarbeit stärker als NATO-Gegner. Diese Erkenntnis legt nahe, dass die Vertiefung der europäischen Verteidigungszusammenarbeit wohl eher als Stärkung des europäischen Pfeilers der NATO gesehen wird und nicht als Aufbau eines mit der NATO konkurrierenden Verteidigungsbündnisses. Des Weiteren zeigt sich, dass der Wunsch nach einer außen- und sicherheitspolitischen Emanzipation Deutschlands von den USA positiv auf die Einstellung zur EU-Verteidigungszusammenarbeit wirkt. Die Sorge, die Außen- und Sicherheitspolitik der USA gefährde den Zusammenhalt in der NATO, hat zwar ebenfalls einen positiven Effekt, doch ist dieser deutlich schwächer. Die Zustimmung zur EU-Verteidigungszusammenarbeit wird also eher nicht von der Sorge um einen von den USA provozierten Bruch innerhalb der NATO getrieben, sondern von dem Wunsch nach außenpolitischer Emanzipation Deutschlands. Die Wahrnehmung der amerikanischen Außen- und Sicherheitspolitik als Bedrohung für die Sicherheit Deutschlands hat hingegen keinen Einfluss auf die Zustimmung zur EU-Verteidigungszusammenarbeit. Die Wahrnehmung Russlands als Bedrohung für die Sicherheit Deutschlands hat nur einen marginalen positiven Effekt. Die Einstellungen zur internationalen Sicherheitspolitik erklären ebenfalls 24 Prozent der Varianz in der Einstellung zur EU-Verteidigungskooperation, wobei der Einstellung zu Deutschlands Engagement und Mitgliedschaft in der NATO die mit Abstand größte Bedeutung zukommt.

Abschließend wird der Einfluss *weiterer politischer Einstellungen* sowie des (verteidigungs-)politischen *Interesses* überprüft (vgl. Modell V). Die in politischen Debatten oftmals geäußerte Sorge, der Parlamentsvorbehalt des Deutschen Bundestags könnte zu einem möglichen Hindernis auf dem Weg zu gesamteuropäischen Verteidigungsstrukturen werden, findet in der Bevölkerung einen gewissen Widerhall, denn je mehr die Kontrolle der Streitkräfte befürwortet wird, desto negativer ist die Einstellung zur EU-Verteidigungszusammenarbeit. Einen etwas stärkeren Effekt hat dagegen die Zufriedenheit mit der Demokratie in der EU: Offensichtlich geht eine positive Performanzbewertung der EU mit einer größeren Bereitschaft einher, die europäische Integration weiter zu vertiefen, in diesem Fall in der Verteidigungspolitik (Schoen 2008; Steinbrecher 2018c). Die Zustimmung zur europäischen Kooperation in der Verteidigung steigt ebenfalls mit dem Interesse an Politik im Allgemeinen und etwas weniger stark mit dem speziellen Interesse an Verteidigungspolitik. Die Wahlabsicht für die AfD wirkt sich dagegen leicht negativ aus, was sich mit dem Ergebnis der bivariaten Analyse in Tabelle 7.1 deckt.

Tabelle 7.5: Determinanten der Einstellung zur EU-Verteidigungszusammenarbeit

	Modell I	Modell II	Modell III	Modell IV	Modell V	Modell VI
Außenpolitische Grundhaltungen						
Atlantizismus	0,05*					0,05*
Internationalismus	0,25***					0,16***
Militarismus	0,19***					0,16***
Multilateralismus	0,37***					0,22***
Verbundenheit						
Deutschland		0,13***				-0,05*
Europäische Union		0,24***				0,08**
Einstellungen zur Bundeswehr						
Persönliche Haltung zur Bundeswehr			0,24***			0,11***
Leistung Bw im Ausland			0,27***			0,10***
Einstellungen zur internationalen Sicherheitspolitik						
Einstellung zu Deutschlands NATO-Engagement				0,37***		0,15***
Außenpolitik der USA gefährdet NATO				0,07**		0,08**
DEU sollte gegenüber USA selbstbewusster auftreten				0,15***		0,07***
USA Sicherheitspolitik gefährdet DEU Sicherheit				0,01 n.s.		0,02 n.s.
RUS Sicherheitspolitik gefährdet DEU Sicherheit				0,05*		-0,01 n.s.
Politische Einstellungen und Interessen						
Zustimmung Parlamentsbeteiligungsgesetz					-0,12***	-0,12***
Zufriedenheit mit der Demokratie in der EU					0,15***	0,07***
Interesse an Verteidigungspolitik					0,09**	-0,03 n.s.
Politisches Interesse					0,14***	0,04 n.s.
Wahlabsicht AfD					-0,11***	-0,11***
Korrigiertes R^2	0,37	0,12	0,24	0,24	0,13	0,48
n	1619	1619	1619	1619	1619	1619

Anmerkungen: Wertebereich der abhängigen Variable [0 = völlige Ablehnung; 1 = völlige Zustimmung]. Alle erklärenden Variablen haben einen Wertebereich von [0 = negative bzw. niedrige Ausprägung; 1 = positive bzw. hohe Ausprägung]. Analyseverfahren: Multiple lineare Regressionen. Ausgewiesene Effekte: standardisierte Regressionskoeffizienten (beta). Signifikanzniveau: *** p < 0,001; ** p < 0,01; * p < 0,05; n.s. = nicht signifikant (p ≥ 0,05). Die Modelle I–VI wurden nur für die Befragten berechnet, die gültige Werte für alle in der Analyse berücksichtigten Variablen aufweisen. Die soziodemografischen Variablen Alter, Geschlecht, Bildung, Haushaltseinkommen, Migrationshintergrund und Region (Ostdeutschland) gehen als Kontrollvariablen in die Modelle I–VI ein. Siehe hierzu auch die Anmerkungen im Text.

Datenbasis: Bevölkerungsbefragung des ZMSBw 2020.

In der Gesamtschau bestätigt sich erneut die herausragende Bedeutung der außen- und sicherheitspolitischen Grundhaltungen, insbesondere des Multilateralismus, Internationalismus und Militarismus (vgl. Modell VI). Einen vergleichsweise starken positiven Effekt übt auch die Einstellung zur NATO aus. Wichtig ist zudem, dass die Einstellung zu Deutschlands Mitgliedschaft und Engagement in der NATO selbst dann einen positiven Einfluss auf die Einstellung zur EU-Verteidigungszusammenarbeit hat, wenn die Einstellung der Befragten zum Multilateralismus kontrolliert wird, d.h. die Zustimmung zur NATO wirkt unabhängig von der Einstellung zum Multilateralismus. Offenkundig wird die EU-Verteidigungszusammenarbeit als Stärkung des europäischen Pfeilers der NATO verstanden. Darüber hinaus spielt der Wunsch nach einer außenpolitischen Emanzipation von den USA und die Sorge vor einer durch die USA herbeigeführten Schwächung des Zusammenhalts in der NATO eine Rolle. Der negative Effekt der Befürwortung der Parlamentskontrolle deckt sich mit dem Befund der bivariaten Analyse, dass die Verfechter der parlamentarischen Kontrolle der Streitkräfte dem Aufbau einer gemeinsamen europäischen Armee kritischer gegenüberstehen als die Befürworter einer „Exekutivarmee" (vgl. Tabelle 7.3). Und wer eine positive Haltung zur Bundeswehr hat, der steht auch einer EU-Armee offener gegenüber als jene Befragten, die bereits eine kritische Einstellung zur „eigenen Truppe" haben. Das Gesamtmodell erklärt 48 Prozent der Varianz in der Einstellung der Befragten zur EU-Verteidigungszusammenarbeit und ist damit erklärungsstark.

7.7 Fazit

Insgesamt lassen sich die Ergebnisse der vorgestellten Analysen wie folgt zusammenfassen: Die Mehrheit der Bürgerinnen und Bürger in Deutschland befürwortet die Verteidigungszusammenarbeit im Rahmen der EU – und das in allen Wählergruppen und soziodemografischen Teilgruppen. Eine relative Mehrheit von 47 Prozent wünscht sich zudem den Aufbau einer gemeinsamen europäischen Armee und unterstützt damit eine Entwicklungsperspektive, die über den Status quo der engen militärischen Kooperation nationaler Streitkräfte hinausgeht. Von jenen Befragten, die den Aufbau einer dauerhaften Europa-Armee unterstützen, vertritt der größte Teil die Auffassung, dass diese Armee parallel zu den nationalen Streitkräften existieren sollte, anstatt diese vollständig zu ersetzen. Im Vergleich zu den Vorjahren hat sich das positive Meinungsbild der Deutschen zur EU-Verteidigungszusammenarbeit nicht wesentlich verändert.

Die öffentliche Meinung zur EU-Verteidigungszusammenarbeit wurde in der bisherigen Umfrageforschung durch die zustimmende oder ablehnende Haltung zu relativ abstrakten Aussagen erfasst. Die Meinung zu konkreten EU-Verteidigungsinitiativen, wie z.B. dem

EDF, wurde bis dato nicht erhoben. Die Vermutung stand im Raum, dass die relativ hohen Zustimmungswerte ggf. dem abstrakten Charakter der zu bewertenden Objekte (z.B. GSVP) geschuldet sein könnten und eine konkretere Abfrage der öffentlichen Meinung zur EU-Verteidigungszusammenarbeit niedrigere Zustimmungswerte aufzeigen könnte (Graf 2020b). Die Umfrageteilnehmer der ZMSBw-Bevölkerungsbefragung wurden deshalb nach ihrer Meinung zur finanziellen Unterstützung europäischer Rüstungsprojekte durch die EU gefragt – also zur Aufgabe bzw. Funktion des EDF. Wie die Ergebnisse zeigen, ist die öffentliche Meinung zum EDF zwar etwas kritischer als zur GSVP, fällt mit einem Zustimmungswert von 52 Prozent aber noch immer sehr positiv aus. Daraus lässt sich schließen, dass die Erfassung der öffentlichen Meinung zu konkreteren Aspekten der EU-Verteidigungszusammenarbeit das bisherige Gesamtbild einer grundsätzlich positiven öffentlichen Meinung zur EU-Verteidigungszusammenarbeit stützt und nicht „demontiert".

Mit der voranschreitenden Vertiefung der EU-Verteidigungskooperation drängt sich die Frage nach dem Verhältnis zwischen der EU und der NATO auf. Aus Sicht der deutschen Bevölkerung scheinen sich Deutschlands Engagement und Mitgliedschaft in beiden Organisationen zu ergänzen. Die vorangegangenen Analysen haben gezeigt, dass die Einstellung der Befragten zu Deutschlands NATO-Mitgliedschaft und Engagement einen *positiven* Einfluss auf die Einstellung zur EU-Verteidigungszusammenarbeit hat. Obwohl die hohen Zustimmungswerte zur NATO und zur EU-Verteidigungskooperation sowie deren positiver statistischer Zusammenhang als Ausdruck der grundsätzlichen Zustimmung der Bevölkerung zum Multilateralismus interpretiert werden können, hat sich gezeigt, dass die NATO-Befürworter die Verteidigungszusammenarbeit in der EU stärker unterstützen als die NATO-Gegner und zwar unabhängig von ihrer Einstellung zum Multilateralismus. Die EU-Verteidigungszusammenarbeit wird also offenkundig nicht als Konkurrenz zur NATO empfunden, sondern eher als Stärkung des europäischen Pfeilers der NATO.

Neben der Befürwortung der NATO wird die Einstellung zur EU-Verteidigungszusammenarbeit maßgeblich vom Wunsch nach einem gemeinsamen Vorgehen in der Außen- und Sicherheitspolitik mit verbündeten Nationen (Multilateralismus) und einer aktiveren deutschen Rolle in der Weltpolitik sowie der Bereitschaft zum Einsatz militärischer Gewalt in der Außen- und Sicherheitspolitik (Militarismus) positiv beeinflusst. Die außenpolitischen Grundhaltungen erweisen sich als die mit Abstand wichtigsten Determinanten der öffentlichen Meinung zur EU-Verteidigungszusammenarbeit.

Im Kontext der anhaltenden Debatte über die Spannungen im transatlantischen Verhältnis ist folgende Erkenntnis interessant: Die EU-Verteidigungszusammenarbeit wird tatsächlich umso stärker unterstützt, je mehr man die Überzeugungen teilt, dass die Außen- und

Sicherheitspolitik der USA den Zusammenhalt der NATO gefährde und Deutschland seine Interessen gegenüber den USA selbstbewusster vertreten sollte. Die grundsätzliche Überzeugung, dass sich die deutsche Außenpolitik an der der USA orientieren sollte (Atlantizismus), hat ebenfalls einen schwachen positiven Einfluss auf die Einstellung zur EU-Verteidigungszusammenarbeit. Aus diesen Beobachtungen lässt sich ableiten, dass die Zustimmung der deutschen Bevölkerung zur Verteidigungskooperation in der EU teilweise von einem kritischen Blick auf die Außen- und Sicherheitspolitik der USA getrieben wird und die „Transatlantiker“ in der deutschen Bevölkerung einer weiteren Vertiefung der EU-Verteidigungszusammenarbeit wohl eher nicht im Wege stehen.

Des Weiteren zeigt sich, dass die Befürworter einer „Exekutivarmee“ die europäische Verteidigungskooperation und insbesondere die Schaffung einer gemeinsamen Armee in Europa stärker unterstützen als die Verfechter einer Parlamentsarmee. Die in politischen Debatten oftmals geäußerte Sorge, der Parlamentsvorbehalt des Deutschen Bundestags könnte zu einem möglichen Hindernis auf dem Weg zu gesamteuropäischen Verteidigungsstrukturen werden, findet in der öffentlichen Meinung also eine gewisse Resonanz. Festzuhalten bleibt, dass die Mehrheit der Bundesbürger die parlamentarische Kontrolle der Streitkräfte befürwortet und diese Mehrheit die Schaffung einer europäischen Armee deutlich kritischer sieht als jene Minderheit in der Bevölkerung, die eine „Exekutivarmee“ präferiert. Zwar spricht sich aktuell eine relative Mehrheit von 47 Prozent der Bundesbürgerinnen und -bürger im Abstrakten für die Schaffung einer EU-Armee aus, aber diese dürfte weniger öffentliche Zustimmung erfahren, wenn sie *nicht* als Parlamentsarmee nach dem Vorbild der Bundeswehr konzipiert und kommuniziert wird.

Für die politische Kommunikation der EU-Verteidigungszusammenarbeit sind zudem die Ergebnisse des Framing-Experiments von Interesse, zeigen diese doch, dass sich die öffentliche Meinung zur Schaffung einer gemeinsamen europäischen Armee durch kommunikative Einflüsse nicht statistisch signifikant verändern lässt: Die Einstellung zur Schaffung einer europäischen Armee unterscheidet sich in den Versuchsgruppen (drei positive und eine negative) nicht von der Einstellung der Kontrollgruppe. In diesem Zusammenhang sind die Ergebnisse der Regressionsanalyse zu berücksichtigen, die sehr eindrücklich zeigen, dass die Einstellung der Bürgerinnen und Bürger zur EU-Verteidigungszusammenarbeit maßgeblich von den außenpolitischen Grundhaltungen abgeleitet wird. Eine oberflächliche themenspezifische Kommunikation zur Europa-Armee wird dieses außen- und sicherheitspolitische „Wertefundament“ wohl nicht erschüttern können. Die Ergebnisse des Framing-Experiments verdeutlichen aber auch, dass zumindest dem negativen Narrativ des drohenden Souveränitätsverlustes entgegengewirkt werden kann, wenn die Schaffung einer gemeinsamen europäischen Armee explizit als Stärkung des Zusammenhalts in Europa kommuniziert wird.

Abschließend bleibt festzuhalten, dass das positive Meinungsbild in der deutschen Bevölkerung zur EU-Verteidigungskooperation als öffentliches Mandat zur Weiterentwicklung der EU im Bereich der Verteidigungspolitik interpretiert werden kann. Dabei ist jedoch zu beachten, dass die NATO als Verteidigungsbündnis in der Bevölkerung einen hohen Stellenwert genießt und die Vertiefung der EU-Verteidigungszusammenarbeit als Stärkung des europäischen Pfeilers der NATO verstanden wird. Vor diesem Hintergrund und mit Blick auf die transatlantischen Beziehungen sowie die Sicherheitsinteressen insbesondere der osteuropäischen NATO- und EU-Mitgliedstaaten ist die Diskussion über die „strategische Autonomie Europas“ zum jetzigen Zeitpunkt als eher kontraproduktiv zu bewerten (Meyer zum Felde 2018). Dementsprechend sollte der weitere Ausbau der EU-Verteidigungszusammenarbeit nicht als der Versuch dargestellt werden, eine Konkurrenz oder Alternative zur NATO schaffen zu wollen, sondern als Stärkung des europäischen Pfeilers der NATO.

8 Haltungen der Bürgerinnen und Bürger zur Bundeswehr

Heiko Biehl

Seit Beginn der Corona-Pandemie ist das Vertrauen der Bundesbürgerinnen und Bundesbürger in die öffentlichen Einrichtungen gestiegen, wie mehrere Umfragen belegen (FAZ 2020; IfD Allensbach 2020; Presseportal 2020). Von diesem Aufwärtstrend profitieren sämtliche Institutionen, nicht nur die unmittelbar an der Bewältigung der Krise beteiligten Organe wie Bundesregierung oder Gesundheitsbehörden. Die Bundeswehr ist in verschiedene Maßnahmen der Krisenbewältigung eingebunden, die von der Vorsorge innerhalb der Streitkräfte über den Nachweis des Erregers bei Verdachtsfällen bis zur Amtshilfe mit der Bereitstellung von Unterbringungsmöglichkeiten reichen. Vorrangiges Ziel ist jedoch, Fähigkeiten für den Fall bereitzuhalten, dass die zivilen Kräfte an die Grenzen ihrer Durchhaltefähigkeit kommen sollten (Bundeswehr 2020b). Der gewachsene Zuspruch für öffentliche Einrichtungen wird auf zwei sich verstärkende Gründe zurückgeführt. Zum einen stimmt die breite Mehrheit der bundesdeutschen Bevölkerung den getroffenen Entscheidungen zur Pandemiebekämpfung zu. Ungeachtet der Einschränkungen im Alltag, der wirtschaftlichen Einbußen und sozialen Kosten unterstützen die meisten den eingeschlagenen Weg. Zum anderen hat die Pandemie das generelle Bewusstsein für staatliche Vorsorge- und Sicherheitsmaßnahmen gestärkt. Entsprechende Anstrengungen, Vorkehrungen und Einrichtungen gelten als „systemrelevant“. Aus dieser Perspektive steht zu erwarten, dass die Bundeswehr von dem allgemeinen Vertrauensgewinn in staatliche Institutionen ebenfalls profitieren sollte.

Der Rückhalt in der Bevölkerung ist für die Bundeswehr, wie für andere öffentliche Einrichtungen, in mehrfacher Weise bedeutsam: Die Streitkräfte beziehen einen wesentlichen Teil ihrer Legitimation aus der gesellschaftlichen Akzeptanz und Unterstützung. Als Armee in der Demokratie ist es ihr ein Anliegen, die Bevölkerung hinter sich zu wissen. Für die Soldatinnen und Soldaten ist die gesellschaftliche Wertschätzung ein zentrales Fundament ihrer dienstlichen Motivation. Wie sozialwissenschaftliche Studien für den Dienstalltag, für Übungen und für Einsätze nachweisen (Biehl/Keller 2016), hängt die soldatische Motivation entscheidend vom öffentlichen Zuspruch ab. Zugleich erleichtert ein hohes soziales Renommee die militärische Personalrekrutierung und -bindung. Aus verschiedenen Untersuchungen ist bekannt, dass das Ansehen eines Arbeitgebers Einfluss auf dessen Attraktivität hat (z.B. Richter 2016, 2020; vgl. Abschnitt 10). Nicht zuletzt erhebt die Innere Führung den Anspruch, dass die Bundeswehr fest in die deutsche Gesellschaft integriert sein und den Zuspruch der Bürgerinnen und Bürger erfahren soll. Die Zentrale Dienstvorschrift zur Inneren Führung (A-2600/1, Ziffer 401) setzt das Ziel, „die Einbindung der Bundeswehr in Staat und Gesellschaft zu erhalten und zu fördern, Verständnis für den Auftrag der Bundeswehr im Rahmen der deutschen Sicherheits- und Verteidigungspolitik bei den Bürgerinnen und Bürgern zu gewinnen sowie die Soldatinnen und Soldaten aktiv in die durch ständigen Wandel geprägten Streitkräfte einzubeziehen“ (BMVg 2008).

Im Folgenden wird betrachtet, wie die Bürgerinnen und Bürger in Deutschland zur Bundeswehr stehen und ob die Corona-Pandemie einen Einfluss darauf genommen hat. Dazu wurden differenziert Einstellungen zu den Streitkräften analysiert und die entsprechenden Erklärungsfaktoren in den Blick genommen.

8.1 Grundlegende Einstellungen zur Bundeswehr

Mit einer Reihe verschiedener Indikatoren werden im Folgenden die Haltungen der Bürgerinnen und Bürger zu den Streitkräften erfasst. Dabei zeigen alle Befunde in die gleiche Richtung: Die Bundeswehr genießt wie in den letzten Jahren ein hohes gesellschaftliches Renommee, das unter dem Eindruck der Corona-Pandemie nochmals gestärkt worden ist. Gefragt nach ihrer persönlichen Einstellung äußern sich die Bürgerinnen und Bürger mehrheitlich positiv (vgl. Abbildung 8.1): 82 Prozent der Befragten haben eine positive, 15 Prozent eine negative Einstellung zu den Streitkräften. Drei Prozent der Befragten geben keine substanzielle Antwort. Im Vergleich zum Vorjahr ist der Anteil positiv eingestellter Bundesbürger um 6 Prozentpunkte gestiegen und der negativ eingestellter Befragter um 5 Prozentpunkte gesunken.

Abbildung 8.1: Persönliche Einstellung zur Bundeswehr

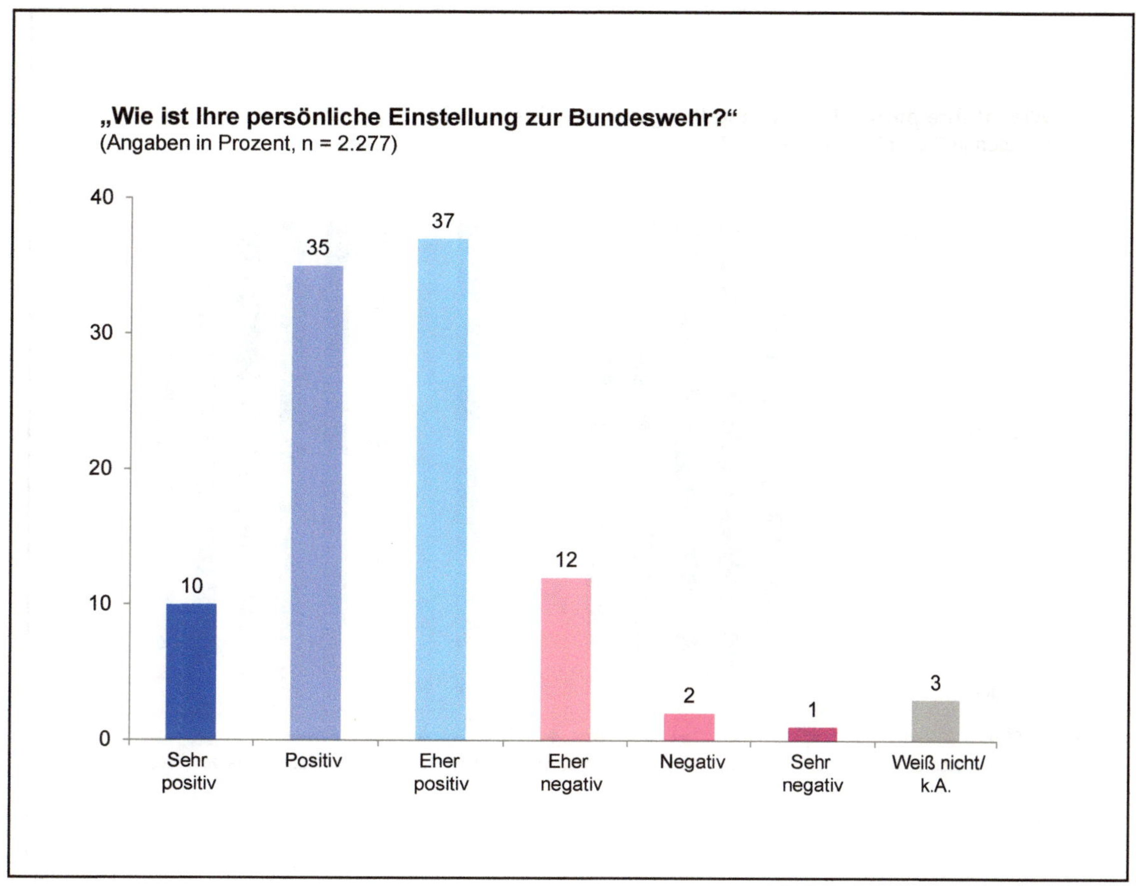

Anmerkung: Nicht alle Prozentangaben ergeben in der Summe 100 Prozent, da die Einzelwerte gerundet wurden.
Datenbasis: Bevölkerungsbefragung des ZMSBw 2020.

Damit setzt sich der Trend der vergangenen Jahre fort. Seit fast zwei Jahrzehnten bekundet eine deutliche Mehrheit der Befragten ihre wohlwollende Haltung zu den deutschen Streitkräften (vgl. Abbildung 8.2). Wie in den Vorjahren überwiegt 2020 der Bevölkerungsanteil mit positiver Einstellung zur Bundeswehr deutlich. Über den gesamten Betrachtungszeitraum seit dem Jahr 2000 waren stets mindestens drei Viertel der Befragten positiv gegenüber der Bundeswehr eingestellt und zwischen 13 und 23 Prozent negativ.

Abbildung 8.2: Persönliche Einstellung zur Bundeswehr im Zeitvergleich

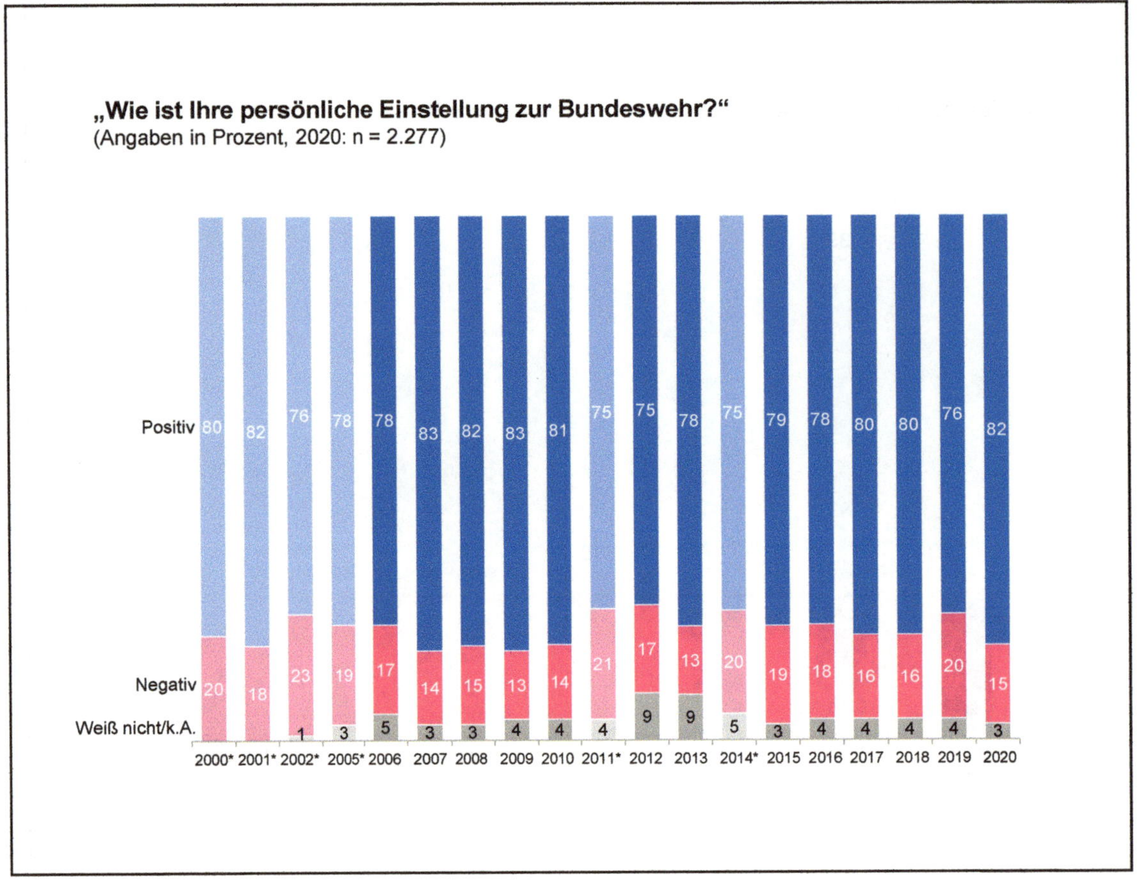

Anmerkungen: Nicht alle Prozentangaben ergeben in der Summe 100 Prozent, da die Einzelwerte gerundet wurden. Alle positiven und negativen Antwortmöglichkeiten wurden jeweils zusammengefasst. *Nur eingeschränkt vergleichbare Daten erhoben (unterschiedliche Bewertungsskala/Erhebungsmethode). 2003 und 2004 wurde die Frage nicht erhoben.

Datenbasis: Bevölkerungsbefragungen des ZMSBw 2000–2002, 2005–2020.

Ein weiterer Indikator für die Bewertung der zivil-militärischen Beziehungen ist die Frage nach der Wichtigkeit der Bundeswehr für Deutschland (vgl. Abbildung 8.3). 72 Prozent der Befragten halten die Bundeswehr für sehr wichtig (37 Prozent) oder eher wichtig (35 Prozent) für Deutschland. 20 Prozent sind bei dieser Frage geteilter Meinung und nur 7 Prozent schätzen die Bundeswehr als (eher oder sehr) unwichtig ein.

Abbildung 8.3: Einschätzung Wichtigkeit der Bundeswehr

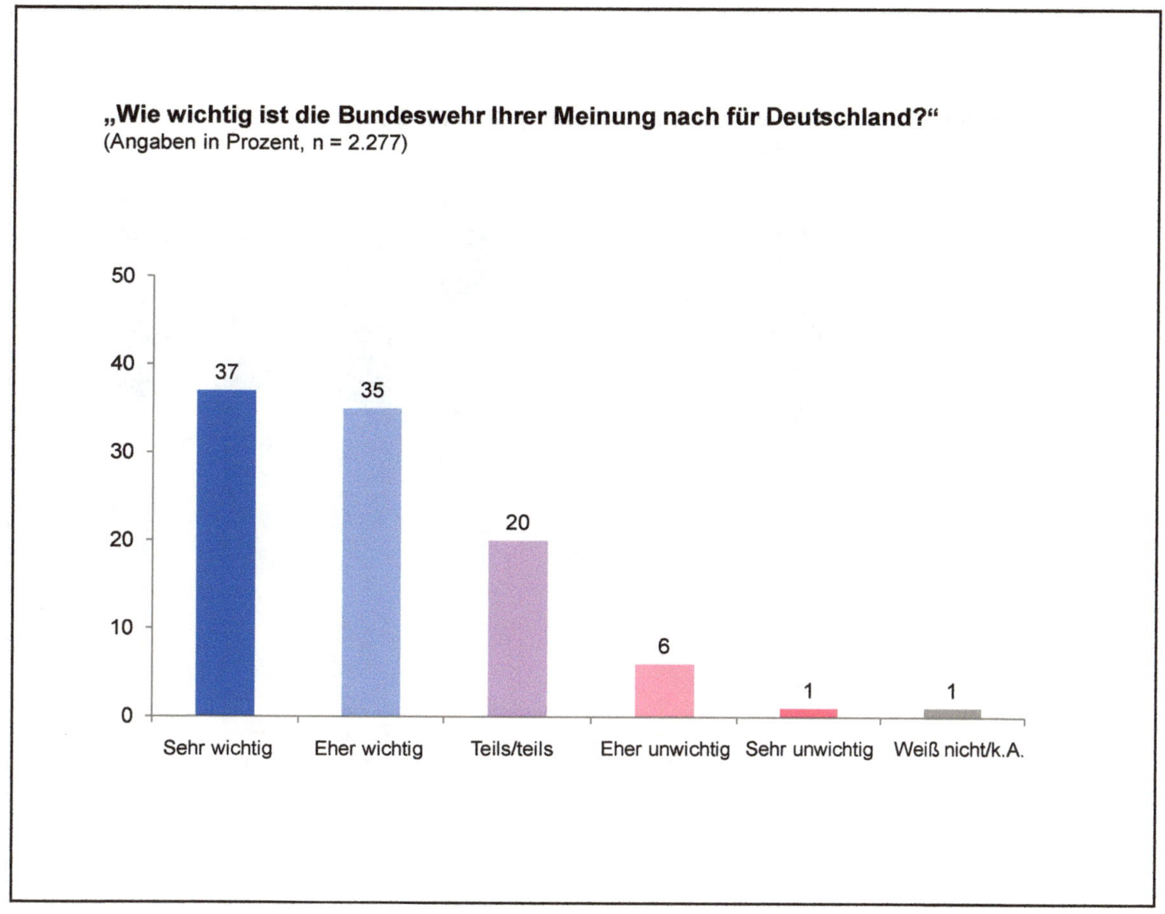

Anmerkung: Nicht alle Prozentangaben ergeben in der Summe 100 Prozent, da die Einzelwerte gerundet wurden.
Datenbasis: Bevölkerungsbefragung des ZMSBw 2020.

Im Vergleich zum Vorjahr (vgl. Abbildung 8.4) ist der Anteil derjenigen, welche die Bundeswehr für sehr oder eher wichtig halten, nahezu unverändert geblieben. Über den gesamten Erhebungszeitraum dieses Indikators (seit 2013) wird 2020 ein vergleichsweise niedriger Wert erreicht. Allerdings bewegt sich der zusammengefasste Anteil für die Antworten „sehr“ und „eher wichtig“ wie schon die positive Einstellung zu den Streitkräften (vgl. Abbildungen 8.1 und 8.2) im gesamten Zeitraum in einem recht engen Band zwischen 70 und 79 Prozent.

Abbildung 8.4: Einschätzung Wichtigkeit der Bundeswehr im Zeitvergleich

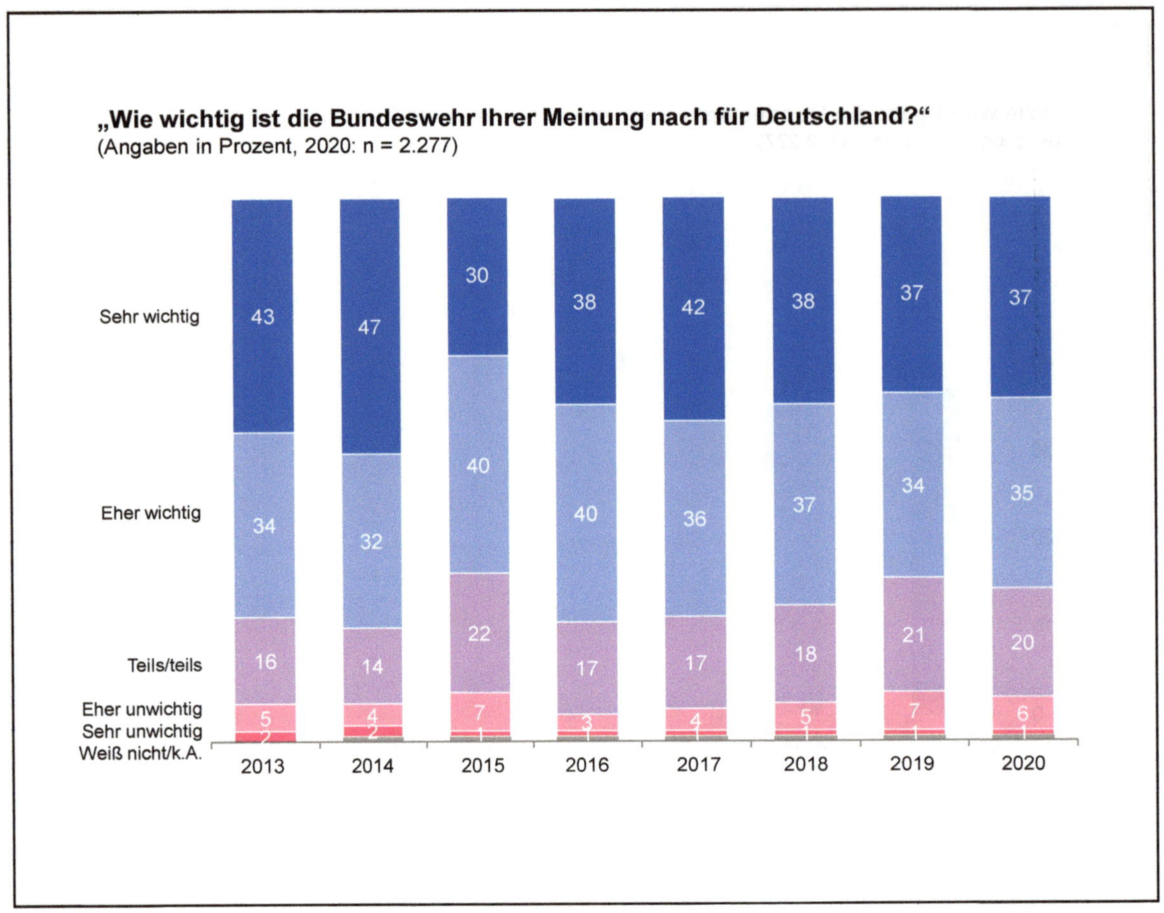

Anmerkung: Nicht alle Prozentangaben ergeben in der Summe 100 Prozent, da die Einzelwerte gerundet wurden.

Datenbasis: Bevölkerungsbefragungen des ZMSBw 2013–2020.

Im weiteren Verlauf des Interviews wurden die Teilnehmerinnen und Teilnehmer gefragt, welches Ansehen die Bundeswehr bei ihnen persönlich hat (vgl. Abbildung 8.5). Die Bundeswehr genießt in der Bevölkerung mehrheitlich ein hohes (17 Prozent) oder eher hohes Ansehen (41 Prozent). Insgesamt äußern sich bei dieser Frage 58 Prozent der Befragten positiv. Bei 8 Prozent der Befragten hat die Bundeswehr ein eher geringes, bei 2 Prozent ein geringes Ansehen. 31 Prozent sind geteilter Meinung.

Abbildung 8.5: Persönliches Ansehen der Bundeswehr

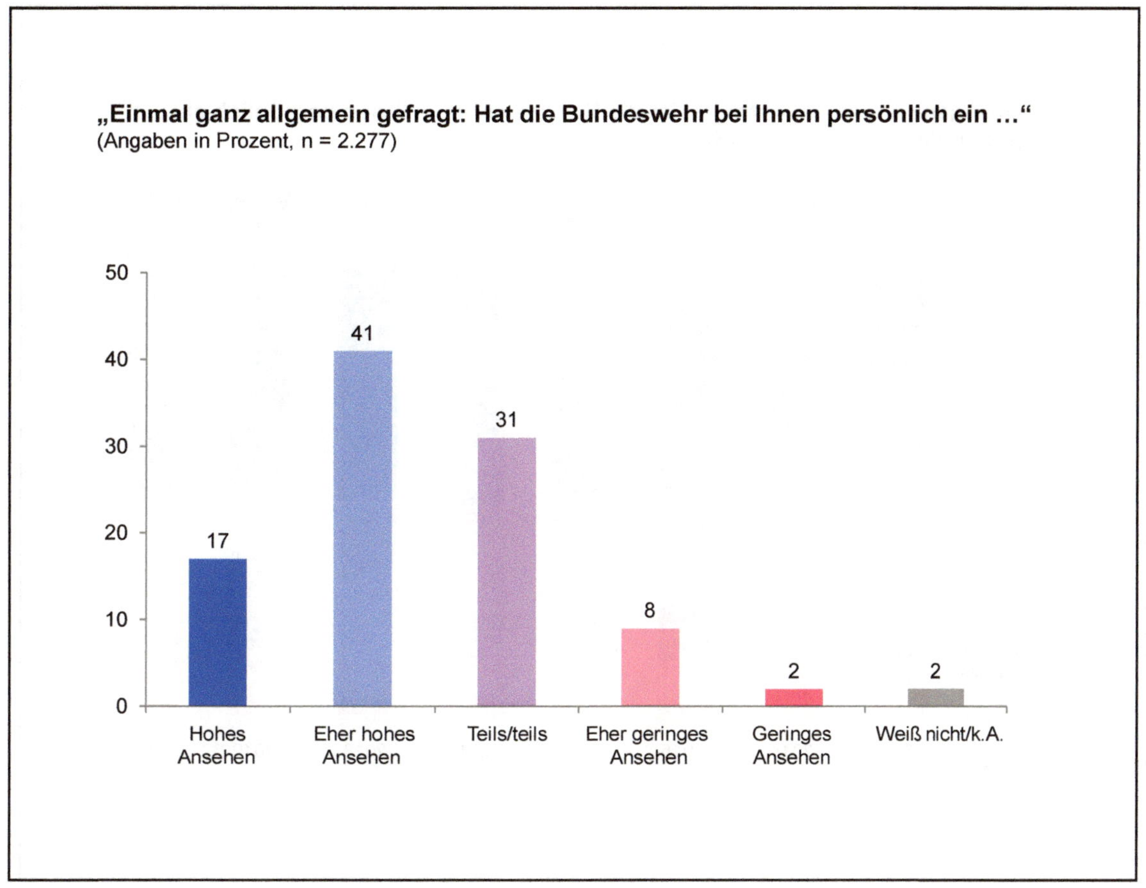

Anmerkung: Nicht alle Prozentangaben ergeben in der Summe 100 Prozent, da die Einzelwerte gerundet wurden.
Datenbasis: Bevölkerungsbefragung des ZMSBw 2020.

Im Vergleich zum Jahr 2019 zeigt sich eine leichte Verbesserung des Ansehens (vgl. Abbildung 8.6). Über den gesamten Erhebungszeitraum seit 2013 schwankt das hohe oder eher hohe Ansehen der Streitkräfte zwischen 49 und 63 Prozent und verändert sich damit stärker als die beiden vorher betrachteten Indikatoren: Einstellung und Wichtigkeit. Der Wert für das Jahr 2020 liegt etwa in der Mitte dieses Intervalls.

Abbildung 8.6: Persönliches Ansehen der Bundeswehr im Zeitvergleich

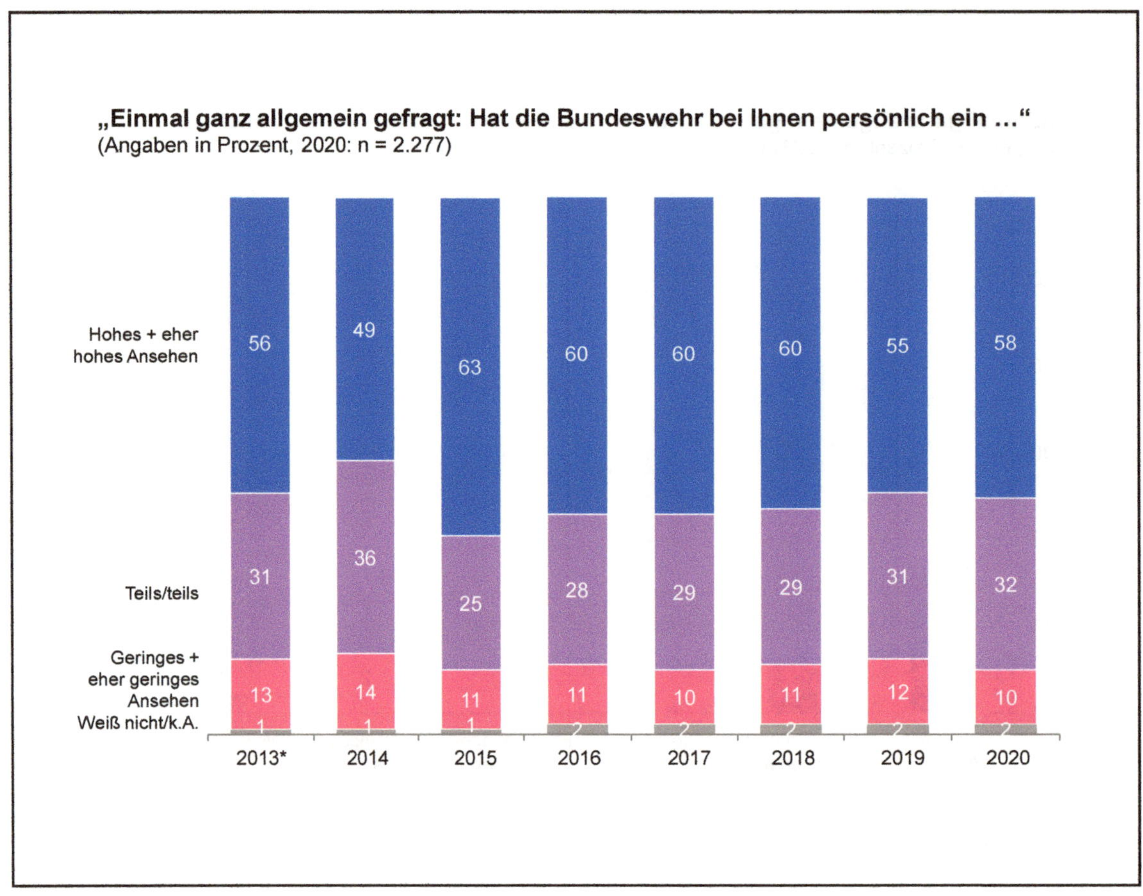

Anmerkungen: Nicht alle Prozentangaben ergeben in der Summe 100 Prozent, da die Einzelwerte gerundet wurden. *2013 wurden nur eingeschränkt vergleichbare Daten erhoben (die Fragestellung lautete: „Welches Ansehen genießt die Bundeswehr bei Ihnen persönlich?“).

Datenbasis: Bevölkerungsbefragungen des ZMSBw 2013–2020.

Zusätzlich zum persönlichen Ansehen wurden die Befragten mit der gleichen Antwortskala danach gefragt, wie sie das *gesellschaftliche* Ansehen der Bundeswehr in Deutschland bewerten (vgl. Abbildung 8.7). 42 Prozent glauben, dass die Streitkräfte bei den anderen Bürgerinnen und Bürgern in Deutschland ein hohes (8 Prozent) oder eher hohes Ansehen (34 Prozent) genießen. 40 Prozent sind bei dieser Frage geteilter Meinung. 13 Prozent bewerten das gesellschaftliche Ansehen als eher gering. Insgesamt zeigt sich also eine Lücke zwischen den aus den persönlichen Bewertungen aggregierten Einstellungen der Befragten und ihrer Wahrnehmung des gesellschaftlichen Meinungsklimas von 16 Prozentpunkten (vgl. Abbildungen 8.5 und 8.7). Für tiefergehende Analysen und potenzielle Ursachen dieser Lücke sei auf die Dissertation von Meike Wanner verwiesen (Wanner 2019).

Abbildung 8.7: Einschätzung des gesellschaftlichen Ansehens der Bundeswehr

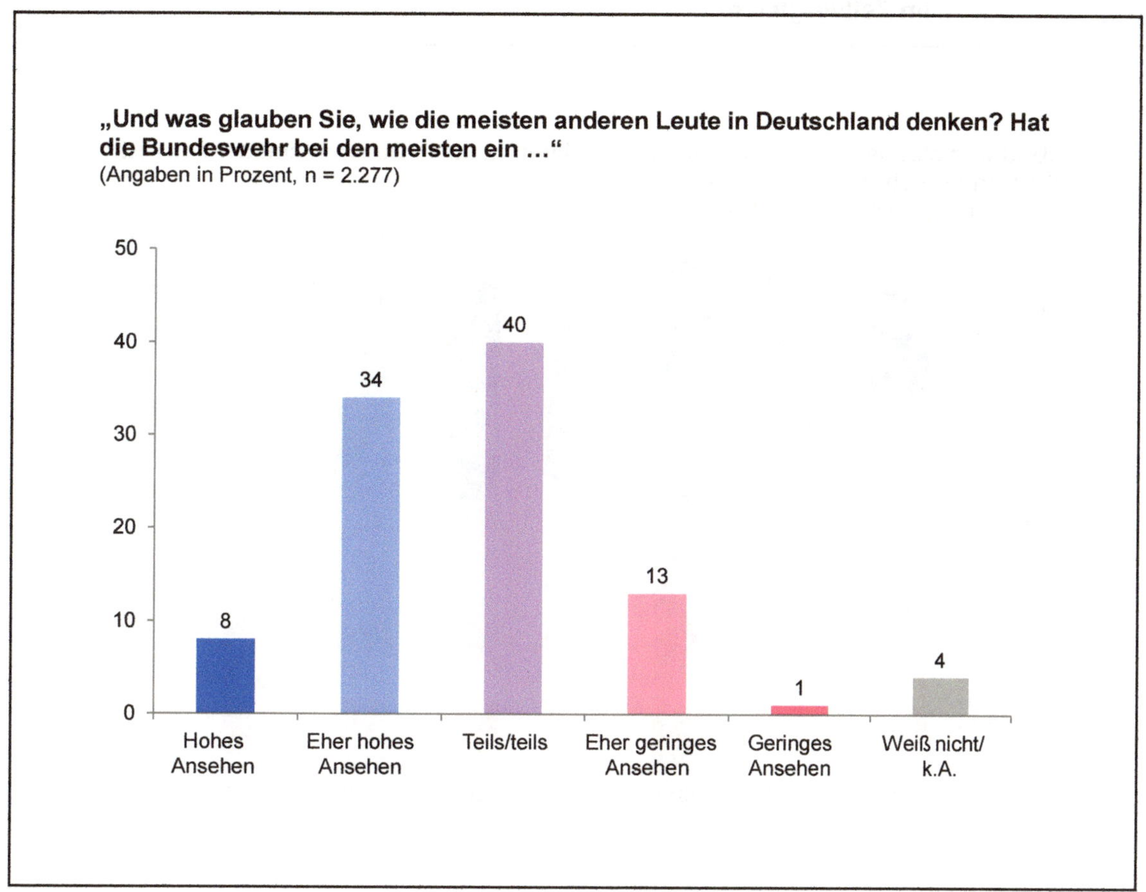

Anmerkung: Nicht alle Prozentangaben ergeben in der Summe 100 Prozent, da die Einzelwerte gerundet wurden.
Datenbasis: Bevölkerungsbefragung des ZMSBw 2020.

Die Einschätzung des Ansehens der Bundeswehr in der Gesellschaft hat sich im Vergleich zum Jahr 2019 leicht verändert (vgl. Abbildung 8.8). Der Anteil der Befragten, welcher der Bundeswehr ein hohes oder eher hohes gesellschaftliches Ansehen konstatiert, ist um 1 Prozentpunkt gestiegen. Demgegenüber ist die Gruppe mit geteilter Meinung um 5 Prozentpunkte kleiner geworden und der Anteil der Befragten, die von einem geringen gesellschaftlichen Ansehen der Bundeswehr ausgehen, um 3 Prozentpunkte gewachsen. Betrachtet man die Entwicklung im Zeitverlauf, schwankt auch für diesen Indikator der Anteil der positiven Äußerungen relativ stark in einem Band zwischen 32 und 50 Prozent. Für die Lücke zwischen persönlichem und gesellschaftlichem Ansehen ergeben sich von 2013 bis 2020 Differenzen zwischen -24 und -8 Prozentpunkten. Das aggregierte persönliche Ansehen der Bundeswehr ist also stets auf einem höheren Niveau als das wahrgenommene gesellschaftliche Ansehen. 2020 liegt das Ausmaß der Lücke in den zusammengefassten Einstellungen mit -16 Prozentpunkten in etwa in der Mitte dieses Wertebereichs – am größten war sie im Jahr 2013.

Abbildung 8.8: **Einschätzung des gesellschaftlichen Ansehens der Bundeswehr im Zeitvergleich**

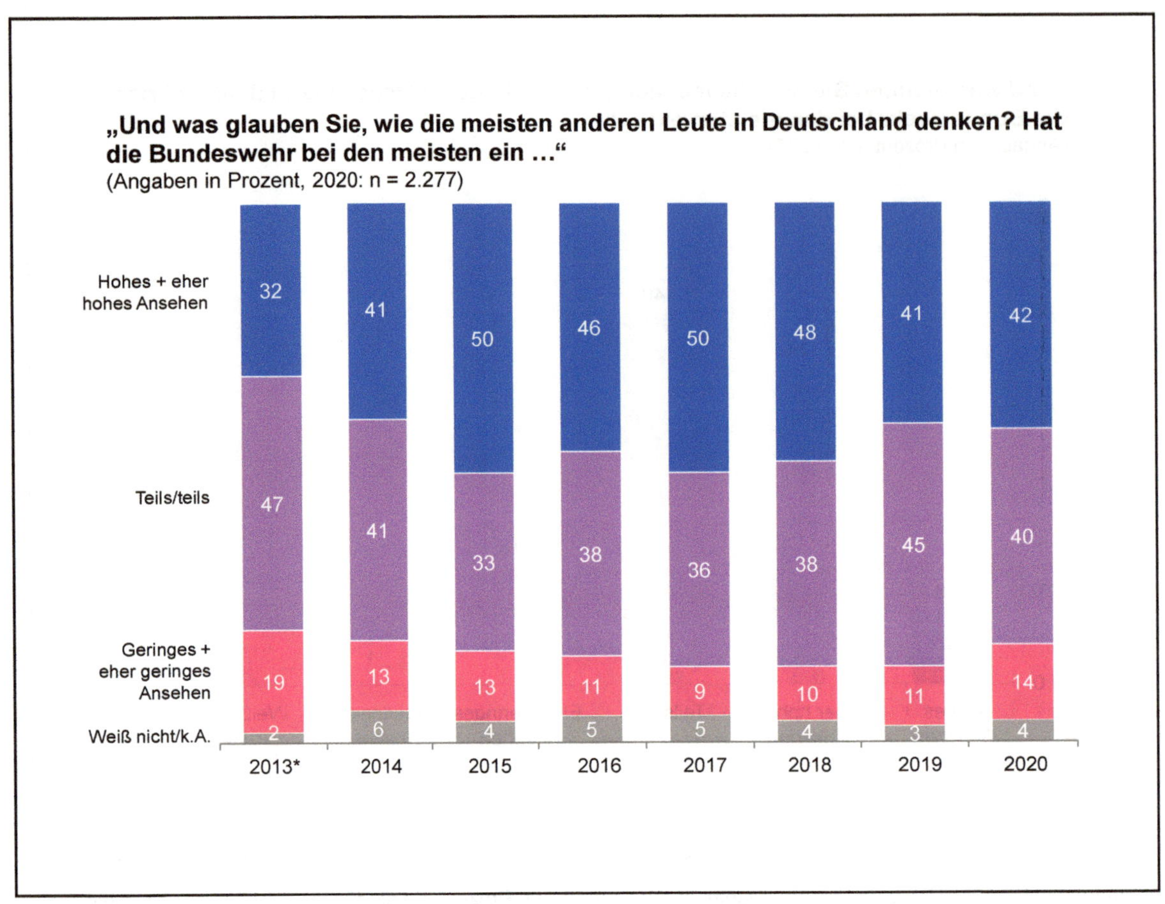

Anmerkungen: Nicht alle Prozentangaben ergeben in der Summe 100 Prozent, da die Einzelwerte gerundet wurden. *2013 wurden nur eingeschränkt vergleichbare Daten erhoben (die Fragestellung lautete: „Und was meinen Sie, wie hoch ist das Ansehen der Bundeswehr in unserer Gesellschaft?“).

Datenbasis: Bevölkerungsbefragungen des ZMSBw 2013–2020.

Ein ähnliches Bild wie für das Ansehen der Bundeswehr ergibt sich auch für die Anerkennung des soldatischen Dienstes (vgl. Abbildung 8.9): Bei 59 Prozent der Bevölkerung erfährt dieser volle (17 Prozent) oder hohe Anerkennung (42 Prozent). Mittlere Anerkennung spricht dem Dienst der Soldatinnen und Soldaten ein Drittel der Befragten aus (32 Prozent). Geringe (7 Prozent) oder keine Anerkennung (1 Prozent) bringen dem soldatischen Dienst nur 8 Prozent der Befragten entgegen.

Abbildung 8.9: Persönliche Anerkennung gegenüber dem Dienst der Soldatinnen und Soldaten

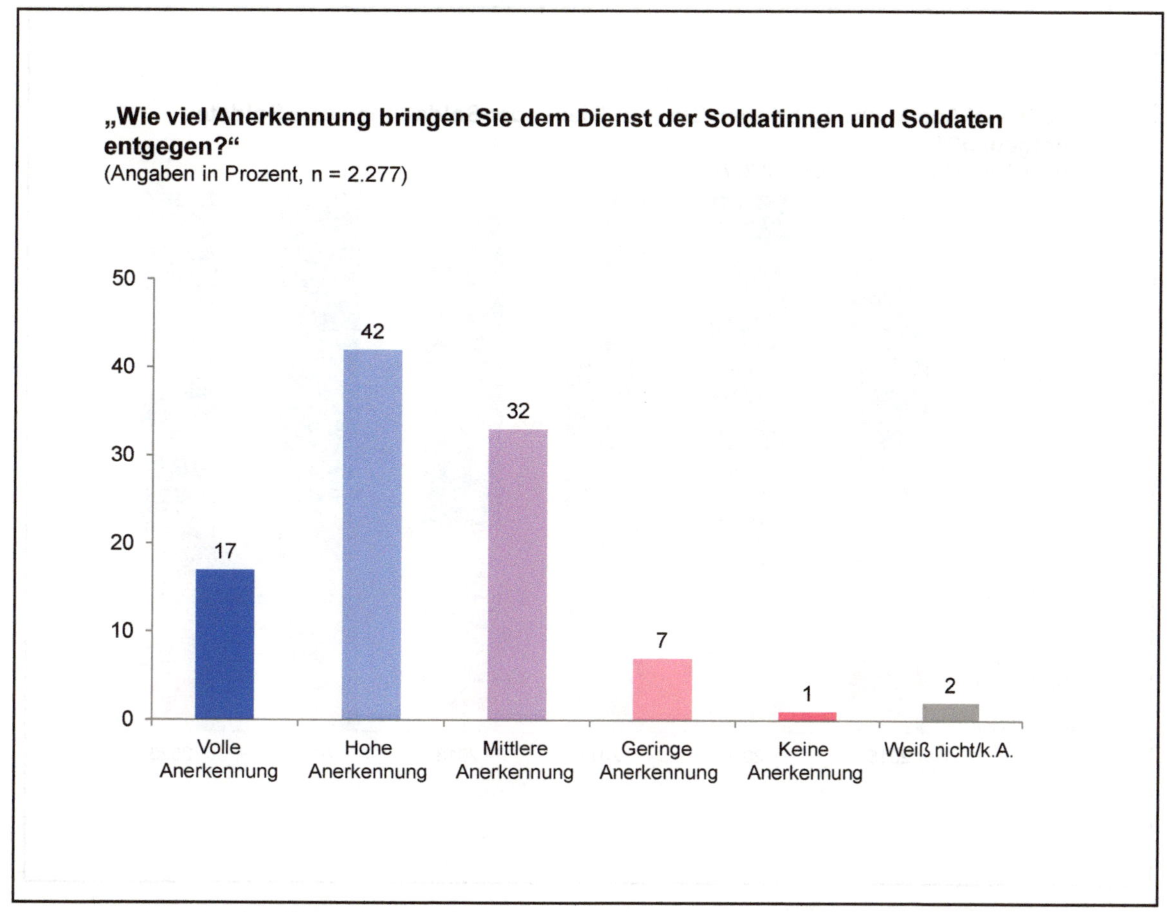

Anmerkungen: Nicht alle Prozentangaben ergeben in der Summe 100 Prozent, da die Einzelwerte gerundet wurden. Benennungen der Antwortausprägungen für grafische Darstellung gekürzt. Die vollständigen Ausprägungen lauten: „Ein hohes Maß an Anerkennung“ (Hohe Anerkennung); „Ein mittleres Maß an Anerkennung“ (Mittlere Anerkennung); „Ein geringes Maß an Anerkennung“ (Geringe Anerkennung). Die beiden übrigen Antworten sind unverändert.

Datenbasis: Bevölkerungsbefragung des ZMSBw 2020.

Im Vergleich zum Vorjahr zeigen sich kaum Veränderungen (vgl. Abbildung 8.10). Im gesamten Erhebungszeitraum dieses Indikators seit 2015 wird mit 59 Prozentpunkten im Jahr 2020 jedoch der niedrigste Wert erreicht. In der Tendenz zeigt sich damit im Betrachtungszeitraum ein leichter, aber kontinuierlicher Rückgang.

Abbildung 8.10: Persönliche Anerkennung gegenüber dem Dienst der Soldatinnen und Soldaten im Zeitvergleich

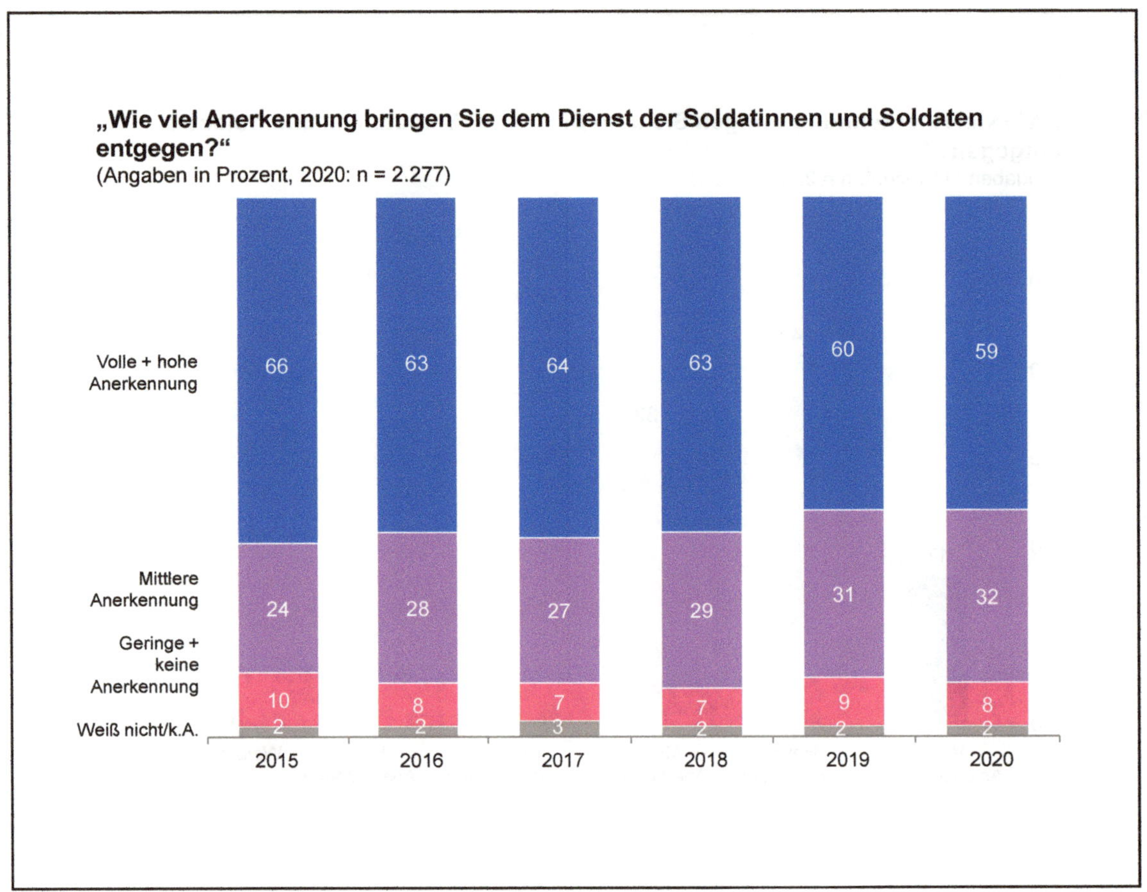

Anmerkungen: Nicht alle Prozentangaben ergeben in der Summe 100 Prozent, da die Einzelwerte gerundet wurden. Benennungen der Antwortausprägungen für grafische Darstellung gekürzt, vgl. Abbildung 8.9.

Datenbasis: Bevölkerungsbefragungen des ZMSBw 2015–2020.

Wie bei den Fragen zum Ansehen der Bundeswehr wurde in der Bevölkerungsbefragung 2020 auch für die Anerkennung gegenüber dem Dienst der Soldatinnen und Soldaten erfasst, wie es neben der persönlichen um die gesellschaftliche Anerkennung bestellt ist (vgl. Abbildung 8.11). 42 Prozent der Befragten denken, dass den Soldatinnen und Soldaten in Deutschland volle (9 Prozent) oder hohe Anerkennung (33 Prozent) entgegengebracht wird. 41 Prozent schätzen das Niveau der gesellschaftlichen Anerkennung als mittel ein. 12 Prozent bewerten das Ausmaß der Anerkennung als gering.

Im Vergleich zum Vorjahr zeigen sich wiederum nur geringfügige Veränderungen (vgl. Abbildung 8.12): eine Abnahme von einem Prozentpunkt bei den positiven Bewertungen und ein Anstieg von 3 Prozentpunkten für das mittlere Ansehen. Im gesamten Untersuchungszeitraum seit dem Jahr 2015 schwankt der zusammengefasste Anteil für volle und hohe Anerkennung lediglich zwischen 40 und 46 Prozent.

Abbildung 8.11: Gesellschaftliche Anerkennung gegenüber dem Dienst der Soldatinnen und Soldaten

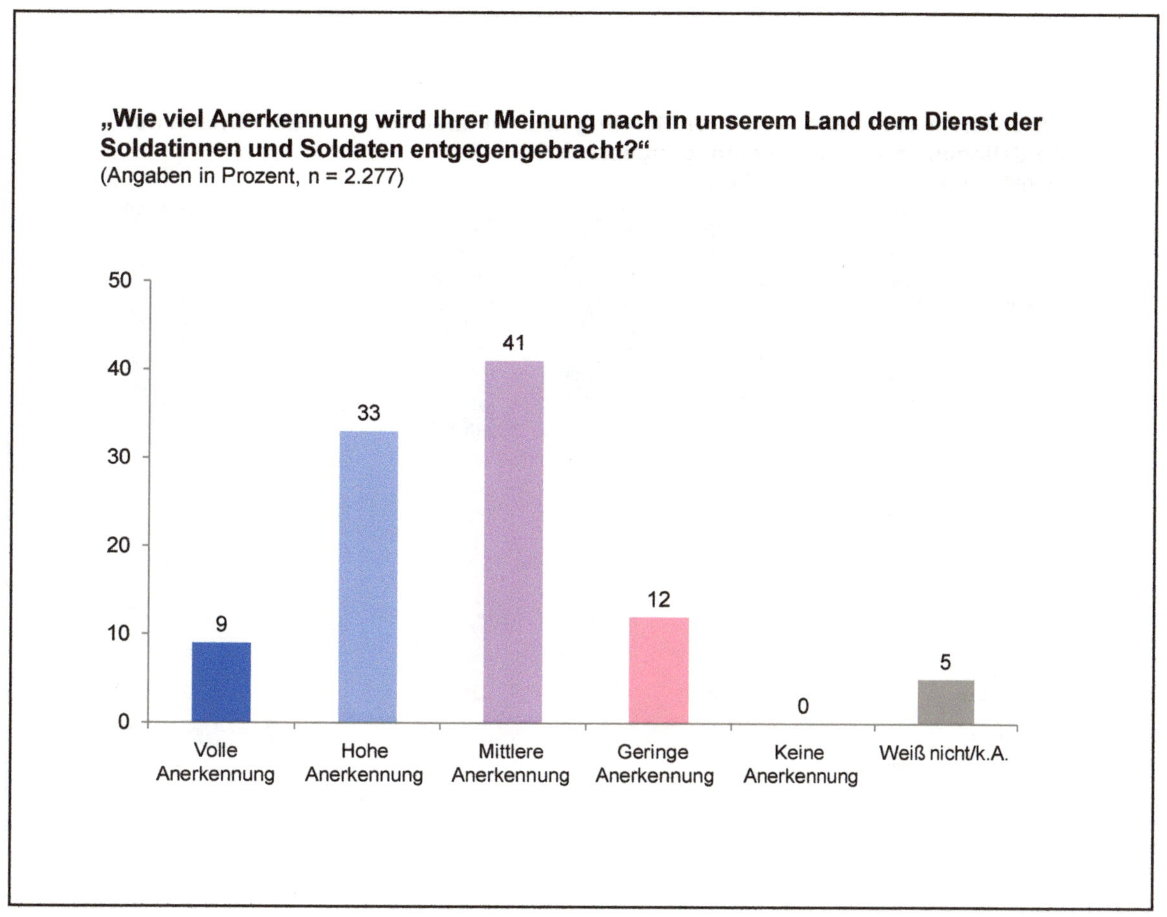

Anmerkungen: Nicht alle Prozentangaben ergeben in der Summe 100 Prozent, da die Einzelwerte gerundet wurden. Benennungen der Antwortausprägungen für grafische Darstellung gekürzt, vgl. Abbildung 8.9.

Datenbasis: Bevölkerungsbefragung des ZMSBw 2020.

Setzt man die persönliche und die gesellschaftliche Anerkennung miteinander in Beziehung, ergibt sich wie schon für das Ansehen der Bundeswehr eine Diskrepanz zwischen den aggregierten persönlichen Bewertungen und dem wahrgenommenen Meinungsklima im gesamten Land. Der zusammengefasste Wert für volle und hohe Anerkennung auf der persönlichen Ebene liegt im Jahr 2020 17 Prozentpunkte über dem Wert für das wahrgenommene gesellschaftliche Meinungsklima zu dieser Frage. Das ist eine mittlere Differenz im Untersuchungszeitraum – der höchste Abstand betrug 23 Prozentpunkte in den Jahren 2015 und 2016.

Abbildung 8.12: Gesellschaftliche Anerkennung gegenüber dem Dienst der Soldatinnen und Soldaten im Zeitvergleich

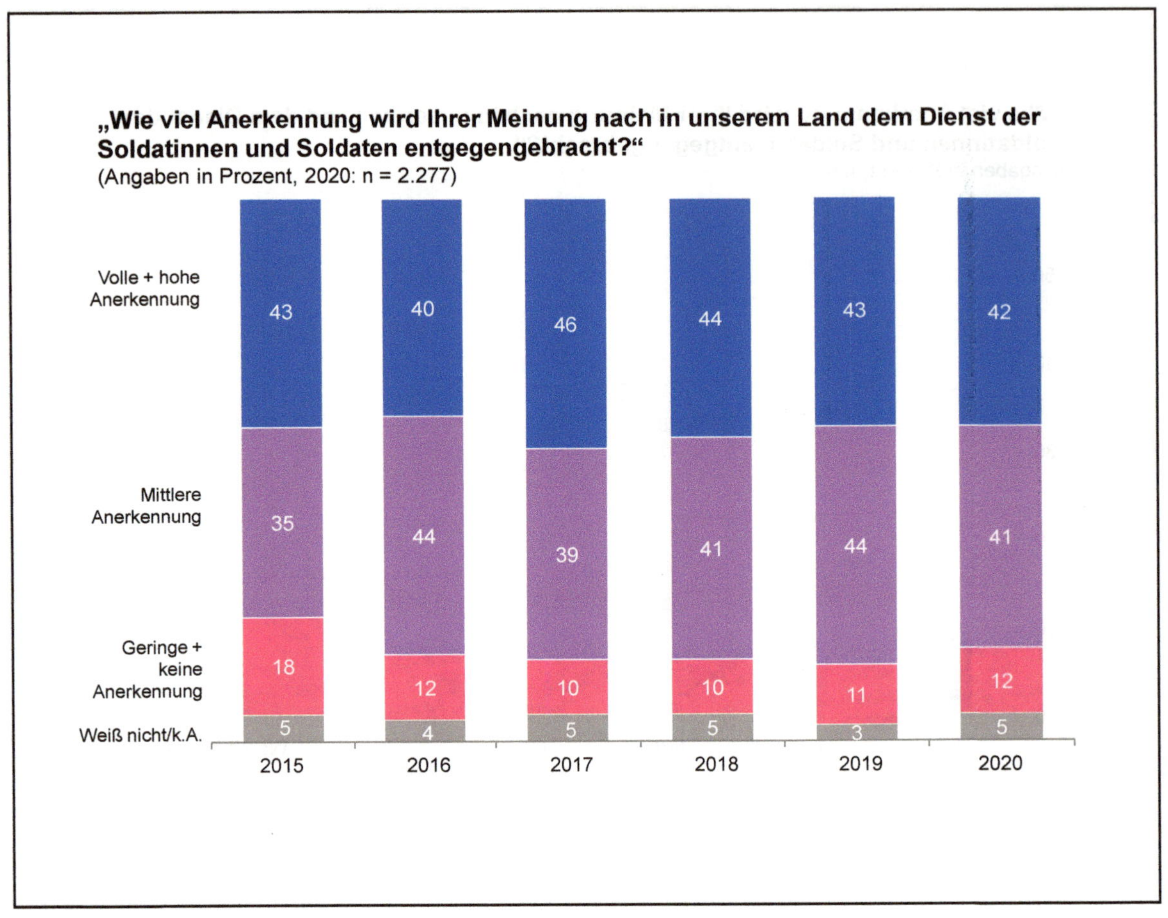

Anmerkungen: Nicht alle Prozentangaben ergeben in der Summe 100 Prozent, da die Einzelwerte gerundet wurden. Benennungen der Antwortausprägungen für grafische Darstellung gekürzt, vgl. Abbildung 8.9.

Datenbasis: Bevölkerungsbefragungen des ZMSBw 2015–2020.

Als letzter Indikator für die Haltungen der Bürgerinnen und Bürger zu den Streitkräften wurden die Teilnehmerinnen und Teilnehmer der Umfrage nach ihrem Vertrauen in eine Vielzahl von Institutionen gefragt. Mit diesem Instrument ist ein Vergleich des Vertrauens in die Bundeswehr zu anderen öffentlichen Einrichtungen in Deutschland möglich. Wie eingangs berichtet, zeigen andere Umfragen einen Anstieg des Institutionenvertrauens im Zuge der Corona-Pandemie. Diesen Befund bestätigt die diesjährige Bevölkerungsbefragung des ZMSBw. Betrachtet man zuerst das Vertrauen in die Bundeswehr, so wird in Abbildung 8.13 deutlich, dass die große Mehrheit der Bevölkerung der Bundeswehr vertraut. 85 Prozent äußern sich entsprechend. Mangelndes Vertrauen in die Streitkräfte herrscht dagegen bei nur 12 Prozent der Befragten vor. Dies ist ein bemerkenswert hoher Zuspruch an Vertrauen, der auch im zeitlichen Vergleich heraussticht (vgl. Abbildung 8.14). Das Vertrauen in die Bundeswehr schwankt zwischen 2015 und 2019 fast gar nicht und liegt zwischen 79 und 81 Prozent. In der aktuellen Erhebung wird mit 85 Prozent ein neuer Höchstwert erreicht.

Abbildung 8.13: Vertrauen in die Bundeswehr

„Vertrauen Sie den folgenden Einrichtungen und Organisationen oder misstrauen Sie ihnen? Der Bundeswehr"
(Angaben in Prozent, n = 2.277)

Vertraue voll und ganz	Vertraue überwiegend	Vertraue eher	Vertraue eher nicht	Vertraue überwiegend nicht	Vertraue überhaupt nicht	Weiß nicht/ k.A.
21	39	25	8	3	1	2

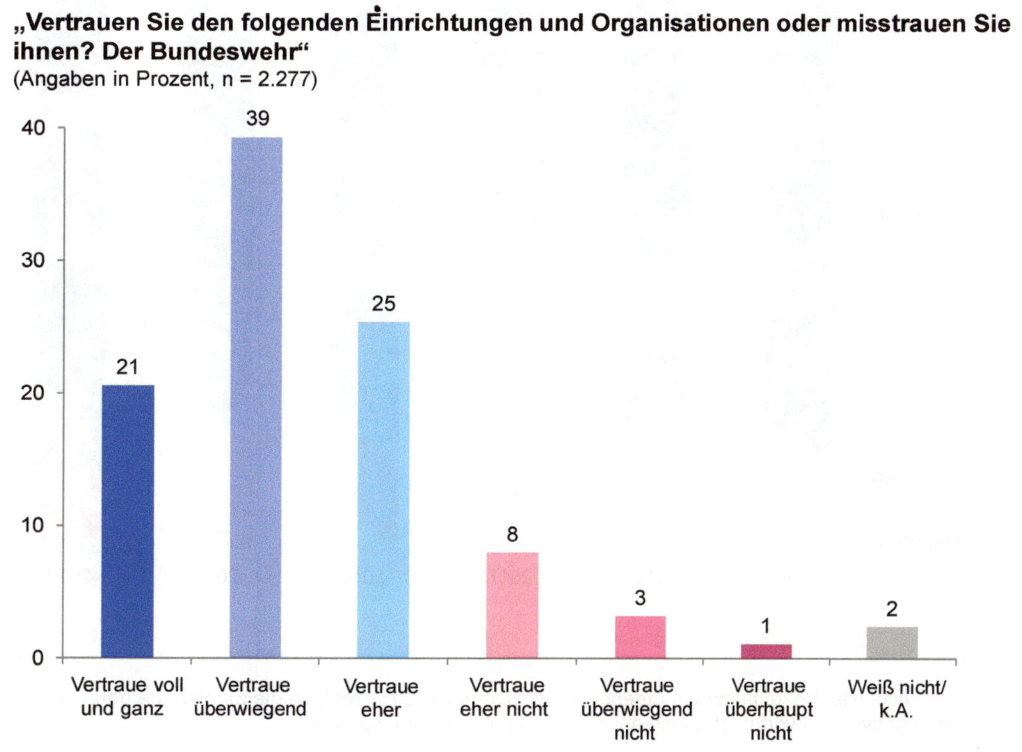

Anmerkung: Nicht alle Prozentangaben ergeben in der Summe 100 Prozent, da die Einzelwerte gerundet wurden.

Datenbasis: Bevölkerungsbefragung des ZMSBw 2020.

Deutlich wird das hohe Vertrauen in die Bundeswehr beim Vergleich mit anderen Institutionen. Die Bundeswehr ist eine der Organisationen, die das stärkste Vertrauen der Bürgerinnen und Bürger erfährt (vgl. Abbildung 8.15). Nur die Polizei, die öffentlichen Schulen und die Gesetzliche Krankenversicherung genießen mehr Vertrauen (zwischen 88 und 89 Prozent). Dies bestätigt das aus den vergangenen Jahren bekannte Muster.

Abbildung 8.14: Vertrauen in die Bundeswehr im Zeitvergleich

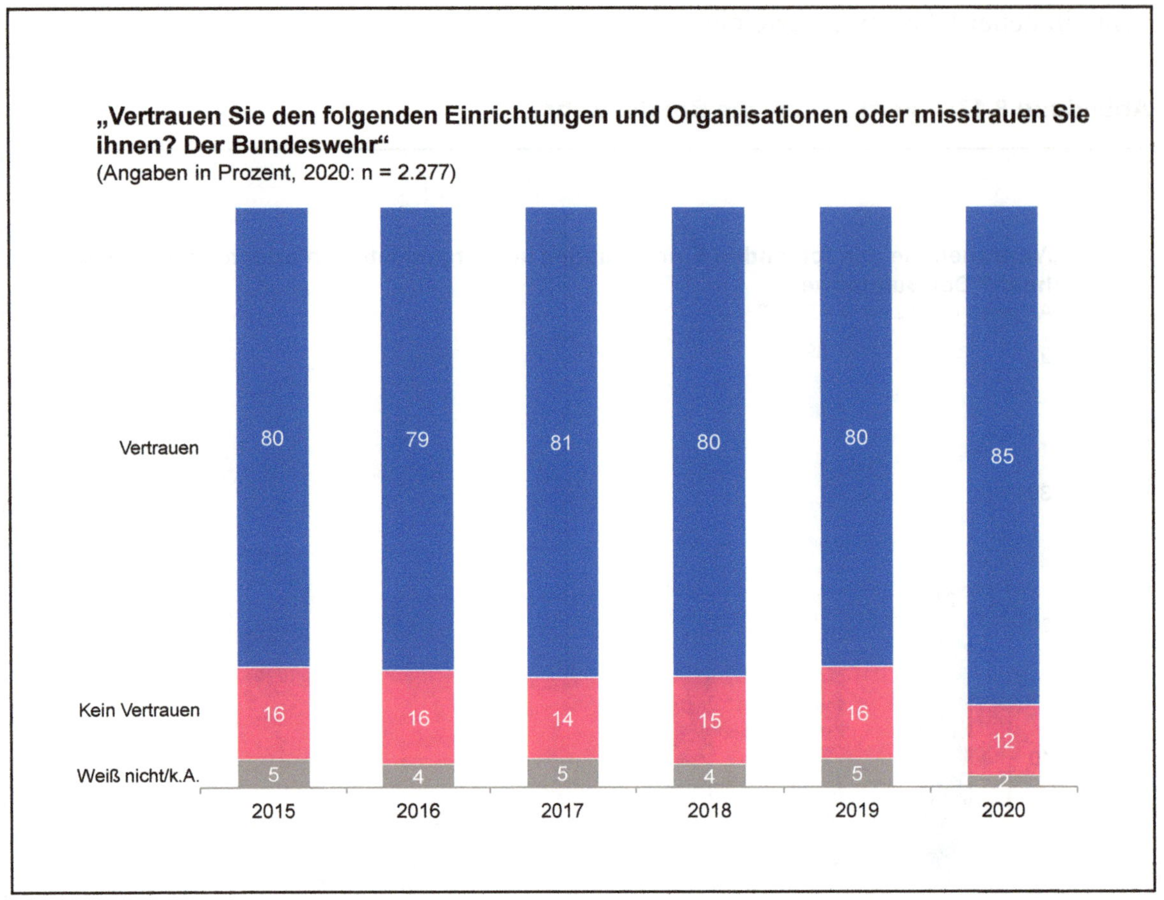

Anmerkungen: Nicht alle Prozentangaben ergeben in der Summe 100 Prozent, da die Einzelwerte gerundet wurden. Alle positiven und negativen Antwortmöglichkeiten wurden jeweils zusammengefasst.

Datenbasis: Bevölkerungsbefragungen des ZMSBw 2015–2020.

Der Bundeswehr schenkt die Bevölkerung ein größeres Vertrauen als vielen anderen etablierten Institutionen aus verschiedenen Sektoren (vgl. Abbildung 8.16). Einschränkend ist anzumerken, dass das Niveau des Vertrauens in den ZMSBw-Bevölkerungsbefragungen für die meisten Institutionen über dem Niveau liegt, das andere Erhebungen ausweisen (Marktforschung.de 2020; Presseportal 2020). Mit dem vorhandenen Datenmaterial ist nicht abschließend zu klären, worauf dieser generell höhere Vertrauenszuspruch zurückzuführen ist. Es ist aber plausibel anzunehmen, dass die verwendete sechsstufige Skala ohne Mittelpunkt (neutrale Antwort) zu systematisch höheren Vertrauenswerten führt. Von dieser Einschränkung unbenommen ist die Abstufung des Vertrauens zu den betrachteten Organisationen: Seit Jahren nimmt die Bundeswehr – wie andere Untersuchungen bestätigen – einen Spitzenplatz im Vertrauensranking der öffentlichen Einrichtungen ein (z.B. Die Welt 2013; European Commission 2019; Infratest dimap 2016).

Zugleich zeigt sich (vgl. die Abbildungen 8.15 und 8.16), dass den meisten Einrichtungen des öffentlichen Lebens in diesem Jahr ein höheres Vertrauen geschenkt wird. Der Anstieg bei der Bundeswehr bewegt sich mit 5 Prozentpunkten auf dem Niveau des Zuwachses des Bundesnachrichtendienstes, der Rentenversicherung und der katholischen Kirche. Einen nochmals stärkeren Anstieg von Vertrauen erfahren die politischen Parteien (+12 Prozentpunkte) und die Bundesregierung (+12 Prozentpunkte). Diese – auch im zeitlichen Vergleich – beachtlichen Zuwächse können als Reaktion der Bevölkerung auf die Corona-Pandemie und als Zustimmung zu den politischen Entscheidungen und Maßnahmen gelten. In der Folge wächst das Vertrauen der Bürger vor allem in diejenigen Organe, die unmittelbar für die Bewältigung der Krise verantwortlich sind. Die Analyse spezifischer Einstellungen zur Bundeswehr im nächsten Schritt bestätigt diese Einschätzung.

Abbildung 8.15: Vertrauen in Institutionen in Deutschland, Teil 1

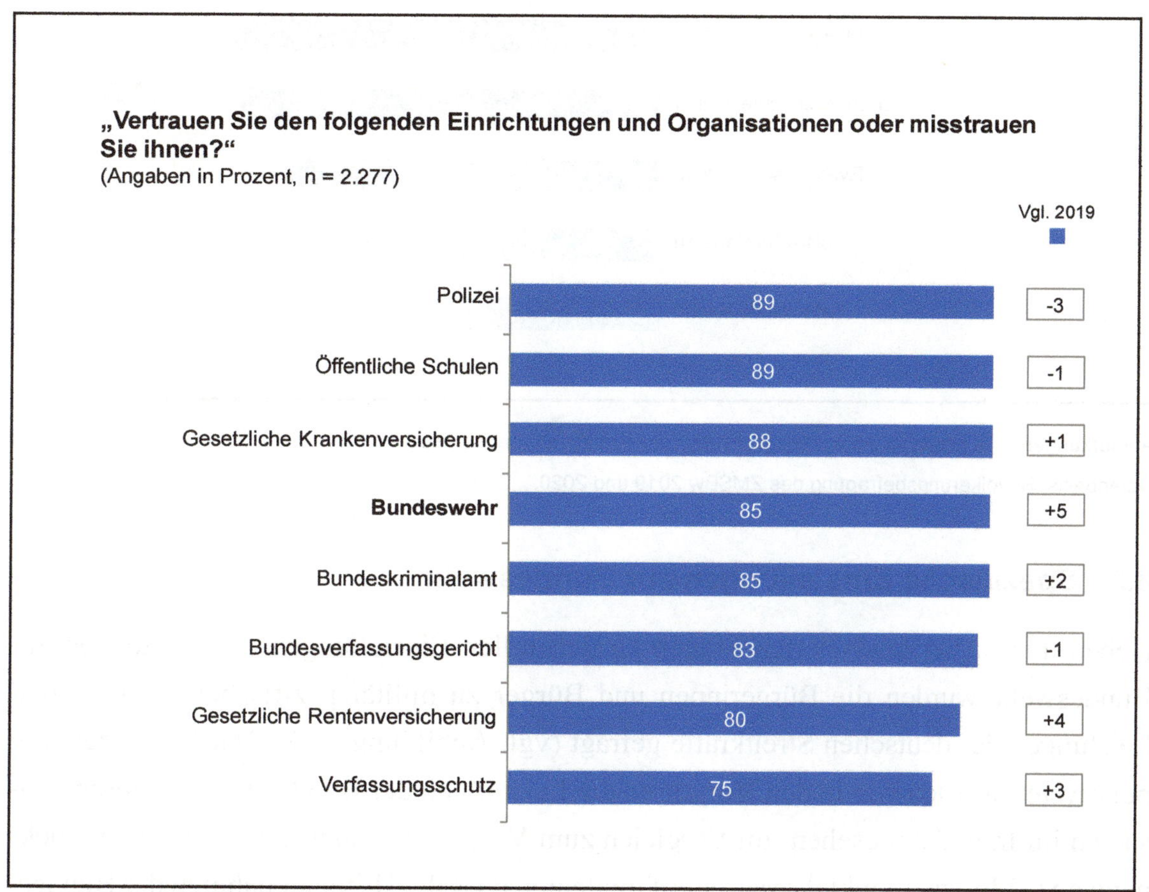

Anmerkungen: Alle positiven Antwortmöglichkeiten wurden zusammengefasst.

Datenbasis: Bevölkerungsbefragung des ZMSBw 2019 und 2020.

Abbildung 8.16: Vertrauen in Institutionen in Deutschland, Teil 2

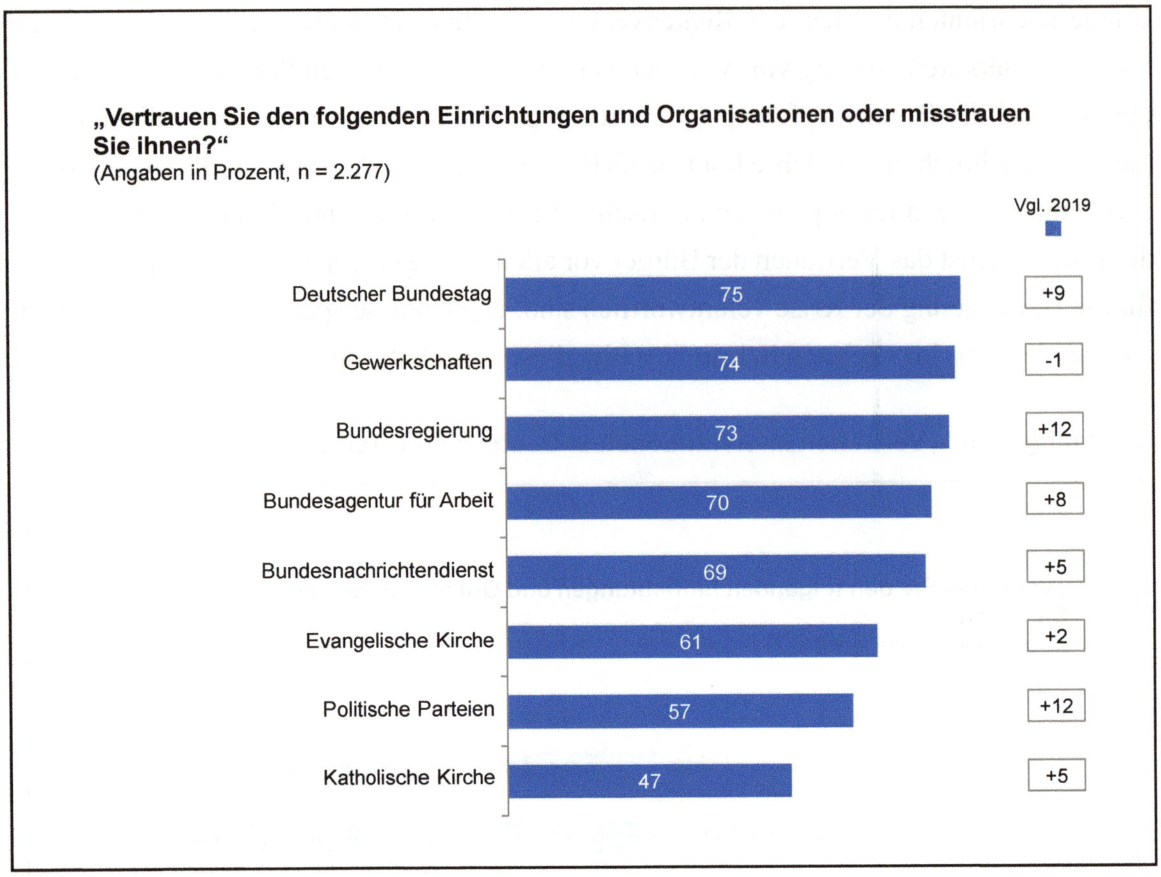

„Vertrauen Sie den folgenden Einrichtungen und Organisationen oder misstrauen Sie ihnen?“
(Angaben in Prozent, n = 2.277)

		Vgl. 2019
Deutscher Bundestag	75	+9
Gewerkschaften	74	-1
Bundesregierung	73	+12
Bundesagentur für Arbeit	70	+8
Bundesnachrichtendienst	69	+5
Evangelische Kirche	61	+2
Politische Parteien	57	+12
Katholische Kirche	47	+5

Anmerkungen: Alle positiven Antwortmöglichkeiten wurden zusammengefasst.

Datenbasis: Bevölkerungsbefragung des ZMSBw 2019 und 2020.

8.2 Spezifische Einstellungen zur Bundeswehr

Neben den bisher analysierten Fragen zu generellen Einstellungen und Haltungen zur Bundeswehr wurden die Bürgerinnen und Bürger zu militärspezifischen Themen und Leistungen der deutschen Streitkräfte gefragt (vgl. Abbildung 8.17). Mit 77 Prozent am positivsten werden wie in den Vorjahren die Leistungen der Bundeswehr bei ihren Einsätzen im Inland angesehen. Im Vergleich zum Vorjahr zeichnet sich ein leichter Rückgang ab (-2 Prozentpunkte), was darauf hindeutet, dass die Hilfemaßnahmen der Bundeswehr zur Pandemieeindämmung nicht im Fokus der gesellschaftlichen Aufmerksamkeit standen. Die rückläufige Wahrnehmung der Streitkräfte in den Medien und im Alltag der Bürgerinnen und Bürger stützt dieses Urteil (vgl. Abschnitt 9). Überwiegend positiv werden die Leistungen in den Auslandseinsätzen (62 Prozent), das öffentliche Auftreten der Soldatinnen und Soldaten (57 Prozent) sowie deren Ausbildung (56 Prozent) bewertet.

Kritischer fällt das Urteil zur Einbindung der Bundeswehr in die Gesellschaft mit 46 Prozent positiven Bewertungen aus, ein Drittel kommt zu einer ambivalenten Einschätzung, 17 Prozent der Befragten bewerten diesen Aspekt negativ. Nochmals deutlich kritischer ist die Haltung der Bürgerinnen und Bürger zu Ausrüstung und Bewaffnung der Bundeswehr. Nur etwas mehr als ein Viertel der Befragten schätzt diese positiv ein (28 Prozent) und 38 Prozent bewerten diese negativ. Der verbesserungswürdige Ausrüstungsstand der Streitkräfte ist also – ungeachtet rückläufiger medialer und politischer Aufmerksamkeit – im Bewusstsein der Bevölkerung unverändert präsent. Im Vergleich zum Vorjahr gibt es bei allen sechs Fragen nur leichte Veränderungen für den Anteil der positiven Bewertungen von maximal zwei Prozentpunkten.

Abbildung 8.17: Beurteilungen von verschiedenen Leistungen und Aspekten der Bundeswehr

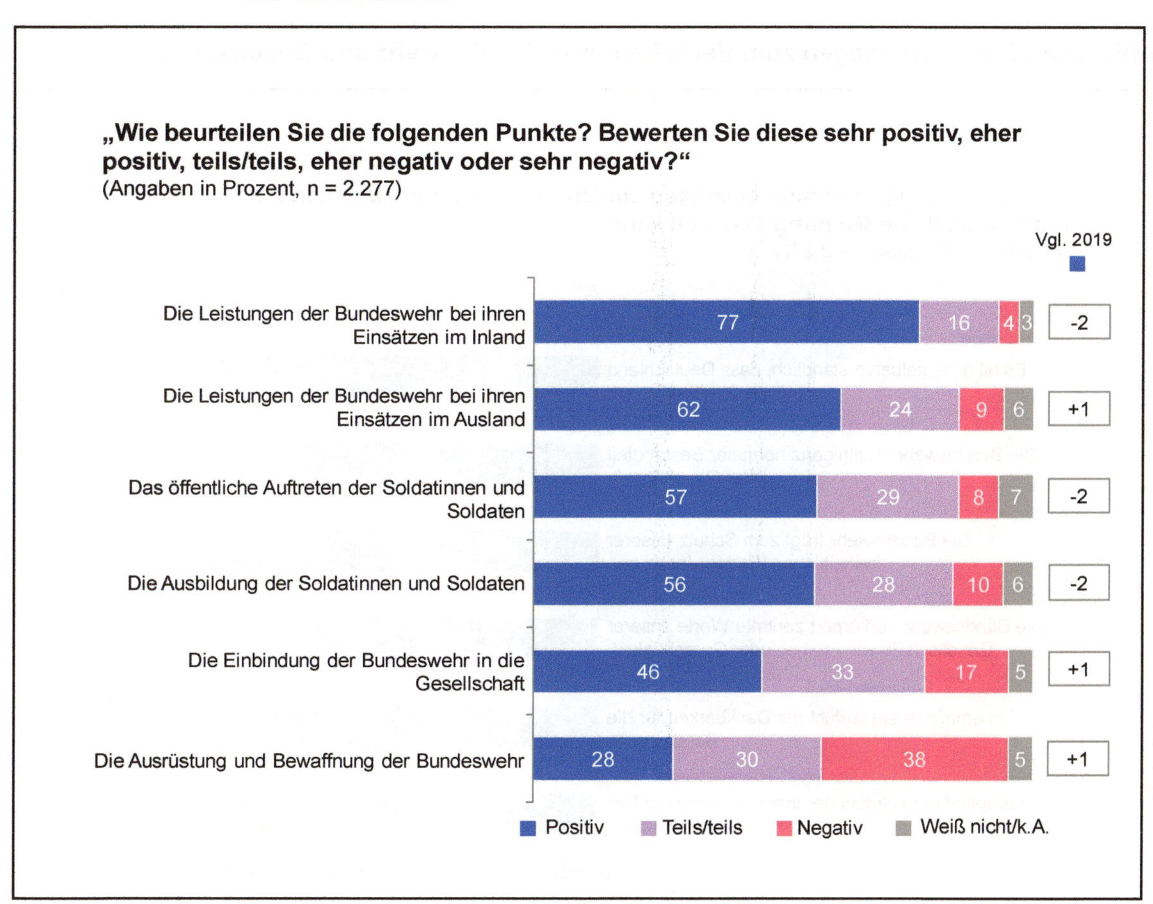

Anmerkungen: Nicht alle Prozentangaben ergeben in der Summe 100 Prozent, da die Einzelwerte gerundet wurden. Positiv: Anteile „Sehr positiv" und „Eher positiv" zusammengefasst; Negativ: Anteile „Sehr negativ" und „Eher negativ" zusammengefasst. Vgl. 2019: Differenz Positiv 2020 zu 2019.

Datenbasis: Bevölkerungsbefragungen des ZMSBw 2019 und 2020.

In einer weiteren Fragebatterie ging es um die Bewertung einiger Aussagen zum Verhältnis von Bundeswehr und Gesellschaft. Für die allermeisten Bürgerinnen und Bürger ist es selbstverständlich, dass die Bundesrepublik Streitkräfte hat (87 Prozent Zustimmung; vgl. Abbildung 8.18) und diese ein normaler Bestandteil der Gesellschaft sind (84 Prozent). 81 Prozent unterstützen die Aussage, dass die Bundeswehr zum Schutz der freiheitlichen Werteordnung in Deutschland beiträgt. Für drei Viertel der Befragten verkörpern die Streitkräfte zentrale Werte der Gesellschaft. Bei diesen beiden Aussagen ist ein Rückgang von drei Prozentpunkten im Vergleich zum Vorjahr zu erkennen, bei den anderen Aspekten eher Kontinuität. Die affektive Verbundenheit zu den Streitkräften ist im Vergleich mit dem Jahr 2019 ebenfalls weitgehend unverändert: 55 Prozent der Befragten empfinden ein Gefühl der Dankbarkeit gegenüber der Bundeswehr, 49 Prozent bekunden ein Gefühl der inneren Verbundenheit.

Abbildung 8.18: Aussagen zum Verhältnis von Bundeswehr und Gesellschaft

„Ich lese Ihnen jetzt einige Aussagen zur Bundeswehr vor, zu denen man unterschiedliche Meinungen haben kann.“
(Angaben in Prozent, n = 2.277)

Aussage	Zustimmung	Ablehnung	Weiß nicht/k.A.	Vgl. 2019
Es ist ganz selbstverständlich, dass Deutschland eigene Streitkräfte hat.	87	12	2	-1
Die Bundeswehr ist ein ganz normaler Bestandteil der Gesellschaft.	84	15	2	-1
Die Bundeswehr trägt zum Schutz unserer freiheitlichen Werteordnung bei.	81	16	3	-3
Die Bundeswehr verkörpert zentrale Werte unserer Gesellschaft, wie Freiheit oder Gerechtigkeit.	76	19	5	-3
Ich empfinde ein Gefühl der Dankbarkeit für die Bundeswehr.	55	38	6	-3
Ich empfinde ein Gefühl der inneren Verbundenheit für die Bundeswehr.	49	46	6	-1

Anmerkungen: Nicht alle Prozentangaben ergeben in der Summe 100 Prozent, da die Einzelwerte gerundet wurden. Zustimmung: Anteile „Stimme völlig zu“ und „Stimme eher zu“ zusammengefasst; Ablehnung: Anteile „Lehne völlig ab“ und „Lehne eher ab“ zusammengefasst. Vgl. 2019: Differenz Zustimmung 2020 zu 2019.

Datenbasis: Bevölkerungsbefragungen des ZMSBw 2019 und 2020.

8.3 Erklärung der Einstellung und der Haltung zur Bundeswehr

Das gestiegene Zutrauen der Öffentlichkeit in die Streitkräfte könnte sich – wie eingangs dargelegt – aus zwei Quellen speisen: Zum einen könnte der Vertrauenszuwachs aus den von der Bundeswehr erbrachten Leistungen in der Bewältigung der Corona-Pandemie resultieren. Demnach wären die positiven Haltungen der Bürger eine Reaktion auf konkrete Maßnahmen, Hilfe und Unterstützung der Streitkräfte. Zum anderen besteht die Möglichkeit, dass die Zustimmung zur Bundeswehr im Zuge eines allgemein gewachsenen Vertrauens in den Staat und seine Organe zugenommen hat. Dann wäre der höhere Zuspruch eher Ausdruck eines allgemeinen Vertrauenszuwachses, der nicht unbedingt im Zusammenhang mit den tatsächlichen Handlungen der Streitkräfte stehen muss. Im Folgenden soll geprüft werden, ob es empirische Hinweise gibt, welche dieser Thesen eher geeignet ist, den diesjährigen Anstieg an Vertrauen in die Bundeswehr zu erklären. Dazu ist es notwendig, die Parameter, die die Haltung zu den Streitkräften generell beeinflussen, und die Indikatoren, die die beiden Thesen abbilden, empirisch vergleichend zu prüfen.

Aus bisherigen Untersuchungen ist bekannt, dass die Haltung zur Bundeswehr vom persönlichen und sozialen Hintergrund einer Person, von ihrer politischen Orientierung sowie von ihren militärischen Kontakten und Erfahrungen abhängig ist (Steinbrecher et al. 2019). In einem ersten Schritt wird daher geprüft, inwiefern soziodemografische Eigenschaften und die Wahlabsicht der Befragten Einfluss auf ihre Bewertung der Bundeswehr nehmen. Dazu wird die Einstellung zu den Streitkräften über verschiedene Bevölkerungsgruppen hinweg verglichen (vgl. Tabelle 8.1). Die Verteilung des Ansehens und Vertrauens in die Bundeswehr folgt weitgehend den gleichen Mustern und wird daher nicht dargestellt.

Die Einstellung zu den Streitkräften ist nur zum Teil abhängig von der sozialen Position der Befragten: So sind Männer mit 83 Prozent positiven Einstellungen der Bundeswehr gegenüber nochmals etwas freundlicher eingestellt als Frauen (80 Prozent). Deutliche Unterschiede zeigen sich zwischen den Altersgruppen. Hier ist ein linearer positiver Zusammenhang zu beobachten. Mit zunehmendem Alter ist die Unterstützung für die Streitkräfte größer. Von den über 70-Jährigen weisen 86 Prozent eine positive Einstellung auf, bei den unter 30-Jährigen sind es lediglich 74 Prozent. Dennoch überwiegen über alle Alterskohorten hinweg die Anteile derjenigen mit positiver Einstellung. Im Unterschied zum Alter gibt es keine statistisch signifikanten Unterschiede in der Bewertung der Bundeswehr bei den Befragten verschiedener Bildungsniveaus. Das Einkommen wiederum übt einen schwachen Einfluss darauf aus, wie jemand zu den Streitkräften steht. Befragte mit einem mittleren Haushaltseinkommen zwischen 2.000 und 4.000 Euro stehen der Bundeswehr am positivsten gegenüber.

Tabelle 8.1: Einstellung zur Bundeswehr in soziodemografischen Gruppen

„Wie ist Ihre persönliche Einstellung zur Bundeswehr?" (Angaben in Prozent)			
	Positiv[1]	Negativ[2]	Weiß nicht/k.A.
Insgesamt	82	15	3
Geschlecht **			
Männer	83	15	(2)
Frauen	80	16	5
Alter ***			
16 bis 29 Jahre	74	22	(4)
30 bis 49 Jahre	81	16	(3)
50 bis 69 Jahre	84	13	(3)
70 Jahre und älter	86	11	(3)
Bildungsniveau n.s.			
Hochschul- bzw. Fachhochschulreife	82	15	(3)
Realschulabschluss	82	15	(3)
Hauptschulabschluss	83	14	(3)
Haushaltsnettoeinkommen pro Monat *			
4.001 Euro und mehr	81	18	(2)
2.001 bis 4.000 Euro	83	15	(2)
Bis 2.000 Euro	81	15	(4)
Wahlabsicht Bundestagswahl ***			
CDU/CSU	91	(8)	(1)
SPD	89	(10)	(1)
AfD	85	(12)	(3)
FDP	90	(9)	(1)
Die Linke	76	(22)	(1)
Bündnis 90/Die Grünen	68	28	(4)
Keine Parteipräferenz, Nichtwähler, w.n./k.A.	74	19	(7)
Region **			
Norddeutschland (SH, HH, HB, NI)	78	20	(3)
Ostdeutschland (MV, BB, BE, ST, SN, TH)	79	17	(5)
Süddeutschland (BW, BY)	81	15	(4)
Westdeutschland (NW, RP, HE, SL)	86	13	(2)
Migrationshintergrund n.s.			
Ja	81	(14)	(6)
Nein	82	15	3

Anmerkungen: 1) Anteile „Sehr positiv", „Positiv" und „Eher positiv" wurden zusammengefasst; 2) Anteile „Sehr negativ", „Negativ" und „Eher negativ" wurden zusammengefasst. Einzelne Prozentangaben ergeben mitunter in der Summe nicht 100 Prozent, da sie gerundet wurden. Analyseverfahren: Chi²-Unabhängigkeits-Test, Signifikanzniveau: *** $p < 0,001$; ** $p < 0,01$; * $p < 0,05$; n.s. = nicht signifikant ($p \geq 0,05$); Werte in Klammern: $n \leq 50$.

Datenbasis: Bevölkerungsbefragung des ZMSBw 2020.

Merkliche Abweichungen gibt es zwischen den Anhängerschaften der politischen Parteien. Während die Anhänger der Unionsparteien (91 Prozent), der FDP (90 Prozent) und der SPD (89 Prozent) den Streitkräften durchweg wohlgesonnen sind, zeigt sich etwas weniger Unterstützung bei den Anhängern der AfD (85 Prozent). Am niedrigsten ist die positive Haltung gegenüber den Streitkräften bei den Unterstützern der Linken (76 Prozent) und der Grünen (68 Prozent) ausgeprägt. Aber selbst bei diesen Parteien haben über drei Viertel bzw. zwei Drittel der Anhänger eine positive Einstellung zur Bundeswehr. Die Nichtwähler und Personen ohne Parteipräferenz weisen ebenfalls ein deutlich positives Meinungsbild zu den Streitkräften auf (74 Prozent).

Daneben bestehen geringfügige regionale Unterschiede: In Westdeutschland (86 Prozent) ist das Meinungsklima für die Bundeswehr etwas freundlicher als in den anderen Regionen (78 bis 81 Prozent). Differenzen zwischen Befragten mit und ohne Migrationshintergrund zeigen sich hingegen nicht. In der Gesamtschau bleibt festzuhalten, dass zwar gewisse Differenzen hinsichtlich der sozialstrukturellen Merkmale auftreten, von diesen aber nur die Unterschiede zwischen den Parteianhängerschaften substanziell sind. Dessen ungeachtet trifft die Bundeswehr bei allen betrachteten Gruppen auf eindeutig und mehrheitlich positive Einstellungen.

Im Folgenden wird betrachtet, welche Größen die grundlegende Haltung zu den Streitkräften erklären können. Wie bereits beschrieben, gilt für die Einstellung, das Ansehen und das Vertrauen der gleiche Befund: Die Bevölkerung schätzt die Bundeswehr und begegnet ihr wohlwollend. Wie statistische Analysen zeigen, hängen die drei Indikatoren nicht nur konzeptionell, sondern auch empirisch eng zusammen. Die entsprechenden Korrelationen (Pearsons r) bewegen sich zwischen 0,66 und 0,74 (alle sind statistisch signifikant auf dem 0,001-Prozent-Niveau; nicht tabellarisch dargestellt). Eine Faktorenanalyse mit den Variablen Einstellung, Ansehen und Vertrauen in die Bundeswehr ergibt eine einfaktorielle Lösung.[47] Eine entsprechend konstruierte Skala auf Basis der drei Haltungen zu den Streitkräften weist mit einem Cronbachs alpha von 0,87 eine sehr hohe Reliabilität auf. Mithin messen die drei Indikatoren nicht verschiedenartige Konstrukte, sondern gleichermaßen die grundlegende Haltung zur Bundeswehr – im Folgenden wird für die zusammengefasste Variable diese Bezeichnung verwendet. In den folgenden multivariaten Auswertungen (vgl. Tabelle 8.2) wird ein Index mit einem Wertebereich von 0 (vollkommen negative Haltung zur Bundeswehr) bis 1 (vollkommen positive Haltung zur

[47] Ergebnisse der Faktorenanalyse: Eigenwert des Faktors = 2,38. Erklärte Varianz = 79 Prozent. Faktorladungen: Ansehen = 0,90, Einstellung = 0,90, Vertrauen = 0,87.

Bundeswehr) verwendet (Mittelwert: 0,68; Standardabweichung: 0,19), in dem die drei ursprünglichen Variablen zusammengefasst sind.

Tabelle 8.2: Determinanten der Haltung zur Bundeswehr

	Index Haltung zur Bundeswehr	
	Modell I	**Modell II**
Soziodemografie		
Frauen	0,00 n.s.	-0,02 n.s.
Alter	0,05 n.s.	0,03 n.s.
Niedrige Bildung	-0,01 n.s.	-0,03 n.s.
Hohe Bildung	-0,02 n.s.	-0,00 n.s.
Haushaltsnettoeinkommen (bis 2.000 Euro)	-0,03 n.s.	-0,01 n.s.
Haushaltsnettoeinkommen (4.001 Euro und mehr)	-0,00 n.s.	-0,04 n.s.
Ostdeutschland	-0,02 n.s.	0,01 n.s.
Migrationshintergrund	0,03 n.s.	-0,01 n.s.
Politische Einstellungen		
Wahlabsicht AfD	-0,06*	0,06**
Wahlabsicht FDP	-0,03 n.s.	-0,01 n.s.
Wahlabsicht Die Linke	-0,07**	-0,01 n.s.
Wahlabsicht Bündnis 90/Die Grünen	-0,15***	-0,08***
Keine Parteipräferenz, Nichtwähler, w.n./k.A.	-0,14***	-0,05**
Links-Rechts-Selbsteinstufung	0,05*	0,05*
Kontakte und Erfahrungen		
Wahrnehmung Bundeswehr im Alltag	0,13***	0,11***
Wahrnehmung Bundeswehr in den Medien	-0,02 n.s.	-0,09***
Ist/war bei der Bundeswehr	0,04 n.s.	0,04 n.s.
Verwandter/Bekannter ist/war bei der Bundeswehr	0,14***	0,09***
Institutionenvertrauen versus Leistungserbringung		
Vertrauen in staatliche Institutionen	-	0,42***
Bewertung Leistungen Bundeswehr Inland	-	0,38***
Korrigiertes R^2	0,09	0,49
n	1.777	1.660

Anmerkungen: Die abhängige Variable ist die Haltung zur Bundeswehr, gebildet mit den Variablen Einstellung, Ansehen und Vertrauen zur Bundeswehr (s. Text). Wertebereich der abhängigen Variable [0 – negative Haltung zur Bundeswehr; 1 – positive Haltung zur Bundeswehr], Mittelwert [0,68]. Alle erklärenden Variablen außer Alter [16: 88], Wahrnehmung Bundeswehr im Alltag [0; 3] und Wahrnehmung Bundeswehr in den Medien [0; 4] haben einen Wertebereich von [0; 1]. Vertrauen in staatliche Organe (additiver Index, s. Text), Mittelwert [0,67]. Analyseverfahren: Multiple lineare Regressionen; standardisierte Regressionskoeffizienten (beta). Signifikanzniveau: *** $p < 0,001$; ** $p < 0,01$; * $p < 0,05$; n.s. = nicht signifikant ($p \geq 0,05$).

Datenbasis: Bevölkerungsbefragung des ZMSBw 2020.

Es wurden zwei (OLS-)Regressionsanalysen berechnet, um die Determinanten der Haltung zur Bundeswehr zu bestimmen und festzustellen, welchen Einfluss das allgemeine Zutrauen in staatliche Organe und die konkreten militärischen Leistungen ausüben. Dazu werden in einem ersten Schritt die soziodemografischen, politischen und militärbezogenen Merkmale der Befragten betrachtet. Wie die Auswertung nach sozialen Gruppen ergeben hat, üben sozialstrukturelle Charakteristika einen gewissen Einfluss auf die Einstellung zur Bundeswehr aus (vgl. Tabelle 8.1). Ergänzend wirkt die parteipolitische Präferenz der Befragten. Daneben sollten Erfahrungen in und Kontakte zu den Streitkräften relevant sein (Pfaffenzeller 2010: 485). Personen, die Erfahrungen in den und mit den Streitkräften aufweisen, sollten diesen positiver gegenüberstehen als Befragte ohne eigene Erfahrungen. Zudem ist zu berücksichtigen, welche Wirkung mediale und persönliche Kontakte zu Soldatinnen und Soldaten auf die Haltung zur Bundeswehr entfalten.

Die Auswertungen zeigen die überschaubare Relevanz sozialstruktureller Merkmale der Befragten für ihre Haltung zur Bundeswehr (vgl. Tabelle 8.2, Modell I). Keine der betrachteten Variablen übt – unter Kontrolle der anderen Größen – einen statistisch signifikanten Einfluss aus. Dies bedeutet, dass weder Geschlecht, Bildung, Einkommen, regionale Herkunft noch ein Migrationshintergrund die Haltung zur Bundeswehr beeinflussen, wenn man die politischen Orientierungen und die persönlichen wie medialen Bezüge zu den Streitkräften in Rechnung stellt. Wesentlich sind hingegen die (partei-)politischen Ausrichtungen. Ob ein Befragter einer Regierungs-, einer Oppositions- oder gar keiner Partei zuneigt, hat einen merklichen Einfluss auf seine Haltung zu den Streitkräften. Dabei wird die zur Zeit der Erhebung geltende politische Konstellation als Maßstab angelegt: Eine Wahlabsicht für Union oder SPD als Regierungsparteien auf der Bundesebene bildet die Referenzkategorie. Wie zu erwarten, sind die Anhänger der Grünen und die der Linken der Bundeswehr gegenüber kritischer eingestellt als Regierungsanhänger. Dies gilt ebenso für die Befragten mit einer Wahlabsicht für die AfD. Zugleich weisen Befragte ohne Parteiaffinität eine negativere Haltung zur Bundeswehr auf als Befürworter von Union und SPD, was als Ausdruck einer generell größeren Distanz zu staatlichen Institutionen und Einrichtungen des politischen Systems verstanden werden kann. Die allgemeine ideologische Orientierung gemessen mit der Links-Rechts-Selbsteinstufung hat – unter Kontrolle der anderen Größen – keinen statistisch signifikanten Effekt auf die abhängige Variable.

Das Zusammenspiel eigener Erfahrungen in den und mit den Streitkräften, alltäglicher Begegnungen und medialer Wahrnehmungen führt wiederum zu einer positiveren Haltung zur Bundeswehr. Am wichtigsten sind persönliche Begegnungen im näheren Umfeld. Wenn Streitkräfte im Alltag der Bürgerinnen und Bürger präsent und sie Gegenstand von Gesprächen und Diskussionen sind, erfahren sie einen höheren gesellschaftlichen Zuspruch. Die mediale Wahrnehmung spielt im Gegensatz dazu keine Rolle. Erfahrungen, die jemand als Soldatin oder Soldat macht bzw. gemacht hat, wirken sich nicht auf die Haltung zur Bundeswehr aus. Jedoch stärken Erfahrungen von Verwandten oder Bekannten mit den Streitkräften das Vertrauen in die Bundeswehr. Wie mit einer erklärten

Varianz von 9 Prozent ersichtlich, bestimmen die betrachteten Variablen in ihrer Gesamtheit im überschaubaren Rahmen die Haltung zur Bundeswehr.

Im nächsten Schritt werden zusätzlich zu diesen Variablen die Bewertung der Leistungen der Bundeswehr im Inneren sowie das grundlegende Vertrauen in staatliche Einrichtungen betrachtet. Dazu wird zum einen die Einschätzung der Leistung der Bundeswehr bei Einsätzen im Inland herangezogen (vgl. Abbildung 8.17). Zum anderen wird ein additiver Index aus dem Vertrauen der Befragten in die Bundesregierung, den Bundestag, den Bundesnachrichtendienst, das Bundeskriminalamt, das Bundesverfassungsgericht, den Verfassungsschutz und die Polizei gebildet. Wie statistische Analysen zeigen, hängen diese Indikatoren empirisch eng zusammen. Eine Faktorenanalyse mit den entsprechenden Variablen ergibt eine einfaktorielle Lösung,[48] die das Vertrauen in die staatlichen Organe abbildet. Eine entsprechend konstruierte Skala weist mit einem Cronbachs alpha von 0,89 eine sehr hohe Reliabilität auf. Mithin messen die Indikatoren gleichermaßen das Vertrauen in staatliche Organe.

Wie Modell II zeigt, dominieren die beiden hinzugefügten Variablen die Regression. Dies bedeutet, dass die Bewertung der Leistungen der Bundeswehr im Inland und das allgemeine Vertrauen zu staatlichen Organen entscheidend für die Haltung zur Bundeswehr sind. Im Vergleich weist der Zuspruch zu staatlichen Institutionen einen etwas stärkeren Effekt auf. Dies deutet darauf hin, dass die Haltung zur Bundeswehr maßgeblich vom grundlegenden Vertrauen geprägt ist, das die Befragten den öffentlichen Einrichtungen schenken. Wer den staatlichen Organen misstraut, steht auch der Bundeswehr skeptisch gegenüber. Wer den öffentlichen Einrichtungen der Bundesrepublik vertraut, bei dem genießen auch die Streitkräfte ein hohes Ansehen. Die anderen Einflüsse stehen dahinter zurück. Die Wahlabsicht für die AfD und die Grünen, die Intention, nicht zu wählen, die Links-Rechts-Einstufung sowie militärische Erfahrungen und Kontakte spielen eine gewisse Rolle. Diese Art der Analyse stellt nur eine erste Annäherung dar und weist methodische Schwächen auf: So werden das Vertrauen in die Bundeswehr als abhängige Variable und das Vertrauen in die staatlichen Organe als erklärende Variable mit der gleichen Skala erfasst. Ebenso bleibt bei der Leistungsbewertung der Bundeswehr und der Haltung zur Bundeswehr die Richtung des Ursache-Wirkungs-Zusammenhangs offen. Dennoch lässt sich mit aller gebotenen Vorsicht festhalten, dass der Zuspruch zu den Streitkräften im hohen Maße vom allgemeinen Vertrauen in staatliche Einrichtungen abhängig zu sein scheint. Eine etwas geringere Rolle spielen die konkreten Leistungen der Bundeswehr.

48 Ergebnisse der Faktorenanalyse: Eigenwert des Faktors = 4,86. Erklärte Varianz = 61 Prozent. Faktorladungen: Verfassungsschutz = 0,86, Bundeskriminalamt = 0,78, Bundesnachrichtendienst = 0,77, Bundestag = 0,76, Bundesverfassungsgericht = 0,76, Bundesregierung = 0,75 und Polizei = 0,68.

Mithin deutet sich an, dass der in diesem Jahr zu verzeichnende Vertrauensgewinn mehr das (Neben)Produkt eines allgemein gestiegenen Vertrauens der Bürgerinnen und Bürger in die staatlichen Organe ist als das Ergebnis konkreter Leistungen und Maßnahmen der Bundeswehr.

8.4 Fazit

Die Bevölkerungsbefragung 2020 weist im Vergleich zu den Vorjahren einen nochmals gestiegenen Zuspruch der Bevölkerung zu den Streitkräften aus. Damit bestätigt sich das gute Renommee, das die Bundeswehr seit Jahren und Jahrzehnten bei den Bürgerinnen und Bürgern genießt. Alle verwendeten Indikatoren weisen in dieselbe Richtung: Die Streitkräfte sind angesehen und erfahren Vertrauen. Dies geht quer durch die gesellschaftlichen Gruppen. Allein hinsichtlich der parteipolitischen Orientierungen und der persönlichen wie medialen Bezüge bestehen Differenzen im Niveau des Zuspruchs. Weitergehende Analysen deuten darauf hin, dass für den diesjährigen Anstieg der positiven Haltung der Bevölkerung zur Bundeswehr die generell gewachsene Zustimmung zu Staatsorganen verantwortlich zu sein scheint. Dafür spricht zum einen, dass das Vertrauen in diejenigen staatlichen Organe wächst, die mit der Bundeswehr konzeptionell und empirisch im Zusammenhang stehen. Zum anderen zeigt sich hinsichtlich der Einschätzung der Leistungen im Inland – und hierzu zählt die Corona-Hilfe der Bundeswehr – keine Veränderung im Vergleich zum Vorjahr. Daher ist davon auszugehen, dass selbst wenn sich der Zuspruch zu den staatlichen Institutionen in den nächsten Jahren wieder auf das bisherige Niveau zurückbewegen sollte, die Bundeswehr weiterhin eine breite Basis gesellschaftlicher Unterstützung genießen wird.

9 Wahrnehmung der Bundeswehr in der Öffentlichkeit

Markus Steinbrecher und Christina Irrgang

Wegen der Verkleinerung der Bundeswehr, der Schließung vieler Standorte und der Aussetzung der Wehrpflicht seit dem Jahr 2011 haben viele Bürgerinnen und Bürger nur noch über die Medien Kontakt mit den Streitkräften. Daher ist es wichtig, zu wissen, in welchem Maße die Medien über die Streitkräfte berichten, weil sich die Bürgerinnen und Bürger im Wesentlichen mithilfe dieser Informationen eine eigene Meinung bilden können. Im Rahmen der Bevölkerungsbefragung 2020 wurde wie in den Vorjahren erfasst, wie häufig und mit welchem Tenor (positiv, neutral, negativ) die Bürgerinnen und Bürger die Streitkräfte in den Medien und in der persönlichen Kommunikation wahrnehmen. Ein weiteres Thema dieses Abschnitts ist, wie die Befragten den Kontakt zwischen Bundeswehr und Gesellschaft bewerten.[49]

9.1 Wahrnehmung und Eindruck von der Bundeswehr bei verschiedenen Gelegenheiten

Im Folgenden geht es um die Wahrnehmung der Bundeswehr in den Medien durch die Teilnehmerinnen und Teilnehmer der Bevölkerungsbefragung 2020. Es wurde untersucht, inwiefern die Befragten die Bundeswehr in den Medien und bei verschiedenen anderen Gelegenheiten während der letzten 12 Monate wahrgenommen haben (vgl. Abbildung 9.1). Im Vergleich zum Jahr 2019 wurden die folgenden Kontaktmöglichkeiten 2020 neu in die Befragung aufgenommen: „bei einer Fahrt mit dem Zug", „bei Übungen und Hilfeleistungen der Bundeswehr", „beim Tag der Bundeswehr oder einem Tag der offenen Tür" und „bei einem feierlichen Gelöbnis". Zugfahrten als Kontaktmöglichkeit hinzuzunehmen, erschien aufgrund der Einführung der Möglichkeit des kostenlosen Bahnfahrens in Uniform für Soldatinnen und Soldaten im Januar 2020 folgerichtig. Diese

[49] Anders als in den Jahren 2017 und 2018 erfolgte 2020 keine Auswertung der Berichterstattung im Erhebungszeitraum in ausgewählten deutschen Zeitungen und Fernsehnachrichten sowie auf Internetseiten. Aufwand und Ertrag dieser Inhaltsanalyse hielten sich in den Jahren 2017 und 2018 nicht die Waage, sodass für weitere Informationen zur Berichterstattung über die Bundeswehr in klassischen und sozialen Medien auf die Medienresonanzanalyse des Zentrums Informationsarbeit Bundeswehr (ZInfoABw) verwiesen werden kann, deren Ergebnisse in der Regel im 1. Quartal des Folgejahres vorgestellt werden (für 2019: Argus Data Insights 2020; Cognita AG 2020).

Frage wurde allen Teilnehmerinnen und Teilnehmern an der Bevölkerungsbefragung 2020 gestellt. Die drei weiteren neuen Kontaktgelegenheiten wurden nur abgefragt, wenn die Befragten zuvor angegeben hatten, die Bundeswehr im Alltag oder bei öffentlichen Veranstaltungen wahrgenommen zu haben.

Abbildung 9.1: Wahrnehmung der Bundeswehr bei verschiedenen Gelegenheiten

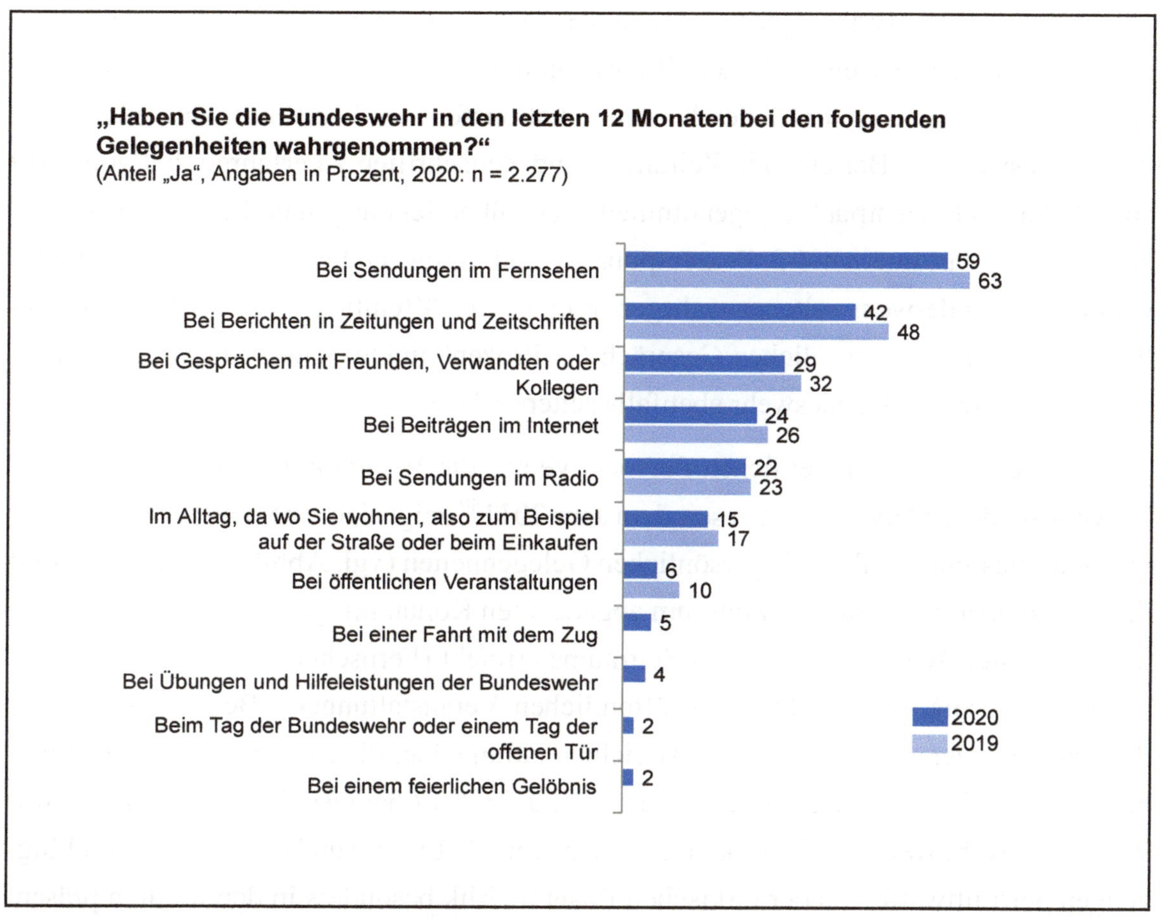

Anmerkungen: Die Gelegenheiten „Bei einer Fahrt mit dem Zug“, „Bei Übungen und Hilfeleistungen der Bundeswehr“, „Beim Tag der Bundeswehr oder einem Tag der offenen Tür“ und „Bei einem feierlichen Gelöbnis“ wurden erstmals 2020 abgefragt. Daher stehen Vergleichsdaten für 2019 nicht zur Verfügung. Nur Befragte, die angegeben hatten, die Bundeswehr im Alltag oder bei öffentlichen Veranstaltungen wahrgenommen zu haben, wurden zusätzlich nach den Gelegenheiten „Bei Übungen und Hilfeleistungen der Bundeswehr“ „Beim Tag der Bundeswehr oder einem Tag der offenen Tür“ und „Bei einem feierlichen Gelöbnis“ gefragt.

Datenbasis: Bevölkerungsbefragungen des ZMSBw 2019 und 2020.

2020 haben 59 Prozent der Befragten etwas über die Bundeswehr im Fernsehen gesehen. 42 Prozent haben in Zeitungen und Zeitschriften etwas über die Streitkräfte gelesen. 29 Prozent haben in persönlichen Gesprächen mit Freunden, Verwandten oder Kollegen die Bundeswehr thematisiert. Etwa ein Viertel hat in Beiträgen im Internet (24 Prozent) oder in Radiosendungen (22 Prozent) etwas über die Soldatinnen und Soldaten erfahren. Im

Alltag, auf der Straße oder beim Einkaufen, ist die Bundeswehr von 15 Prozent der Befragten wahrgenommen worden. Die anderen Gelegenheiten werden von maximal einem Zwanzigstel der Befragten angeführt (bei öffentlichen Veranstaltungen: 6 Prozent, bei einer Fahrt mit dem Zug: 5 Prozent, bei Übungen und Hilfeleistungen: 4 Prozent, beim Tag der Bundeswehr oder einem Tag der offenen Tür und bei einem feierlichen Gelöbnis: jeweils 2 Prozent).

Vergleicht man die Ergebnisse mit denen des Vorjahres, zeigt sich für alle abgefragten Kommunikationswege eine seltenere Wahrnehmung der Streitkräfte. Am stärksten ist die Abnahme bei den massenmedialen Kommunikationsformen: Die Häufigkeit, etwas über die Bundeswehr bei Berichten in Zeitungen und Zeitschriften zu erfahren, hat von 2019 auf 2020 um 6 Prozentpunkte abgenommen. Auch über Sendungen im Fernsehen (-4 Prozentpunkte), das Internet (-2 Prozentpunkte) und Radiosendungen (-1 Prozentpunkt) wurde die Bundeswehr seltener wahrgenommen. Bei öffentlichen Veranstaltungen (-4 Prozentpunkte), im persönlichen Gespräch (-3 Prozentpunkte) sowie im Alltag (-2 Prozentpunkte) war die Bundeswehr ebenfalls seltener Thema.

Auch bei einer längeren zeitlichen Perspektive auf die Wahrnehmung der Bundeswehr bei verschiedenen Gelegenheiten seit dem Jahr 2011[50] zeigt sich eine deutliche Abnahme fast aller massenmedialen wie persönlichen Gelegenheiten (vgl. Abbildung 9.2). Für fünf der sieben über den gesamten Zeitraum abgedeckten Kontaktmöglichkeiten werden 2020 die niedrigsten Werte des gesamten Zeitraums erreicht (Fernsehen, Zeitungen und Zeitschriften, Gespräche, im Alltag, bei öffentlichen Veranstaltungen). Besonders stark ist die Abnahme der wahrgenommenen Berichterstattung über die Massenmedien. Auffällig bei der Betrachtung der Zeitreihen ist, dass das Jahr 2017 herausragt. In diesem Jahr war die Bundeswehr wegen einiger Skandale, dem Anti-IS-Einsatz und dem Abzug von Flugzeugen der Luftwaffe von der türkischen Basis Incirlik besonders in den Medien präsent und auch verstärkt Thema persönlicher Gespräche (Steinbrecher 2017d). 2020 hat die Bundeswehr offensichtlich trotz der Skandale im Zusammenhang mit dem Kommando Spezialkräfte (KSK) und der vielfältigen, deutschlandweiten Corona-Unterstützungsleistungen der Streitkräfte nicht annähernd eine ähnliche Aufmerksamkeit und Wahrnehmung erfahren.

Im Folgenden werden die einzelnen Wahrnehmungsformen für die Bevölkerungsbefragung 2020 zusammengefasst und Zählindizes für die massenmediale (Fernsehen, Radio,

---

50 In den Jahren vor 2011 wurden diese Fragen mit einer anderen, nicht vergleichbaren Antwortskala erhoben.

Zeitungen und Zeitschriften sowie Internet) sowie die persönliche Wahrnehmung (Gespräche, im Alltag, bei öffentlichen Veranstaltungen sowie bei Zugfahrten) der Bundeswehr gebildet. Für die Interpretation der Ergebnisse werden nur die Kategorien „kein Kontakt", „1 Kontakt" und „2 Kontakte oder mehr" betrachtet (vgl. Abbildung 9.3). Vergleicht man die Ergebnisse, wird eine Diskrepanz zwischen den beiden Wahrnehmungsformen deutlich.

Abbildung 9.2: Wahrnehmung der Bundeswehr bei verschiedenen Gelegenheiten im Zeitverlauf

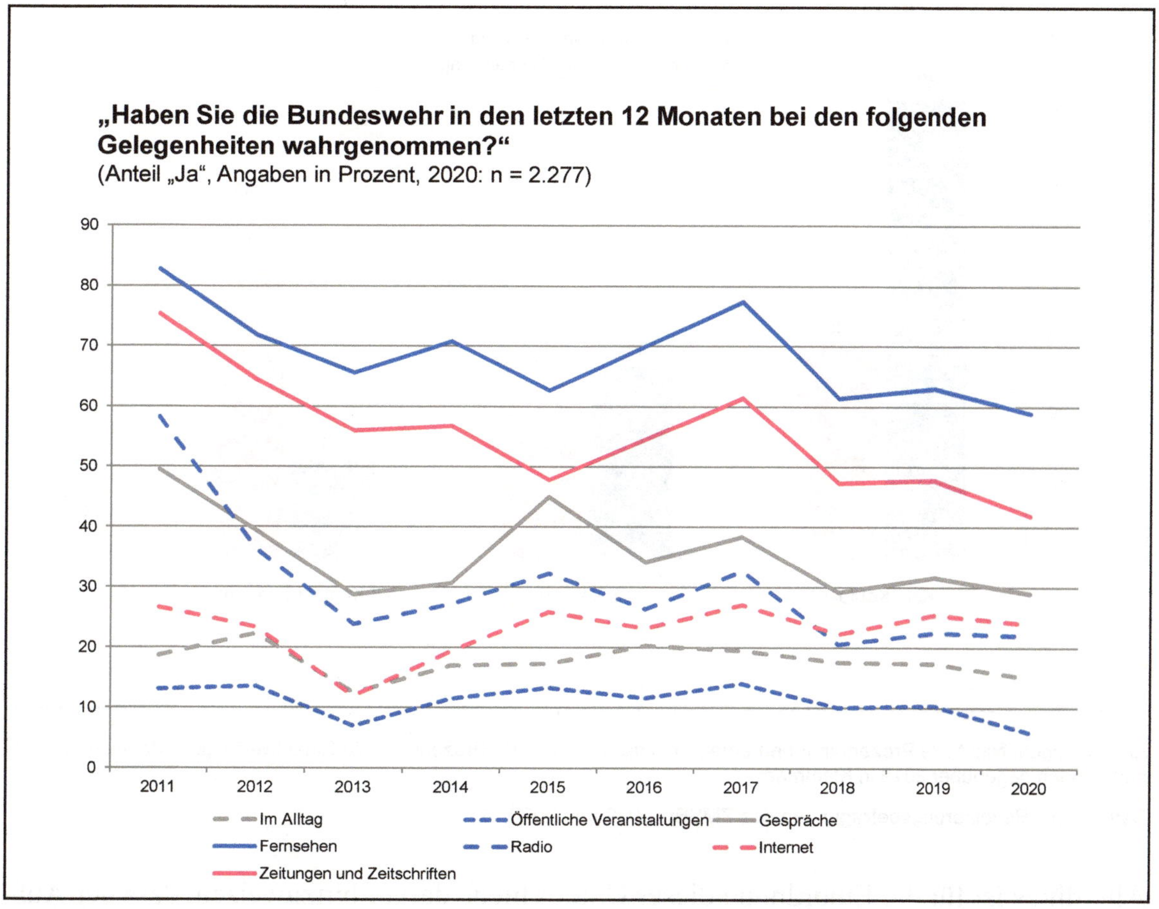

Datenbasis: Bevölkerungsbefragungen des ZMSBw 2011–2020.

Es zeigt sich, dass etwas mehr als zwei Drittel (71 Prozent) der Bürgerinnen und Bürger die Bundeswehr über mindestens einen Kanal der Massenmedien wahrgenommen haben – im Vergleich zum Vorjahr ist das eine Abnahme von 5 Prozentpunkten. Im persönlichen Umfeld haben hingegen nur 39 Prozent der Befragten mindestens einmal die Streitkräfte wahrgenommen. Damit hat sich der persönliche Kontakt zu den Streitkräften im Jahresvergleich abgeschwächt (2019: 42 Prozent). Noch größer wird der Kontrast, wenn man nur die Kategorie „2 Kontakte oder mehr" betrachtet: Die Differenz zwischen dem Index für persönliche Kontakte (13 Prozent) und dem für massenmediale Kontakte (47 Prozent) beträgt 34 Prozentpunkte (2019: 39 Prozentpunkte).

Abbildung 9.3: Persönliche und massenmediale Wahrnehmung der Bundeswehr im Vergleich

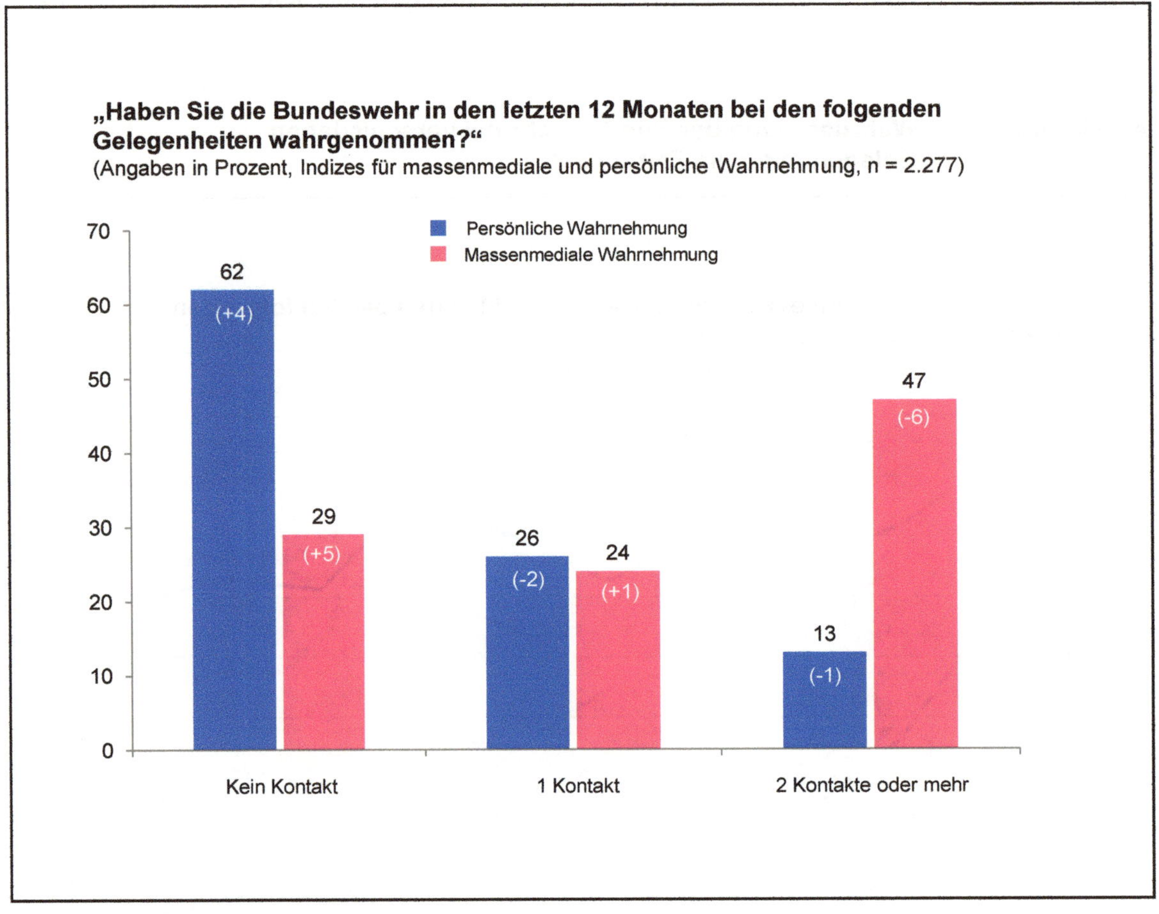

Anmerkungen: Nicht alle Prozentangaben ergeben in der Summe 100 Prozent, da die Einzelwerte gerundet wurden. Veränderungen gegenüber 2019 in Klammern.

Datenbasis: Bevölkerungsbefragungen des ZMSBw 2019 und 2020.

Allerdings ist für die Einordnung dieser Unterschiede darauf hinzuweisen, dass der Aufwand eines Bürgers für die massenmediale Wahrnehmung der Bundeswehr deutlich geringer ist als für die Wahrnehmung im persönlichen Umfeld. Einen Bericht über die Streitkräfte im Radio, Fernsehen oder in der Zeitung kann man zufällig beim Durchschalten oder Durchblättern erfassen. Und angesichts des hohen Ausmaßes der Mediennutzung in Deutschland (Breunig/van Eimeren 2015) besteht zwangsläufig eine wesentlich höhere Chance, über diese Informationskanäle etwas über die Bundeswehr zu erfahren.

Der Rückgang der massenmedialen und persönlichen Wahrnehmung der Bundeswehr im Vergleich zum Jahr 2019 wird auch bei einer Betrachtung der Mittelwerte der beiden Indizes deutlich (vgl. Tabelle 9.1). Während der Mittelwert für den Index persönliche

Wahrnehmung bei 0,55 liegt (2019: 0,60; 2018: 0,57; 2017: 0,72; Steinbrecher 2019a), hat der Mittelwert des Indexes massenmediale Wahrnehmung mit 1,46 um 0,11 Punkte abgenommen (2019: 1,57; 2018: 1,52; 2017: 1,99; Steinbrecher 2019a).[51]

Alle bisher präsentierten und analysierten deskriptiven Statistiken sprechen für Wirkungen der Corona-Pandemie auf die Wahrnehmung der Bundeswehr in der Öffentlichkeit im Vergleich zu den Jahren 2018 und 2019: Für alle Einzelfragen und die Indizes zeigt sich eine Abnahme der Wahrnehmung. Ein wichtiger Grund für den Rückgang der Wahrnehmung im persönlichen Bereich könnten die zahlreichen Einschränkungen des öffentlichen Lebens, z.B. Verbote von öffentlichen Veranstaltungen und Kontaktbeschränkungen sein. So waren die Gelegenheiten, die Bundeswehr im Alltag oder bei Veranstaltungen wahrnehmen zu können, eindeutig reduziert: Deutlich weniger Personen bewegten sich im öffentlichen Raum oder nutzten öffentliche Verkehrsmittel. Tage der offenen Tür und öffentliche Gelöbnisse fanden gar nicht statt, der Tag der Bundeswehr nur virtuell. Die mediale Berichterstattung in den Monaten vor der Bevölkerungsbefragung 2020 wurde deutlich durch die Corona-Pandemie und ihre Auswirkungen auf alle Lebensbereiche geprägt. Dementsprechend ist davon auszugehen, dass die Massenmedien weniger über die Bundeswehr berichteten als üblich, selbst wenn die Bundeswehr deutschlandweit an Hilfeleistungen im Rahmen der Pandemie beteiligt war.

Schaut man im nächsten Schritt auf bivariate Zusammenhänge zwischen den beiden Wahrnehmungsindizes und den üblichen soziodemografischen Erklärungsvariablen, zeigen sich die folgenden Unterschiede: Männer nehmen die Bundeswehr häufiger wahr als Frauen. Die Differenz beträgt 0,17 (persönliche Wahrnehmung) und 0,31 (massenmediale Wahrnehmung). Auch zwischen den Altersgruppen werden Abweichungen deutlich: Während die Wahrnehmung der Bundeswehr im persönlichen Umfeld mit steigendem Lebensalter abnimmt, zeigt sich für die Massenmedien eine häufigere Wahrnehmung in den mittleren Altersgruppen. Ein höheres Bildungsniveau führt zu einer verstärkten massenmedialen wie persönlichen Wahrnehmung der Bundeswehr. Befragte mit niedrigem und mittlerem Einkommen nehmen die Bundeswehr in etwas stärkerem Maße über die Massenmedien wahr als Befragte mit hohem Einkommen – für die persönliche Kommunikation zeigen sich keine statistisch signifikanten Unterschiede.

---

[51] Bei identischer Operationalisierung des Indexes persönliche Wahrnehmung wie 2019 (inkl. Gespräche, im Alltag, bei öffentlichen Veranstaltungen, aber ohne bei Fahrten mit dem Zug) ergibt sich ein Mittelwert von 0,49.

Tabelle 9.1: Persönliche und massenmediale Wahrnehmung der Bundeswehr in soziodemografischen Gruppen

„Haben Sie die Bundeswehr in den letzten 12 Monaten bei den folgenden Gelegenheiten wahrgenommen?" (Indizes für massenmediale und persönliche Wahrnehmung, Mittelwerte)		
	Index persönliche Wahrnehmung[1]	**Index massenmediale Wahrnehmung[2]**
Insgesamt	0,55	1,46
Geschlecht	***	***
Männer	0,63	1,62
Frauen	0,46	1,31
Alter	***	**
16 bis 29 Jahre	0,68	1,28
30 bis 49 Jahre	0,59	1,57
50 bis 69 Jahre	0,49	1,50
70 Jahre und älter	0,47	1,45
Bildungsniveau	**	**
Hochschul- bzw. Fachhochschulreife	0,62	1,58
Realschulabschluss	0,54	1,49
Hauptschulabschluss	0,49	1,37
Haushaltsnettoeinkommen pro Monat	n.s.	**
4.001 Euro und mehr	0,50	1,51
2.001 bis 4.000 Euro	0,59	1,53
Bis 2.000 Euro	0,55	1,31
Wahlabsicht Bundestagswahl	***	***
CDU/CSU	0,63	1,68
SPD	0,49	1,48
AfD	0,80	1,76
FDP	0,82	1,63
Die Linke	0,47	1,78
Bündnis 90/Die Grünen	0,54	1,45
Keine Parteipräferenz, Nichtwähler, w.n./k.A.	0,42	1,10
Region	***	***
Norddeutschland (SH, HH, HB, NI)	0,66	1,45
Ostdeutschland (MV, BB, BE, ST, SN, TH)	0,75	1,48
Süddeutschland (BW, BY)	0,61	1,75
Westdeutschland (NW, RP, HE, SL)	0,33	1,23
Migrationshintergrund	***	**
Ja	0,94	1,71
Nein	0,51	1,44

Anmerkungen: 1) Folgende Wahrnehmungsformen wurden zusammengefasst: Gespräche, im Alltag, bei öffentlichen Veranstaltungen, bei einer Fahrt mit dem Zug, Wertebereich [0; 4]; 2) Folgende Wahrnehmungsformen wurden zusammengefasst: Fernsehen, Radio, Zeitungen und Zeitschriften, Internet, Wertebereich [0; 4]. Analyseverfahren: Varianzanalysen, Signifikanzniveau: *** $p < 0{,}001$; ** $p < 0{,}01$; * $p < 0{,}05$; n.s. = nicht signifikant ($p \geq 0{,}05$). Der Signifikanztest für die Varianzanalyse gibt an, ob sich der Mittelwert mindestens einer Gruppe von dem Mittelwert mindestens einer anderen Gruppe unterscheidet.

Datenbasis: Bevölkerungsbefragung des ZMSBw 2020.

Die Wahlabsicht ist ebenfalls relevant: In der persönlichen Kommunikation haben vor allem Personen ohne Wahlabsicht in unterdurchschnittlichem Maße (0,42) Kontakt mit der Bundeswehr. Besonders häufig nehmen Unterstützer der FDP (0,82), der AfD (0,80) und der Unionsparteien (0,63) die Streitkräfte im persönlichen Bereich wahr. Über die Massenmedien erhalten die Anhänger der Parteien Die Linke (1,78), AfD (1,76) und CDU/CSU (1,68) in überdurchschnittlicher Weise Informationen über die Bundeswehr. Am wenigsten werden die Befürworter von SPD (1,48), Bündnis 90/Die Grünen (1,45) und Befragte ohne Parteipräferenz (1,10) von massenmedialen Informationen über die Streitkräfte erreicht. Ob man die Streitkräfte wahrnimmt, ist auch von der Wohnregion abhängig: Befragte in Ostdeutschland (0,75) reden häufiger über die Bundeswehr oder begegnen ihr im Alltag öfter als Befragte aus anderen Regionen. Besonders selten haben Menschen in Westdeutschland (0,33) im persönlichen Bereich Kontakt zu den Streitkräften. Bei den Massenmedien liegen die Unterschiede ein wenig anders: In Süddeutschland (1,75) sehen, hören oder lesen die Befragten am häufigsten etwas über die Bundeswehr in den Medien. Das Schlusslicht bilden in dieser Hinsicht (wieder) die Befragten in Westdeutschland (1,23). Der Migrationshintergrund ist im Hinblick auf die massenmediale Wahrnehmung der Bundeswehr und die persönliche Kommunikation von Bedeutung: Befragte mit Migrationshintergrund tauschen sich häufiger mit anderen über die Bundeswehr aus und kommen eher mit ihr über die Massenmedien in Kontakt als Befragte ohne einen solchen Hintergrund.

Weiterhin wurden die Befragten nach ihrem persönlichen Eindruck von der Bundeswehr bei der Wahrnehmung über die einzelnen Kommunikationskanäle gefragt (vgl. Abbildung 9.4). Antworten durften jeweils nur diejenigen Befragten, welche die Streitkräfte über die entsprechenden Kanäle wahrgenommen hatten. Es zeigt sich über alle acht untersuchten Formen hinweg ein grundsätzlich positiver Tenor, der sich nur wenig zwischen den Massenmedien Fernsehen, Zeitungen und Zeitschriften, Radio und Internet unterscheidet (zwischen 39 und 45 Prozent der Befragten haben einen positiven Eindruck). Für die Berichterstattung im Radio ergibt sich bei den Befragten der schlechteste Eindruck. Allerdings waren auch hier die Wahrnehmungen mit 39 Prozent immer noch eher positiv. Besser ist die Wahrnehmung bei persönlichen Gesprächen mit Freunden, Verwandten oder Kollegen: 56 Prozent haben hier einen positiven Eindruck von den Streitkräften gewonnen. Im Alltag, bei öffentlichen Veranstaltungen und bei Fahrten mit dem Zug hinterlässt die Bundeswehr den besten Eindruck (zwischen 66 und 78 Prozent). Damit ist die Wahrnehmung über die Kanäle am besten, in denen die Bundeswehr persönliche Begegnungen zwischen Bürgern und Soldaten ermöglicht. Allerdings wird sie auf diesen Wegen am seltensten wahrgenommen (vgl. Abbildung 9.1).

Abbildung 9.4: Persönlicher Eindruck der Bundeswehr bei verschiedenen Gelegenheiten

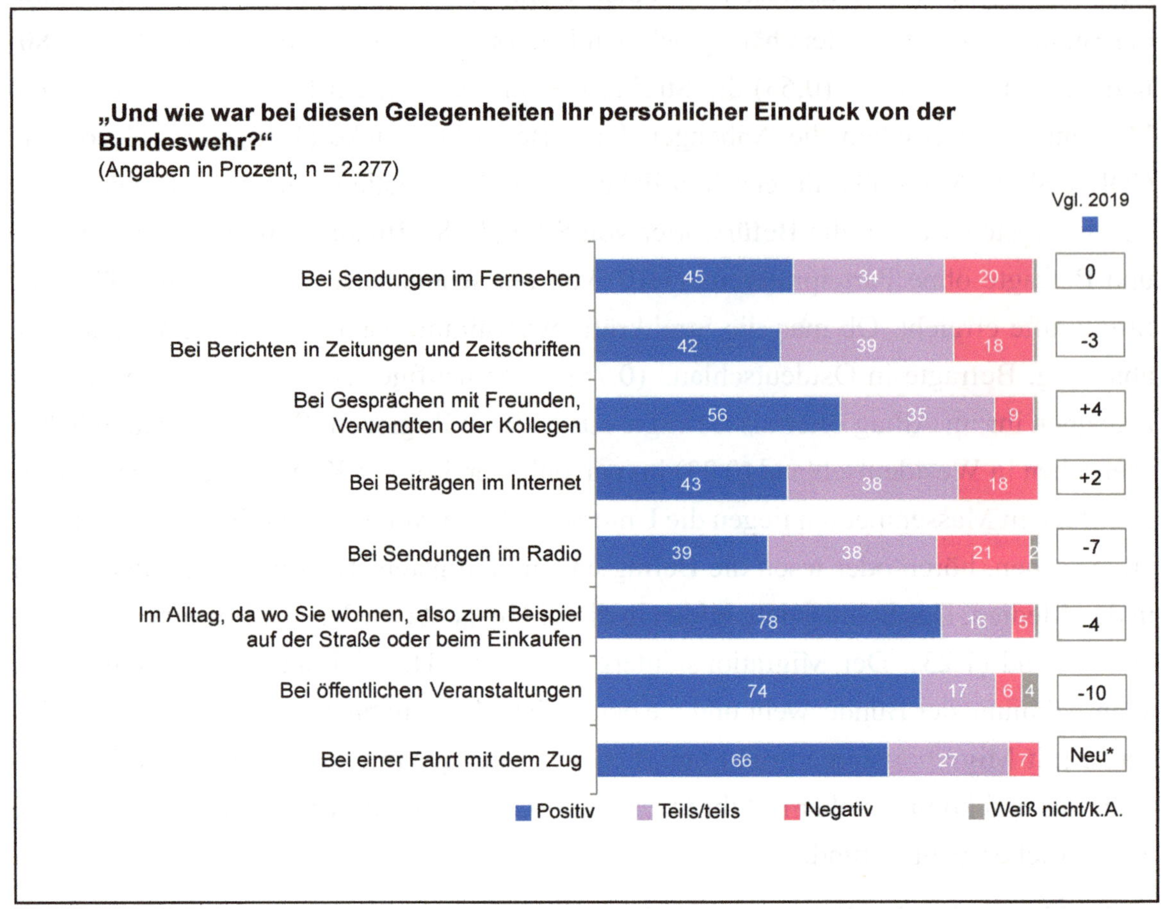

Anmerkungen: Nicht alle Prozentangaben ergeben in der Summe 100 Prozent, da die Einzelwerte gerundet wurden. Positiv: Anteile „Sehr positiv" und „Eher positiv" zusammengefasst; Negativ: Anteile „Sehr negativ" und „Eher negativ" zusammengefasst. *Die Kategorie „Bei einer Fahrt mit dem Zug" wurde erstmals 2020 abgefragt. Daher stehen Vergleichsdaten für 2019 nicht zur Verfügung. Für die Kategorien „Bei Übungen und Hilfeleistungen der Bundeswehr", „Beim Tag der Bundeswehr oder einem Tag der offenen Tür" und „Bei einem feierlichen Gelöbnis" sind für eine zuverlässige Interpretation die Fallzahlen nicht hoch genug, daher werden Sie hier nicht ausgewiesen. Vgl. 2019: Differenz Positiv 2020 zu 2019.

Datenbasis: Bevölkerungsbefragungen des ZMSBw 2019 und 2020.

Im Vergleich zum Vorjahr zeigen sich deutliche Verschlechterungen hinsichtlich des wahrgenommenen Eindrucks bei zwei der acht Informationskanäle. Im Rahmen öffentlicher Veranstaltungen hat die positive Wahrnehmung mit 10 Prozentpunkten am stärksten abgenommen. Auch bei Sendungen im Radio hat sich der positive Eindruck um 7 Prozentpunkte abgeschwächt. Leichte Veränderungen ergeben sich bei Begegnungen im Alltag (-4 Prozentpunkte) und Berichten in Zeitungen und Zeitschriften (-3 Prozentpunkte). Bei Sendungen im Fernsehen zeigen sich keine Veränderungen. Bei Gesprächen mit Freunden, Verwandten oder Kollegen und bei Beiträgen im Internet hat sich die Wahrnehmung sogar verbessert (um 2 bzw. 4 Prozentpunkte). Insgesamt zeigt sich allerdings eher eine Verschlechterung des wahrgenommenen Eindrucks der Berichterstattung und Kommunikation über die Bundeswehr im Vergleich der Jahre 2019 und 2020.

Abbildung 9.5: Persönlicher Eindruck der Bundeswehr bei verschiedenen Gelegenheiten im Zeitverlauf

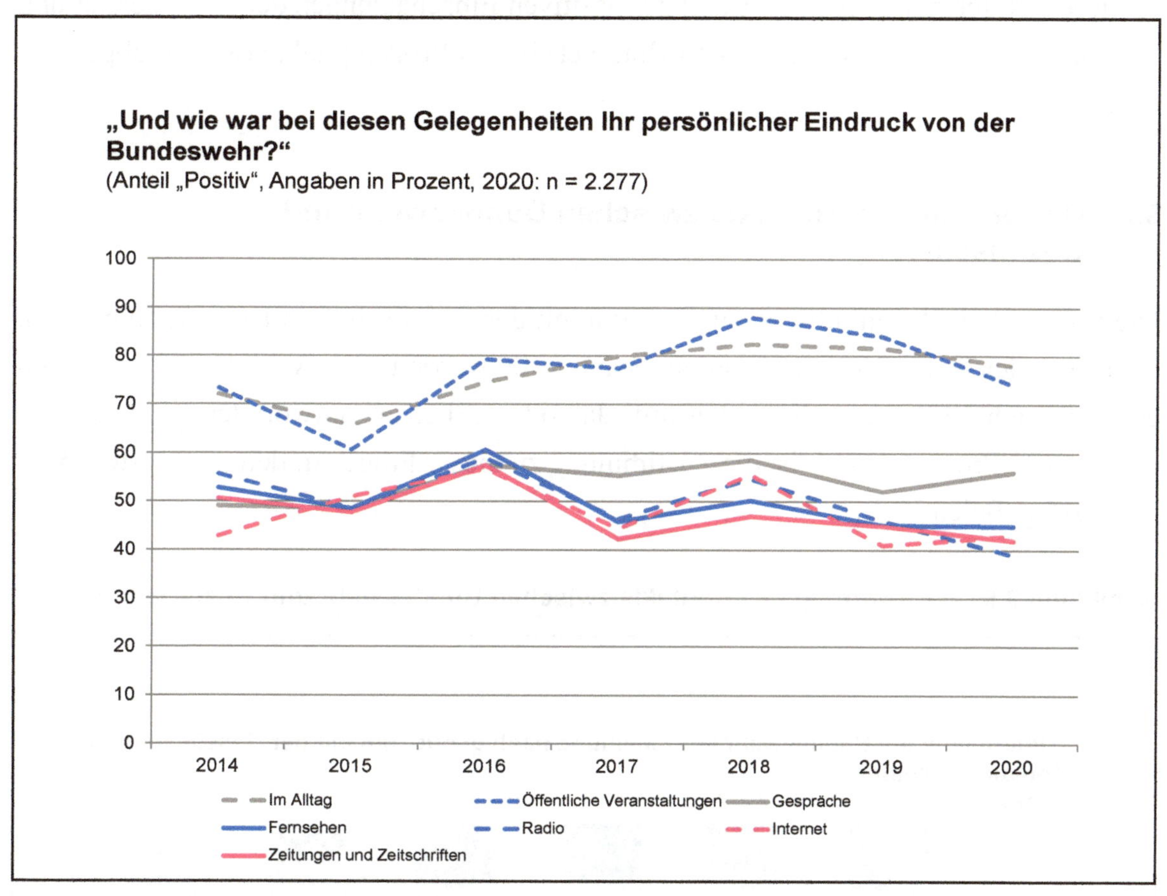

Anmerkung: Positiv: Anteile „Sehr positiv" und „Eher positiv" zusammengefasst.

Datenbasis: Bevölkerungsbefragungen des ZMSBw 2014–2020.

Auch bei einer längeren zeitlichen Perspektive auf den persönlichen Eindruck der Bundeswehr bei verschiedenen Gelegenheiten seit dem Jahr 2014[52] zeigen sich für fast alle sieben Kanäle teils deutliche Schwankungen im wahrgenommenen Ton der Kommunikation (vgl. Abbildung 9.5). Es lässt sich aber kein einheitlicher Trend über den Zeitraum und alle Kontaktformen hinweg identifizieren. Der Anteil der Befragten mit positiver Wahrnehmung der Bundeswehr im Alltag liegt 2020 auf vergleichsweise hohem Niveau und ist seit 2017 nahezu konstant mit Werten um 80 Prozent. Die Wahrnehmung bei öffentlichen Veranstaltungen hingegen schwankt etwas stärker und erreicht 2020 den niedrigsten Wert seit 2015 (damals: 61 Prozent, 2020: 74 Prozent). Der positive Tenor der Kommunikation über die Bundeswehr variiert bei persönlichen Gesprächen im gesamten Zeitraum lediglich um 10 Prozentpunkte und liegt seit 2016 stets über 50 Prozent. Die Kurven für die Bewertung des Tenors in den Massenmedien laufen weitgehend parallel

[52] In den Jahren zuvor wurden die Fragen mit anderen, nicht vergleichbaren Antwortskalen erhoben.

mit dem höchsten Wert für alle vier Wahrnehmungsformen im Jahr 2016. Im Vergleich zu diesem Referenzjahr hat der Anteil der positiven Einschätzungen der Berichterstattung über die Bundeswehr bis 2020 um 14 (Internet) bis 20 Prozentpunkte (Radio) abgenommen.

9.2 Bewertung des Kontakts zwischen Bundeswehr und Gesellschaft

Die Frage, ob die Streitkräfte genug tun, um mit der Gesellschaft in Kontakt zu bleiben, ist im Vergleich zum Vorjahr negativer beantwortet worden (vgl. Abbildung 9.6). Waren es 2019 noch 40 Prozent, die darauf mit „Ja“ oder „Eher ja“ antworteten, sind es 2020 nur noch 33 Prozent. Damit ist die Zustimmung zu dieser Frage auf den niedrigsten Wert seit 2015 gefallen.

Abbildung 9.6: Bewertung des Kontakts zwischen Bundeswehr und Gesellschaft

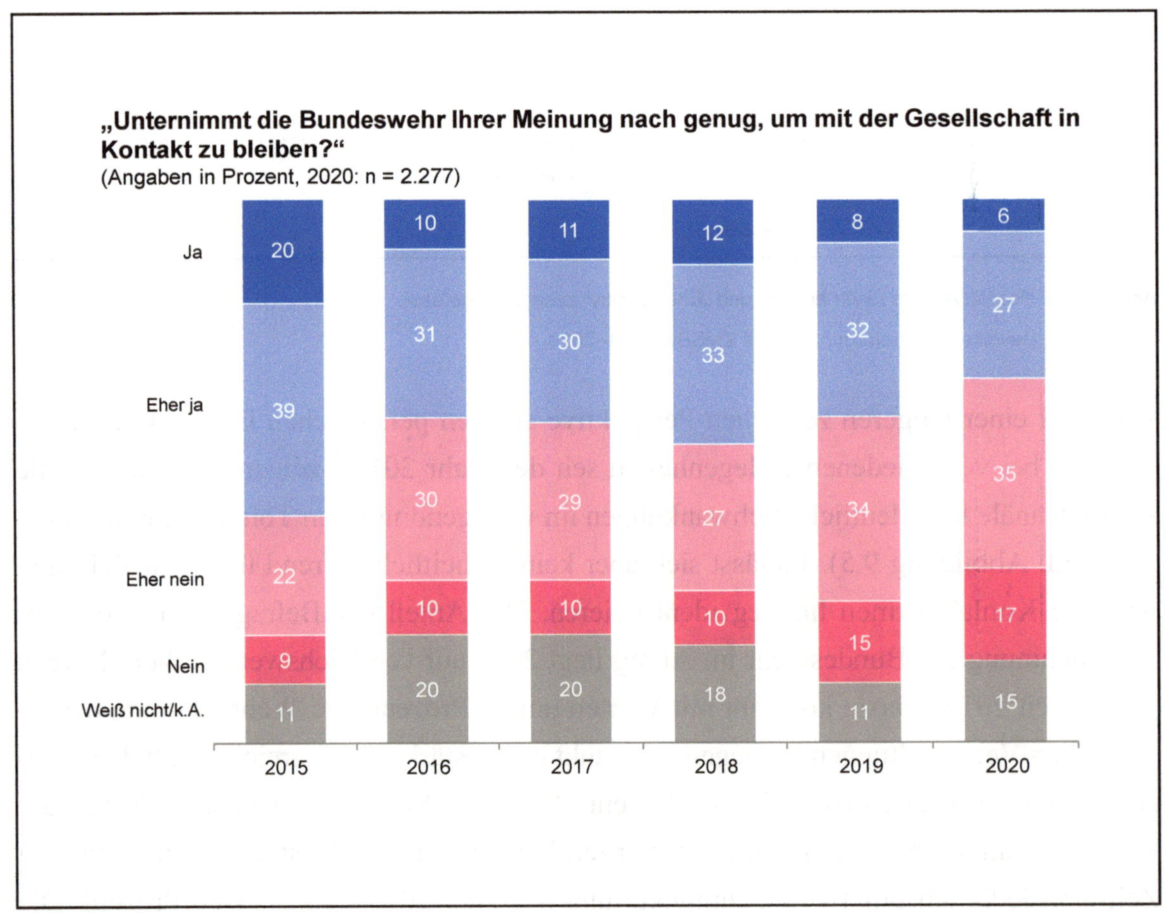

Anmerkung: Nicht alle Prozentangaben ergeben in der Summe 100 Prozent, da die Einzelwerte gerundet wurden.

Datenbasis: Bevölkerungsbefragungen des ZMSBw 2015–2020.

2020 unternimmt die Bundeswehr in den Augen von 52 Prozent der Bürgerinnen und Bürger nicht genug, um mit der Gesellschaft in Kontakt zu bleiben – 2019 waren es 49 Prozent (Anteile „Nein“ und „Eher nein“ zusammengefasst). Eine Mehrheit der Befragten stellt der Bundeswehr somit in dieser Hinsicht ein schlechtes Zeugnis aus. 15 Prozent machen keine Angabe zu dieser Frage, 2019 waren es 11 Prozent. Auch hier könnte sich die Corona-Pandemie auf die Wahrnehmung des Kontakts zwischen Bundeswehr und Gesellschaft ausgewirkt haben, gab es doch in den Monaten vor der Befragung schlicht und einfach weniger Gelegenheiten für die Bundeswehr, mit der Gesellschaft in Kontakt zu kommen – selbst eines der stark besuchten Ereignisse, der Tag der Bundeswehr, fand lediglich digital im Internet statt. Auf Tage der offenen Tür und öffentliche Gelöbnisse musste, wie bereits erwähnt, vollständig verzichtet werden.

Für alle soziodemografischen Merkmale mit Ausnahme der Bildung sind statistisch signifikante Unterschiede in der Bewertung des Kontakts zwischen Bundeswehr und Gesellschaft festzustellen (vgl. Tabelle 9.2). Männer bewerten diesen Kontakt mit 35 Prozent positiver als Frauen (31 Prozent). Mit zunehmendem Alter scheinen mehr Befragte die Auffassung zu teilen, dass die Bundeswehr genug für den Kontakt mit der Gesellschaft unternehme. Die Unterschiede zwischen den Bildungsniveaus und den Einkommensgruppen sowie zwischen Befragten mit und ohne Migrationshintergrund sind statistisch nicht signifikant. Die Wahlabsicht ist hingegen auch bei dieser Frage relevant. Personen mit einer Wahlabsicht für CDU/CSU und SPD bewerten den Kontakt als überdurchschnittlich gut, Anhänger von FDP, Bündnis 90/Die Grünen sowie Personen ohne Wahlabsicht als unterdurchschnittlich. Regionale Zugehörigkeiten spielen ebenfalls eine Rolle: Die beiden Pole bilden Befragte in Norddeutschland (40 Prozent positive Nennungen) und Befragte in Ost- und Süddeutschland (29 Prozent).

Tabelle 9.2: Bewertung des Kontakts zwischen Bundeswehr und Gesellschaft in soziodemografischen Gruppen

„Unternimmt die Bundeswehr Ihrer Meinung nach genug, um mit der Gesellschaft in Kontakt zu bleiben?" (Angaben in Prozent)			
	Ja[1]	Nein[2]	Weiß nicht/k.A.
Insgesamt	33	53	15
Geschlecht **			
Männer	35	53	12
Frauen	31	52	17
Alter *			
16 bis 29 Jahre	32	54	15
30 bis 49 Jahre	30	56	14
50 bis 69 Jahre	33	53	14
70 Jahre und älter	40	45	16
Bildungsniveau n.s.			
Hochschul- bzw. Fachhochschulreife	34	54	12
Realschulabschluss	34	51	16
Hauptschulabschluss	33	52	15
Haushaltsnettoeinkommen pro Monat n.s.			
4.001 Euro und mehr	32	54	(14)
2.001 bis 4.000 Euro	35	53	12
Bis 2.000 Euro	35	48	17
Wahlabsicht Bundestagswahl ***			
CDU/CSU	40	49	12
SPD	37	51	(12)
AfD	(30)	63	(8)
FDP	(27)	67	(6)
Die Linke	(33)	52	(15)
Bündnis 90/Die Grünen	28	56	(16)
Keine Parteipräferenz, Nichtwähler, w.n./k.A.	28	50	22
Region ***			
Norddeutschland (SH, HH, HB, NI)	40	48	(12)
Ostdeutschland (MV, BB, BE, ST, SN, TH)	29	59	12
Süddeutschland (BW, BY)	29	59	12
Westdeutschland (NW, RP, HE, SL)	35	46	19
Migrationshintergrund n.s.			
Ja	38	48	(15)
Nein	33	53	15

Anmerkungen: 1) Anteile „Ja" und „Eher ja" wurden zusammengefasst; 2) Anteile „Eher nein" und „Nein" wurden zusammengefasst. Einzelne Prozentangaben ergeben mitunter in der Summe nicht 100 Prozent, da sie gerundet wurden. Analyseverfahren: Chi²-Unabhängigkeits-Test, Signifikanzniveau: *** $p < 0,001$; ** $p < 0,01$; * $p < 0,05$; n.s. = nicht signifikant ($p \geq 0,05$); Werte in Klammern: $n \leq 50$.

Datenbasis: Bevölkerungsbefragung des ZMSBw 2020.

9.3 Fazit

Insgesamt wird aus den Daten der Bevölkerungsbefragung 2020 deutlich, dass die Befragten die Bundeswehr über die Massenmedien und in persönlichen Gesprächen in sehr ähnlichem Maße wahrnehmen wie im letzten Jahr. Insgesamt wird die Berichterstattung als positiv bewertet, allerdings nehmen die Bürgerinnen und Bürger im Vergleich zum Jahr 2019 einen schlechteren Medientenor, insbesondere im Radio, wahr. Wie schon in den Vorjahren ist der Eindruck bei persönlichen Begegnungen deutlich besser als in Berichten der Medien. Das Meinungsbild zur Frage, ob die Bundeswehr genug dafür unternehme, um mit der Gesellschaft in Kontakt zu bleiben, ist eher negativ. In dieser Hinsicht sehen viele Befragte noch Verbesserungsmöglichkeiten. Die Einschätzungen haben sich sogar im Rückblick auf das letzte Jahr weiter verschlechtert.

Die meisten der beobachteten Veränderungen können im Zusammenhang mit der Covid-19-Pandemie interpretiert werden. Durch die vielfältigen Einschränkungen des öffentlichen Lebens und den starken Fokus der Medien auf die Pandemie und ihre Folgen gab es für die Bürgerinnen und Bürger in Deutschland grundsätzlich weniger Gelegenheiten, die Bundeswehr wahrzunehmen und entsprechende Kontakte zu bewerten.

10 Attraktivität des Arbeitgebers Bundeswehr

Markus Steinbrecher und Christina Irrgang

Seit der vollständigen Umstellung auf eine Freiwilligenarmee ab 2011 ist es eine besondere Herausforderung für die Bundeswehr, genug Bewerberinnen und Bewerber zu mobilisieren, um den Bedarf an zivilem und militärischem Personal zu decken. In jedem Jahr müssen sich etwa 60.000 junge Menschen, also fast 10 Prozent eines Geburtsjahrgangs, für eine Karriere in der Bundeswehr interessieren, um die aktuelle Personalstärke zu halten (Fantapié Altobelli et al. 2015: 8). Im August 2020 umfasste die Bundeswehr 184.258 Soldatinnen und Soldaten (BMVg 2020a) bei einer Sollstärke von 185.000. Im Rahmen der sogenannten Trendwende Personal soll die Bundeswehr bis zum Jahr 2024 auf 198.000 Soldatinnen und Soldaten anwachsen (BMVg 2017; Personalboard 2017). Eine weitere Erhöhung auf 203.000 Soldatinnen und Soldaten und 66.000 zivile Mitarbeiterinnen und Mitarbeiter bis 2025 wurde am 28. November 2018 beschlossen (BMVg 2018a). Daher wurde eine Vielzahl von Maßnahmen ins Leben gerufen, um die Anziehungskraft der Bundeswehr als Arbeitgeber zu erhöhen, darunter zum Beispiel die Attraktivitätsagenda („Bundeswehr in Führung – Aktiv. Attraktiv. Anders.“). Zu diesem Programm gehören beispielsweise die stärkere Flexibilisierung von Arbeitszeitmodellen, die Reduzierung der Zahl der Versetzungen oder der Ausbau von Kinderbetreuungseinrichtungen. Gleichzeitig erfolgte eine Intensivierung der Personalwerbung, unter anderem im Rahmen der Kampagne „Mach, was wirklich zählt“, mit eigenen Youtube-Serienformaten wie „Die Rekruten“, „Die Rekrutinnen“, „Mali“ oder „Die Springer“, sowie eine Bündelung aller Initiativen und Maßnahmen zur Attraktivitätssteigerung in einer Personalstrategie (BMVg 2016b). 2020 wurde die Personalstrategie durch die Einführung des freiwilligen Wehrdiensts im Heimatschutz unter dem Motto „Dein Jahr für Deutschland“ ergänzt (Bundeswehr 2020a). Junge Menschen haben damit eine weitere Möglichkeit, die Bundeswehr kennenzulernen und einen Dienst für ihr Land zu leisten.

In diesem Abschnitt wird der Blick der Bürgerinnen und Bürger auf die Attraktivität des Arbeitgebers Bundeswehr dargestellt und analysiert. Während zu Beginn deskriptive Statistiken und die Ergebnisse von Gruppenvergleichen präsentiert werden, stehen zum Abschluss des Abschnitts multivariate Analysen zur Erklärung der Attraktivitätswahrnehmung und der Bereitschaft, die Bundeswehr als Arbeitgeber zu empfehlen, im Fokus. So können deren Determinanten genau herausgearbeitet werden. Bei den Analysen sind drei Fragen besonders wichtig: Inwiefern nehmen die Befragten die Bundeswehr als attraktiven Arbeitgeber für sich und für andere wahr? Würden die Bürgerinnen und Bürger

Freunden oder Verwandten den Dienst in der Bundeswehr empfehlen? Und unterscheiden sich die Erklärungsfaktoren der Arbeitgeberattraktivität der Bundeswehr und der Bereitschaft, die Bundeswehr als Arbeitgeber zu empfehlen, zwischen der Gesamtbevölkerung und der Kernzielgruppe der Personalwerbung der Bundeswehr, den 16- bis 29-Jährigen (Fantapié Altobelli et al. 2015; Hentschel 2013)?

10.1 Attraktivität des Arbeitgebers Bundeswehr für junge Menschen

Abbildung 10.1: Attraktivität des Arbeitgebers Bundeswehr für junge Menschen

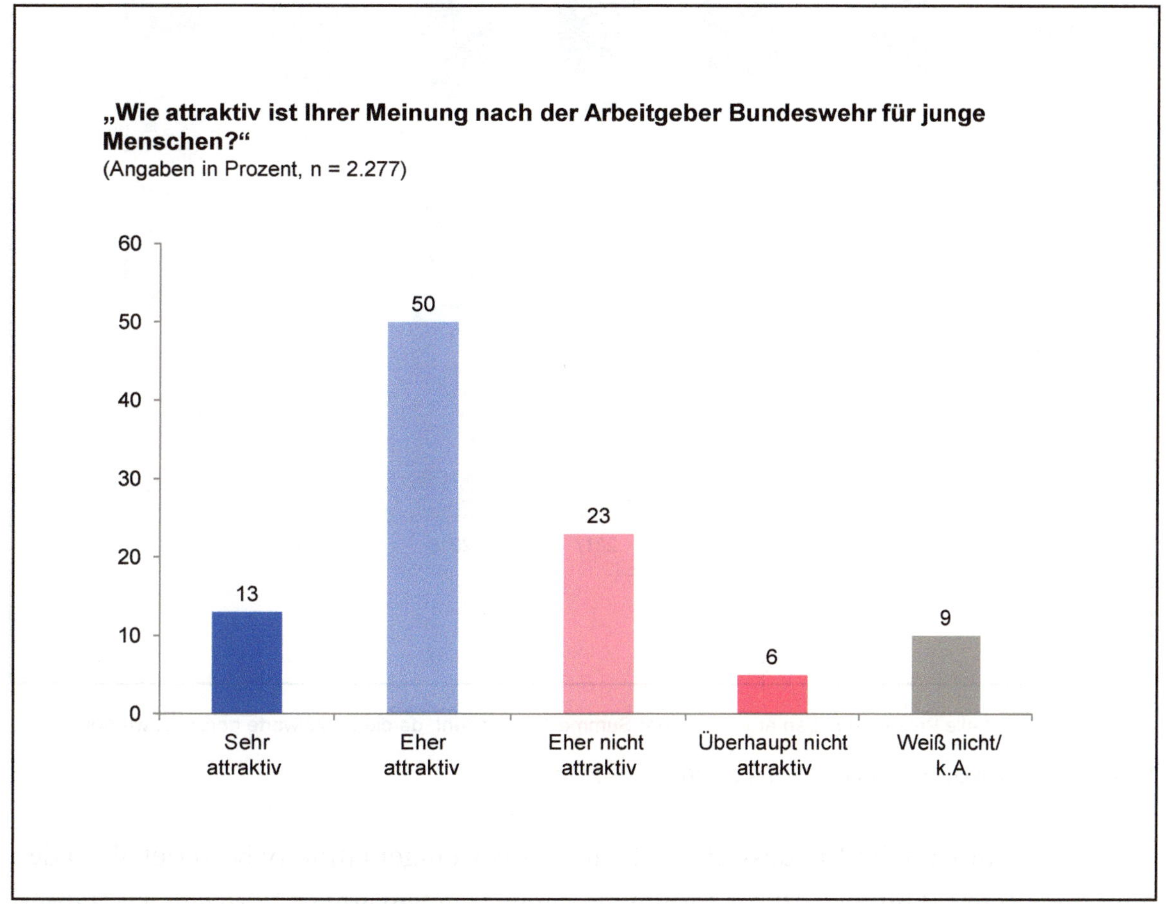

Anmerkung: Nicht alle Prozentangaben ergeben in der Summe 100 Prozent, da die Einzelwerte gerundet wurden.

Datenbasis: Bevölkerungsbefragung des ZMSBw 2020.

Seit 2015 enthält die Bevölkerungsbefragung einige Fragen zur Attraktivität des Arbeitgebers Bundeswehr. 2020 halten 13 Prozent die Bundeswehr für einen sehr attraktiven Arbeitgeber für junge Menschen und 50 Prozent halten sie für eher attraktiv (vgl. Abbildung 10.1). Der Anteil derjenigen, die die Bundeswehr für einen (eher) unattraktiven Arbeitgeber halten, liegt bei 23 Prozent. Als überhaupt nicht attraktiv sehen 6 Prozent der

Befragten die Bundeswehr an. 9 Prozent der Befragten können oder wollen die Attraktivität der Streitkräfte als Arbeitgeber für junge Menschen nicht bewerten.

Abbildung 10.2: Attraktivität des Arbeitgebers Bundeswehr für junge Menschen im Zeitverlauf

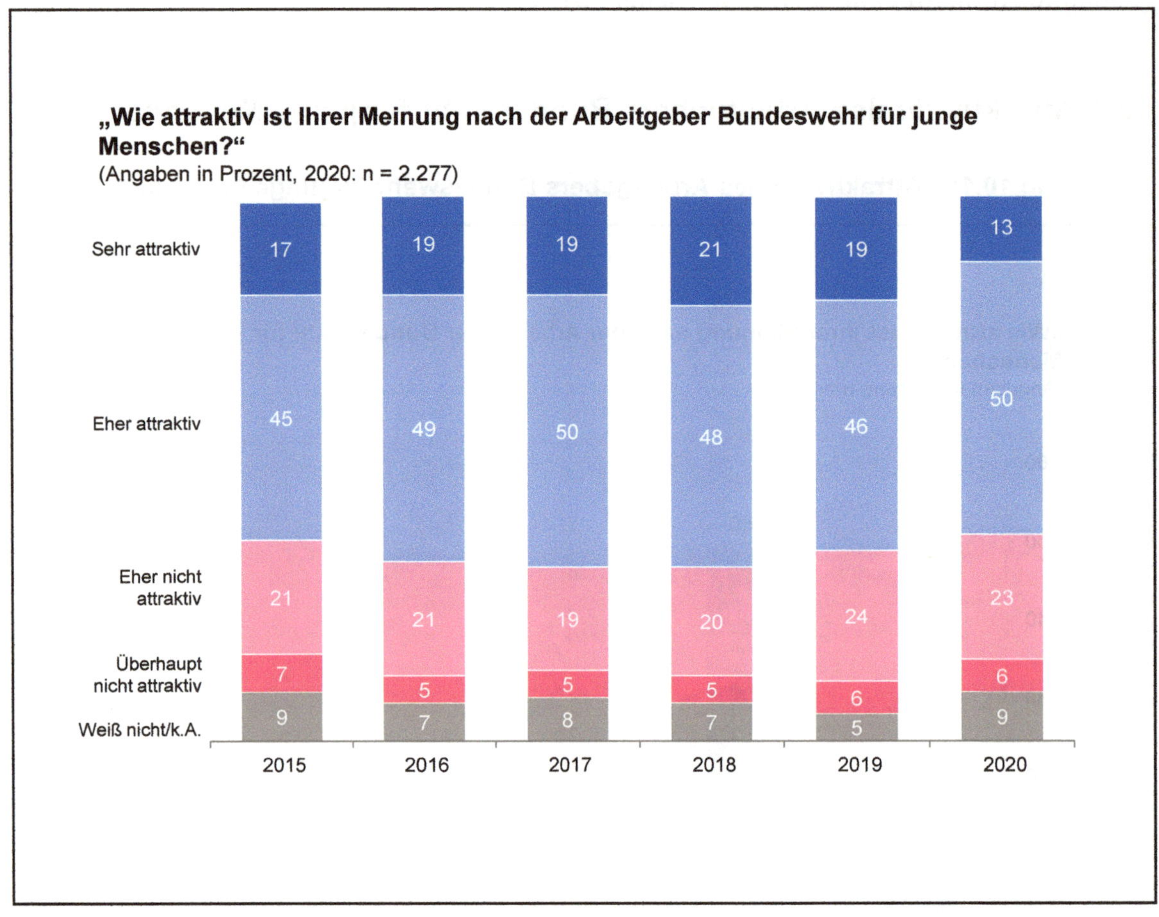

Anmerkung: Nicht alle Prozentangaben ergeben in der Summe 100 Prozent, da die Einzelwerte gerundet wurden.

Datenbasis: Bevölkerungsbefragungen des ZMSBw 2015–2020.

Im Zeitverlauf wird die Bundeswehr 2020 als etwas weniger attraktiv bewertet als in den Vorjahren (vgl. Abbildung 10.2). Zusammengenommen bewerten 63 Prozent der Befragten die Streitkräfte als sehr oder eher attraktiven Arbeitgeber. 2019 waren es noch 2 Prozentpunkte mehr. Im Vergleich zu 2018 und 2017 beträgt die Abnahme 6 Prozentpunkte. Der Anteil derjenigen, die die Bundeswehr für einen (eher oder sehr) unattraktiven Arbeitgeber halten, ist mit 29 Prozent im Vergleich zum Vorjahr leicht gesunken (-1 Prozentpunkt). Dafür ist die Gruppe der Befragten ohne substanzielle Meinung 2020 mit 9 Prozent auf dem höchsten Wert im gesamten Untersuchungszeitraum seit 2015.

Tabelle 10.1: Attraktivität des Arbeitgebers Bundeswehr für junge Menschen in soziodemografischen Gruppen

„Wie attraktiv ist Ihrer Meinung nach der Arbeitgeber Bundeswehr für junge Menschen?" (Angaben in Prozent)			
	Attraktiv[1]	Nicht attraktiv[2]	Weiß nicht/k.A.
Insgesamt	63	29	9
Geschlecht ***			
Männer	68	25	6
Frauen	57	32	11
Alter **			
16 bis 29 Jahre	58	36	(7)
30 bis 49 Jahre	64	28	8
50 bis 69 Jahre	63	28	9
70 Jahre und älter	65	24	(12)
Bildungsniveau n.s.			
Hochschul- bzw. Fachhochschulreife	63	29	8
Realschulabschluss	64	28	8
Hauptschulabschluss	63	28	9
Haushaltsnettoeinkommen pro Monat n.s.			
4.001 Euro und mehr	64	31	(5)
2.001 bis 4.000 Euro	66	28	6
Bis 2.000 Euro	64	28	(8)
Wahlabsicht Bundestagswahl ***			
CDU/CSU	70	25	(5)
SPD	69	26	(5)
AfD	77	(20)	(2)
FDP	71	(28)	(1)
Die Linke	63	(28)	(9)
Bündnis 90/Die Grünen	49	41	(10)
Keine Parteipräferenz, Nichtwähler, w.n./k.A.	54	29	17
Region ***			
Norddeutschland (SH, HH, HB, NI)	63	35	(2)
Ostdeutschland (MV, BB, BE, ST, SN, TH)	69	25	(6)
Süddeutschland (BW, BY)	63	24	13
Westdeutschland (NW, RP, HE, SL)	58	32	10
Migrationshintergrund *			
Ja	65	32	(4)
Nein	62	28	9

Anmerkungen: 1) Anteile „Sehr attraktiv" und „Eher attraktiv" zusammengefasst; 2) Anteile „Überhaupt nicht attraktiv" und „Eher nicht attraktiv" zusammengefasst. Einzelne Prozentangaben ergeben mitunter in der Summe nicht 100 Prozent, da sie gerundet wurden. Analyseverfahren: Chi²-Unabhängigkeits-Test, Signifikanzniveau: *** $p < 0{,}001$; ** $p < 0{,}01$; * $p < 0{,}05$; n.s. = nicht signifikant ($p \geq 0{,}05$); Werte in Klammern: $n \leq 50$.

Datenbasis: Bevölkerungsbefragung des ZMSBw 2020.

Betrachtet man die Bewertung der Attraktivität in den soziodemografischen Gruppen, erkennt man einige Unterschiede (vgl. Tabelle 10.1): So sehen Männer (68 Prozent) in der Bundeswehr deutlich häufiger einen sehr oder eher attraktiven Arbeitgeber als Frauen (57 Prozent). Hinsichtlich des Alters zeigen sich wie im Vorjahr (Steinbrecher 2019d) statistisch signifikante Gruppenunterschiede: Die Attraktivität der Streitkräfte als Arbeitgeber ist unter den 16- bis 29-Jährigen am schwächsten (58 Prozent) und bei der ältesten Altersgruppe am stärksten (65 Prozent) ausgeprägt. Für die Bildungs- und Einkommensgruppen gibt es keine statistisch nachweisbaren Unterschiede. Besonders groß sind die Unterschiede im Hinblick auf die Wahlabsicht der Befragten: Deutlich über dem Gesamtwert aller Bürgerinnen und Bürger liegt die Attraktivitätsbewertung seitens der Anhänger von AfD (77 Prozent), FDP (71 Prozent), CDU/CSU (70 Prozent) und SPD (69 Prozent), während Wählerinnen und Wähler von Bündnis 90/Die Grünen (49 Prozent) und Befragte ohne Wahlabsicht (54 Prozent) die Bundeswehr in geringerem Maße als attraktiven Arbeitgeber bewerten. Die Anhänger von Die Linke liegen mit ihrer Attraktivitätsbewertung genau auf dem Wert für alle Befragten zusammen. Auch regional gibt es Unterschiede in der Attraktivitätswahrnehmung. Am besten wird die Attraktivität mit 69 Prozent in Ostdeutschland beurteilt. Die Werte für Süd- und Norddeutschland entsprechen dem Gesamtwert für alle Befragten (beide 63 Prozent). Etwas schlechter wird die Attraktivität der Bundeswehr als Arbeitgeber mit 58 Prozent in Westdeutschland bewertet. Ein Grund für die hohe Attraktivität unter den Bürgerinnen und Bürgern in Ostdeutschland könnte sein, dass die Bundeswehr anders als andere Arbeitgeber ost- und westdeutschen Beschäftigten den gleichen Lohn zahlt. Für den Migrationshintergrund der Befragten gibt es nur geringfügige Unterschiede: Personen mit Migrationshintergrund attestieren der Bundeswehr eine größere Attraktivität als jene ohne Migrationshintergrund.

Abbildung 10.3 konzentriert sich auf die wahrgenommene Attraktivität nach Altersgruppen und Geschlecht. Man sieht in allen Altersgruppen einen Geschlechtereffekt, d.h. Männer bewerten im Vergleich zu Frauen unabhängig vom Alter die Bundeswehr als attraktiveren Arbeitgeber. Das Alter wirkt sich systematisch auf die Bewertung der Attraktivität aus. Die größte Spanne in der Bewertung zwischen beiden Geschlechtern mit 18 Prozentpunkten zeigt sich für die Gruppe der 30- bis 49-Jährigen. In der Kernzielgruppe der Personalwerbung der Bundeswehr, den 16- bis 29-Jährigen, beträgt die Differenz 13 Prozentpunkte. In dieser Gruppe ist die wahrgenommene Attraktivität unter Männern und Frauen im Vergleich zu allen anderen Gruppen am niedrigsten.

Abbildung 10.3: Attraktivität des Arbeitgebers Bundeswehr für junge Menschen nach Altersgruppen und Geschlecht

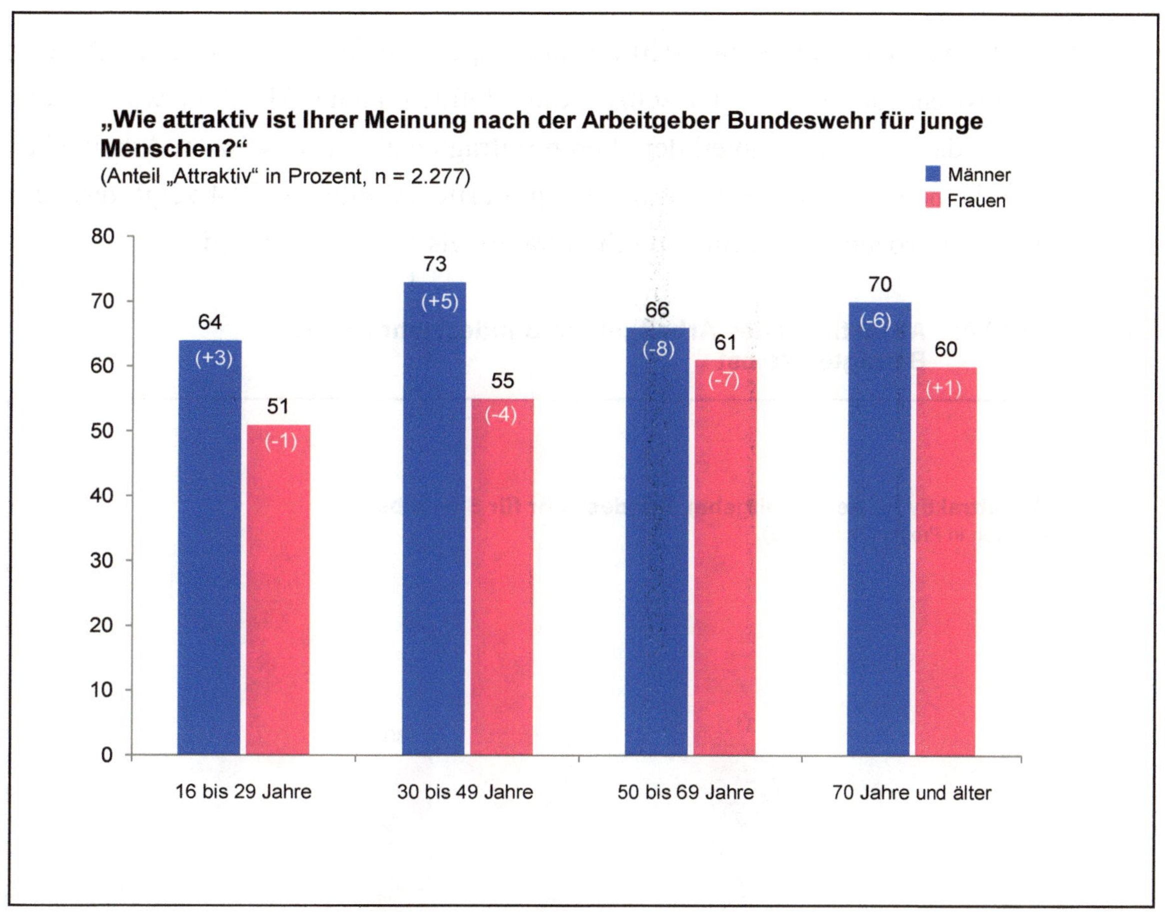

Anmerkungen: Anteile „Sehr attraktiv“ und „Eher attraktiv“ zusammengefasst. Veränderungen gegenüber 2019 in Klammern.

Datenbasis: Bevölkerungsbefragungen des ZMSBw 2019 und 2020.

Mit 5 Prozentpunkten zeigt sich die kleinste Differenz zwischen Männern und Frauen bei den 50- bis 69-Jährigen. Im Verhältnis zum Vorjahr finden sich keine einheitlichen Veränderungen über die Gruppen hinweg. Am stärksten nimmt die wahrgenommene Attraktivität bei den 50 bis 69 Jahre alten Männern ab (-8 Prozentpunkte), gefolgt von den gleichaltrigen Frauen (-7 Prozentpunkte). Unter den 30 bis 49 Jahre alten Männern zeigt sich mit 73 Prozent sowohl der beste Wert aller Altersgruppen als auch der höchste Attraktivitätszuwachs im Vergleich zu 2019 (+5 Prozentpunkte). In der Kernzielgruppe der Personalgewinnung der Streitkräfte, den 16- bis 29-Jährigen, ergibt sich unter den Männern ebenfalls eine (leichte) Zunahme der wahrgenommenen Arbeitgeberattraktivität (+3 Prozentpunkte).[53]

[53] Andere Studien lassen einen Vergleich der Attraktivität verschiedener Arbeitgeber zu. Die Ergebnisse zeigen, dass die Bundeswehr bei jungen Menschen einer der attraktivsten potenziellen Arbeitgeber ist.

10.3 Attraktivität des Arbeitgebers Bundeswehr für die Befragten selbst

Neu in der Bevölkerungsbefragung 2020 war die Frage nach der Attraktivität des Arbeitgebers Bundeswehr für die Befragten selbst. Allen Befragten unter 51 Jahren wurde diese Frage gestellt, da für einen Großteil der älteren Befragten ein Wechsel zum Arbeitgeber Bundeswehr keine realistische Option mehr sein dürfte. Abbildung 10.4 zeigt, dass die Streitkräfte für 7 Prozent der Befragten sehr attraktiv als Arbeitgeber sind.

Abbildung 10.4: Attraktivität des Arbeitgebers Bundeswehr für die Befragten selbst

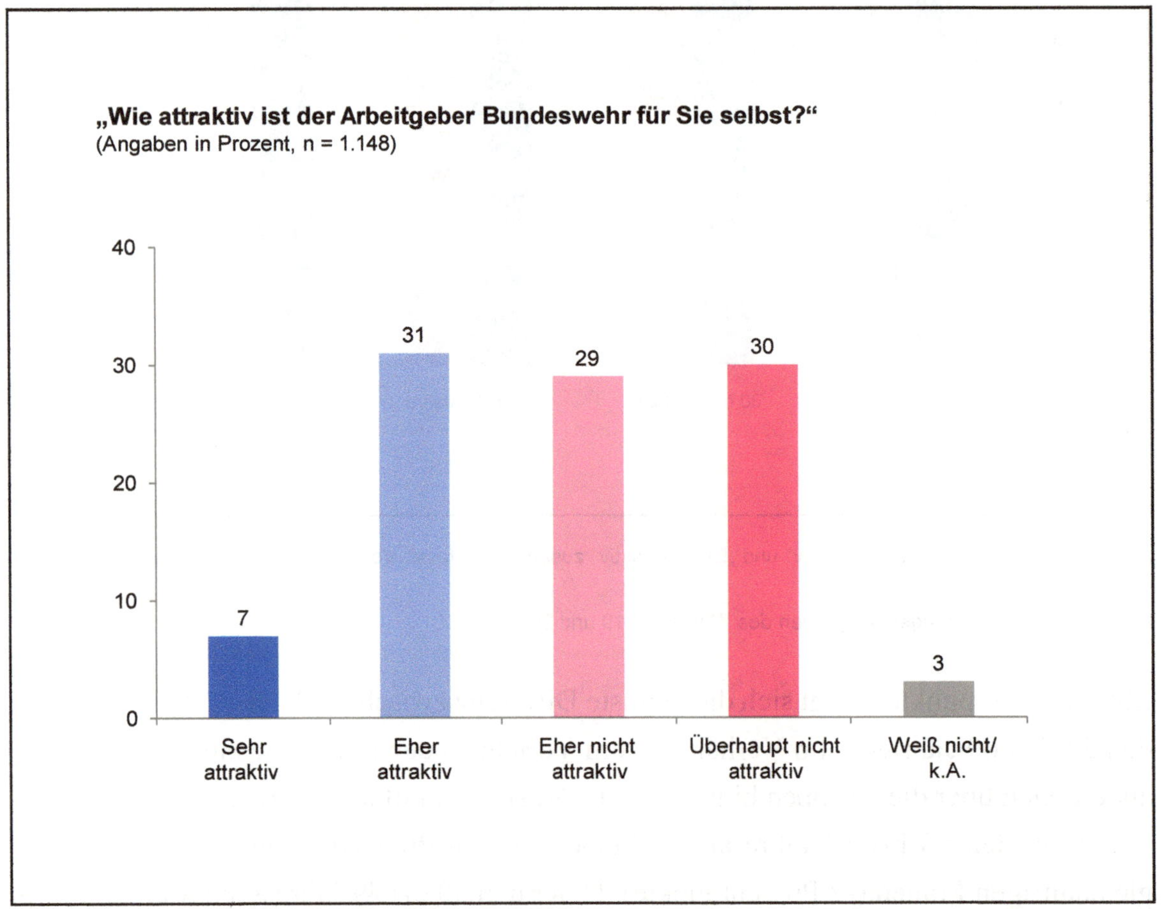

Anmerkungen: Nicht alle Prozentangaben ergeben in der Summe 100 Prozent, da die Einzelwerte gerundet wurden. Die Frage wurde nur Teilnehmerinnen und Teilnehmern unter 51 Jahren gestellt.

Datenbasis: Bevölkerungsbefragung des ZMSBw 2020.

So ergab eine Umfrage des Marktforschungsinstituts Trendence unter 20.000 Schülerinnen und Schülern der Klassen 8 bis 13, dass 12,7 Prozent die Bundeswehr als den attraktivsten Arbeitgeber betrachten (Trendence 2018). Damit lag die Bundeswehr auf Platz 3 der Umfrage.

Tabelle 10.2: Attraktivität des Arbeitgebers Bundeswehr für die Befragten selbst – in soziodemografischen Gruppen

„Wie attraktiv ist der Arbeitgeber Bundeswehr für Sie selbst?“ (Angaben in Prozent)			
	Attraktiv[1]	Nicht attraktiv[2]	Weiß nicht/k.A.
Insgesamt	38	59	3
Geschlecht ***			
Männer	44	54	(3)
Frauen	32	66	(3)
Alter n.s.			
16 bis 29 Jahre	37	59	(4)
30 bis 49 Jahre	38	59	(2)
Bildungsniveau n.s.			
Hochschul- bzw. Fachhochschulreife	37	60	(2)
Realschulabschluss	37	60	(3)
Hauptschulabschluss	41	56	(3)
Haushaltsnettoeinkommen pro Monat n.s.			
4.001 Euro und mehr	38	61	(1)
2.001 bis 4.000 Euro	42	56	(3)
Bis 2.000 Euro	34	62	(4)
Wahlabsicht Bundestagswahl ***			
CDU/CSU	43	54	(4)
SPD	45	55	(1)
AfD	(49)	(48)	(4)
FDP	(52)	(48)	(0)
Die Linke	(44)	(56)	(0)
Bündnis 90/Die Grünen	(24)	73	(4)
Keine Parteipräferenz, Nichtwähler, w.n./k.A.	33	63	(4)
Region **			
Norddeutschland (SH, HH, HB, NI)	46	49	(5)
Ostdeutschland (MV, BB, BE, ST, SN, TH)	39	58	(3)
Süddeutschland (BW, BY)	38	60	(2)
Westdeutschland (NW, RP, HE, SL)	32	65	(2)
Migrationshintergrund n.s.			
Ja	(40)	59	(2)
Nein	38	60	(3)

Anmerkungen: 1) Anteile „Sehr attraktiv“ und „Eher attraktiv“ zusammengefasst; 2) Anteile „Überhaupt nicht attraktiv“ und „Eher nicht attraktiv“ zusammengefasst. Einzelne Prozentangaben ergeben mitunter in der Summe nicht 100 Prozent, da sie gerundet wurden. Die Frage wurde nur Teilnehmerinnen und Teilnehmern unter 51 Jahren gestellt, daher werden hier nur die Altersgruppen „16 bis 29 Jahre“ und „30 bis 49 Jahre“ ausgewiesen. Analyseverfahren: Chi²-Unabhängigkeits-Test, Signifikanzniveau: *** $p < 0{,}001$; ** $p < 0{,}01$; * $p < 0{,}05$; n.s. = nicht signifikant ($p \geq 0{,}05$); Werte in Klammern: $n \leq 50$.

Datenbasis: Bevölkerungsbefragung des ZMSBw 2020.

Es überwiegen diejenigen Befragten, für die die Bundeswehr eher attraktiv ist (31 Prozent). 29 Prozent bewerten die Bundeswehr als eher nicht attraktiv und 30 Prozent als überhaupt nicht attraktiv. 3 Prozent der Befragten wollen oder können keine Einschätzung abgeben. Im Hinblick auf soziodemografische Erklärungsfaktoren zeigt sich wie schon bei den vorangegangenen Analysen zur Attraktivität des Arbeitgebers Bundeswehr für junge Menschen ein relativ starker Geschlechtereffekt (vgl. Tabelle 10.2). Unter den Männern (unter 51 Jahren) liegt die Arbeitgeberattraktivität bei 44 Prozent, während die Streitkräfte für lediglich 32 Prozent der Frauen ein attraktiver Arbeitgeber für sie selbst sind. Alter, Bildung, Einkommen und Migrationshintergrund sind für diese Bewertung statistisch irrelevant. Merkliche Abweichungen gibt es zwischen den Anhängerschaften der politischen Parteien: Die Anhänger von SPD (45 Prozent), Die Linke (44 Prozent) und CDU/CSU (43 Prozent) weisen leicht überdurchschnittliche Attraktivitätsbewertungen auf, die Unterstützer von FDP (52 Prozent) und AfD (49 Prozent) deutlich überdurchschnittliche Werte. Wählerinnen und Wähler von Bündnis 90/Die Grünen sehen hingegen die Bundeswehr als deutlich weniger attraktiv für sie selbst an (24 Prozentpunkte). Daneben bestehen geringfügige regionale Unterschiede: Am besten wird die Attraktivität mit 46 Prozent in Norddeutschland beurteilt. Die Werte für Ost- und Süddeutschland liegen nahe am Gesamtwert für alle Befragten (39 bzw. 38 Prozent). Etwas schlechter wird die Attraktivität der Bundeswehr als Arbeitgeber für sich selbst mit 32 Prozent in Westdeutschland bewertet.

Abbildung 10.5 konzentriert sich analog zu Abbildung 10.3 auf die wahrgenommene Attraktivität für die Befragten selbst nach Altersgruppen und Geschlecht. Aufgrund der Filterführung im Fragebogen können nur die beiden jungen Altersgruppen betrachtet werden. In beiden Altersgruppen zeigt sich ein Geschlechtseffekt: Männer bewerten im Vergleich zu Frauen die Bundeswehr für sich selbst als attraktiveren Arbeitgeber. In der Gruppe der 16- bis 29-Jährigen ist der Unterschied mit 8 Prozentpunkten deutlich kleiner als unter den 30- bis 49-Jährigen (15 Prozentpunkte). Der Alterseffekt ist bei Männern und Frauen gegenläufig: Männer sehen in der Bundeswehr mit steigendem Alter einen attraktiveren Arbeitgeber, bei Frauen nimmt die Arbeitgeberattraktivität der Bundeswehr hingegen mit dem Alter ab.

Abbildung 10.5: Attraktivität des Arbeitgebers Bundeswehr für die Befragten selbst – nach Altersgruppen und Geschlecht

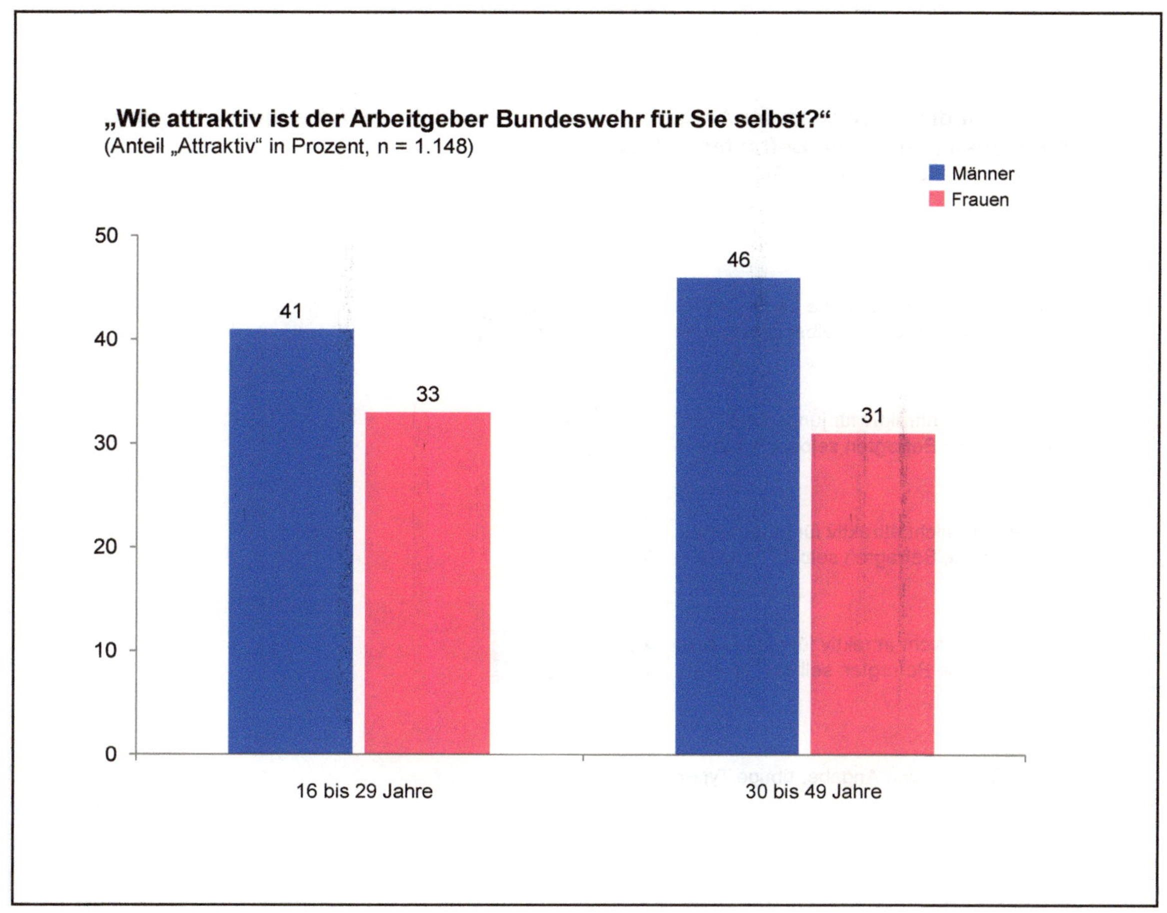

Anmerkungen: Anteile „Sehr attraktiv" und „Eher attraktiv" zusammengefasst. Die Frage wurde nur Teilnehmerinnen und Teilnehmern unter 51 Jahren gestellt, daher werden nur die Altersgruppen „16 bis 29 Jahre" und „30 bis 49 Jahre" ausgewiesen.

Datenbasis: Bevölkerungsbefragung des ZMSBw 2020.

Im Folgenden wurden Typen von Befragten auf Basis der Attraktivitätsbewertung des Arbeitgebers Bundeswehr für junge Menschen und für die Befragten selbst gebildet. Die Typenbildung war (wie schon die vorherige Analyse) nur für Befragte bis zu einem Alter von 51 Jahren möglich. Abbildung 10.6 zeigt die Verteilung der Befragten über die vier Typen. 34 Prozent der Befragten halten die Bundeswehr für einen attraktiven Arbeitgeber sowohl für junge Leute als auch für sich selbst (Typ 1: +/+). Für 26 Prozent sind die Streitkräfte zwar ein interessanter Arbeitgeber für junge Leute, aber nicht für sie selbst (Typ 2: +/-). Die Gruppe derjenigen, die die Bundeswehr zwar für sich, aber nicht für die jungen Leute als attraktiv bewerten, ist mit 3 Prozent sehr klein (Typ 3:-/+). 28 Prozent der Befragten empfinden die Bundeswehr weder für sich selbst noch für andere als attraktiven Arbeitgeber (Typ 4: -/-). 8 Prozent der Befragten gehören zu keinem der vier Typen. Diese Gruppe wurde in den nachfolgenden Analysen nicht mehr betrachtet.

Abbildung 10.6: Typen für die Bewertung der Attraktivität des Arbeitgebers Bundeswehr für junge Menschen und für die Befragten selbst

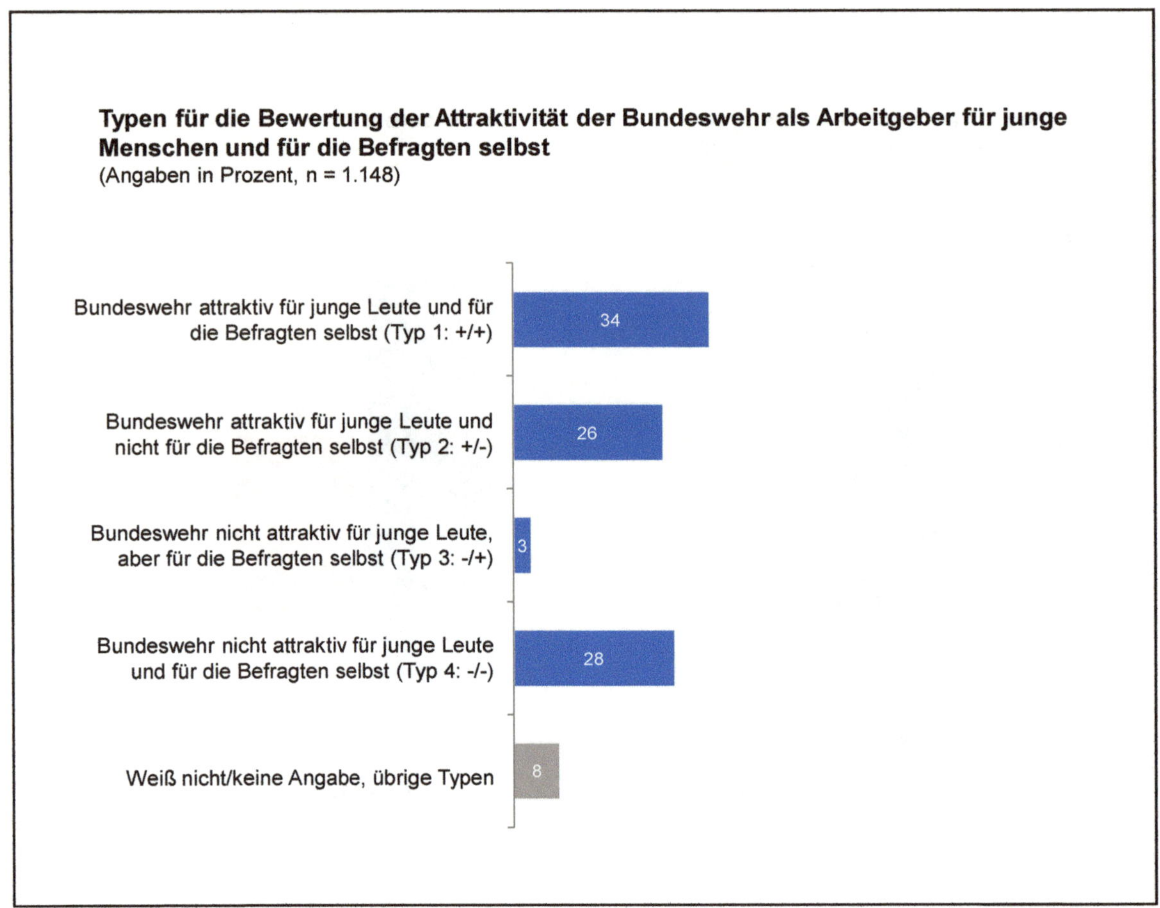

Anmerkung: Die Frage nach der Attraktivität des Arbeitgebers Bundeswehr für die Befragten selbst wurde nur Teilnehmerinnen und Teilnehmern unter 51 Jahren gestellt.

Datenbasis: Bevölkerungsbefragung des ZMSBw 2020.

Die vier Typen sollen mithilfe der Ergebnisse in Tabelle 10.3 charakterisiert werden. Männer sind in Typ 1 mit 41 Prozent überrepräsentiert und in Typ 4 mit 23 Prozent unterrepräsentiert. Für Frauen zeigt sich mit 28 Prozent (Typ 1) und 34 Prozent (Typ 4) ein umgekehrtes Muster, d.h. für mehr Frauen als Männer kommt die Bundeswehr weder für andere noch für sich selbst als Arbeitgeber infrage. Männer hingegen stehen der Bundeswehr in dieser Hinsicht deutlich positiver gegenüber. Bei den Altersgruppen gibt es keine statistisch signifikanten Unterschiede. Bildungsgrad, Einkommen und Migrationshintergrund spielen für die Typenzugehörigkeit ebenfalls keine Rolle. Anders ist es bei der Wahlabsicht: Hier zeigen sich die stärksten Effekte mit Bezug zu den Typen 1 und 4. Unter den Anhängern von AfD, FDP und Die Linke sind Personen, die die Bundeswehr für junge Leute und für sich selbst als attraktiven Arbeitgeber sehen (Typ 1), mit Anteilen von 44 bis 49 Prozent deutlich überproportional vertreten.

Tabelle 10.3: Typen für die Bewertung der Attraktivität des Arbeitgebers Bundeswehr für junge Menschen und für die Befragten selbst – in soziodemografischen Gruppen

(Angaben in Prozent)	Typen			
	1	2	3	4
Bundeswehr attraktiv für junge Leute	+	+	-	-
Bundeswehr attraktiv für die Befragten selbst	+	-	+	-
Insgesamt	34	26	(3)	28
Geschlecht ***				
Männer	41	27	(2)	23
Frauen	28	25	(3)	34
Alter n.s.				
16 bis 29 Jahre	34	22	(2)	34
30 bis 49 Jahre	35	29	(3)	25
Bildungsniveau n.s.				
Hochschul- bzw. Fachhochschulreife	34	27	(3)	27
Realschulabschluss	33	29	(4)	27
Hauptschulabschluss	39	(22)	(2)	31
Haushaltsnettoeinkommen pro Monat n.s.				
4.001 Euro und mehr	35	28	(2)	29
2.001 bis 4.000 Euro	38	28	(3)	26
Bis 2.000 Euro	32	25	(2)	33
Wahlabsicht Bundestagswahl ***				
CDU/CSU	42	29	(3)	26
SPD	42	(34)	(3)	(20)
AfD	(49)	(33)	(3)	(16)
FDP	(48)	(31)	(4)	(17)
Die Linke	(44)	(33)	(0)	(22)
Bündnis 90/Die Grünen	(21)	28	(4)	47
Keine Parteipräferenz, Nichtwähler, w.n./k.A.	36	25	(2)	37
Region ***				
Norddeutschland (SH, HH, HB, NI)	43	(14)	(3)	34
Ostdeutschland (MV, BB, BE, ST, SN, TH)	36	32	(2)	24
Süddeutschland (BW, BY)	35	28	(3)	23
Westdeutschland (NW, RP, HE, SL)	29	28	(2)	32
Migrationshintergrund n.s.				
Ja	(35)	(29)	(4)	(29)
Nein	35	26	(2)	28

Anmerkungen: Die Frage nach der Attraktivität des Arbeitgebers Bundeswehr für die Befragten selbst wurde nur Teilnehmerinnen und Teilnehmern unter 51 Jahren gestellt, daher werden nur die Altersgruppen „16 bis 29 Jahre" und „30 bis 49 Jahre" ausgewiesen. Die Prozentangaben ergeben in der Summe nicht 100 Prozent, da Befragte, die zu keinem der Typen zählen, nicht dargestellt werden. Analyseverfahren: Chi²-Unabhängigkeits-Test, Signifikanzniveau: *** $p < 0{,}001$; ** $p < 0{,}01$; * $p < 0{,}05$; n.s. = nicht signifikant ($p \geq 0{,}05$), Werte in Klammern: $n \leq 50$.

Datenbasis: Bevölkerungsbefragung des ZMSBw 2020.

Im Gegensatz dazu stehen Anhänger von Bündnis 90/Die Grünen, unter denen lediglich 21 Prozent zu Typ 1 gehören, während fast die Hälfte der Grünen-Anhänger zu Typ 4 gehört. Auch für die Regionen zeigt sich ein statistisch signifikanter Zusammenhang mit der Typzugehörigkeit: Bürgerinnen und Bürger in Nord-, Ost-, und Süddeutschland bewerten die Streitkräfte als attraktiveren Arbeitgeber. Allerdings ist die Polarisierung in Norddeutschland am stärksten: Zwei Fünftel der Befragten aus dieser Region zählen zu Typ 1, während lediglich 29 Prozent der Bürgerinnen und Bürger in Westdeutschland diesem Typ zuzurechnen sind.

10.4 Empfehlungen für die Bundeswehr als Arbeitgeber

Wenn es darum geht, anderen die Bundeswehr als Arbeitgeber zu empfehlen, sind die Befragten grundsätzlich positiv eingestellt. Die Zustimmung zu den vier positiv formulierten Aussagen zu diesem Thema variiert zwischen 40 und 52 Prozent (vgl. Abbildung 10.7). Die größte Zustimmung erhält mit 52 Prozent die Aussage: „In Gesprächen über das Thema Berufswahl würde ich mich positiv über die Bundeswehr äußern." Explizit vom Arbeitgeber Bundeswehr abraten würden nur 20 Prozent der Befragten.

Blickt man auf die Veränderungen zum Vorjahr, zeigt sich bei den positiven Aussagen (obere vier Aussagen in Abbildung 10.7) eine Abnahme zwischen 3 und 5 Prozentpunkten für die Antwortoption „Trifft zu". Bei der einzigen negativen Aussage (untere Aussage in Abbildung 10.7) nimmt der Anteil derjenigen, die zustimmen, um 4 Prozentpunkte ab. Die leichte Abnahme der wahrgenommenen Attraktivität des Arbeitgebers Bundeswehr (siehe oben) spiegelt sich also auch in einer leicht zurückgegangenen Empfehlungsbereitschaft für die Bundeswehr als Arbeitgeber wider.

Für die folgenden Analysen wurden die insgesamt fünf Items mit ihren jeweils fünf inhaltlichen Antwortausprägungen zu einem Index „Empfehlungen für die Bundeswehr als Arbeitgeber" zusammengefasst – das letzte Item wurde dafür gedreht, damit es gleichförmig wie die anderen Variablen läuft, d.h. höhere Ausprägungen bedeuten, dass man nicht vom Arbeitgeber Bundeswehr abraten würde. Der Index hat einen Wertebereich von 0 bis 1. Höhere Werte stehen dafür, dass ein Befragter die Bundeswehr eher als Arbeitgeber empfehlen würde, niedrigere Werte dafür, dass dies eher nicht der Fall ist. Tabelle 10.4 zeigt die Mittelwerte des Empfehlungsindexes in den soziodemografischen Gruppen im Zeitvergleich zwischen 2015 und 2020. Insgesamt ergibt sich eine positive Entwicklung mit Mittelwerten von 0,56 im Jahr 2015 über 0,59 im Jahr 2016 auf 0,61 in den Jahren 2017 und 2018, d.h. die Bereitschaft, die Bundeswehr als Arbeitgeber zu empfehlen, nimmt im Mittel bei allen Befragten bis 2018 zu. Von 2018 auf 2019 und weiter auf 2020 zeigt sich eine leichte Abnahme von 0,61 über 0,59 auf 0,58.

Abbildung 10.7: Empfehlungen für die Bundeswehr als Arbeitgeber

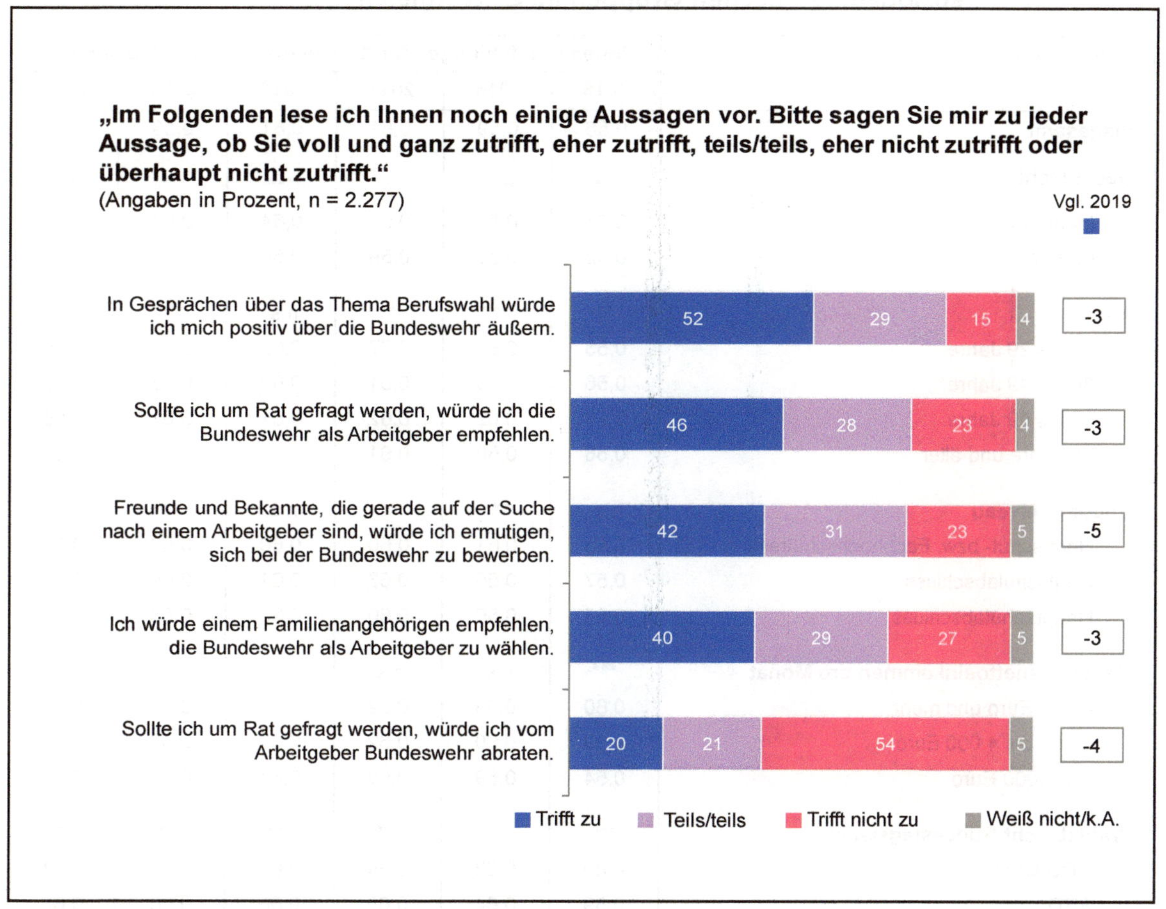

Anmerkungen: Trifft zu: Anteile „Trifft ganz zu“ und „Trifft eher zu“ zusammengefasst; Trifft nicht zu: Anteile „Trifft überhaupt nicht zu“ und „Trifft eher nicht zu“ zusammengefasst. Vgl. 2019: Differenz Trifft zu 2020 zu 2019.

Datenbasis: Bevölkerungsbefragungen des ZMSBw 2019 und 2020.

Zwischen weiblichen und männlichen Befragten zeigte sich 2015 ein relativ großer Abstand von 0,09 Punkten, der sich aber 2016 und 2017 deutlich verkleinert hat (0,01 bzw. 0,03 Punkte). 2019 und 2020 liegt die Differenz zwischen Männern und Frauen auf einem ähnlichen Niveau bei 0,06 bzw. 0,05 Punkten. Frauen stehen der Bundeswehr als Arbeitgeber ab 2016 positiver gegenüber als noch 2015 und bleiben in ihrer Bewertung seitdem relativ konstant. Bei Männern variiert der Wert im Betrachtungszeitraum in einem recht engen Bereich zwischen 0,59 und 0,64. Für Alter und Bildung ergeben sich relativ identische positive Entwicklungen des Indexwertes über alle Teilgruppen hinweg. 2020 zeigt sich, wie schon in den meisten Vorjahren, eine höhere Empfehlungsbereitschaft unter den älteren Gruppen im Vergleich zu den jüngeren Befragten. Bei der Bildung sieht man 2020, wie schon 2019, einen leicht negativen Zusammenhang, d.h. Personen mit niedrigeren Bildungsabschlüssen empfehlen die Bundeswehr in leicht stärkerem Maße als Arbeitgeber.

Tabelle 10.4: Index Empfehlungen für die Bundeswehr als Arbeitgeber in soziodemografischen Gruppen im Zeitvergleich

(Mittelwerte)	Index Empfehlungen für die Bundeswehr als Arbeitgeber					
	2015	**2016**	**2017**	**2018**	**2019**	**2020**
Insgesamt	0,56	0,59	0,61	0,61	0,59	0,58
Geschlecht	***	n.s.	***	***	***	***
Männer	0,61	0,59	0,62	0,64	0,62	0,61
Frauen	0,52	0,58	0,59	0,59	0,56	0,56
Alter	**	***	**	n.s.	***	**
16 bis 29 Jahre	0,53	0,52	0,57	0,60	0,54	0,55
30 bis 49 Jahre	0,56	0,59	0,61	0,62	0,58	0,59
50 bis 69 Jahre	0,59	0,62	0,62	0,61	0,61	0,59
70 Jahre und älter	0,56	0,60	0,61	0,63	0,63	0,60
Bildungsniveau	n.s.	***	**	n.s.	***	*
Hochschul- bzw. Fachhochschulreife	0,56	0,61	0,60	0,60	0,56	0,57
Realschulabschluss	0,57	0,60	0,63	0,61	0,60	0,59
Hauptschulabschluss	0,56	0,56	0,60	0,63	0,63	0,60
Haushaltsnettoeinkommen pro Monat	***	n.s.	n.s.	n.s.	n.s.	n.s.
4.001 Euro und mehr	0,60	0,58	0,62	0,62	0,58	0,60
2.001 bis 4.000 Euro	0,59	0,60	0,62	0,62	0,60	0,59
Bis 2.000 Euro	0,54	0,59	0,60	0,61	0,60	0,58
Wahlabsicht Bundestagswahl	***	***	***	***	***	***
CDU/CSU	0,60	0,62	0,64	0,67	0,66	0,64
SPD	0,59	0,64	0,65	0,66	0,66	0,62
AfD	0,52	0,58	0,65	0,64	0,63	0,63
FDP	0,60	0,60	0,60	0,65	0,57	0,64
Die Linke	0,43	0,54	0,54	0,52	0,53	0,55
Bündnis 90/Die Grünen	0,52	0,56	0,52	0,51	0,53	0,50
Keine Parteipräferenz, Nichtwähler, w.n./k.A.	0,54	0,54	0,56	0,57	0,55	0,53
Region	n.s.	**	n.s.	**	n.s.	*
Norddeutschland (SH, HH, HB, NI)	0,57	0,56	0,60	0,59	0,58	0,60
Ostdeutschland (MV, BB, BE, ST, SN, TH)	0,55	0,61	0,63	0,65	0,61	0,58
Süddeutschland (BW, BY)	0,57	0,60	0,60	0,61	0,59	0,60
Westdeutschland (NW, RP, HE, SL)	0,57	0,57	0,60	0,61	0,59	0,56
Migrationshintergrund		n.s.	n.s.	n.s.	n.s.	n.s.
Ja	-	0,61	0,63	0,60	0,62	0,61
Nein	-	0,58	0,60	0,62	0,59	0,58

Anmerkungen: Wertebereich der abhängigen Variablen [0 – keine Empfehlung; 1 – starke Empfehlung]. Analyseverfahren: Varianzanalysen, Signifikanzniveau: *** $p < 0{,}001$; ** $p < 0{,}01$; * $p < 0{,}05$; n.s. = nicht signifikant ($p \geq 0{,}05$). Der Signifikanztest für die Varianzanalyse gibt an, ob sich der Mittelwert mindestens einer Gruppe von dem Mittelwert mindestens einer anderen Gruppe unterscheidet.

Datenbasis: Bevölkerungsbefragungen des ZMSBw 2015–2020.

Beim Einkommen unterscheiden sich die Gruppenmittelwerte seit 2016 nicht statistisch signifikant voneinander. Unter den Parteianhängern weisen die Befürworter der Unionsparteien und der FDP (beide 0,64), AfD (0,63) und der SPD (0,62) im Jahr 2020 überdurchschnittliche Werte auf. Deutlich unterdurchschnittlich ist die Empfehlungsbereitschaft unter den Anhängern von Die Linke (0,55), Bündnis 90/Die Grünen (0,50) sowie unter Befragten ohne Parteipräferenz (0,53). Bei allen Wählergruppen nimmt die Empfehlungsbereitschaft im Zeitverlauf zwischen 2015 und 2018 zu. Starke Veränderungen zwischen 2019 und 2020 sind lediglich für die Befürworter der FDP auszumachen (+0,07 Skalenpunkte). Die Unterschiede zwischen den Befragten aus den vier Regionen sind zu allen Zeitpunkten gering und daher in drei von sechs Jahren nicht statistisch signifikant. 2020 ist die Bereitschaft, die Bundeswehr als Arbeitgeber zu empfehlen, in Nord- und Süddeutschland leicht höher als in den anderen beiden Landesteilen. Ein Migrationshintergrund spielt für die Empfehlungsbereitschaft keine Rolle.

10.5 Einstellungen zu einer möglichen beruflichen Tätigkeit bei der Bundeswehr

Im weiteren Verlauf des Interviews wurden die Teilnehmerinnen und Teilnehmer auch danach gefragt, ob sie sich selbst eine Tätigkeit als Zivilistin oder Zivilist bzw. als Soldatin oder Soldat bei der Bundeswehr vorstellen können. Wie schon bei der Frage nach der Attraktivität der Bundeswehr als Arbeitgeber für die Befragten selbst wurde auch diese Frage nur Teilnehmern unter 51 Jahren gestellt, da für die älteren Befragten ein Wechsel zum Arbeitgeber Bundeswehr wohl nicht mehr relevant sein dürfte. 23 Prozent der Befragten können sich vorstellen, als Zivilist bei der Bundeswehr zu arbeiten (vgl. Abbildung 10.8). 24 Prozent sind geteilter Meinung und 50 Prozent der Befragten können sich eher oder überhaupt nicht vorstellen, eine zivile Stelle bei der Bundeswehr anzutreten. 3 Prozent der Befragten geben keine substanzielle Antwort.

Im Vergleich dazu können sich deutlich weniger Befragte vorstellen, bei der Bundeswehr als Soldat oder als Soldatin zu dienen (vgl. Abbildung 10.9). Lediglich bei 13 Prozent der Befragten trifft dies voll und ganz oder eher zu. 11 Prozent sind geteilter Meinung. Die große Mehrheit der Teilnehmerinnen und Teilnehmer der Bevölkerungsbefragung 2020 kann sich eher oder überhaupt nicht vorstellen, als Soldat oder Soldatin bei der Bundeswehr zu dienen: Mit 74 Prozent gehören fast drei Viertel der Befragten zu dieser Gruppe. Lediglich 2 Prozent der Befragten können oder wollen hier keine substanzielle Antwort geben.

Abbildung 10.8: Mögliche berufliche Tätigkeit als Zivilistin/Zivilist bei der Bundeswehr

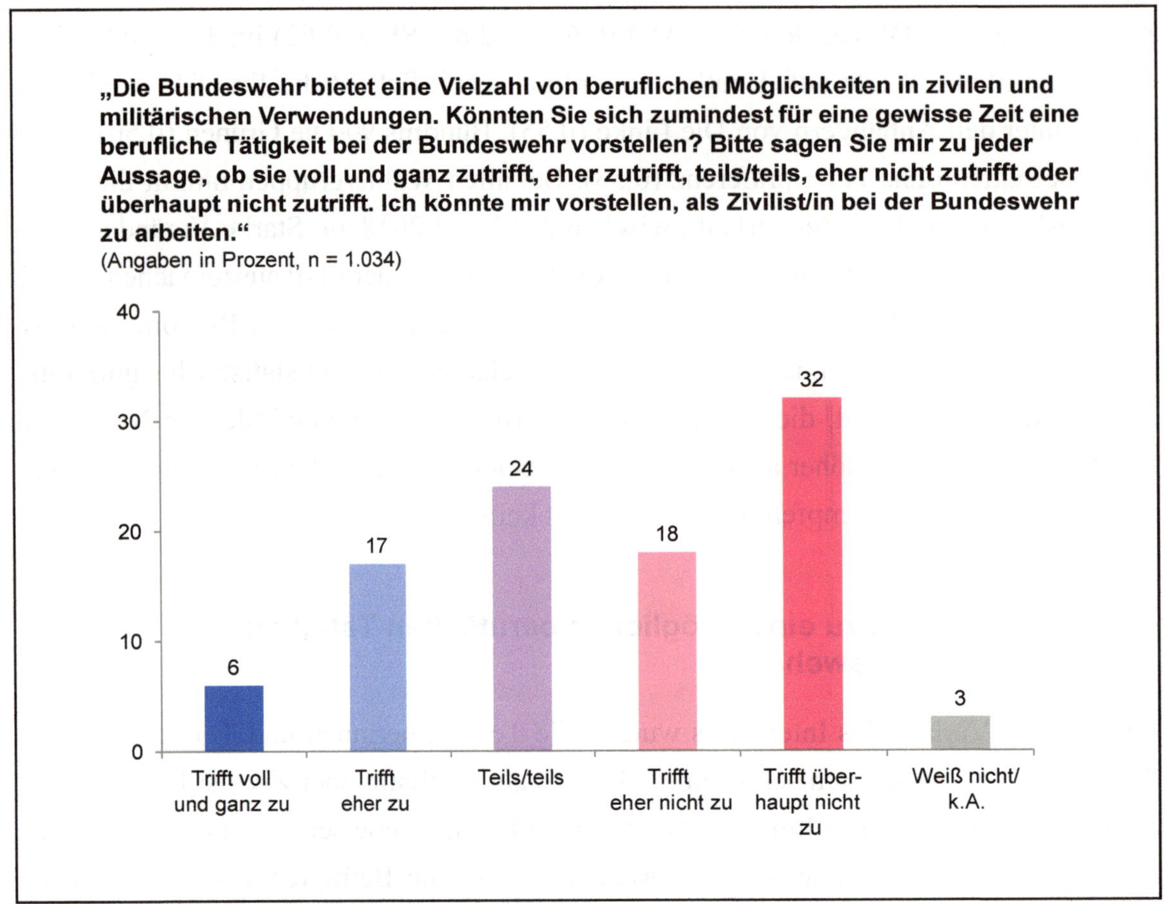

Anmerkungen: Nicht alle Prozentangaben ergeben in der Summe 100 Prozent, da die Einzelwerte gerundet wurden. Die Frage wurde nur Teilnehmerinnen und Teilnehmern unter 51 Jahren gestellt.

Datenbasis: Bevölkerungsbefragung des ZMSBw 2020.

Aus Tabelle 10.5 geht hervor, ob die Bereitschaft, als Zivilistin oder Zivilist bzw. als Soldatin oder Soldat bei der Bundeswehr zu arbeiten, mit der Zugehörigkeit zu verschiedenen soziodemografischen Gruppen zusammenhängt. Die Ergebnisse der Analysen zeigen, dass einige der soziodemografischen Standardmerkmale und die Wahlabsicht die Entscheidung für eine mögliche berufliche Tätigkeit sowohl als Zivilist als auch als Soldat beeinflussen. Männer können sich mit 20 Prozent deutlich stärker vorstellen, als Soldat in der Bundeswehr zu dienen. Unter den Frauen sind es nur 7 Prozent. Die Bereitschaft als Zivilistin oder Zivilist in der Bundeswehr zu arbeiten, fällt bei den Männern wie den Frauen deutlich höher aus (26 bzw. 21 Prozent). Dieser Unterschied ist ebenfalls statistisch signifikant.

Abbildung 10.9: Mögliche berufliche Tätigkeit als Soldatin/Soldat bei der Bundeswehr

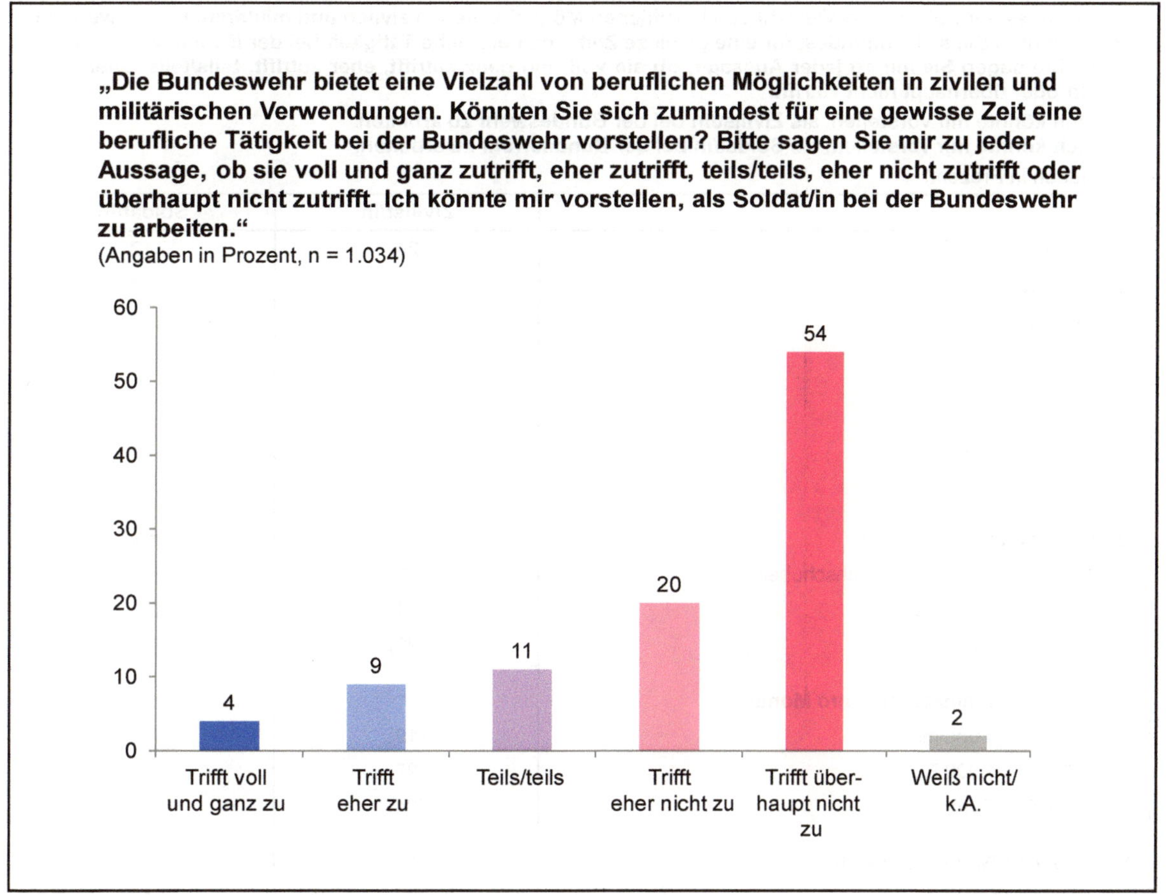

Anmerkungen: Nicht alle Prozentangaben ergeben in der Summe 100 Prozent, da die Einzelwerte gerundet wurden. Die Frage wurde nur Teilnehmerinnen und Teilnehmern 51 Jahren gestellt.

Datenbasis: Bevölkerungsbefragung des ZMSBw 2020.

Auch zwischen den Altersgruppen gibt es statistisch signifikante Unterschiede in der Frage, ob man sich vorstellen kann, als Soldat/in bei der Bundeswehr zu arbeiten: 16- bis 29-Jährige können sich das mit 20 Prozent in deutlich stärkerem Maße vorstellen als die 30- bis 49-Jährigen, bei ihnen sind es lediglich 9 Prozent. Für die Bereitschaft, als Zivilist/in bei der Bundeswehr anzufangen, spielt das Alter keine Rolle. Ganz ohne Bedeutung für beide möglichen Karrierewege ist das Bildungsniveau: Hier zeigen sich keine statistisch signifikanten Zusammenhänge. Beim Einkommen können sich die Befragten mit mittlerem Einkommen in etwas stärkerem Maße vorstellen, eine Tätigkeit als Zivilist oder Zivilistin bei der Bundeswehr auszuüben (27 Prozent), als die beiden anderen Gruppen – für die Bereitschaft als Soldatin oder Soldat zu dienen, zeigen sich keine statistisch signifikanten Unterschiede.

Tabelle 10.5: Mögliche berufliche Tätigkeit bei der Bundeswehr in soziodemografischen Gruppen

„Die Bundeswehr bietet eine Vielzahl von beruflichen Möglichkeiten in zivilen und militärischen Verwendungen. Könnten Sie sich zumindest für eine gewisse Zeit eine berufliche Tätigkeit bei der Bundeswehr vorstellen? Bitte sagen Sie mir zu jeder Aussage, ob sie voll und ganz zutrifft, eher zutrifft, teils/teils, eher nicht zutrifft oder überhaupt nicht zutrifft.
1) Ich könnte mir vorstellen, als Zivilist/in bei der Bundeswehr zu arbeiten.
2) Ich könnte mir vorstellen, als Soldat/in bei der Bundeswehr zu arbeiten."
(Angaben in Prozent)

	Zivilist/in	Soldat/in
Insgesamt	24	13
Geschlecht	***	***
Männer	26	20
Frauen	21	(7)
Alter	n.s.	***
16 bis 29 Jahre	26	20
30 bis 49 Jahre	22	(9)
Bildungsniveau	n.s.	n.s.
Hochschul- bzw. Fachhochschulreife	26	(12)
Realschulabschluss	21	(12)
Hauptschulabschluss	(26)	(14)
Haushaltsnettoeinkommen pro Monat	**	n.s.
4.001 Euro und mehr	(19)	(13)
2.001 bis 4.000 Euro	27	15
Bis 2.000 Euro	(24)	(12)
Wahlabsicht Bundestagswahl	***	**
CDU/CSU	27	(14)
SPD	(26)	(13)
AfD	(30)	(22)
FDP	(41)	(16)
Die Linke	(29)	(6)
Bündnis 90/Die Grünen	(19)	(9)
Keine Parteipräferenz, Nichtwähler, w.n./k.A.	18	(14)
Region	**	**
Norddeutschland (SH, HH, HB, NI)	(29)	(13)
Ostdeutschland (MV, BB, BE, ST, SN, TH)	24	(10)
Süddeutschland (BW, BY)	25	(15)
Westdeutschland (NW, RP, HE, SL)	19	(14)
Migrationshintergrund	n.s.	n.s.
Ja	(32)	(12)
Nein	23	13

Anmerkungen: Anteile „Trifft voll und ganz zu" und „Trifft eher zu" wurden zusammengefasst. Die Frage wurde nur Teilnehmerinnen und Teilnehmern unter 51 Jahren gestellt. Analyseverfahren: Chi²-Unabhängigkeits-Test, Signifikanzniveau: *** $p < 0{,}001$; ** $p < 0{,}01$; * $p < 0{,}05$; n.s. = nicht signifikant ($p \geq 0{,}05$); Werte in Klammern: $n \leq 50$.

Datenbasis: Bevölkerungsbefragung des ZMSBw 2020.

Zwischen den Anhängern verschiedener Parteien gibt es ebenfalls Unterschiede. Wählerinnen und Wähler der FDP (16 Prozent) und der AfD (22 Prozent) können sich in überdurchschnittlichem Maße vorstellen, Soldatin oder Soldat zu werden. Befürworter von Die Linke (6 Prozent) und Bündnis 90/Die Grünen (9 Prozent) können das nur in geringerem Maße. Das höchste Interesse, als Zivilistin oder Zivilist bei der Bundeswehr anzufangen, ist für die Anhänger von FDP (41 Prozent), AfD (30 Prozent) und – überraschenderweise – Die Linke (29 Prozent) zu verzeichnen. Am anderen Ende stehen hier die Befürworter von Bündnis 90/Die Grünen (19 Prozent) und Befragte ohne Parteipräferenz (18 Prozent). Regional gibt es folgende Unterschiede: Den höchsten Wert für eine theoretische Einstiegsbereitschaft in die Bundeswehr als Zivilistin oder Zivilist erreicht Norddeutschland mit 29 Prozent, den niedrigsten Westdeutschland (19 Prozent). Den Dienst als Soldatin oder Soldat auszuüben können sich am meisten Befragte in Süddeutschland mit 15 Prozent vorstellen, während diese Zahl in Ostdeutschland am niedrigsten ausfällt (10 Prozent). Gerade bei dieser Auswertung ist auf die niedrigen Fallzahlen hinzuweisen, welche die Güte der Schätzung dieser Werte beeinträchtigen. Zuletzt ist der Migrationshintergrund zu erwähnen: Dieser wirkt nicht statistisch signifikant auf die abhängigen Variablen.

10.6 Multivariate Analysen zur Arbeitgeberattraktivität

Zum Abschluss dieses Abschnitts sollen mithilfe multivariater Analysen die Erklärungsfaktoren von drei Indikatoren der wahrgenommenen Attraktivität des Arbeitgebers Bundeswehr beschrieben werden. Abhängige Variablen der folgenden Analysen sind zum einen der Empfehlungsindex (vgl. Tabelle 10.4), zum anderen die Fragen nach der Attraktivitätswahrnehmung für junge Menschen (vgl. Abbildung 10.1 sowie Tabelle 10.1) sowie für die Befragten selbst (vgl. Abbildung 10.4 sowie Tabelle 10.2). Da der Empfehlungsindex eine quasi-metrische Variable ist, wurden in diesen Analysen multivariate lineare Regressionen berechnet. Die Antworten der beiden Variablen zur Attraktivitätswahrnehmung wurden dichotomisiert (1= sehr und eher attraktiv; 0= eher nicht und überhaupt nicht attraktiv, weiß nicht, keine Angabe) und daher als Verfahren multivariate binär-logistische Regressionen verwendet.[54] Als Erklärungsfaktoren gehen soziodemografische Merkmale (Ressourcen; Modell I, vgl. die Tabellen 10.6 bis 10.13)

---

[54] Für dieses Vorgehen spricht, dass hier vor allem von Interesse ist, die Merkmale und Einstellungen zu bestimmen, die beeinflussen, ob eine Person die Bundeswehr als attraktiven Arbeitgeber für junge Menschen oder sich selbst bewertet oder nicht. Zudem kommen ordinal-logistische Regressionsanalysen mit der ursprünglichen Kodierung zu weitgehend identischen Ergebnissen.

und politische Einstellungen (politisches Interesse, Bewertung der eigenen und der allgemeinen wirtschaftlichen Lage, Wahlabsicht; Modell II) sowie bundeswehrspezifische Einstellungen (allgemeine Einstellung zur Bundeswehr, spezifische Bewertungen der Leistungen der Bundeswehr und der Soldatinnen und Soldaten sowie die Wahrnehmung der Bundeswehr im persönlichen Bereich und über die Massenmedien; Modelle III und IV) in die Analysen ein. Bei den bundeswehrspezifischen Einstellungen wurden zwei separate Modelle berechnet: eines ohne die Einstellung zur Bundeswehr (Modell III), eines mit dieser Variable (Modell IV). In das Gesamtmodell gehen alle Erklärungsfaktoren ein (Modell V). Durch die in Schritten erfolgende Analyse können Wirkungsmechanismen und Einflüsse der einzelnen Variablen besser herausgearbeitet werden. Es wäre sinnvoll gewesen, auch Wertorientierungen und Bedürfnisse als Erklärungsfaktoren einzubeziehen, da sich diese in vorangegangenen Untersuchungen zur Arbeitgeberattraktivität als wichtige Erklärungsfaktoren erwiesen haben (Bulmahn/Höfig 2013; Fantapié Altobelli et al. 2015; Richter 2016). In der Bevölkerungsbefragung 2020 wurden diese Aspekte allerdings nicht abgefragt und konnten daher in den Analysen nicht berücksichtigt werden. Insofern ist davon auszugehen, dass die Effekte der tatsächlich in die Analysen einbezogenen Merkmale und Einstellungen überschätzt werden. Die Analysen für die drei abhängigen Variablen wurden sowohl für alle Befragten als auch für die 16- bis 29-Jährigen berechnet, da es von besonderem Interesse ist, ob sich hierbei die Kernzielgruppe der Personalwerbung der Bundeswehr von der Grundgesamtheit aller Bürgerinnen und Bürger unterscheidet.

In Tabelle 10.6 sind die Analyseergebnisse aufgeführt, die die *Bewertung der Attraktivität des Arbeitgebers Bundeswehr* erklären. Werte unter 1 stehen für negative Effekte der jeweiligen Variablen, Werte über 1 repräsentieren im Gegensatz dazu positive Einflüsse. *Modell I* zeigt, dass Männer, Menschen in Ostdeutschland oder Befragte, die bei der Bundeswehr waren oder sind, die Streitkräfte eher als attraktiven Arbeitgeber bewerten. Am stärksten wirkt sich dabei die persönliche Erfahrung in den Streitkräften aus.

Unter den politischen Einstellungen und Wahlabsichtsvariablen in *Modell II* sind das politische Interesse und eine Wahlabsicht für die AfD (im Vergleich zur Referenzgruppe der Nichtwähler und Personen ohne Wahlabsicht) besonders erklärungsstark – beide wirken sich positiv auf die wahrgenommene Attraktivität aus. Weiterhin zeigen sich bessere Bewertungen der Streitkräfte unter Anhängern von CDU und CSU, der SPD und der FDP. Schätzt jemand die nationale wirtschaftliche Lage als positiver ein, erhöht sich die Wahrscheinlichkeit, die Bundeswehr als attraktiven Arbeitgeber zu bewerten. Die anderen Variablen haben keine statistisch signifikanten Effekte.

In *Modell III* ergeben sich für eine Vielzahl von Erklärungsfaktoren statistisch signifikante positive Einflüsse auf die Bewertung der Attraktivität des Arbeitgebers Bundeswehr. Besonders erklärungsstark sind die Bewertung des Auftretens der Soldatinnen und Soldaten in der Öffentlichkeit und der Leistungen der Bundeswehr im Ausland (jeweils Exp(b)-Werte >4). Positiv auf die wahrgenommene Arbeitgeberattraktivität wirken auch die Einstufung der Ausrüstung und Bewaffnung der Bundeswehr, die Bewertung der Einbindung der Streitkräfte in die Gesellschaft, die Beurteilung der Ausbildung der Soldatinnen und Soldaten und die Wahrnehmung der Bundeswehr im persönlichen Bereich und der persönlichen Kommunikation.

Die Hinzunahme der Einstellung zur Bundeswehr in *Modell IV* führt nur zu wenigen Veränderungen. Während diese Variable einen sehr starken positiven Effekt hat, schwächen sich die Einflüsse der anderen Faktoren etwas ab oder haben keinen statistisch signifikanten Effekt mehr.

Für das *Gesamtmodell (Modell V)* wurden zusätzlich zu den in Tabelle 10.6 dargestellten Koeffizienten die einfacher zu interpretierenden durchschnittlichen marginalen Effekte berechnet (vgl. Tabelle 10.8). Die marginalen Effekte geben Wahrscheinlichkeitsveränderungen für die jeweilige Variable an, während die übrigen Faktoren im Modell konstant gehalten werden. Der Wert in der entsprechenden Zeile repräsentiert die Wahrscheinlichkeitsdifferenz, wenn die jeweilige Variable zwischen dem Mittelwert minus 2 Standardabweichungen und dem Mittelwert plus 2 Standardabweichungen variiert wird (metrische Variablen) bzw. das Merkmal vorliegt oder nicht vorliegt (dichotome Variablen). Die anderen Variablen werden auf den Modus (dichotome Variablen) oder Mittelwert gesetzt und so konstant gehalten. Im Gesamtmodell (Modell V in Tabelle 10.6) wird die Dominanz bundeswehrspezifischer Einstellungen als Erklärungsfaktor deutlich. Aus den beiden anderen Determinantengruppen hat nur eine Variable einen statistisch signifikanten Effekt. Personen, die sich stärker für Politik interessieren, schätzen mit einer höheren Wahrscheinlichkeit die Bundeswehr als attraktiven Arbeitgeber ein (+21 Prozentpunkte; vgl. Tabelle 10.8). Insgesamt wird Modell V allerdings von drei bundeswehrspezifischen Einstellungen dominiert: der Einstellung zur Bundeswehr (+41 Prozentpunkte), der Bewertung der Leistungen der Bundeswehr im Ausland (+26 Prozentpunkte) sowie des Auftretens der Soldatinnen und Soldaten (+23 Prozentpunkte). Werden diese Aspekte positiv bewertet bzw. ist jemand den Streitkräften gegenüber positiv eingestellt, erhöht sich die Wahrscheinlichkeit deutlich, die Bundeswehr als attraktiven Arbeitgeber wahrzunehmen. Drei weitere Variablen aus dieser Kategorie sind relevant: Befragte, welche die Einbindung der Bundeswehr in die Gesellschaft (+17 Prozentpunkte) und die Ausrüstung und Bewaffnung der Streitkräfte (+15 Prozentpunkte) positiv bewerten, zeigen eine stärkere

Neigung, die Bundeswehr als attraktiven Arbeitgeber für junge Menschen zu sehen. Zudem wirkt sich die stärkere Wahrnehmung der Streitkräfte in der persönlichen Kommunikation positiv aus (+14 Prozentpunkte). Die massenmediale Wahrnehmung spielt hingegen keine Rolle. Bei einem zusammenfassenden Blick auf alle Einstellungen und Wahrnehmungen mit Bezug zur Bundeswehr zeigt sich wie schon in den Vorjahren (Steinbrecher 2017a, 2018d, 2019d), dass es die Streitkräfte als Institution und die Soldatinnen und Soldaten als Botschafter ihres Arbeitgebers selbst in der Hand haben, die Meinung der Bevölkerung zur Arbeitgeberattraktivität zu beeinflussen.

Inwiefern diese Zusammenhänge auch für die Zielgruppe der Personalwerbung der Bundeswehr, den 16- bis 29-Jährigen, gelten, geht aus Tabelle 10.7 hervor. Es sei angemerkt, dass aus dieser Altersgruppe insgesamt 435 Personen an der Bevölkerungsbefragung 2020 teilnahmen. Diese Fallzahl ist groß genug, um belastbare Aussagen über diese Gruppe sowie mögliche Zusammenhänge und Effekte in der Grundgesamtheit zu treffen, sie sind aber mit einer größeren Unsicherheit belastet. Dies führt einerseits dazu, dass es in den Analysen schwieriger ist, übliche Grenzwerte zur Bestimmung der statistischen Signifikanz von Effekten zu übertreffen (vgl. Abschnitt 3 und den Methodenanhang, Abschnitt 1.3), andererseits können die Effekte in logistischen Regressionsanalysen instabil sein und leicht sehr kleine oder sehr große Werte annehmen.

In *Modell I* in Tabelle 10.7 zeigt sich eine Übereinstimmung mit den Analysen für die Befragten aller Altersgruppen: Auch unter den 16- bis 29-Jährigen sind Männer eher als Frauen der Auffassung, dass die Bundeswehr ein attraktiver Arbeitgeber sei. Die anderen Erklärungsfaktoren haben keine statistisch signifikanten Effekte.

In *Modell II* sind drei Parallelen zu den Ergebnissen für alle Altersgruppen zu sehen: Personen mit einer Wahlabsicht für die Unionsparteien halten im Vergleich zu Personen ohne Wahlabsicht die Bundeswehr für einen attraktiveren Arbeitgeber. Auch Befragte mit höherem politischem Interesse oder positiverer Einschätzung der nationalen wirtschaftlichen Lage bewerten die Attraktivität der Streitkräfte als Arbeitgeber besser. Die übrigen Variablen und Merkmale haben keinen statistisch signifikanten Einfluss.

Für die *Modelle III und IV* zeigen sich im Vergleich zwischen den jungen und allen Befragten drei identische Befunde: Bei jüngeren Personen sind die Leistungen der Streitkräfte im Ausland relevant. Bewertet jemand diese besser, nimmt er die Bundeswehr als attraktiveren Arbeitgeber wahr. Schätzt jemand das Auftreten der Soldatinnen und Soldaten positiver ein oder hat jemand eine positivere Haltung zur Bundeswehr, wird die Arbeitgeberattraktivität ebenfalls positiver eingeschätzt.

Tabelle 10.6: Determinanten der Bewertung der Attraktivität des Arbeitgebers Bundeswehr für junge Menschen, Gesamtbevölkerung

	Bewertung der Attraktivität des Arbeitgebers Bundeswehr				
	Modell I	Modell II	Modell III	Modell IV	Modell V
Ressourcen					
Frauen	0,70**				0,85 n.s.
Alter	1,01 n.s.				1,00 n.s.
Niedrige Bildung	0,98 n.s.				0,96 n.s.
Hohe Bildung	1,08 n.s.				1,24 n.s.
Haushaltsnettoeinkommen (bis 2.000 Euro)	0,87 n.s.				1,11 n.s.
Haushaltsnettoeinkommen (4.001 Euro und mehr)	0,88 n.s.				0,75 n.s.
Ostdeutschland	1,33*				1,36 n.s.
Migrationshintergrund	1,24 n.s.				0,83 n.s.
Ist/war bei der Bundeswehr	1,59**				1,20 n.s.
Politische Einstellungen					
Politisches Interesse		3,37***			3,09***
Eigene wirtschaftliche Lage		1,02 n.s.			0,74 n.s.
Nationale wirtschaftliche Lage		1,86**			1,26 n.s.
Wahlabsicht CDU/CSU		1,69***			0,92 n.s.
Wahlabsicht SPD		1,63**			1,01 n.s.
Wahlabsicht AfD		2,59***			1,63 n.s.
Wahlabsicht FDP		1,71*			1,02 n.s.
Wahlabsicht Die Linke		1,36 n.s.			1,49 n.s.
Wahlabsicht Bündnis 90/Die Grünen		0,75 n.s.			0,68 n.s.
Bundeswehrspezifische Einstellungen					
Einstellung zur Bundeswehr				18,74***	16,16***
Leistungen Bw im Inland			1,47 n.s.	0,97 n.s.	1,10 n.s.
Leistungen Bw im Ausland			4,97***	2,88**	4,73***
Ausrüstung und Bewaffnung Bw			2,45***	2,20**	2,11**
Einbindung Bw in Gesellschaft			3,36***	2,85**	2,46**
Auftreten der Soldaten			6,71***	4,25***	3,97***
Ausbildung der Soldaten			1,87*	1,34 n.s.	1,07 n.s.
Index persönliche Wahrnehmung Bw			1,58***	1,56***	1,40***
Index massenmediale Wahrnehmung Bw			1,02 n.s.	1,02 n.s.	0,98 n.s.
Konstante	1,67***	0,54***	0,03***	0,01***	0,01***
Nagelkerkes R^2	0,03	0,08	0,28	0,31	0,34
n	2.044	2.248	1.927	1.901	1.747

Anmerkungen: Wertebereich der abhängigen Variablen [0 – eher nicht und überhaupt nicht attraktiv, weiß nicht, keine Angabe; 1 – sehr und eher attraktiv). Alle erklärenden Variablen außer Alter [16; 88], Index persönliche Wahrnehmung Bw und Index massenmediale Wahrnehmung Bw [0; 4] haben einen Wertebereich von [0; 1]. Analyseverfahren: Multivariate binär-logistische Regressionen; Effektkoeffizienten (Exp(b)). Signifikanzniveau: *** p < 0,001; ** p < 0,01; * p < 0,05; n.s. = nicht signifikant (p ≥ 0,05).

Datenbasis: Bevölkerungsbefragung des ZMSBw 2020.

Tabelle 10.7: Determinanten der Bewertung der Attraktivität des Arbeitgebers Bundeswehr für junge Menschen, 16- bis 29-Jährige

	Bewertung der Attraktivität des Arbeitgebers Bundeswehr				
	Modell I	**Modell II**	**Modell III**	**Modell IV**	**Modell V**
Ressourcen					
Frauen	0,56*				0,55$^{n.s.}$
Alter	0,95$^{n.s.}$				0,95$^{n.s.}$
Niedrige Bildung	0,88$^{n.s.}$				0,45$^{n.s.}$
Hohe Bildung	1,09$^{n.s.}$				1,54$^{n.s.}$
Haushaltsnettoeinkommen (bis 2.000 Euro)	0,79$^{n.s.}$				2,13$^{n.s.}$
Haushaltsnettoeinkommen (4.001 Euro und mehr)	0,89$^{n.s.}$				1,01$^{n.s.}$
Ostdeutschland	1,28$^{n.s.}$				2,20$^{n.s.}$
Migrationshintergrund	1,66$^{n.s.}$				1,54$^{n.s.}$
Ist/war bei der Bundeswehr	2,27$^{n.s.}$				0,32$^{n.s.}$
Politische Einstellungen					
Politisches Interesse		2,48*			3,31$^{n.s.}$
Eigene wirtschaftliche Lage		0,61$^{n.s.}$			0,59$^{n.s.}$
Nationale wirtschaftliche Lage		3,50*			0,55$^{n.s.}$
Wahlabsicht CDU/CSU		2,27*			1,48$^{n.s.}$
Wahlabsicht SPD		2,50$^{n.s.}$			7,60*
Wahlabsicht AfD		1,73$^{n.s.}$			1,82$^{n.s.}$
Wahlabsicht FDP		1,74$^{n.s.}$			3,26$^{n.s.}$
Wahlabsicht Die Linke		2,23$^{n.s.}$			8,27$^{n.s.}$
Wahlabsicht Bündnis 90/Die Grünen		0,91$^{n.s.}$			1,84$^{n.s}$
Bundeswehrspezifische Einstellungen					
Einstellung zur Bundeswehr				21,11**	17,66*
Leistungen Bw im Inland			2,04$^{n.s.}$	1,56$^{n.s.}$	3,28$^{n.s.}$
Leistungen Bw im Ausland			8,70**	3,43$^{n.s.}$	10,99*
Ausrüstung und Bewaffnung Bw			2,28$^{n.s.}$	2,11$^{n.s.}$	6,16*
Einbindung Bw in Gesellschaft			2,70$^{n.s.}$	2,29$^{n.s.}$	2,42$^{n.s.}$
Auftreten der Soldaten			22,36***	18,09**	29,60**
Ausbildung der Soldaten			0,91$^{n.s.}$	0,60$^{n.s.}$	0,20*
Index persönliche Wahrnehmung Bw			1,39$^{n.s.}$	1,39$^{n.s.}$	1,55$^{n.s.}$
Index massenmediale Wahrnehmung Bw			1,14$^{n.s.}$	1,12$^{n.s.}$	1,02$^{n.s.}$
Konstante	7,15*	0,56$^{n.s.}$	0,01***	0,01***	0,01**
Nagelkerkes R^2	0,06	0,09	0,36	0,39	0,54
n	340	390	320	313	275

Anmerkungen: Wertebereich der abhängigen Variablen [0 – eher nicht und überhaupt nicht attraktiv, weiß nicht, keine Angabe; 1 – sehr und eher attraktiv). Alle erklärenden Variablen außer Alter [16; 29], Index persönliche Wahrnehmung Bw und Index massenmediale Wahrnehmung Bw [0; 4] haben einen Wertebereich von [0; 1]. Analyseverfahren: Multivariate binär-logistische Regressionen; Effektkoeffizienten (Exp(b)). Signifikanzniveau: *** $p < 0,001$; ** $p < 0,01$; * $p < 0,05$; n.s. = nicht signifikant ($p \geq 0,05$).

Datenbasis: Bevölkerungsbefragung des ZMSBw 2020.

Tabelle 10.8: Marginale Effekte für Determinanten der Bewertung der Attraktivität des Arbeitgebers Bundeswehr für junge Menschen

	Bewertung der Attraktivität des Arbeitgebers Bundeswehr für junge Menschen	
	Alle Befragten	16- bis 29-Jährige
Ressourcen		
Frauen	-3 n.s.	-14 n.s.
Alter	-4 n.s.	-14 n.s.
Niedrige Bildung	-1 n.s.	-19 n.s.
Hohe Bildung	+4 n.s.	+10 n.s.
Haushaltsnettoeinkommen (bis 2.000 Euro)	+2 n.s.	+14 n.s.
Haushaltsnettoeinkommen (4.001 Euro und mehr)	-6 n.s.	0 n.s.
Ostdeutschland	+6 n.s.	+14 n.s.
Migrationshintergrund	-4 n.s.	+8 n.s.
Ist/war bei der Bundeswehr	+4 n.s.	-27 n.s.
Politische Einstellungen		
Politisches Interesse	+21***	+21 n.s.
Eigene wirtschaftliche Lage	-5 n.s.	-10 n.s.
Nationale wirtschaftliche Lage	+4 n.s.	-12 n.s.
Wahlabsicht CDU/CSU	-2 n.s.	+8 n.s.
Wahlabsicht SPD	0 n.s.	+25*
Wahlabsicht AfD	+9 n.s.	+11 n.s.
Wahlabsicht FDP	0 n.s.	+19 n.s.
Wahlabsicht Die Linke	+8 n.s.	+26 n.s.
Wahlabsicht Bündnis 90/Die Grünen	-9 n.s.	+11 n.s.
Bundeswehrspezifische Einstellungen		
Einstellung zur Bundeswehr	+41***	+47*
Leistungen Bw im Inland	+1 n.s.	+18 n.s.
Leistungen Bw im Ausland	+26***	+44*
Ausrüstung und Bewaffnung Bw	+15**	+37*
Einbindung Bw in Gesellschaft	+17**	+16 n.s.
Auftreten der Soldaten	+23***	+56**
Ausbildung der Soldaten	+1 n.s.	-27*
Index persönliche Wahrnehmung Bw	+14***	+21 n.s.
Index massenmediale Wahrnehmung Bw	-2 n.s.	+1 n.s

Anmerkungen: Die marginalen Effekte geben (gerundete) Wahrscheinlichkeitsveränderungen (in Prozent) für die jeweilige Variable an, während die übrigen Faktoren im Modell konstant gehalten werden. Der Wert in der entsprechenden Zeile gibt die Wahrscheinlichkeitsdifferenz an, wenn die jeweilige Variable zwischen Mittelwert minus 2 Standardabweichungen und Mittelwert plus 2 Standardabweichungen variiert wird (metrische Variablen) bzw. das Merkmal vorliegt oder nicht vorliegt (dichotome Variablen). Die anderen Variablen werden auf den Modus (dichotome Variablen) oder Mittelwert gesetzt. Die Werte basieren auf Modell V in den Tabellen 10.6 und 10.7. Signifikanzniveau: *** $p < 0{,}001$; ** $p < 0{,}01$; * $p < 0{,}05$; n.s. = nicht signifikant ($p \geq 0{,}05$).

Datenbasis: Bevölkerungsbefragung des ZMSBw 2020.

Auch in *Modell V* zeigen sich einige zentrale Übereinstimmungen der Ergebnisse für die jungen Befragten und die gesamte Stichprobe. Hier soll der Einfachheit halber für die Interpretation der Stärke der Koeffizienten auf die marginalen Effekte in Tabelle 10.8 eingegangen werden: Eine positive Einstellung zu den Streitkräften (+47 Prozentpunkte) und eine positivere Einschätzung der Leistungen der Bundeswehr in den Auslandseinsätzen (+44 Prozentpunkte) führen genauso zu besseren Attraktivitätsbewertungen wie eine positivere Bewertung des Auftretens der Soldatinnen und Soldaten (+56 Prozentpunkte). Übereinstimmend ist auch der positive Effekt der Bewertung von Ausrüstung und Bewaffnung der Bundeswehr (+37 Prozentpunkte). Unterschiede zwischen den 16- bis 29-Jährigen und der Gesamtbevölkerung ergeben sich hinsichtlich der Einflüsse der Wahlabsicht und der Ausbildungsbewertung der Soldatinnen und Soldaten: Personen mit Wahlabsicht für die SPD (+25 Prozentpunkte) sehen die Bundeswehr in stärkerem Maße als attraktiven Arbeitgeber. Gleiches gilt überraschenderweise für diejenigen Befragten, welche die Ausbildung der Soldatinnen und Soldaten negativer einschätzen (-27 Prozentpunkte). Insgesamt wirken sich aber fast alle Variablen mit statistisch signifikanten Effekten bei den jüngsten Befragten stärker auf die Bewertung der Attraktivität aus als bei allen Teilnehmerinnen und Teilnehmern der Bevölkerungsbefragung 2020.

Tabelle 10.9 enthält die Modelle zur Erklärung der Bewertung der Attraktivität des Arbeitgebers Bundeswehr für die Befragten selbst. In *Modell I* zeigt sich, dass jüngere Befragte, Personen mit mittlerem Haushaltseinkommen (als Referenzkategorie für die beiden in der Tabelle dargestellten Einkommensgruppen) und Befragte, die bei der Bundeswehr sind oder waren, die Streitkräfte für sich selbst als attraktiven Arbeitgeber einschätzen. Die Erklärungsleistung dieses Modells ist überraschend hoch mit einem Nagelkerkes R^2 von 0,30. Das heißt, die soziodemografischen Eigenschaften in diesem Modell sind relativ gut geeignet, die Attraktivitätswahrnehmung zu erklären.

In *Modell II* haben drei unabhängige Variablen statistisch signifikante Einflüsse: Personen, welche die wirtschaftliche Lage Deutschlands positiver bewerten, finden die Bundeswehr als Arbeitgeber attraktiver. Gleiches gilt für Befragte mit einer Wahlabsicht für die AfD oder die FDP.

Die Ergebnisse für die *Modelle III* und *IV* belegen auch für diese abhängige Variable die große Bedeutung der Einstellung zur Bundeswehr und der Performanzindikatoren. Befragte, welche die Leistungen der Bundeswehr bei ihren Auslandseinsätzen besser bewerten, die der Ausrüstung und Bewaffnung der Bundeswehr gute Noten geben oder die die Streitkräfte im persönlichen Bereich und der persönlichen Kommunikation vermehrt wahrnehmen, sehen die Bundeswehr als attraktiveren Arbeitgeber für sich selbst (Modell III). Die Berücksichtigung der generellen Einstellung zur Bundeswehr in Modell IV führt dazu, dass statt der Bewertung der Leistungen im Ausland die Leistungsbewertung im Inland statistisch signifikant auf die Attraktivität wirkt. Allerdings ist dieser Effekt negativ, d.h. Personen mit schlechterer Leistungsbewertung bewerten die Attraktivität positiver. Insgesamt wird Modell IV aber durch den starken positiven Einfluss der Einstellung zur Bundeswehr dominiert.

Dieser Effekt zeigt sich noch einmal deutlicher in *Modell V* (der Einfachheit halber wird hierzu erneut auf die marginalen Effekte eingegangen, vgl. Tabelle 10.11). Eine sehr positive Einstellung zur Bundeswehr führt im Vergleich zu einer sehr negativen Haltung zu einer um 15 Prozentpunkte größeren Wahrscheinlichkeit, die Bundeswehr für sich selbst als attraktiven Arbeitgeber zu sehen. Eine Vielzahl weiterer Einflussfaktoren ist in Modell V relevant: Aus ihnen sticht wegen ihrer Effektstärke die Bewertung von Ausrüstung und Bewaffnung der Bundeswehr hervor. Positivere Bewertungen erhöhen die Attraktivitätswahrnehmung (um 17 Prozentpunkte). In Anbetracht der in der Bevölkerungsbefragung 2020 relativ schlechten Bewertung von Ausrüstung und Bewaffnung durch die Befragten (nur 28 Prozent bewerten diese Aspekte positiv; vgl. Abbildung 8.17), führt diese Bewertung mit dazu, dass die Bundeswehr ihr Bewerberinnen- und Bewerberpotenzial nicht ausschöpfen kann. Weitere relevante Einflussfaktoren wirken wie folgt: Jüngere, Personen mit mittlerem Einkommen und Befragte mit Bundeswehrerfahrung bewerten die Attraktivität der Bundeswehr als Arbeitgeber positiver. Gleiches gilt für Befragte mit Wahlabsicht für die FDP, Befragte, die die Leistungen der Bundeswehr im Ausland besser bewerten oder die Streitkräfte in der persönlichen Kommunikation thematisieren oder in ihrem Alltag wahrnehmen. Negativ auf die wahrgenommene Attraktivität für die Befragten selbst wirken sich eine Wahlabsicht für Bündnis 90/Die Grünen, positivere Bewertungen der Inlandseinsätze der Bundeswehr sowie eine positivere Bewertung des Ausbildungsstands aus. Die marginalen Effekte dieser Variablen liegen aber, mit Ausnahme des Alters, unter 10 Prozentpunkten.

Betrachtet man im nächsten Analyseschritt die 16- bis 29-jährigen Befragten (vgl. Tabelle 10.10), zeigen sich zahlreiche Parallelen zu den Befunden für alle Befragten. Dies wird bereits bei den Ergebnissen für *Modell I* klar: Personen mit mittlerem Einkommen und Befragte, die bei der Bundeswehr waren oder sind, bewerten die Attraktivität des Arbeitgebers für sich selbst positiver.

In *Modell II* hat nur eine einzige Variable einen statistisch signifikanten Einfluss: Befragte mit einer Wahlabsicht für Bündnis 90/Die Grünen bewerten die Attraktivität der Streitkräfte als Arbeitgeber negativer.

Die Ergebnisse für die *Modelle III* und *IV* sind nahezu identisch mit denen für alle Befragten: Bewertet jemand die Leistungen der Bundeswehr im Ausland oder die Ausrüstung und Bewaffnung der Bundeswehr besser, hat er auch einen positiveren Blick auf die

Bundeswehr als potenziellen Arbeitgeber für sich selbst. Gleiches gilt für Befragte, welche die Bundeswehr in stärkerem Maße im persönlichen Bereich wahrnehmen. Trotz der überragenden Bedeutung der Einstellung zur Bundeswehr als Erklärungsfaktor in Modell IV verliert in diesem Modell nur die Bewertung der Auslandseinsätze ihre Relevanz.

Modell V (vgl. marginale Effekte; Tabelle 10.11) bestätigt auch bei der Kernzielgruppe der Personalwerbung der Bundeswehr die überragende Bedeutung einer positiven Haltung zu den Streitkräften (+50 Prozentpunkte) und einer guten Bewertung von Ausrüstung und Bewaffnung (+59 Prozentpunkte) für die Arbeitgeberattraktivität. Weiterhin bestätigen sich die Effekte einer Wahlabsicht für die Grünen (-24 Prozentpunkte) und der persönlichen Wahrnehmung (+29 Prozentpunkte) aus den vorherigen Modellen. Überraschend sind die nur im Gesamtmodell auftretenden Effekte von Geschlecht, Migrationshintergrund und der Bewertung der Ausbildung der Soldatinnen und Soldaten: Frauen (+16 Prozentpunkte), Personen ohne Migrationshintergrund (+28 Prozentpunkte) und Befragte, die die Ausbildung schlechter bewerten (+44 Prozentpunkte), sehen die Bundeswehr als einen attraktiven Arbeitgeber für sich selbst an, sogar wenn andere Erklärungsfaktoren im Analysemodell berücksichtigt werden.

In einer letzten umfassenden Analyse wurde der *Empfehlungsindex* (aus Tabelle 10.4) als abhängige Variable verwendet. Er gibt an, ob Befragte die Bundeswehr als Arbeitgeber empfehlen würden. Anders als in den vorherigen Analysen geht es also nicht um eine Bewertung oder Einschätzung, sondern darum, ob jemand aktiv für die Bundeswehr Partei ergreifen und einem Freund oder Verwandten empfehlen würde, sich bei der Bundeswehr zu bewerben bzw. dort zu arbeiten. Die Ergebnisse sind in den Tabellen 10.12 und 10.13 dargestellt. Die Vorgehensweise erfolgte analog zu den bisherigen Analysen, allerdings wurde hier mit der linearen Regression ein anderes Verfahren genutzt, sodass die Stärke der Koeffizienten zwischen den Tabellen für die unterschiedlichen abhängigen Variablen in diesem Abschnitt nicht miteinander verglichen werden kann. Innerhalb der Tabellen 10.12 und 10.13 ist dieser Vergleich sehr wohl möglich, weil standardisierte Effekte ausgewiesen werden. Demzufolge hat in *Modell I* (Tabelle 10.12) die militärische Erfahrung (Ist/war bei der Bundeswehr) den stärksten Einfluss. Hat jemand diese Erfahrung, erhöht sich der Indexwert um 0,06 Punkte (nicht-standardisierter Effekt, tabellarisch nicht ausgewiesen). Ebenfalls positiv wirkt sich ein Migrationshintergrund und ein mittleres Einkommensniveau (als Referenzkategorie für die beiden anderen Gruppen) aus. Frauen würden die Bundeswehr in geringerem Maße empfehlen, was sich anhand des negativen Effekts zeigt.

Tabelle 10.9: Determinanten der Bewertung der Attraktivität des Arbeitgebers Bundeswehr für die Befragten selbst, Gesamtbevölkerung

	Bewertung der Attraktivität des Arbeitgebers Bundeswehr				
	Modell I	**Modell II**	**Modell III**	**Modell IV**	**Modell V**
Ressourcen					
Frauen	0,78$^{n.s.}$				1,09$^{n.s.}$
Alter	0,93***				0,91***
Niedrige Bildung	1,01$^{n.s.}$				0,93$^{n.s.}$
Hohe Bildung	0,93$^{n.s.}$				1,00$^{n.s.}$
Haushaltsnettoeinkommen (bis 2.000 Euro)	0,48***				0,54**
Haushaltsnettoeinkommen (4.001 Euro und mehr)	0,93$^{n.s.}$				1,09$^{n.s.}$
Ostdeutschland	1,22$^{n.s}$				1,32$^{n.s.}$
Migrationshintergrund	1,10$^{n.s.}$				0,64$^{n.s.}$
Ist/war bei der Bundeswehr	2,20***				2,01**
Politische Einstellungen					
Politisches Interesse		0,64$^{n.s.}$			1,20$^{n.s}$
Eigene wirtschaftliche Lage		0,78$^{n.s.}$			0,48$^{n.s.}$
Nationale wirtschaftliche Lage		2,44**			1,66$^{n.s.}$
Wahlabsicht CDU/CSU		0,95$^{n.s.}$			1,49$^{n.s.}$
Wahlabsicht SPD		0,88$^{n.s.}$			1,22$^{n.s.}$
Wahlabsicht AfD		2,16***			1,70$^{n.s.}$
Wahlabsicht FDP		2,19**			2,26*
Wahlabsicht Die Linke		0,91$^{n.s.}$			1,82$^{n.s.}$
Wahlabsicht Bündnis 90/Die Grünen		0,95$^{n.s.}$			0,59*
Bundeswehrspezifische Einstellungen					
Einstellung zur Bundeswehr				5,03***	10,41***
Leistungen Bw im Inland			0,52$^{n.s.}$	0,42*	0,31**
Leistungen Bw im Ausland			2,31*	1,77$^{n.s}$	2,92*
Ausrüstung und Bewaffnung Bw			3,10***	2,90***	5,87***
Einbindung Bw in Gesellschaft			1,87$^{n.s.}$	1,70$^{n.s}$	2,18$^{n.s}$
Auftreten der Soldaten			1,39$^{n.s.}$	1,06$^{n.s}$	1,24$^{n.s}$
Ausbildung der Soldaten			0,88$^{n.s.}$	0,71$^{n.s.}$	0,42*
Index persönliche Wahrnehmung Bw			1,48***	1,45***	1,37***
Index massenmediale Wahrnehmung Bw			0,95$^{n.s.}$	0,95$^{n.s.}$	1,00$^{n.s.}$
Konstante	7,52***	0,20***	0,07***	0,05***	1,08$^{n.s}$
Nagelkerkes R^2	0,30	0,03	0,08	0,09	0,43
n	2.044	2.248	1.927	1.901	1.747

Anmerkungen: Wertebereich der abhängigen Variablen [0 – eher nicht und überhaupt nicht attraktiv, weiß nicht, keine Angabe; 1 – sehr und eher attraktiv). Alle erklärenden Variablen außer Alter [16; 50], Index persönliche Wahrnehmung Bw und Index massenmediale Wahrnehmung Bw [0; 4] haben einen Wertebereich von [0; 1]. Analyseverfahren: Multivariate binär-logistische Regressionen; Effektkoeffizienten (Exp(b)). Signifikanzniveau: *** $p < 0,001$; ** $p < 0,01$; * $p < 0,05$; n.s. = nicht signifikant ($p \geq 0,05$).

Datenbasis: Bevölkerungsbefragung des ZMSBw 2020.

Tabelle 10.10: Determinanten der Bewertung der Attraktivität des Arbeitgebers Bundeswehr für die Befragten selbst, 16- bis 29-Jährige

	Bewertung der Attraktivität des Arbeitgebers Bundeswehr				
	Modell I	**Modell II**	**Modell III**	**Modell IV**	**Modell V**
Ressourcen					
Frauen	0,93$^{n.s}$				1,92*
Alter	0,97$^{n.s.}$				1,03$^{n.s.}$
Niedrige Bildung	1,15$^{n.s.}$				0,82$^{n.s.}$
Hohe Bildung	1,11$^{n.s.}$				1,63$^{n.s.}$
Haushaltsnettoeinkommen (bis 2.000 Euro)	0,55*				0,86$^{n.s.}$
Haushaltsnettoeinkommen (4.001 Euro und mehr)	0,76$^{n.s.}$				1,27$^{n.s.}$
Ostdeutschland	0,85$^{n.s.}$				0,90$^{n.s.}$
Migrationshintergrund	0,90$^{n.s.}$				0,27*
Ist/war bei der Bundeswehr	6,02**				4,22$^{n.s.}$
Politische Einstellungen					
Politisches Interesse		2,07$^{n.s.}$			2,70$^{n.s.}$
Eigene wirtschaftliche Lage		0,54$^{n.s.}$			0,74$^{n.s.}$
Nationale wirtschaftliche Lage		1,83$^{n.s.}$			1,00$^{n.s.}$
Wahlabsicht CDU/CSU		0,93$^{n.s.}$			0,76$^{n.s.}$
Wahlabsicht SPD		0,90$^{n.s.}$			0,62$^{n.s.}$
Wahlabsicht AfD		1,15$^{n.s.}$			1,24$^{n.s.}$
Wahlabsicht FDP		1,42$^{n.s.}$			2,72$^{n.s.}$
Wahlabsicht Die Linke		0,97$^{n.s.}$			3,48$^{n.s.}$
Wahlabsicht Bündnis 90/Die Grünen		0,36**			0,33*
Bundeswehrspezifische Einstellungen					
Einstellung zur Bundeswehr				36,47***	16,81*
Leistungen Bw im Inland			1,49$^{n.s.}$	0,98$^{n.s.}$	1,70$^{n.s.}$
Leistungen Bw im Ausland			5,63*	2,24$^{n.s.}$	2,80$^{n.s.}$
Ausrüstung und Bewaffnung Bw			4,98*	5,32**	15,36***
Einbindung Bw in Gesellschaft			3,23$^{n.s.}$	2,72$^{n.s.}$	1,74$^{n.s.}$
Auftreten der Soldaten			1,88$^{n.s.}$	1,02$^{n.s.}$	1,06$^{n.s.}$
Ausbildung der Soldaten			0,52$^{n.s.}$	0,35$^{n.s.}$	0,10*
Index persönliche Wahrnehmung Bw			1,42*	1,44*	1,67**
Index massenmediale Wahrnehmung Bw			0,99$^{n.s.}$	0,98$^{n.s.}$	0,91$^{n.s.}$
Konstante	1,30$^{n.s}$	0,56$^{n.s.}$	0,03***	0,01***	0,01**
Nagelkerkes R^2	0,05	0,07	0,20	0,25	0,34
n	340	390	320	313	275

Anmerkungen: Wertebereich der abhängigen Variablen [0 – eher nicht und überhaupt nicht attraktiv, weiß nicht, keine Angabe; 1 – sehr und eher attraktiv). Alle erklärenden Variablen außer Alter [16; 29], Index persönliche Wahrnehmung Bw und Index massenmediale Wahrnehmung Bw [0; 4] haben einen Wertebereich von [0; 1]. Analyseverfahren: Multivariate binär-logistische Regressionen; Effektkoeffizienten (Exp(b)). Signifikanzniveau: *** $p < 0{,}001$; ** $p < 0{,}01$; * $p < 0{,}05$; n.s. = nicht signifikant ($p \geq 0{,}05$).

Datenbasis: Bevölkerungsbefragung des ZMSBw 2020.

Tabelle 10.11: Marginale Effekte für Determinanten der Bewertung der Attraktivität des Arbeitgebers Bundeswehr für die Befragten selbst

	Bewertung der Attraktivität des Arbeitgebers Bundeswehr für junge Menschen	
	Alle Befragten	16- bis 29-Jährige
Ressourcen		
Frauen	+1$^{n.s.}$	+16*
Alter	-66***	+9$^{n.s.}$
Niedrige Bildung	-1$^{n.s.}$	-5$^{n.s.}$
Hohe Bildung	0$^{n.s.}$	+12$^{n.s.}$
Haushaltsnettoeinkommen (bis 2.000 Euro)	-4**	-4$^{n.s.}$
Haushaltsnettoeinkommen (4.001 Euro und mehr)	+1$^{n.s.}$	+5$^{n.s.}$
Ostdeutschland	+3$^{n.s.}$	-3$^{n.s.}$
Migrationshintergrund	-3$^{n.s.}$	-28*
Ist/war bei der Bundeswehr	+8**	+32$^{n.s.}$
Politische Einstellungen		
Politisches Interesse	+2$^{n.s.}$	+22$^{n.s.}$
Eigene wirtschaftliche Lage	-6$^{n.s.}$	-6$^{n.s.}$
Nationale wirtschaftliche Lage	+4$^{n.s.}$	0$^{n.s.}$
Wahlabsicht CDU/CSU	+4$^{n.s.}$	-7$^{n.s.}$
Wahlabsicht SPD	+2$^{n.s.}$	-12$^{n.s.}$
Wahlabsicht AfD	+6$^{n.s.}$	+5$^{n.s.}$
Wahlabsicht FDP	+10*	+23$^{n.s.}$
Wahlabsicht Die Linke	+7$^{n.s.}$	+28$^{n.s.}$
Wahlabsicht Bündnis 90/Die Grünen	-4*	-24*
Bundeswehrspezifische Einstellungen		
Einstellung zur Bundeswehr	+15***	+50*
Leistungen Bw im Inland	-8**	+9$^{n.s.}$
Leistungen Bw im Ausland	+7*	+21$^{n.s.}$
Ausrüstung und Bewaffnung Bw	+17***	+59***
Einbindung Bw in Gesellschaft	+6$^{n.s.}$	+12$^{n.s.}$
Auftreten der Soldaten	+2$^{n.s.}$	+1$^{n.s.}$
Ausbildung der Soldaten	-6*	-44*
Index persönliche Wahrnehmung Bw	+7***	+29**
Index massenmediale Wahrnehmung Bw	0$^{n.s.}$	-9$^{n.s}$

Anmerkungen: Die marginalen Effekte geben (gerundete) Wahrscheinlichkeitsveränderungen (in Prozent) für die jeweilige Variable an, während die übrigen Faktoren im Modell konstant gehalten werden. Der Wert in der entsprechenden Zeile gibt die Wahrscheinlichkeitsdifferenz an, wenn die jeweilige Variable zwischen Mittelwert minus 2 Standardabweichungen und Mittelwert plus 2 Standardabweichungen variiert wird (metrische Variablen) bzw. das Merkmal vorliegt oder nicht vorliegt (dichotome Variablen). Die anderen Variablen werden auf den Modus (dichotome Variablen) oder Mittelwert gesetzt. Die Werte basieren auf Modell V in den Tabellen 10.9 und 10.10. Signifikanzniveau: *** $p < 0,001$; ** $p < 0,01$; * $p < 0,05$; n.s. = nicht signifikant ($p \geq 0,05$).

Datenbasis: Bevölkerungsbefragung des ZMSBw 2020.

Unter den politischen Einstellungen und Verhaltensweisen in *Modell II* haben fast alle Variablen statistisch signifikante Effekte. Am stärksten positiv wirken sich das politische Interesse und eine Wahlabsicht für die Unionsparteien aus. Weitere positive Effekte ergeben sich für eine bessere Bewertung der nationalen wirtschaftlichen Lage sowie eine Wahlabsicht für die SPD, die FDP oder die AfD. Negativ auf die Empfehlungsbereitschaft wirken sich Wahlabsichten für Bündnis 90/Die Grünen aus.

Modell III zeigt auch für die Empfehlungsbereitschaft, dass es vor allem bundeswehrspezifische Einstellungen sind, welche die abhängige Variable beeinflussen: Der Anteil erklärter Varianz liegt bei 34 Prozent, alle Variablen im Modell haben statistisch signifikante positive Effekte, d.h. positivere Bewertungen bzw. eine stärkere Wahrnehmung führen zu einer größeren Empfehlungsbereitschaft. Mit Abstand am stärksten wirkt sich die Bewertung der Leistungen der Bundeswehr im Ausland aus. Die schwächsten Effekte haben die Bewertung von Ausrüstung und Bewaffnung der Bundeswehr, der Einbindung der Bundeswehr in die Gesellschaft und der Ausbildung der Soldatinnen und Soldaten.

In *Modell IV* ändert sich durch Einbeziehung der Einstellung zur Bundeswehr an diesen positiven Wirkungsmechanismen wenig. Diese Variable ist mit großem Abstand der erklärungsstärkste Einflussfaktor. Nicht mehr statistisch signifikant sind im Vergleich zu Modell III die Bewertung von Ausrüstung und Bewaffnung der Bundeswehr und die Einschätzung des Ausbildungsstandes der Soldatinnen und Soldaten.

Im *Gesamtmodell – Modell V* – bestätigen sich diese Ergebnisse weitgehend, vor allem die bundeswehrspezifischen Einstellungen erweisen sich als besonders starke Erklärungsfaktoren, die soziodemografischen Eigenschaften verlieren ihre Bedeutung. Unter den politischen Einstellungen wirken sich das politische Interesse, die Bewertungen der wirtschaftlichen Lage und die Parteipräferenzen auf die Empfehlungsbereitschaft aus.

Mit großem Abstand den stärksten Effekt aller Einflussfaktoren hat die Einstellung zur Bundeswehr. Personen, die den Streitkräften besonders positiv gegenüberstehen, haben eine um 0,45 Punkte – das ist fast die Hälfte der Skala – höhere Bereitschaft (nicht-standardisierter Effekt, tabellarisch nicht ausgewiesen), die Bundeswehr als Arbeitgeber zu empfehlen als Befragte, die eine sehr negative Einstellung haben. Alle anderen Variablen aus dieser Gruppe, mit Ausnahme der Bewertung der Ausrüstung und Bewaffnung und der Ausbildung der Soldatinnen und Soldaten, haben einen positiven, statistisch signifikanten Einfluss auf die Empfehlungsbereitschaft. Insgesamt zeigen sich daher weitgehende Übereinstimmungen zwischen den Ergebnissen für 2018, 2019 und 2020 (Steinbrecher 2018d, 2019d), was für die zeitliche Konstanz und Konsistenz der Einflüsse der

Erklärungsvariablen spricht. Interessant ist im Vergleich zu den vorangegangenen Analysen zur wahrgenommenen Attraktivität, dass die Bewertung von Ausrüstung und Bewaffnung der Bundeswehr für die Empfehlungsbereitschaft nahezu keine Rolle spielt.

Die Analysen für den Index Empfehlungsbereitschaft wurden ebenfalls für die 16- bis 29-Jährigen separat berechnet. Tabelle 10.13 zeigt die entsprechenden Ergebnisse. Wie schon für die Attraktivitätsbewertung gilt auch hier, dass durch die deutlich niedrigere Zahl der berücksichtigten Befragten herkömmliche Grenzwerte für die Feststellung der statistischen Signifikanz von Effekten wesentlich schwieriger zu überwinden sind. Dies spiegelt sich in der kleineren Zahl insgesamt statistisch signifikanter Effekte wider. Blickt man auf die einzelnen Modelle, so ist in *Modell I* lediglich die eigene Berufserfahrung bei den Streitkräften relevant. Auch unter den jungen Befragten würden Personen mit einer Dienstzeit bei der Bundeswehr diese in stärkerem Maße als Arbeitgeber empfehlen. Die Ergebnisse von *Modell II* für die 16- bis 29-Jährigen entsprechen weitgehend den Befunden für alle Befragten: Junge Leute mit Wahlabsicht für CDU und CSU würden die Streitkräfte eher als Arbeitgeber empfehlen, solche mit Wahlabsicht für Bündnis 90/Die Grünen würden dies eher nicht tun. Ansonsten würden Befragte mit stärkerem politischen Interesse die Bundeswehr eher als Arbeitgeber empfehlen. Bei den Analysen für die Kernzielgruppe der Personalwerbung der Bundeswehr in *Modell III* haben alle Variablen mit statistisch signifikanten Einflüssen ein positives Vorzeichen. Wird in *Modell IV* die Einstellung zur Bundeswehr in die Analysen mit aufgenommen, dominiert diese Variable das Modell deutlich (mit einem starken positiven Effekt). Hinzu kommen als statisch signifikante Einflussfaktoren die Bewertung der Leistungen der Bundeswehr im Ausland, die Bewertung des Auftretens der Soldatinnen und Soldaten, die Wahrnehmung der Streitkräfte im persönlichen Bereich sowie über die Massenmedien. In *Modell V* sind wie im Modell für alle Befragten politische und bundeswehrspezifische Einstellungen von Bedeutung. Auch das Gesamtmodell wird dabei von der Einstellung zur Bundeswehr dominiert. 16- bis 29-Jährige mit einer sehr positiven Einstellung zur Bundeswehr haben unter Kontrolle der anderen Variablen im Modell eine um 0,45 Punkte größere Neigung, die Streitkräfte als Arbeitgeber zu empfehlen als Gleichaltrige mit sehr negativer Haltung. Weitere relevante Einflussfaktoren sind die Bewertung der Leistungen der Bundeswehr im Ausland, der Ausrüstung und Bewaffnung der Bundeswehr und des Auftretens der Soldatinnen und Soldaten. Dazu kommt, dass Anhänger von SPD, FDP und – überraschenderweise – Die Linke, die Bundeswehr eher als Arbeitgeber empfehlen würden. Im Vergleich zum Modell für alle Befragten, sind die Determinanten der Empfehlungsbereitschaft bei jüngeren Leuten insgesamt weniger differenziert ausgeprägt.

Tabelle 10.12: Determinanten der Empfehlungen für die Bundeswehr als Arbeitgeber, Gesamtbevölkerung

	Index Empfehlungen für die Bundeswehr als Arbeitgeber				
	Modell I	Modell II	Modell III	Modell IV	Modell V
Ressourcen					
Frauen	-0,08**				-0,02$^{n.s.}$
Alter	0,05$^{n.s.}$				-0,02$^{n.s.}$
Niedrige Bildung	0,03$^{n.s.}$				0,03$^{n.s.}$
Hohe Bildung	-0,03$^{n.s.}$				0,00$^{n.s.}$
Haushaltsnettoeinkommen (bis 2.000 Euro)	-0,05*				0,00$^{n.s.}$
Haushaltsnettoeinkommen (4.001 Euro und mehr)	0,02$^{n.s.}$				0,02$^{n.s.}$
Ostdeutschland	0,00$^{n.s.}$				0,01$^{n.s.}$
Migrationshintergrund	0,07**				-0,01$^{n.s.}$
Ist/war bei der Bundeswehr	0,09***				0,01$^{n.s.}$
Politische Einstellungen					
Politisches Interesse		0,17***			0,09***
Eigene wirtschaftliche Lage		-0,02$^{n.s.}$			-0,06*
Nationale wirtschaftliche Lage		0,09***			0,04*
Wahlabsicht CDU/CSU		0,17***			0,05*
Wahlabsicht SPD		0,12***			0,04$^{n.s.}$
Wahlabsicht AfD		0,08***			0,04*
Wahlabsicht FDP		0,06**			0,06**
Wahlabsicht Die Linke		0,01$^{n.s.}$			0,05*
Wahlabsicht Bündnis 90/Die Grünen		-0,05*			-0,01$^{n.s.}$
Bundeswehrspezifische Einstellungen					
Einstellung zur Bundeswehr				0,40***	0,38***
Leistungen Bw im Inland			0,12***	0,06**	0,07**
Leistungen Bw im Ausland			0,23***	0,13***	0,13***
Ausrüstung und Bewaffnung Bw			0,06*	0,03$^{n.s.}$	0,03$^{n.s.}$
Einbindung Bw in Gesellschaft			0,08***	0,06**	0,05*
Auftreten der Soldaten			0,15***	0,07**	0,07**
Ausbildung der Soldaten			0,09***	0,03$^{n.s.}$	0,01$^{n.s.}$
Index persönliche Wahrnehmung Bw			0,17***	0,15***	0,13***
Index massenmediale Wahrnehmung Bw			0,11***	0,10***	0,08***
Korrigiertes R^2	0,03	0,09	0,34	0,43	0,44
n	2.004	2.225	1.910	1.887	1.728

Anmerkungen: Wertebereich der abhängigen Variablen [0 – keine Empfehlung des Arbeitgebers Bundeswehr; 1 – starke Empfehlung des Arbeitgebers Bundeswehr]. Alle erklärenden Variablen außer Alter [16; 88], Index persönliche Wahrnehmung Bw und Index massenmediale Wahrnehmung Bw [0; 4] haben einen Wertebereich von [0; 1]. Analyseverfahren: Multiple lineare Regressionen; standardisierte Regressionskoeffizienten (beta). Signifikanzniveau: *** p < 0,001; ** p < 0,01; * p < 0,05; n.s. = nicht signifikant (p ≥ 0,05).

Datenbasis: Bevölkerungsbefragung des ZMSBw 2020.

Tabelle 10.13: Determinanten der Empfehlungen für die Bundeswehr als Arbeitgeber, 16- bis 29-Jährige

	Index Empfehlungen für die Bundeswehr als Arbeitgeber				
	Modell I	**Modell II**	**Modell III**	**Modell IV**	**Modell V**
Ressourcen					
Frauen	-0,07$^{n.s.}$				0,01$^{n.s.}$
Alter	-0,10$^{n.s.}$				-0,06$^{n.s.}$
Niedrige Bildung	0,01$^{n.s.}$				-0,01$^{n.s.}$
Hohe Bildung	-0,04$^{n.s.}$				-0,01$^{n.s.}$
Haushaltsnettoeinkommen (bis 2.000 Euro)	-0,08$^{n.s.}$				-0,03$^{n.s.}$
Haushaltsnettoeinkommen (4.001 Euro und mehr)	0,05$^{n.s.}$				0,00$^{n.s.}$
Ostdeutschland	0,02$^{n.s.}$				0,06$^{n.s.}$
Migrationshintergrund	0,08$^{n.s.}$				0,05$^{n.s.}$
Ist/war bei der Bundeswehr	0,17**				0,02$^{n.s.}$
Politische Einstellungen					
Politisches Interesse		0,12*			0,07$^{n.s.}$
Eigene wirtschaftliche Lage		-0,01$^{n.s.}$			0,02$^{n.s.}$
Nationale wirtschaftliche Lage		0,06$^{n.s.}$			-0,08$^{n.s.}$
Wahlabsicht CDU/CSU		0,13*			0,07$^{n.s.}$
Wahlabsicht SPD		0,06$^{n.s.}$			0,14**
Wahlabsicht AfD		0,03$^{n.s.}$			0,08$^{n.s.}$
Wahlabsicht FDP		0,05$^{n.s.}$			0,17***
Wahlabsicht Die Linke		-0,01$^{n.s.}$			0,09*
Wahlabsicht Bündnis 90/Die Grünen		-0,20***			-0,02$^{n.s.}$
Bundeswehrspezifische Einstellungen					
Einstellung zur Bundeswehr				0,42***	0,39***
Leistungen Bw im Inland			0,16**	0,09$^{n.s.}$	0,10$^{n.s.}$
Leistungen Bw im Ausland			0,25***	0,12*	0,13*
Ausrüstung und Bewaffnung Bw			0,05$^{n.s.}$	0,05$^{n.s.}$	0,11*
Einbindung Bw in Gesellschaft			0,06$^{n.s.}$	0,02$^{n.s.}$	-0,04$^{n.s.}$
Auftreten der Soldaten			0,20**	0,12*	0,18**
Ausbildung der Soldaten			0,08$^{n.s.}$	0,02$^{n.s.}$	-0,05$^{n.s.}$
Index persönliche Wahrnehmung Bw			0,13**	0,13**	0,09$^{n.s.}$
Index massenmediale Wahrnehmung Bw			0,16**	0,15**	0,06$^{n.s.}$
Korrigiertes R^2	0,04	0,09	0,40	0,49	0,55
n	354	422	342	337	287

Anmerkungen: Wertebereich der abhängigen Variablen [0 – keine Empfehlung des Arbeitgebers Bundeswehr; 1 – starke Empfehlung des Arbeitgebers Bundeswehr]. Alle erklärenden Variablen außer Alter [16; 29], Index persönliche Wahrnehmung Bw und Index massenmediale Wahrnehmung Bw [0; 4] haben einen Wertebereich von [0; 1]. Analyseverfahren: Multiple lineare Regressionen; standardisierte Regressionskoeffizienten (beta). Signifikanzniveau: *** $p < 0,001$; ** $p < 0,01$; * $p < 0,05$; n.s. = nicht signifikant ($p \geq 0,05$).

Datenbasis: Bevölkerungsbefragung des ZMSBw 2020.

10.7 Fazit

Betrachtet man alle Ergebnisse dieses Abschnitts in der Gesamtschau, wird klar, dass die Bundeswehr von den meisten Bürgerinnen und Bürgern als attraktiver Arbeitgeber wahrgenommen wird. Viele würden Freunden, Bekannten und Verwandten die Streitkräfte als Arbeitgeber empfehlen. Insgesamt zeigen diese Analysen die große Bedeutung der Soldatinnen und Soldaten als Botschafter der Bundeswehr und die Relevanz der generellen affektiven Haltung zu den Streitkräften. Insofern verdeutlichen auch diese Ergebnisse, dass es die Streitkräfte genauso wie einzelne Soldatinnen und Soldaten selbst in der Hand haben, Bürgerinnen und Bürger für den Dienst in der Bundeswehr zu begeistern. Dass dafür die Grundlagen durch die Maßnahmen der Agenda Attraktivität gelegt sind, zeigen die Ergebnisse der Personalbefragung 2020: Im Vergleich zu den Personalbefragungen 2013 und 2016 bewerten deutlich mehr Angehörige der Bundeswehr ihren Arbeitgeber als attraktiv (2013: 39 Prozent, 2016: 59 Prozent, 2020: 68 Prozent) und deutlich mehr würden wieder bei der Bundeswehr anfangen (2013: 43 Prozent, 2016: 56 Prozent, 2020: 63 Prozent) oder Freunden und Bekannten empfehlen, bei der Bundeswehr zu arbeiten (2013: 23 Prozent, 2016: 36 Prozent, 2020: 42 Prozent) (Richter 2020). Die Indikatoren für eine Multiplikatorwirkung der Bundeswehrangehörigen zeigen daher in die richtige Richtung.

11 Einstellungen zur Höhe der Verteidigungsausgaben, zum Personalumfang der Bundeswehr und zu bewaffneten Drohnen

Markus Steinbrecher

Zum ersten Mal seit der Wiedervereinigung sind die deutschen Verteidigungsausgaben ab dem Jahr 2017 substanziell gestiegen. Wurden 2016 noch 35,1 Milliarden Euro für Verteidigung ausgegeben, erhöhten sich diese Ausgaben im Einzelplan 14 im Bundeshaushalt 2017 auf etwas mehr als 37 Milliarden Euro. 2018 erfolgte eine Erhöhung auf 38,5 Milliarden und 2019 ein weiterer Anstieg auf 43,2 Milliarden Euro (BMF 2019). 2020 liegt der Verteidigungshaushalt bei etwa 45,2 Milliarden Euro (BMVg 2020b). Diese sogenannte Trendwende Finanzen ist vor dem Hintergrund des 2014 auf dem NATO-Gipfel in Wales durch die Regierungen der Mitgliedstaaten beschlossenen politischen Ziels der Steigerung der Verteidigungsausgaben auf zwei Prozent des Bruttoinlandsprodukts (BIP) und der langjährigen Unterfinanzierung der Bundeswehr zu sehen. Den Wert von zwei Prozent des BIP haben die deutschen Verteidigungsausgaben zuletzt 1992 erreicht (SIPRI 2018). 2019 lag der Verteidigungsetat Deutschlands bei einer Höhe von 1,36 Prozent des BIP (NATO Public Diplomacy Division 2019). In der Berichterstattung über die Bundeswehr und außen- und sicherheitspolitische Fragen werden die Höhe der Verteidigungsausgaben und die Einhaltung des NATO-Ziels regelmäßig thematisiert. Dies gilt auch für das zeitliche Umfeld der Bevölkerungsbefragung 2020. Daher ist davon auszugehen, dass die Bevölkerung zumindest in den Grundzügen mit der Thematik und den entsprechenden politischen Argumenten vertraut ist.

Neben dem Umschwung in der Entwicklung der Verteidigungsausgaben wächst auch zum ersten Mal seit dem Ende des Kalten Krieges der angestrebte Personalumfang der Bundeswehr. Im August 2020 umfasste die Bundeswehr 184.258 Soldatinnen und Soldaten (BMVg 2020a) bei einer Sollstärke von 185.000. Im Rahmen der „Trendwende Personal“ soll die Bundeswehr bis zum Jahr 2024 auf 198.000 Soldatinnen und Soldaten anwachsen und 2025 eine Personalstärke von 203.000 erreichen. Zudem wurde die strenge Personalobergrenze abgeschafft und ein „atmender Personalkörper“ geschaffen (BMVg 2017; Personalboard 2017).

Vor dem Hintergrund dieser veränderten Rahmenbedingungen der Verteidigungsausgaben und der Personalstärke der Bundeswehr, aber auch wegen möglicher Auswirkungen der Corona-Pandemie, ist es von besonderem Interesse, wie sich die Einstellungen der

Bürgerinnen und Bürger in Deutschland zu diesen Themen 2020 entwickelt haben. Die folgenden Analysen der Bevölkerungsbefragung 2020 schließen daher eine langfristige Perspektive ein und stellen die Entwicklung dieser Einstellungen seit dem Jahr 1981 bzw. 2000 dar. Zudem werden die Erklärungsfaktoren der beiden Einstellungen ausführlich untersucht und herausgearbeitet.

In diesem Abschnitt wird außerdem ein weiteres Thema aus dem Bereich Ausrüstung und Bewaffnung der Bundeswehr thematisiert. Zum ersten Mal seit der Bevölkerungsbefragung 2014 (Wanner 2014, 2015) wurden die Bürgerinnen und Bürger im Jahr 2020 danach gefragt, ob ihrer Ansicht nach bewaffnete Drohnen künftig zur Ausrüstung der Bundeswehr gehören sollen oder nicht. Auch zu dieser Thematik werden univariate, bivariate und multivariate Analyseergebnisse dargestellt und interpretiert.

11.1 Einstellung zu den Verteidigungsausgaben

Die Bevölkerung positioniert sich 2020 wie in den Vorjahren eindeutig zur Höhe des Verteidigungsetats: 42 Prozent der Befragten sind für eine Erhöhung der Verteidigungsausgaben, etwas weniger (40 Prozent) stimmen dafür, die Ausgaben gleich zu halten und lediglich 12 Prozent plädieren für eine Verringerung des Verteidigungsbudgets (vgl. Abbildung 11.1). Im Vergleich zum Vorjahr hat der Anteil der Befürworter einer Ausgabenerhöhung um 3 Prozentpunkte abgenommen. Für die Option, die Ausgaben gleich zu halten, zeigt sich ein leichter Zuwachs (+2 Prozentpunkte). Keine Veränderung findet sich für die Gruppe derjenigen, die die Verteidigungsausgaben senken möchte. Damit ist, wie in allen Jahren seit 2015, immer noch eine deutliche Mehrheit der Bürgerinnen und Bürger für eine Erhöhung der Ausgaben für Verteidigung oder wenigstens für die Erhaltung des Status quo. Blickt man auf längere zeitliche Entwicklungen mithilfe aller Bevölkerungsbefragungen des ZMSBw bzw. des Sozialwissenschaftlichen Instituts der Bundeswehr (SOWI) seit dem Jahr 2000, so ist über den gesamten Zeitraum betrachtet 2020 der sechsthöchste Zustimmungswert für eine Erhöhung der Verteidigungsausgaben zu verzeichnen.

Abbildung 11.1: Einstellung zu den Verteidigungsausgaben im Zeitvergleich 2000–2020

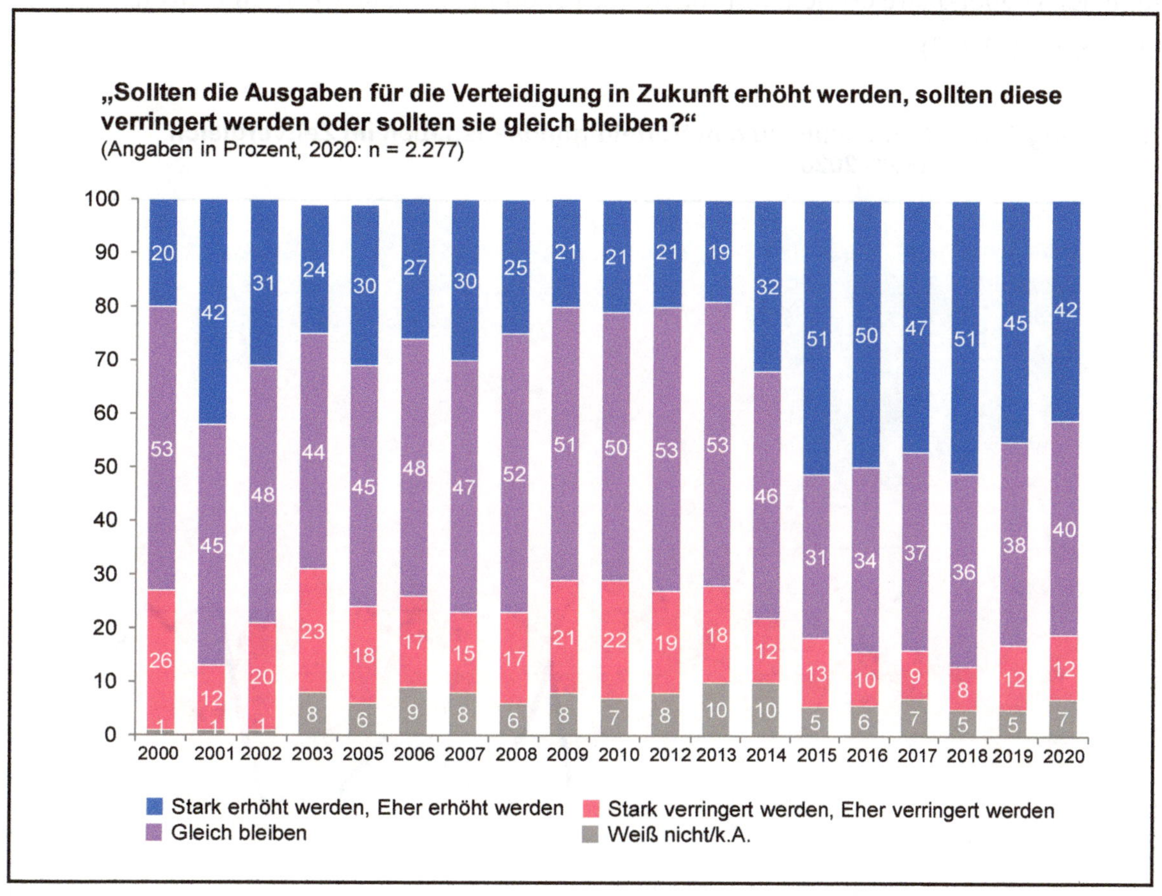

Anmerkungen: Nicht alle Prozentangaben ergeben in der Summe 100 Prozent, da die Einzelwerte gerundet wurden. 2004 und 2011 wurde die Frage nicht erhoben.

Datenbasis: Bevölkerungsbefragungen des ZMSBw 2000–2003, 2005–2010, 2012–2020.

Wählt man unter Verwendung anderer im Auftrag des Verteidigungsministeriums durchgeführter Umfragen eine längere zeitliche Perspektive ab dem Jahr 1981 (vgl. Abbildung 11.2), zeigt sich in stärkerem Maße der Meinungsumschwung zugunsten höherer Verteidigungsausgaben in der zweiten Hälfte der 2010er-Jahre. Der Verlauf der Haltung der Bevölkerung zu dieser Frage ist im Wesentlichen ein Spiegelbild der Entwicklung der sicherheitspolitischen Lage. Mit der Entspannung in den 1980er-Jahren zeigt sich ein Anstieg des Anteils derjenigen, die die Verteidigungsausgaben senken möchten, von 27 Prozent im Jahr 1981 auf 54 Prozent im Jahr 1989. Nach dem Ende des Kalten Krieges spricht sich mit 63 bzw. 67 Prozent in den Jahren 1990 bis 1992 eine deutliche Mehrheit der Bevölkerung für eine Verringerung der Ausgaben für das Militär aus und äußert somit den Willen, die sogenannte Friedensdividende einzufahren. Entsprechend nimmt der Anteil derjenigen, welche die Ausgaben erhöhen oder auf dem gleichen Niveau halten wollen, ab. Der jeweils niedrigste Wert für beide Optionen im gesamten Zeitraum wird Anfang der 1990er-Jahre erreicht (3 Prozent für Erhöhung im Jahr 1991, 28 Prozent für gleiches Niveau 1992).

Abbildung 11.2: Einstellung zu den Verteidigungsausgaben im Zeitvergleich 1981–2020

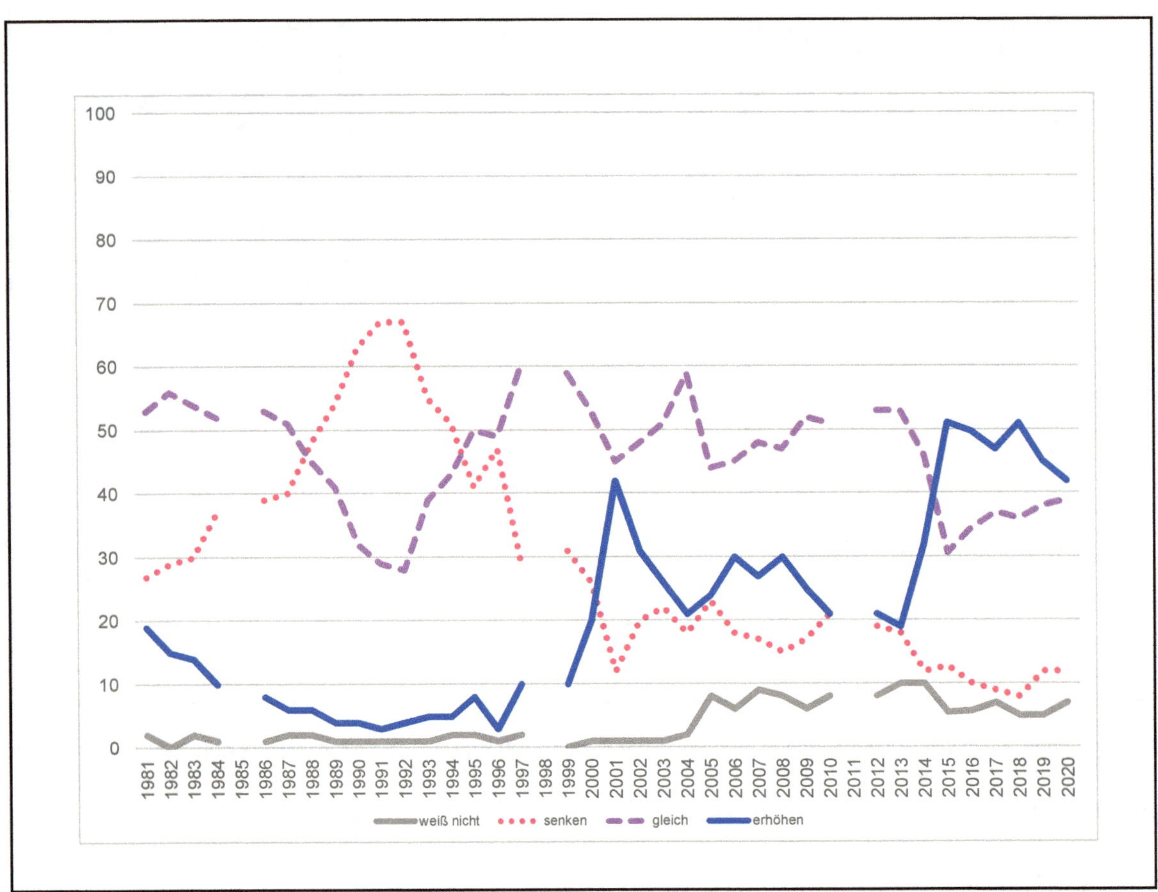

Anmerkungen: Für die Jahre 1985, 1998 und 2011 stehen keine Daten zur Verfügung. Die Fragestellungen und Antwortskalen variieren, sind aber über den gesamten Befragungszeitraum vergleichbar. In den Befragungen zur Wehrpolitischen Lage wurde die Frage nach der Höhe der Verteidigungsausgaben grundsätzlich mit einer 3er-Skala (senken, gleich bleiben, erhöhen) abgefragt. In den Bevölkerungsbefragungen des ZMSBw und des SOWI wurde die Frage stets mit einer 5er-Skala (siehe Abbildung 11.1) erhoben. Aus Vergleichbarkeitsgründen wurden jeweils die beiden positiven und negativen Antwortausprägungen zusammengefasst.

Datenbasis: Bevölkerungsbefragungen des ZMSBw 2000–2002, 2005–2010, 2012–2020, Wehrpolitische Lage 1981–1984, 1986–1997, 1999, 2003–2004.

Ab Mitte der 1990er-Jahre verschwindet die Mehrheit für eine Senkung des Verteidigungsetats. Stattdessen verschiebt sich die Position der Bevölkerung hin zu einem Erhalt des Niveaus der Verteidigungsausgaben. Zwischen 44 und 59 Prozent der Bürgerinnen und Bürger sprechen sich von 1995 bis 2013 für diese Position aus und stellen damit entweder eine relative oder sogar absolute Mehrheit dar. Nur 2001 zeigt sich als Reaktion auf die Anschläge in den USA am 11. September ein starker Anstieg des Anteils derjenigen, die mehr Verteidigungsausgaben befürworten, auf 42 Prozent – dies ist der höchste Wert dieser Kurve zwischen 1981 und 2014. Das Jahr 2014 ist mit dem Beginn des Bürgerkrieges in der Ukraine, dem Erstarken des sogenannten Islamischen Staates in Syrien und im Irak sowie dem Fokus des Elitendiskurses in Deutschland auf die gewachsene Verantwortung des Landes (z.B. während der Münchener Sicherheitskonferenz 2014) ein Wendepunkt für die Einstellungen zur Entwicklung des Verteidigungsetats: 2014 sprechen sich 32 Prozent für erhöhte Ausgaben aus (+13 Prozentpunkte im Vergleich zu 2013), während mit 46 Prozent die relative Mehrheit immer noch für einen Erhalt des Ausgabenniveaus ist. Ab 2015 ist dann die relative bzw. absolute Mehrheit der Bürgerinnen und Bürger für mehr Ausgaben für die Streitkräfte – eine Rolle spielt dabei auch die schlechte Lage der Ausrüstung und Bewaffnung der Bundeswehr (Steinbrecher 2017b, 2018a, 2019b).

Insgesamt zeigt sich also bei der Einstellung zu den Verteidigungsausgaben im Zeitverlauf eine beachtliche Volatilität des Meinungsbildes, die sich vor allem durch Ereignisse und Veränderungen der sicherheitspolitischen Lage erklären lässt – ein Beleg für das Konzept der „rationalen Öffentlichkeit". Dieses besagt, dass die öffentliche Meinung auf der Aggregatebene rational und objektiv nachvollziehbar auf politische Ereignisse und Entscheidungen der Eliten reagiert („rational public", z.B. Isernia et al. 2002; Page/Shapiro 1992; Shapiro/Page 1988).

Nachdem gezeigt werden konnte, dass es im Zeitverlauf deutliche Verschiebungen der öffentlichen Meinung zur Höhe der Verteidigungsausgaben gibt, bleibt die Frage, ob sich dabei bestimmte Gruppen der Bevölkerung voneinander unterscheiden. Tabelle 11.1 präsentiert die Meinung der Bürgerinnen und Bürger in den soziodemografischen Gruppen und nach ihrer Wahlabsicht in der Bevölkerungsbefragung 2020. Alle dargestellten Merkmale mit Ausnahme des Bildungsniveaus und des Migrationshintergrundes wirken sich statistisch signifikant auf die Position zu den Verteidigungsausgaben aus. Ungeachtet der Unterschiede sprechen sich aber fast alle betrachteten Gruppen mit teilweise eindeutigen Mehrheiten für eine Steigerung des Etats oder die Beibehaltung des aktuellen Ausgabenniveaus aus. Maximal 21 Prozent der Bürgerinnen und Bürger sind in einer Teilgruppe (Personen mit Wahlabsicht für Bündnis 90/Die Grünen) dafür, die Verteidigungsausgaben zu senken.

Männer befürworten (47 Prozent) in stärkerem Maße höhere Ausgaben für die Streitkräfte als Frauen (37 Prozent). Bei den Altersgruppen unterscheiden sich vor allem die jüngsten Befragten von den drei anderen Gruppen: Während bei den 16- bis 29-Jährigen 36 Prozent für eine Erhöhung des Verteidigungsetats sind, sind es bei den Älteren jeweils mindestens 42 Prozent. Beim Einkommen sind die Differenzen mit einer Spannweite von 13 Prozentpunkten relativ groß. Ein höheres Einkommen führt zu einer stärkeren Unterstützung für die Erhöhung des Einzelplans 14.

Tabelle 11.1: Einstellung zu den Verteidigungsausgaben in soziodemografischen Gruppen

„Sollten die Ausgaben für die Verteidigung in Zukunft erhöht werden, sollten diese verringert werden oder sollten sie gleich bleiben?“
(Angaben in Prozent)

	Erhöht werden[1]	Gleich bleiben	Verringert werden[2]	Weiß nicht/ k.A.
Insgesamt	42	40	12	7
Geschlecht ***				
Männer	47	38	10	5
Frauen	37	41	14	8
Alter *				
16 bis 29 Jahre	36	39	16	(8)
30 bis 49 Jahre	46	37	12	(5)
50 bis 69 Jahre	43	40	11	(6)
70 Jahre und älter	42	41	(10)	(7)
Bildungsniveau n.s.				
Hochschul- bzw. Fachhochschulreife	39	43	13	(6)
Realschulabschluss	43	39	13	(5)
Hauptschulabschluss	46	38	10	(7)
Haushaltsnettoeinkommen pro Monat ***				
4.001 Euro und mehr	49	39	(8)	(4)
2.001 bis 4.000 Euro	44	40	13	(3)
Bis 2.000 Euro	36	43	14	(7)
Wahlabsicht Bundestagswahl ***				
CDU/CSU	51	38	9	(3)
SPD	51	38	(8)	(4)
AfD	49	38	(11)	(2)
FDP	(53)	(39)	(9)	(0)
Die Linke	(24)	51	(20)	(5)
Bündnis 90/Die Grünen	29	42	21	(8)
Keine Parteipräferenz, Nichtwähler, w.n./k.A.	35	38	13	14
Region ***				
Norddeutschland (SH, HH, HB, NI)	39	41	17	(3)
Ostdeutschland (MV, BB, BE, ST, SN, TH)	38	42	14	(6)
Süddeutschland (BW, BY)	45	36	10	9
Westdeutschland (NW, RP, HE, SL)	43	40	10	7
Migrationshintergrund n.s.				
Ja	46	33	(16)	(5)
Nein	42	40	12	7

Anmerkungen: 1) Anteile „Stark erhöht werden“ und „Eher erhöht werden“ wurden zusammengefasst; 2) Anteile „Stark verringert werden“ und „Eher verringert werden“ wurden zusammengefasst. Einzelne Prozentangaben ergeben mitunter in der Summe nicht 100 Prozent, da sie gerundet wurden. Analyseverfahren: Chi²-Unabhängigkeits-Test, Signifikanzniveau: *** $p < 0{,}001$; ** $p < 0{,}01$; * $p < 0{,}05$; n.s. = nicht signifikant ($p \geq 0{,}05$); Werte in Klammern: $n \leq 50$.

Datenbasis: Bevölkerungsbefragung des ZMSBw 2020.

Die Wahlabsicht wirkt sich in besonderem Maße auf die Einstellung zu den Verteidigungsausgaben aus: Besonders hoch ist die Unterstützung einer Erhöhung unter Anhängern von Union und SPD mit Werten von jeweils 51 Prozent und der FDP mit 53 Prozent. Bei Befürwortern der Grünen, der Linken sowie bei Befragten ohne Wahlabsicht liegt der Anteil derjenigen, die eine Etat-Steigerung unterstützen, zwischen 24 und 35 Prozent und erreicht damit unterdurchschnittliche Werte. Regional ist die Unterstützung für mehr Geld für die Verteidigung im Süden am höchsten (45 Prozent) und im Osten am niedrigsten (38 Prozent).

11.2 Einstellung zum Personalumfang der Bundeswehr

Neben den Budgetpräferenzen werden die Bürgerinnen und Bürger in der Bevölkerungsbefragung des ZMSBw stets dazu befragt, ob die Zahl der Soldatinnen und Soldaten in Zukunft erhöht, verringert werden oder gleich bleiben sollte (vgl. Abbildung 11.3). Im

Abbildung 11.3: Einstellung zum Personalumfang der Bundeswehr im Zeitvergleich

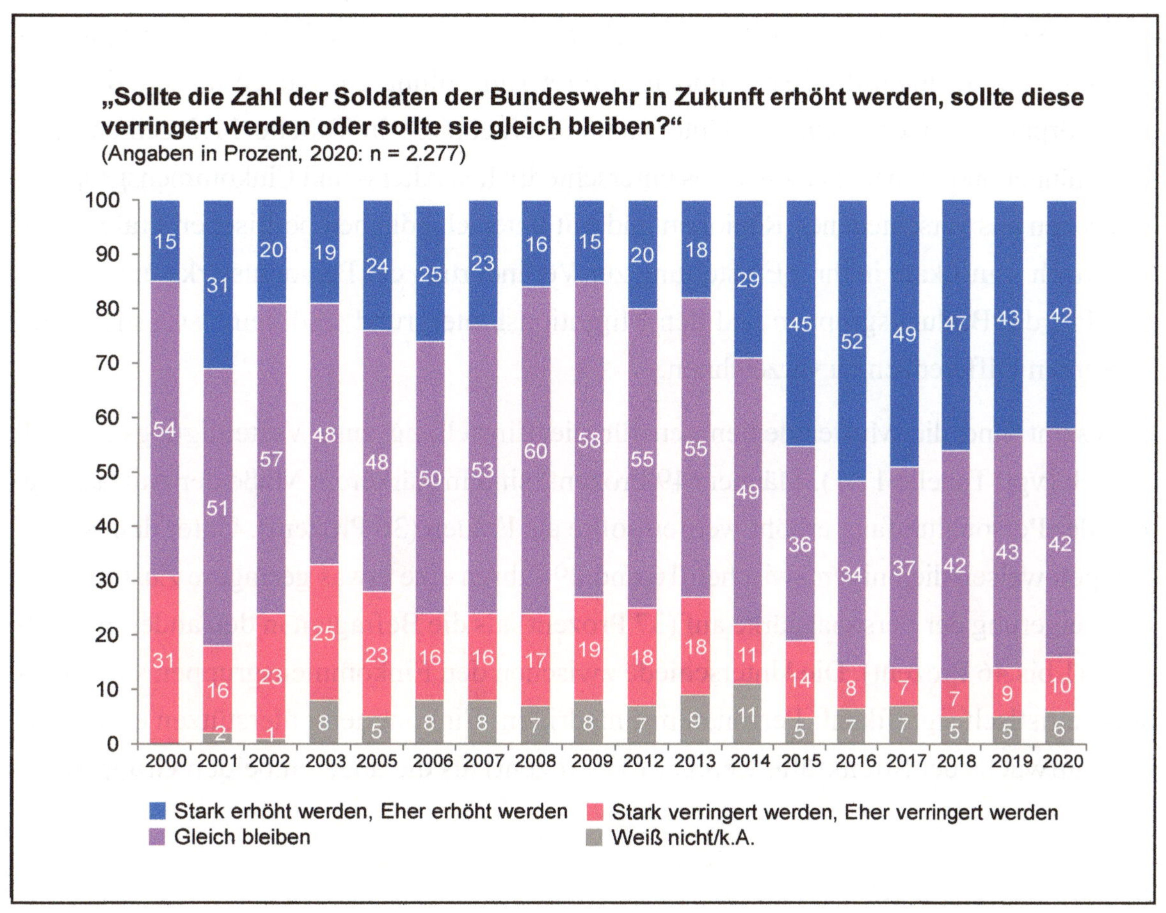

Anmerkung: Nicht alle Prozentangaben ergeben in der Summe 100 Prozent, da die Einzelwerte gerundet wurden. 2004, 2010 und 2011 wurde die Frage nicht erhoben.

Datenbasis: Bevölkerungsbefragungen des ZMSBw 2000–2003, 2005–2009, 2012–2020.

Jahr 2020 sprechen sich 42 Prozent der Befragten dafür aus, dass die Zahl der Soldatinnen und Soldaten der Bundeswehr erhöht werden sollte. Ebenfalls 42 Prozent sind für eine gleichbleibende Personalstärke, während nur 10 Prozent für eine Reduzierung des Personalumfangs sind. Im Vergleich zum Vorjahr sinkt der Anteil der Befürworter einer gleichbleibenden Personalstärke leicht um 1 Prozentpunkt, genauso wie der Anteil der Befürworter einer Vergrößerung. Die Bürgerinnen und Bürger begrüßen also weiterhin mit großer Mehrheit einen personellen Aufwuchs der Streitkräfte oder eine Beibehaltung des aktuellen Niveaus. Zwischen 2000 und 2020 wird in diesem Jahr der sechsthöchste Wert für die Erhöhung des Personalumfangs im gesamten Zeitverlauf erreicht. Von 2000 bis 2014 sprachen sich relative oder absolute Mehrheiten der Bevölkerung dafür aus, dass der Personalumfang der Bundeswehr gleich bleiben sollte. Zwischen 2015 und 2019 gab es mindestens eine relative Mehrheit für die Vergrößerung der Personalstärke. Die Betrachtung eines längeren Zeitraums, wie bei der Frage nach der Höhe der Verteidigungsausgaben, ist hier nicht möglich, da die Frage nach dem Personalumfang in Befragungen vor dem Jahr 2000 nicht enthalten war.

Wie schon für die Einstellung zu den Verteidigungsausgaben soll auch für den gewünschten Personalumfang der Bundeswehr beschrieben werden, ob sich die Angehörigen bestimmter soziodemografischer Gruppen in ihrer Einstellung zur Ausgestaltung des Personalkörpers unterscheiden. Die Untersuchungsergebnisse in Tabelle 11.2 zeigen, dass sich Männer und Frauen, Personen aus unterschiedlichen Alters- und Einkommensgruppen, Menschen aus verschiedenen Regionen und mit unterschiedlichen politischen Präferenzen statistisch signifikant in ihrer Einstellung zur Veränderung der Personalstärke unterscheiden. Für die Bildungsgruppen und den Migrationshintergrund sind keine statistisch signifikanten Differenzen zu verzeichnen.

Insgesamt sind die Muster denjenigen für die Einstellung zum Verteidigungshaushalt ähnlich (vgl. Tabelle 11.1). Männer (49 Prozent) sind in stärkerem Maße der Auffassung, dass der Personalumfang erhöht werden sollte als Frauen (36 Prozent). Unter den Altersgruppen weisen diejenigen zwischen 16 und 29 Jahren eine etwas geringere Zustimmung zur Steigerung der Personalstärke auf (37 Prozent) als die Befragten in den anderen Gruppen (41 bis 46 Prozent). Die Unterschiede zwischen den Einkommensgruppen sind ebenfalls statistisch signifikant: Personen mit niedrigem Einkommen unterstützen einen Personalaufwuchs der Streitkräfte weniger (37 Prozent) als die anderen beiden Gruppen.

Tabelle 11.2: Einstellung zum Personalumfang der Bundeswehr in soziodemografischen Gruppen

„Sollte die Zahl der Soldaten der Bundeswehr in Zukunft erhöht werden, sollte diese verringert werden oder sollte sie gleich bleiben?“
(Angaben in Prozent)

	Erhöht werden[1]	Gleich bleiben	Verringert werden[2]	Weiß nicht/ k.A.
Insgesamt	42	42	10	6
Geschlecht ***				
Männer	49	41	7	(4)
Frauen	36	44	12	9
Alter *				
16 bis 29 Jahre	37	43	13	(7)
30 bis 49 Jahre	46	41	9	(5)
50 bis 69 Jahre	42	43	9	(6)
70 Jahre und älter	41	43	(8)	(7)
Bildungsniveau n.s.				
Hochschul- bzw. Fachhochschulreife	40	44	10	(6)
Realschulabschluss	43	42	10	(5)
Hauptschulabschluss	45	40	8	7
Haushaltsnettoeinkommen pro Monat ***				
4.001 Euro und mehr	45	45	(6)	(4)
2.001 bis 4.000 Euro	44	43	10	(3)
Bis 2.000 Euro	37	44	12	(8)
Wahlabsicht Bundestagswahl ***				
CDU/CSU	49	41	(6)	(3)
SPD	47	43	(6)	(4)
AfD	52	40	(5)	(3)
FDP	(56)	(41)	(4)	(0)
Die Linke	(27)	44	(22)	(7)
Bündnis 90/Die Grünen	26	51	(17)	(6)
Keine Parteipräferenz, Nichtwähler, w.n./k.A.	38	39	10	13
Region ***				
Norddeutschland (SH, HH, HB, NI)	39	44	15	(2)
Ostdeutschland (MV, BB, BE, ST, SN, TH)	40	42	(11)	(6)
Süddeutschland (BW, BY)	42	43	(7)	8
Westdeutschland (NW, RP, HE, SL)	45	40	8	7
Migrationshintergrund n.s.				
Ja	43	42	(11)	(5)
Nein	42	42	9	6

Anmerkungen: 1) Anteile „Stark erhöht werden“ und „Eher erhöht werden“ wurden zusammengefasst; 2) Anteile „Stark verringert werden“ und „Eher verringert werden“ wurden zusammengefasst. Einzelne Prozentangaben ergeben mitunter in der Summe nicht 100 Prozent, da sie gerundet wurden. Analyseverfahren: Chi^2-Unabhängigkeits-Test, Signifikanzniveau: *** $p < 0,001$; ** $p < 0,01$; * $p < 0,05$; n.s.= nicht signifikant ($p \geq 0,05$); Werte in Klammern: $n \leq 50$.

Datenbasis: Bevölkerungsbefragung des ZMSBw 2020.

Unter den Parteianhängern liegen die Wählerinnen und Wähler von FDP (56 Prozent), AfD (52 Prozent), Union (49 Prozent) und SPD (47 Prozent) mit ihrem Zustimmungsniveau zur Erhöhung über dem Gesamtwert von 42 Prozent. Unterdurchschnittliche Unterstützung für einen größeren Personalumfang zeigt sich bei Befürwortern der Grünen (26 Prozent), Befragten mit Wahlabsicht für Die Linke (27 Prozent) und bei Personen ohne Wahlabsicht (38 Prozent). Regional sind die Differenzen in der Unterstützung von mehr Soldatinnen und Soldaten für die Bundeswehr relativ gering, aber dennoch statistisch signifikant: Während in Nord- und Ostdeutschland 39 bzw. 40 Prozent der Befragten der Auffassung sind, dass der Personalumfang der Bundeswehr vergrößert werden sollte, teilen in den beiden anderen Regionen 42 bzw. 45 Prozent diese Position.

11.3 Erklärung der Einstellungen zu den Verteidigungsausgaben und zum Personalumfang

In den Analysen dieses Unterabschnitts wurden mithilfe multivariater linearer Regressionen die Erklärungsfaktoren der beiden Einstellungen zu den Verteidigungsausgaben und zum Personalumfang untersucht. Grundlage für die Auswahl der Faktoren sind die weitestgehend auf die USA zentrierte Literatur zur Erklärung der Einstellung zu den Verteidigungsausgaben (z.B. Bartels 1994; Eichenberg/Stoll 2003, 2017; Wlezien 1995), die Analyseergebnisse der Bevölkerungsbefragungen 2017 bis 2019 (Steinbrecher 2017b, 2018a, 2019b) sowie allgemeine deutsche Forschungsergebnisse für die Erklärung außen- und sicherheitspolitischer Einstellungen (z.B. Biehl/Schoen 2015; Rattinger et al. 2016). Die genauere Untersuchung der Determinanten ist vor allem deswegen relevant, weil politische Entscheidungen zur Höhe des Verteidigungshaushalts mit den Bevölkerungseinstellungen in einem Wechselverhältnis stehen und wie bei einem Thermostat aufeinander zu reagieren scheinen (Eichenberg/Stoll 2003; Wlezien 1995): Die Höhe der Verteidigungsausgaben ist also (auch) von der Position der Bürgerinnen und Bürger zu dieser Frage abhängig. Wird ein bestimmtes, von der Bevölkerung als angemessen betrachtetes Niveau erreicht, sinkt die Zustimmung für eine weitere Erhöhung der Verteidigungsausgaben. Entsprechendes gilt auch im umgekehrten Fall. Es ist davon auszugehen, dass sich diese Forschungsergebnisse auf die Einstellungen zum Personalumfang übertragen lassen. Daher wurden in beiden Analysen die gleichen Erklärungsfaktoren verwendet. Schrittweise wurden in sechs Modellen unterschiedliche Determinantengruppen und ihre Wirkung auf die beiden Einstellungen untersucht (vgl. Tabellen 11.3 und 11.4). Die Modelle entsprechen weitgehend den Analysen der Vorjahre. Einige Variablen sind nicht mehr Teil des Modells, weil sie entweder nicht in der Bevölkerungsbefragung 2020 erfasst wurden (verteidigungspolitische Kompetenzüberzeugung), nicht relevant sind (politisches Interesse) oder aber redundant zu anderen in den Analysen enthaltenen Konstrukten sind (EU- und NATO-Multilateralismus). Die Operationalisierung der sicherheitspolitischen Grundorientierungen folgt den Analysen zur Skalenreliabilität in Abschnitt 5 und verwendet im Gegensatz zu den Analysen der Vorjahre nur noch Einzelindikatoren.

In *Modell I* in Tabelle 11.3 liegt der Fokus auf Ressourcen bzw. soziodemografischen Eigenschaften: Männer oder Befragte mit mittlerer Bildung sprechen sich (im Vergleich zu Befragten mit hohem Bildungsniveau) eher für eine Erhöhung der *Verteidigungsausgaben* aus. Haben Befragte Erfahrungen bei der Bundeswehr gesammelt (Ist/war bei der Bundeswehr), sind sie deutlich stärker für eine Erhöhung des Einzelplans 14 als Personen, die diese Erfahrung nicht gemacht haben. Gleiches gilt für Personen mit hohem Einkommen. Befragte am anderen Ende der Einkommensskala sind hingegen weniger für eine Erhöhung des Verteidigungsetats (im Vergleich zu Personen mit mittlerem Einkommen).

In *Modell II* zeigt sich der Einfluss spezifischer sicherheitspolitischer Einstellungen. Die Einschätzung der Sicherheitslage in Deutschland hat keinen Einfluss auf die abhängige Variable. Wohl aber hat die Bewertung der weltweiten Sicherheitslage eine Wirkung: Befragte, die die Lage negativer einschätzen, sind eher für eine Erhöhung der Ausgaben für die Verteidigung. Bürgerinnen und Bürger, die sich persönlich sicherer fühlen, sprechen sich stärker für eine Steigerung der Ausgaben aus. Personen, die Russland kritischer gegenüberstehen, sind eher dafür, die deutschen Streitkräfte finanziell besser auszustatten. Diese Einstellung hat den stärksten Effekt in Modell II.

Mit *Modell III* wurden die Wirkungen bundeswehrspezifischer Einstellungen untersucht. Unter den fünf Modellen, die einzelne Determinantengruppen betrachten, ist es das Modell mit der größten Erklärungskraft: 26 Prozent der Varianz der abhängigen Variable werden durch die Merkmale im Modell erklärt. Mit deutlichem Abstand ist die Einstellung zur Bundeswehr die erklärungsstärkste Variable. Wer allgemein positiver gegenüber den Streitkräften eingestellt ist, möchte auch mehr Geld für diese ausgeben. Bewertungen der Ausrüstung und Bewaffnung sowie des Ausbildungsstandes der Soldatinnen und Soldaten spielen ebenfalls eine Rolle für die Einstellung zu den Verteidigungsausgaben. Personen, die den Ausbildungsstand positiv bewerten, möchten mehr Geld für die Bundeswehr ausgeben. Wird die Ausrüstung und Bewaffnung schlechter bewertet, führt dies dazu, dass man eher bereit ist, den Streitkräften mehr finanzielle Mittel zur Verfügung zu stellen. Die vermehrte Wahrnehmung der Bundeswehr über die Medien ist für die Erklärung der abhängigen Variable unterstützungsfördernd.

Sicherheitspolitische Grundorientierungen (*Modell IV*; vgl. Abschnitt 5) sind ebenfalls relevant für die Erklärung der Einstellung zu den Verteidigungsausgaben. Personen, die

Krieg stärker als ein adäquates Mittel zur Konfliktlösung sehen (Militarismus), sind genauso in größerem Maße für eine Erhöhung des Verteidigungsetats wie Befragte, die sich für ein stärkeres Engagement Deutschlands in der internationalen Politik aussprechen (Internationalismus). Auch Befürworter der Zusammenarbeit mit Deutschlands Bündnispartnern möchten eher mehr für Verteidigung ausgeben. Gleiches gilt für Befragte mit einem positiven Blick auf die USA (Atlantizismus).

Im *Modell V* liegt der Schwerpunkt auf allgemeinen politischen Einstellungen und Verhaltensweisen. Vor allem die Bewertung der nationalen wirtschaftlichen Lage und Wahlabsichten für die Regierungsparteien (im Vergleich zu Personen ohne Parteipräferenz) wirken sich positiv aus. Anhänger von Die Linke und Bündnis 90/Die Grünen sowie Befragte, die sich generell ideologisch links orientieren, sind in geringerem Maße für eine Steigerung der Verteidigungsausgaben.

Das *Gesamtmodell* (*Modell VI*) hat mit einer Erklärungsleistung von 39 Prozent der Varianz der abhängigen Variablen eine zufriedenstellende Erklärungskraft. Die Ergebnisse stimmen weitgehend mit denen aus den Jahren 2018 und 2019 überein (Steinbrecher 2018b, 2019b), sodass von einer großen Konstanz und Konsistenz der Erklärungsmechanismen über die Zeit hinweg gesprochen werden kann. Mit großem Abstand erklärungsstärkster Faktor ist die Einstellung zur Bundeswehr. Personen, die der Bundeswehr positiver gegenüberstehen, möchten ihr auch mehr Geld zur Verfügung stellen. Neben der affektiven Nähe spielen auch instrumentelle Erwägungen eine Rolle. In dieser Hinsicht können auch die Effekte für die zwei der drei weiteren bundeswehrspezifischen Einstellungen interpretiert werden, für die statistisch signifikante Effekte zu verzeichnen sind. Mehr Verteidigungsausgaben werden offensichtlich auch als Weg gesehen, die in den Augen der Befragten schlechte Situation der Ausrüstung und Bewaffnung der Bundeswehr (vgl. Abschnitt 8) zu verbessern bzw. den als relativ positiv bewerteten Ausbildungsstand des militärischen Personals zu erhalten (vgl. ebenfalls Abschnitt 8). Kontakte über die Massenmedien spielen auch in Modell VI eine Rolle: Eine verstärkte Wahrnehmung der Streitkräfte in den Medien führt zu einer größeren Unterstützung der Ausweitung des Einzelplans 14 – möglicherweise wegen der relativ häufigen Berichte über fehlende und mangelhafte Ausrüstung und Bewaffnung der Bundeswehr. Grundsätzliche außen- und sicherheitspolitische Überlegungen sind ebenfalls für die Erklärung der Einstellung zu den Verteidigungsausgaben im Gesamtmodell relevant. Die positiven Effekte von Militarismus, Multilateralismus, Internationalismus und von kritischen Einstellungen zu Russland kann man folgendermaßen interpretieren: Den Bürgerinnen und Bürgern ist durchaus bewusst, dass für eine Erfüllung der deutschen Verpflichtungen gegenüber den Bündnispartnern und für ein stärkeres internationales Engagement finanziell besser ausgestattete Streitkräfte notwendig sind. Interessant ist in dieser Hinsicht die fehlende Relevanz des Atlantizismus: Der Blick auf das deutsch-amerikanische Verhältnis spielt für die Haltung zur Erhöhung der Verteidigungsausgaben keine Rolle.[55] Im Gesamtmodell sind auch parteipolitische Überlegungen der Befragten relevant für ihre Meinung zur Höhe der Verteidigungsausgaben. Unterstützer von Bündnis 90/Die Grünen, von Die Linke und der AfD befürworten die Erhöhung des Einzelplans 14 in geringerem Maße. Größere Unterstützung kommt hingegen von jenen, die Bundeswehrerfahrung haben oder ein hohes Einkommen vorweisen können.

Tabelle 11.4 zeigt die Analysen für die Determinanten der *Einstellung zum Personalumfang* der Bundeswehr. Da die Ergebnisse der einzelnen Modelle in Bezug auf Richtung, Stärke und statistische Signifikanz der Effekte den vorherigen Analysen zur Erklärung der Präferenz für die Verteidigungsausgaben sehr ähnlich sind, soll vor allem auf die Abweichungen in den Ergebnissen zwischen den beiden abhängigen Variablen eingegangen werden. Für die Einstellung zum Personalumfang spielt in *Modell I* die Bildung keine Rolle. In den *Modellen II* und *VI* haben kritische Einstellungen zu Russland stärkere Effekte auf die Haltung zum Personalumfang als auf die Einstellung zu den Verteidigungsausgaben. Die Bewertungen der Sicherheitslage haben in *Modell VI* keinen statistisch signifikanten Effekt. Dafür wirkt ein Migrationshintergrund in diesem Modell negativ auf die abhängige Variable.

Blickt man auf das *Gesamtmodell* (*Modell VI*), ist auch für die Einstellung zum Personalumfang die Einstellung zur Bundeswehr, und damit die affektive Nähe zu den Streitkräften, die mit Abstand erklärungsstärkste Variable. Zweitstärkster Erklärungsfaktor ist Militarismus, d.h. besonders Befürworter einer Anwendung militärischer Gewalt in der Außen- und Sicherheitspolitik sprechen sich in höherem Maße für eine Vergrößerung des Personalumfangs der Bundeswehr aus. Von größerer Bedeutung mit standardisierten Effektkoeffizienten größer +/-0,10 sind zudem kritische Einstellungen zu Russland, die Bewertung von Ausrüstung und Bewaffnung der Streitkräfte und der Ausbildung der Soldaten, die massenmediale Wahrnehmung der Bundeswehr sowie eine Wahlabsicht für Bündnis 90/Die Grünen.

---

[55] In Analysen zu den Erklärungsfaktoren der Höhe der Verteidigungsausgaben auf Staatenebene zeigt sich allerdings ein Zusammenhang zwischen der Einbindung in Allianzen und dem Verteidigungsbudget: Je enger die Verbindung eines Staates mit der stärksten Kraft im internationalen System (den USA), desto geringer sind die Ausgaben für die Verteidigung (Hunter/Robbins 2016).

Tabelle 11.3: Determinanten der Einstellung zu den Verteidigungsausgaben

	Einstellung zu den Verteidigungsausgaben					
	Modell I	Modell II	Modell III	Modell IV	Modell V	Modell VI
Ressourcen						
Frauen	-0,07**					-0,02$^{n.s.}$
Alter	0,03$^{n.s.}$					-0,04$^{n.s.}$
Niedrige Bildung	0,05$^{n.s.}$					0,04$^{n.s.}$
Hohe Bildung	-0,06*					-0,03$^{n.s.}$
Haushaltsnettoeinkommen (bis 2.000 Euro)	-0,09**					-0,03$^{n.s.}$
Haushaltsnettoeinkommen (4.001 Euro und mehr)	0,09***					0,07**
Ostdeutschland	-0,02$^{n.s.}$					0,02$^{n.s.}$
Migrationshintergrund	0,02$^{n.s.}$					-0,03$^{n.s.}$
Ist/war bei der Bundeswehr	0,07**					0,05*
Sicherheitspolitische Einstellungen						
Kritische Einstellungen zu Russland		0,16***				0,08***
Sicherheitslage weltweit		-0,13***				-0,04$^{n.s.}$
Sicherheitslage Deutschland		0,03$^{n.s.}$				-0,04$^{n.s.}$
Sicherheitslage persönlich		0,13***				0,06*
Bundeswehrspezifische Einstellungen						
Einstellung zur Bundeswehr			0,45***			0,34***
Ausrüstung und Bewaffnung Bw			-0,15***			-0,13***
Ausbildung der Soldaten			0,11***			0,10***
Index persönliche Wahrnehmung Bw			0,00$^{n.s.}$			0,02$^{n.s.}$
Index massenmediale Wahrnehmung Bw			0,14***			0,14***
Sicherheitspolitische Grundorientierungen						
Militarismus				0,18***		0,14***
Multilateralismus				0,28***		0,17***
Internationalismus				0,14***		0,08***
Atlantizismus				0,06**		0,02$^{n.s.}$
Politische Einstellungen						
Eigene wirtschaftliche Lage					0,03$^{n.s.}$	-0,08**
Nationale wirtschaftliche Lage					0,05*	0,02$^{n.s.}$
Wahlabsicht CDU/CSU					0,10**	-0,02$^{n.s.}$
Wahlabsicht SPD					0,12***	0,03$^{n.s.}$
Wahlabsicht AfD					0,02$^{n.s.}$	-0,05*
Wahlabsicht FDP					0,03$^{n.s.}$	-0,02$^{n.s.}$
Wahlabsicht Die Linke					-0,07**	-0,07**
Wahlabsicht Bündnis 90/Die Grünen					-0,09**	-0,09***
Links-Rechts-Selbsteinstufung					0,08**	0,04$^{n.s.}$
Korrigiertes R^2	0,03	0,05	0,26	0,19	0,06	0,39
n	1.934	2.114	1.986	2.036	1.866	1.612

Anmerkungen: Wertebereich der abhängigen Variablen [0 – stark verringert werden; 1 – stark erhöht werden]. Alle erklärenden Variablen außer Alter [16; 88], Index persönliche Wahrnehmung Bw und Index massenmediale Wahrnehmung Bw [0; 4] haben einen Wertebereich von [0; 1]. Analyseverfahren: Multiple lineare Regressionen; standardisierte Regressionskoeffizienten (beta). Signifikanzniveau: *** p < 0,001; ** p < 0,01; * p < 0,05; n.s. = nicht signifikant (p ≥ 0,05).

Datenbasis: Bevölkerungsbefragung des ZMSBw 2020.

Tabelle 11.4: Determinanten der Einstellung zum Personalumfang der Bundeswehr

	Einstellung zum Personalumfang der Bundeswehr					
	Modell I	**Modell II**	**Modell III**	**Modell IV**	**Modell V**	**Modell VI**
Ressourcen						
Frauen	-0,08**					-0,00$^{n.s.}$
Alter	0,02$^{n.s.}$					-0,03$^{n.s.}$
Niedrige Bildung	0,04$^{n.s.}$					0,03$^{n.s.}$
Hohe Bildung	-0,05$^{n.s.}$					-0,02$^{n.s.}$
Haushaltsnettoeinkommen (bis 2.000 Euro)	-0,09**					-0,06*
Haushaltsnettoeinkommen (4.001 Euro und mehr)	0,06*					0,03$^{n.s.}$
Ostdeutschland	-0,02$^{n.s.}$					-0,02$^{n.s.}$
Migrationshintergrund	0,00$^{n.s.}$					-0,05*
Ist/war bei der Bundeswehr	0,08**					0,04$^{n.s.}$
Sicherheitspolitische Einstellungen						
Kritische Einstellungen zu Russland		0,18***				0,10***
Sicherheitslage weltweit		-0,10***				-0,04$^{n.s.}$
Sicherheitslage Deutschland		0,00$^{n.s.}$				-0,05$^{n.s.}$
Sicherheitslage persönlich		0,09**				0,03$^{n.s.}$
Bundeswehrspezifische Einstellungen						
Einstellung zur Bundeswehr			0,45***			0,36***
Ausrüstung und Bewaffnung Bw			-0,13***			-0,11***
Ausbildung der Soldaten			0,10***			0,10***
Index persönliche Wahrnehmung Bw			0,02$^{n.s.}$			0,04$^{n.s.}$
Index massenmediale Wahrnehmung Bw			0,10***			0,13***
Sicherheitspolitische Grundorientierungen						
Militarismus				0,18***		0,14***
Multilateralismus				0,21***		0,08**
Internationalismus				0,13***		0,08**
Atlantizismus				0,04$^{n.s.}$		-0,01$^{n.s.}$
Politische Einstellungen						
Eigene wirtschaftliche Lage					0,00$^{n.s.}$	-0,09**
Nationale wirtschaftliche Lage					0,06*	0,05$^{n.s.}$
Wahlabsicht CDU/CSU					0,08*	-0,03$^{n.s.}$
Wahlabsicht SPD					0,07*	-0,02$^{n.s.}$
Wahlabsicht AfD					0,05$^{n.s.}$	-0,03$^{n.s.}$
Wahlabsicht FDP					0,03$^{n.s.}$	-0,01$^{n.s.}$
Wahlabsicht Die Linke					-0,10***	-0,08**
Wahlabsicht Bündnis 90/Die Grünen					-0,13***	-0,12***
Links-Rechts-Selbsteinstufung					0,07*	0,04$^{n.s.}$
Korrigiertes R^2	0,03	0,04	0,25	0,14	0,06	0,35
n	1.927	2.118	1.995	2.035	1.869	1.611

Anmerkungen: Wertebereich der abhängigen Variablen [0 – stark verringert werden; 1 – stark erhöht werden]. Alle erklärenden Variablen außer Alter [16; 88], Index persönliche Wahrnehmung Bw und Index massenmediale Wahrnehmung Bw [0; 4] haben einen Wertebereich von [0; 1]. Analyseverfahren: Multiple lineare Regressionen; standardisierte Regressionskoeffizienten (beta). Signifikanzniveau: *** $p < 0{,}001$; ** $p < 0{,}01$; * $p < 0{,}05$; n.s. = nicht signifikant ($p \geq 0{,}05$).

Datenbasis: Bevölkerungsbefragung des ZMSBw 2020.

11.4 Einstellung zu bewaffneten Drohnen

Im folgenden Unterabschnitt geht es um die Einstellung der Bürgerinnen und Bürger in Deutschland zur Ausstattung der Bundeswehr mit bewaffneten Drohnen. Unter Drohnen werden in der Umgangssprache und in den Medien unbemannte Luftfahrzeuge verstanden, auch wenn der Begriff im militärischen und technischen Sprachgebrauch weiter gefasst ist und auch unbemannte Land-, Über- und Unterwasserfahrzeuge einschließt, die ohne Personenbesatzung eigenständig operieren oder ferngesteuert werden können (z.B. Kreps 2016). Aufgrund der umfangreichen Debatten in Deutschland um die Bewaffnung unbemannter Luftfahrzeuge und deren Nutzung durch die Bundeswehr sowie die umfassende Kritik am Einsatz solcher Systeme durch amerikanische Streitkräfte und Geheimdienste während des sogenannten „Krieges gegen den Terror" (z.B. Kreps 2016: 18–58) kann man für die folgenden Ausführungen davon ausgehen, dass die Bürgerinnen und Bürger in Deutschland beim Begriff „Drohne" mit großer Mehrheit an unbemannte Luftfahrzeuge denken.[56]

Schon seit Langem sind luftgestützte, aber unbewaffnete Drohnen Teil der Ausstattung der Bundeswehr (Franke 2016). Im Wesentlichen werden Geräte wie LUNA (Luftgestützte Unbemannte Nahaufklärungsausstattung), das KZO (Kleinfluggerät für Zielordnung) oder die Heron TP (englisch: Reiher) zur Aufklärung eingesetzt. Mit der Drohne Heron TP hat die Bundeswehr für den Zeitraum 2018 bis 2027 eine Drohne gemietet, die potenziell bewaffnungsfähig ist. Im Koalitionsvertrag von 2018 haben die Regierungsparteien CDU, CSU und SPD vereinbart, dass die Bundesregierung dem Bundestag eine Vorlage zuleiten wird, die es dem Parlament erlaubt, „nach ausführlicher völkerrechtlicher, verfassungsrechtlicher und ethischer Würdigung gesondert entscheiden" zu können (CDU et al. 2018: 159). Vor einer Beschaffung von bewaffneten Drohnen sollen die konzeptionellen Grundlagen für ihren Einsatz geschaffen werden. Der Koalitionsvertrag bekräftigt zudem, dass völkerrechtswidrige Tötungen, auch durch Drohnen, kategorisch abgelehnt werden (CDU et al. 2018). Im Sinne der Umsetzung dieser Beschlüsse wurde die Debatte um bewaffnete und bewaffnungsfähige Drohnen im Jahr 2020 vertieft, z.B. durch eine Diskussion im BMVg am 20. Mai 2020,[57] Veranstaltungen an der Universität Regensburg sowie der Universität der Bundeswehr in Neubiberg und eine öffentliche Anhörung im Verteidigungsausschuss des Bundestags am 5. Oktober 2020. Im Vorfeld der

---

[56] Da bei den Teilnehmerinnen und Teilnehmern der Bevölkerungsbefragung 2020 keine explizite Nachfrage hinsichtlich ihres Verständnisses des Begriffs „Drohne" erfolgte, beruht diese Annahme lediglich auf Plausibilitätsüberlegungen.

[57] Mehr Informationen unter: <https://www.bmvg.de/de/aktuelles/auftakt-drohnen-debatte-diskussion-im-bmvg-256010> [5.10.2020].

Anhörung wurde dem Bundestag durch das BMVg am 3. Juli 2020 ein Bericht „zur Debatte über eine mögliche Beschaffung bewaffneter Drohnen für die Bundeswehr" zugeleitet (BMVg 2020c). In diesem Bericht werden Gründe für eine Bewaffnung von Drohnen durch das BMVg dargelegt und ein Vorschlag für Einsatzregeln, Grundsätze, Verfahren und Prozesse bei der Verwendung bewaffneter Drohnen unterbreitet. Zudem enthält der Bericht Empfehlungen zum weiteren Vorgehen in dieser Thematik. Die endgültige Entscheidung über die Beschaffung bewaffneter Drohnen oder die Bewaffnung der bereits zur Verfügung stehenden Drohne Heron TP steht in Deutschland somit noch aus.

Neben verfassungsrechtlichen, ethischen, völkerrechtlichen und militärischen Erwägungen kann auch die Haltung der Bevölkerung eine wichtige Determinante für die anstehende politische Entscheidung von Bundestag und Bundesregierung sein. Abbildung 11.4 zeigt die Ergebnisse zu der Frage, ob bewaffnete Drohnen künftig zur Ausrüstung der Bundeswehr gehören sollen. 41 Prozent der Befragten stimmen dieser Aussage völlig oder eher zu. 26 Prozent sind geteilter Meinung. Ebenfalls 26 Prozent lehnen die Ausrüstung der Bundeswehr mit bewaffneten Drohnen eher oder sehr ab. 7 Prozent der Befragten haben keine Meinung zu diesem Thema. Letztmals gestellt wurde diese Frage in der Bevölkerungsumfrage 2014. Im Vergleich zur Befragung vor sechs Jahren zeigen sich deutliche Verschiebungen im Meinungsbild. Der Anteil derjenigen, die sich für bewaffnete Drohnen bei der Bundeswehr aussprechen, hat um 10 Prozentpunkte zugenommen. Die Gruppe mit geteilter Meinung ist im Vergleich zur letzten Befragung um 8 Prozentpunkte gewachsen. Entsprechend ist der Anteil derjenigen, die bewaffnete Drohnen als Teil der Ausstattung der Bundeswehr ablehnen, beträchtlich gesunken (-15 Prozentpunkte). Auch der Anteil derer ohne Meinung hat sich um 3 Prozentpunkte reduziert. Insgesamt ist in den letzten Jahren also ein deutlicher Meinungsumschwung festzustellen: Eine relative Mehrheit der Bundesbürgerinnen und -bürger unterstützt mittlerweile eine Ausstattung der deutschen Streitkräfte mit bewaffneten Drohnen.[58]

---

[58] Aktuelle Vergleichsdaten aus anderen Befragungen sind zu dieser Frage nicht verfügbar. Zwischen 2013 und 2015 war die Frage nach der Ausrüstung der Bundeswehr mit bewaffneten Drohnen in mehreren Umfragen enthalten. Das Meinungsbild war nicht eindeutig: Im April 2013 ermittelte eine Umfrage im Auftrag des Stern eine Zustimmung zu dieser Frage von 36 Prozent und eine Ablehnung von 61 Prozent (Stern 2013). Bei einer Forsa-Umfrage für die Zeitschrift Internationale Politik sprachen sich 59 Prozent der Befragten für den Einsatz von bewaffneten unbemannten Flugsystemen unter bestimmten Bedingungen aus und 12 Prozent bejahten den Einsatz bedingungslos. Ungefähr ein Viertel der Befragten war für ein generelles Verbot dieser Waffen- und Trägersysteme (IP-Forsa 2013). Im Sommer 2014 ergaben sich im ARD-Deutschlandtrend folgende Werte hinsichtlich der Beschaffung von „Kampfdrohnen" durch die Bundeswehr: 30 Prozent waren dafür, 64 Prozent dagegen (Handelsblatt 2014). Im April 2015 befürworteten allerdings 48 Prozent der Befragten in einer Umfrage durch YouGov den Einsatz von unbemannten Kampfdrohnen durch die Bundeswehr und 36 Prozent sprachen sich dagegen aus (YouGov 2015). 2018 hatten in einer Studie von infas im Auftrag des Deutschen

Abbildung 11.4: Einstellung zu bewaffneten Drohnen

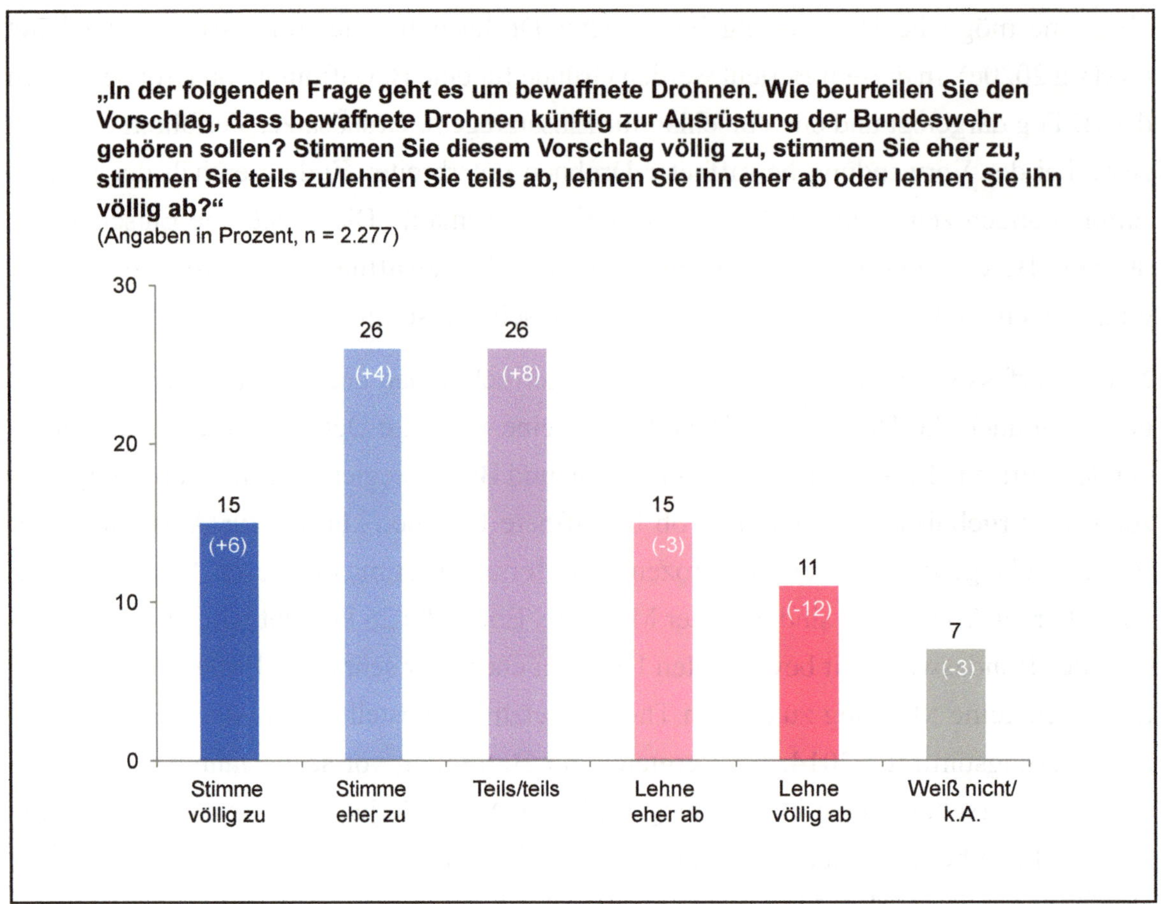

Anmerkung: Nicht alle Prozentangaben ergeben in der Summe 100 Prozent, da die Einzelwerte gerundet wurden. Veränderungen gegenüber 2014 in Klammern.

Datenbasis: Bevölkerungsbefragungen des ZMSBw 2014 und 2020.

Wie schon bei den vorangegangenen Analysen zur Einstellung zu den Verteidigungsausgaben und zum Personalumfang soll auch die Haltung zur Ausrüstung der Bundeswehr mit bewaffneten Drohnen in verschiedenen soziodemografischen Gruppen und den Wählergruppen betrachtet werden (vgl. Tabelle 11.5).

Zentrums für Luft- und Raumfahrt 53 Prozent der Befragten eine positive Einstellung gegenüber *zivilen* Drohnen. 38 Prozent hatten eine negative Haltung (DLR 2018).

Tabelle 11.5: Einstellung zu bewaffneten Drohnen in soziodemografischen Gruppen

„In der folgenden Frage geht es um bewaffnete Drohnen. Wie beurteilen Sie den Vorschlag, dass bewaffnete Drohnen künftig zur Ausrüstung der Bundeswehr gehören sollen? Stimmen Sie diesem Vorschlag völlig zu, stimmen Sie eher zu, stimmen Sie teils zu/lehnen Sie teils ab, lehnen Sie ihn eher ab oder lehnen Sie ihn völlig ab?"
(Angaben in Prozent)

	Zustimmung[1]	Teils/teils	Ablehnung[2]	Weiß nicht/ k.A.
Insgesamt	40	26	27	7
Geschlecht ***				
Männer	49	26	21	(4)
Frauen	31	27	33	9
Alter ***				
16 bis 29 Jahre	42	23	26	(10)
30 bis 49 Jahre	43	27	26	(4)
50 bis 69 Jahre	42	27	26	(6)
70 Jahre und älter	31	29	32	(8)
Bildungsniveau n.s.				
Hochschul- bzw. Fachhochschulreife	42	28	26	(4)
Realschulabschluss	41	24	29	(6)
Hauptschulabschluss	40	27	25	(8)
Haushaltsnettoeinkommen pro Monat ***				
4.001 Euro und mehr	51	26	19	(5)
2.001 bis 4.000 Euro	41	26	29	(4)
Bis 2.000 Euro	34	28	30	9
Wahlabsicht Bundestagswahl ***				
CDU/CSU	48	25	22	(4)
SPD	40	30	25	(5)
AfD	57	(20)	(21)	(2)
FDP	(44)	(25)	(30)	(0)
Die Linke	(29)	(25)	37	(9)
Bündnis 90/Die Grünen	35	25	32	(9)
Keine Parteipräferenz, Nichtwähler, w.n./k.A.	32	29	28	11
Region ***				
Norddeutschland (SH, HH, HB, NI)	44	22	32	(2)
Ostdeutschland (MV, BB, BE, ST, SN, TH)	39	21	33	(7)
Süddeutschland (BW, BY)	50	20	23	(7)
Westdeutschland (NW, RP, HE, SL)	31	37	24	8
Migrationshintergrund n.s.				
Ja	45	25	25	(5)
Nein	40	27	27	7

Anmerkungen: 1) Anteile „Stimme völlig zu" und „Stimme eher zu" wurden zusammengefasst; 2) Anteile „Lehne eher ab" und „Lehne völlig ab" wurden zusammengefasst. Einzelne Prozentangaben ergeben mitunter in der Summe nicht 100 Prozent, da sie gerundet wurden. Die Abweichungen zu Abbildung 11.4 ergeben sich ebenfalls durch die Rundung der Werte. Analyseverfahren: Chi²-Unabhängigkeits-Test, Signifikanzniveau: *** p < 0,001; ** p < 0,01; * p < 0,05; n.s.= nicht signifikant (p ≥ 0,05); Werte in Klammern: n ≤ 50.

Datenbasis: Bevölkerungsbefragung des ZMSBw 2020.

Es zeigen sich deutliche Unterschiede: Während Männer bewaffnete Drohnen für die Bundeswehr fast mit absoluter Mehrheit befürworten (49 Prozent), überwiegt bei den Frauen leicht die Ablehnung (33 Prozent Ablehnung, 31 Prozent Zustimmung). Bei den Altersgruppen ragt die älteste Befragtengruppe heraus. Die drei jüngeren Altersgruppen weisen Zustimmungswerte von jeweils über 40 Prozent auf. Unter den mindestens 70-Jährigen lehnen mehr Befragte bewaffnete Drohnen ab (32 Prozent) als diese befürworten (31 Prozent). Das Bildungsniveau wirkt sich auf die Haltung zu dieser Frage nicht aus, das Einkommen dafür aber umso mehr: Die Unterstützung für bewaffnete Drohnen unter Befragten steigt mit dem Einkommen. Die Differenz zwischen den beiden Gruppen mit niedrigem und hohem Einkommen liegt bei 17 Prozentpunkten. Ähnlich deutliche Unterschiede ergeben sich für die Befürworter der verschiedenen Parteien. Klar überdurchschnittlich ist die Unterstützung für bewaffnete Drohnen bei Personen mit einer Wahlabsicht für die AfD (57 Prozent) oder CDU/CSU (48 Prozent). Unter dem Gesamtmittelwert liegen die Werte der Befragten ohne Parteipräferenz (32 Prozent) sowie der Wählerinnen und Wähler von Bündnis 90/Die Grünen (35 Prozent) und Die Linke (29 Prozent). Die Haltung der Anhängerschaften spiegelt somit relativ gut die Position der jeweiligen Partei wider. Es sind auch regionale Abweichungen festzustellen. Die größten Befürworter der Ausrüstung der Bundeswehr mit bewaffneten Drohnen sind in Süddeutschland zu finden (50 Prozent). Am niedrigsten ist der Anteil der Zustimmenden in Westdeutschland (31 Prozent). Ein Migrationshintergrund spielt für die Meinung zu diesem Thema keine Rolle.

Der letzte Analyseschritt gilt den multivariaten Erklärungsmodellen für die Einstellung zu bewaffneten Drohnen. Die Modellierungsstrategie und die Abfolge und Zusammenstellung der einzelnen Modelle ist bis auf eine Ausnahme identisch mit den multivariaten Modellen zur Erklärung der Einstellung zu den Verteidigungsausgaben und zum Personalumfang. Leider stehen einige wichtige Erklärungsfaktoren aus der Literatur zur Erklärung der Einstellung zu (bewaffneten) Drohnen in der Bevölkerungsbefragung 2020 nicht zur Verfügung. Dazu zählen beispielsweise Werteorientierungen und Wissen (z.B. O'Dwyer/Coymak 2020), Haltungen zu völkerrechtlichen Fragen im Zusammenhang mit dem Einsatz von bewaffneten Drohnen oder Wahrnehmungen der Effektivität des Einsatzes solcher militärischen Mittel (z.B. Kreps 2014; Kreps/Wallace 2016; Walsh 2015) sowie Emotionen (z.B. Fisk et al. 2019) oder ethische Orientierungen (siehe oben). Wichtig ist der Hinweis, dass es zu der Thematik keine substanziellen multivariaten Analysen für Deutschland gibt. Die zitierten Forschungsergebnisse beziehen sich im Wesentlichen auf die USA und sind aufgrund der abweichenden Einsatzpraktiken für bewaffnete Drohnen und anderer kontextueller Unterschiede, z.B. bei der Einbeziehung des Parlaments bei Entscheidungen über den Einsatz von Drohnen, nicht direkt auf Deutschland. Zumindest ein normativer Aspekt konnte annähernd in den Analysen berücksichtigt werden: Die

Haltung zur parlamentarischen Kontrolle beim Einsatz der Streitkräfte wurde als zusätzliche Erklärungsvariable im Determinantenblock sicherheitspolitische Grundorientierungen ergänzt („Zustimmung Parlamentsbeteiligungsgesetz"). Es ist zu erwarten, dass Befragte, die sich für die Mitbestimmung des Bundestages beim Einsatz der Bundeswehr aussprechen, eher gegen bewaffnete Drohnen sind, weil sie möglicherweise bei der Meinungsbildung an (nach deutschem Recht nicht erlaubte) US-amerikanische Einsatzpraktiken denken.

Die multivariaten Analysen in *Modell I* zeigen, dass Frauen, Ältere und Personen mit mittlerer Bildung (im Vergleich zu denjenigen mit niedriger Bildung) die Beschaffung bewaffneter Drohnen stärker ablehnen. Personen mit einem hohen Haushaltseinkommen sprechen sich in ausgeprägterem Maße für bewaffnete Drohnen bei der Bundeswehr aus. Gleiches gilt für Befragte mit Migrationshintergrund und mit eigener Erfahrung in der Bundeswehr.

In *Modell II* ist zu sehen, dass Sicherheitsbewertungen keine große Rolle bei der Haltung zu bewaffneten Drohnen spielen. Interessanterweise sprechen sich Befragte, die sich persönlich sicherer fühlen, stärker für die Ausstattung der deutschen Streitkräfte mit bewaffneten Drohnen aus. Zudem führen kritischere Haltungen zu Russland zu größerer Zustimmung in der Drohnenfrage.

Modell III zeigt auch bei dieser Thematik die überragende Bedeutung der generellen Haltung zur Bundeswehr. Befragte, welche die Bundeswehr positiver bewerten, sprechen sich in deutlich stärkerem Maße für ihre Ausstattung mit bewaffneten Drohnen aus. Einen positiven Effekt auf die abhängige Variable hat zudem die massenmediale Wahrnehmung der Streitkräfte.

Die sicherheitspolitischen Grundorientierungen in *Modell IV* haben von allen Modellen, die einzelne Determinantenkategorien abbilden, die höchste Erklärungskraft: Besonders bedeutsam ist hier die Einstellung zum Einsatz militärischer Gewalt: Befürwortet jemand diesen in stärkerem Maße, spricht sich diese Person auch deutlich eher für die Ausstattung der Bundeswehr mit bewaffneten Drohnen aus. Gleiches gilt für Personen mit stärkeren multilateralistischen und internationalistischen Präferenzen. Die Haltung zur Kooperation mit den Vereinigten Staaten spielt keine Rolle, genauso wie die normativen Überlegungen hinsichtlich der Parlamentsbeteiligung.

Tabelle 11.6: Determinanten der Einstellung zu bewaffneten Drohnen

	Einstellung zu bewaffneten Drohnen					
	Modell I	Modell II	Modell III	Modell IV	Modell V	Modell VI
Ressourcen						
Frauen	-0,14***					-0,12***
Alter	-0,09***					-0,14***
Niedrige Bildung	0,05*					0,06*
Hohe Bildung	-0,03n.s.					-0,03n.s.
Haushaltsnettoeinkommen (bis 2.000 Euro)	-0,04n.s.					0,00n.s.
Haushaltsnettoeinkommen (4.001 Euro und mehr)	0,09***					0,08**
Ostdeutschland	-0,03n.s.					0,01n.s.
Migrationshintergrund	0,06*					0,04n.s.
Ist/war bei der Bundeswehr	0,10***					0,06*
Sicherheitspolitische Einstellungen						
Kritische Einstellungen zu Russland		0,09***				0,02n.s.
Sicherheitslage weltweit		-0,03n.s.				-0,05n.s.
Sicherheitslage Deutschland		0,00n.s.				-0,04n.s.
Sicherheitslage persönlich		0,11***				0,04n.s.
Bundeswehrspezifische Einstellungen						
Einstellung zur Bundeswehr			0,37***			0,27***
Ausrüstung und Bewaffnung Bw			0,00n.s.			0,01n.s.
Ausbildung der Soldaten			0,02n.s.			0,02n.s.
Index persönliche Wahrnehmung Bw			0,03n.s.			-0,01n.s.
Index massenmediale Wahrnehmung Bw			0,10***			0,06*
Sicherheitspolitische Grundorientierungen						
Militarismus				0,30***		0,24***
Multilateralismus				0,16***		0,09***
Internationalismus				0,09***		0,05*
Atlantizismus				0,01n.s.		-0,01n.s.
Zustimmung Parlamentsbeteiligungsgesetz				-0,03n.s.		-0,03n.s.
Politische Einstellungen						
Eigene wirtschaftliche Lage					0,04n.s.	-0,02n.s.
Nationale wirtschaftliche Lage					0,08**	0,01n.s.
Wahlabsicht CDU/CSU					0,13***	0,05n.s.
Wahlabsicht SPD					0,06*	0,00n.s.
Wahlabsicht AfD					0,12***	0,02n.s.
Wahlabsicht FDP					0,03n.s.	0,00n.s.
Wahlabsicht Die Linke					-0,02n.s.	0,02n.s.
Wahlabsicht Bündnis 90/Die Grünen					-0,02n.s.	0,02n.s.
Links-Rechts-Selbsteinstufung					0,04n.s.	0,01n.s.
Korrigiertes R^2	0,06	0,02	0,16	0,17	0,04	0,29
n	1.908	2.110	1.955	2.003	1.862	1.582

Anmerkungen: Wertebereich der abhängigen Variablen [0 – lehne völlig ab; 1 – stimme völlig zu]. Alle erklärenden Variablen außer Alter [16; 88], Index persönliche Wahrnehmung Bw und Index massenmediale Wahrnehmung Bw [0; 4] haben einen Wertebereich von [0; 1]. Analyseverfahren: Multiple lineare Regressionen; standardisierte Regressionskoeffizienten (beta). Signifikanzniveau: *** p < 0,001; ** p < 0,01; * p < 0,05; n.s. = nicht signifikant (p ≥ 0,05).

Datenbasis: Bevölkerungsbefragung des ZMSBw 2020.

In *Modell V* sind einige Determinanten von Bedeutung: Bewertet jemand die wirtschaftliche Lage in Deutschland positiver, unterstützt er die Ausstattung mit Drohnen in stärkerem Maße. Unter den Parteianhängerschaften sprechen sich Unterstützer von CDU/CSU, SPD und AfD (im Vergleich zu denjenigen ohne Parteipräferenz) eher für bewaffnete Drohnen bei der Bundeswehr aus.

Das *Gesamtmodell (Modell VI)* bestätigt viele Befunde aus den vorherigen Analysen. Bewertungen der wirtschaftlichen Lage und partei- wie sicherheitspolitische Einstellungen spielen keine Rolle für die Erklärung von Präferenzen zur Beschaffung von bewaffneten Drohnen für die Bundeswehr, wenn die Effekte dieser Faktoren durch andere Einstellungen und soziodemografische Merkmale kontrolliert werden. Mit großem Abstand am erklärungsstärksten sind die Einstellung zur Bundeswehr und die Haltung zum Einsatz militärischer Gewalt (Militarismus). Beide wirken stark positiv auf die abhängige Variable. Befragte mit positiver Haltung zu den Streitkräften sprechen sich demnach eindeutig für bewaffnete Drohnen aus, genauso wie Personen, die dem Einsatz militärischer Mittel positiv gegenüberstehen. Größere Unterstützung ist zudem unter Befragten mit multilateralistischen und internationalistischen Haltungen zu finden. Diese Wirkung könnte man im Hinblick auf die Ausstattung der Streitkräfte im Auslandseinsatz mit bewaffneten Drohnen deuten. Trotz der Kontrolle durch zahlreiche Erklärungsfaktoren auf der Einstellungsebene wirken soziodemografische Merkmale auch im Gesamtmodell auf die Haltung zu bewaffneten Drohnen: Frauen, Ältere und Personen mit mittlerem Bildungsniveau sind in größerer Zahl unter den Gegnern zu finden. Stärkere Unterstützung erhält die Beschaffung bewaffneter Drohnen von Personen mit hohem Einkommen und mit Bundeswehrerfahrung. Das gesamte Modell kann 29 Prozent der Streuung der abhängigen Variablen erklären. Dieser Wert ist ein Zeichen dafür, dass nicht alle relevanten Erklärungsfaktoren berücksichtigt werden konnten (siehe oben).

11.5 Fazit

Zusammengefasst zeigen die Analyseergebnisse sowohl für die Einstellung zu den Verteidigungsausgaben als auch zum Personalumfang der Streitkräfte sehr ähnliche Muster in Bezug auf deskriptive Statistiken sowie Struktur und Stärke der Determinanten. Dies spricht dafür, dass die Befragten wie in den Vorjahren beide Fragen als zwei Seiten derselben Medaille sehen. Ersichtlich wird dies an einem starken positiven Zusammenhang zwischen beiden Einstellungen (Korrelationskoeffizient Pearsons $r = 0{,}77$, $p < 0{,}001$): Befragte, die sich für mehr Verteidigungsausgaben aussprechen, plädieren auch für eine Vergrößerung der Personalstärke der Bundeswehr. Die relative Stabilität der Einstellungen seit 2015 spricht im Sinne des Thermostat-Modells (Eichenberg/Stoll 2003; Wlezien

1995) dafür, dass aus Sicht der Bürgerinnen und Bürger die optimale Höhe für beide Kennzahlen noch nicht erreicht ist – trotz der Steigerungen des Verteidigungsetats und der geplanten Verstärkung der Bundeswehr auf 203.000 Soldatinnen und Soldaten bis 2025. Zudem scheint sich 2020 die Corona-Pandemie nicht auf die Unterstützung zu diesen beiden Fragen auszuwirken.

Was die Erklärungsfaktoren betrifft, gibt es weitgehende Übereinstimmungen in den Determinanten beider Einstellungen. Die affektive Nähe zu den Streitkräften spielt eine besonders starke Rolle, genauso wie instrumentelle Erwägungen (Aufrechterhaltung des positiv bewerteten Ausbildungsstandes der Soldatinnen und Soldaten, Verbesserung von Ausrüstung und Bewaffnung sowie kritische Einstellungen gegenüber Russland) und parteipolitische Erwägungen. Von Bedeutung sind auch außen- und sicherheitspolitische Grundorientierungen: Personen mit stärkeren militaristischen, multilateralistischen und internationalistischen Haltungen sprechen sich sowohl für mehr Ausgaben als auch für eine personelle Verstärkung der Streitkräfte aus.

Wie schon in den Vorjahren ist für die Einordnung der in diesem Abschnitt präsentierten Ergebnisse der Hinweis wichtig, dass die Befragten durch die verwendete Fragestellung nicht zu einer Abwägung von Ausgaben für verschiedene Politikbereiche gezwungen werden. Aufgrund haushaltsbezogener Restriktionen ist es aber für Parlament und Regierung selbst bei sehr guter Wirtschafts- und Arbeitsmarktlage notwendig, eine solche Abwägung und die Festlegung von Prioritäten für unterschiedliche Politikbereiche oder politische Programme vorzunehmen. Die Auswirkungen der Corona-Pandemie sind zwar noch nicht vollends abzusehen, aber aufgrund der umfangreichen Neuverschuldung des Bundes ist in den nächsten Jahren mit deutlichen finanziellen Restriktionen und verstärkten Einspar- und Kürzungsbemühungen zu rechnen. Diese könnten sich sowohl auf die politischen Entscheidungen im Hinblick auf Verteidigungsetat und Personalstärke als auch auf die gesellschaftlichen Haltungen zu diesen Fragen auswirken. Die entsprechende Forschung zeigt, dass Bürgerinnen und Bürger Abwägungen zwischen Politikfeldern ebenfalls durchführen (z.B. Wlezien 1995) und dann das Politikfeld Verteidigung und Sicherheit im Vergleich zu Sozial- oder Bildungspolitik geringere Prioritäten erhält. Dies spiegelt sich auch in den Ergebnissen zur Frage der Entwicklung des Etats für verschiedene Politikbereiche wider, die in der Bevölkerungsbefragung 2018 enthalten war (Steinbrecher 2018a). Allerdings sind die dort präsentierten Ergebnisse auch ein Beleg dafür, dass das üblicherweise in der Bevölkerungsbefragung genutzte Instrument die Haltungen der Bürgerinnen und Bürger zur Höhe der Verteidigungsausgaben adäquat wiedergibt.

Hinsichtlich der Einstellungen zur Ausstattung der Bundeswehr mit bewaffneten Drohnen zeigt sich, dass eine relative Mehrheit der Bürgerinnen und Bürger in Deutschland diesem Vorhaben positiv gegenübersteht. Im Vergleich zu den Ergebnissen der Bevölkerungsbefragungen 2013 und 2014 ergibt sich ein deutlicher Zuwachs in der Unterstützung. Die bi- und multivariaten Analysen belegen, dass es teilweise deutliche Differenzen zwischen Personen aus verschiedenen Bevölkerungsgruppen und Befragten mit unterschiedlichen Einstellungsmustern gibt. Besonders groß sind die Unterschiede zwischen Männern und Frauen, Älteren und Jüngeren, auf Basis des Einkommens und zwischen den Anhängern verschiedener Parteien. Bis auf die letzte Gruppe bleiben diese Effekte sogar bestehen, wenn in multivariaten Analysen auf zahlreiche politische Einstellungen der Befragten kontrolliert wird. Anders als bei den Einstellungen zu den Verteidigungsausgaben und zum Personalumfang spielen instrumentelle Erwägungen für die Haltung zu bewaffneten Drohnen keine Rolle: Die Bewertung von Ausrüstung und Bewaffnung, der Ausbildung der Soldatinnen und Soldaten sowie sicherheitspolitische Einstellungen sind irrelevant. Besonders bedeutsam sind hingegen die affektive Nähe zur Bundeswehr und die Haltung zum Einsatz militärischer Mittel generell. Befragte mit besonders ausgeprägten Einstellungen auf diesen beiden Dimensionen zählen zu den größten Unterstützern der Beschaffung bewaffneter Drohnen für die Bundeswehr. Insgesamt lässt sich für die politisch umstrittene Frage der Nutzung bewaffneter Drohnen durch die deutschen Streitkräfte festhalten, dass die Bevölkerung ein solches Vorhaben mit relativer Mehrheit unterstützt. Die genauen Hintergründe dafür zu ergründen, ist aufgrund einiger fehlender potenzieller Erklärungsvariablen Aufgabe weitergehender zukünftiger Umfragen und entsprechender Analysen.

12 Einstellungen zu den Aufgabenbereichen der Bundeswehr

Markus Steinbrecher

Das Weißbuch 2016 zur Sicherheitspolitik und zur Zukunft der Bundeswehr benennt eine Reihe von Aufgaben für die Bundeswehr im Ausland wie im Inland (BMVg 2016a). Dazu zählen unter anderem die Landes- und Bündnisverteidigung (auf deutschem Gebiet wie auf dem Gebiet der Bündnispartner), die Verteidigung gegen terroristische und hybride Bedrohungen, das internationale Krisenmanagement im Rahmen internationaler Organisationen, von Friedenseinsätzen oder Sanktionsmaßnahmen, der Heimatschutz und subsidiäre Unterstützungsleistungen in Deutschland (z.B. die Überwachung des deutschen Luft- und Seeraums, Hilfeleistungen im Fall von Naturkatastrophen oder schweren Unglücksfällen, Beiträge zur Terrorabwehr) sowie Evakuierungen oder Geiselbefreiungen im Ausland (BMVg 2016a: 91–93). Diese Aufgaben werden in der Konzeption der Bundeswehr in noch größerem Detail weiter ausgeführt (BMVg 2018b: 21–34). Im Folgenden geht es darum, welche Vorstellungen die Bürgerinnen und Bürger in Deutschland von den Aufgabenbereichen der Bundeswehr außerhalb und innerhalb Deutschlands haben. Zusätzlich zur Beschreibung des Unterstützungsniveaus für verschiedene Aufgaben sollen die Erklärungsfaktoren für die Befürwortung oder Ablehnung bestimmter Aufgaben im Ausland und im Inland herausgearbeitet werden.

12.1 Einstellungen zu generellen Aufgabenbereichen der Bundeswehr

Im Rahmen der Bevölkerungsbefragung 2020 wurde die Zustimmung der Bürgerinnen und Bürger zu unterschiedlichen Aufgabenbereichen der Bundeswehr erfragt (vgl. Abbildung 12.1). 86 Prozent der Befragten befürworten den Einsatz der Bundeswehr, um die Opfer einer Naturkatastrophe mit Nahrungsmitteln zu versorgen sowie medizinische Hilfe zu leisten. Nur wenig geringer ist mit 85 Prozent die Unterstützung für die Landesverteidigung („um einen militärischen Angriff auf Deutschland abzuwehren"). 81 Prozent der Bürgerinnen und Bürger sind für den Einsatz der Streitkräfte, um deutsche Staatsbürger aus Krisengebieten zu evakuieren. Jeweils etwa sieben von zehn Bundesbürgern befürworten, die Bundeswehr einzusetzen, um einen Völkermord zu verhindern und um einem Verbündeten zu helfen, der angegriffen (beide 70 Prozent) oder bedroht wird (68 Prozent).

Abbildung 12.1: Einstellungen zu den Aufgabenbereichen der Bundeswehr, Teil 1

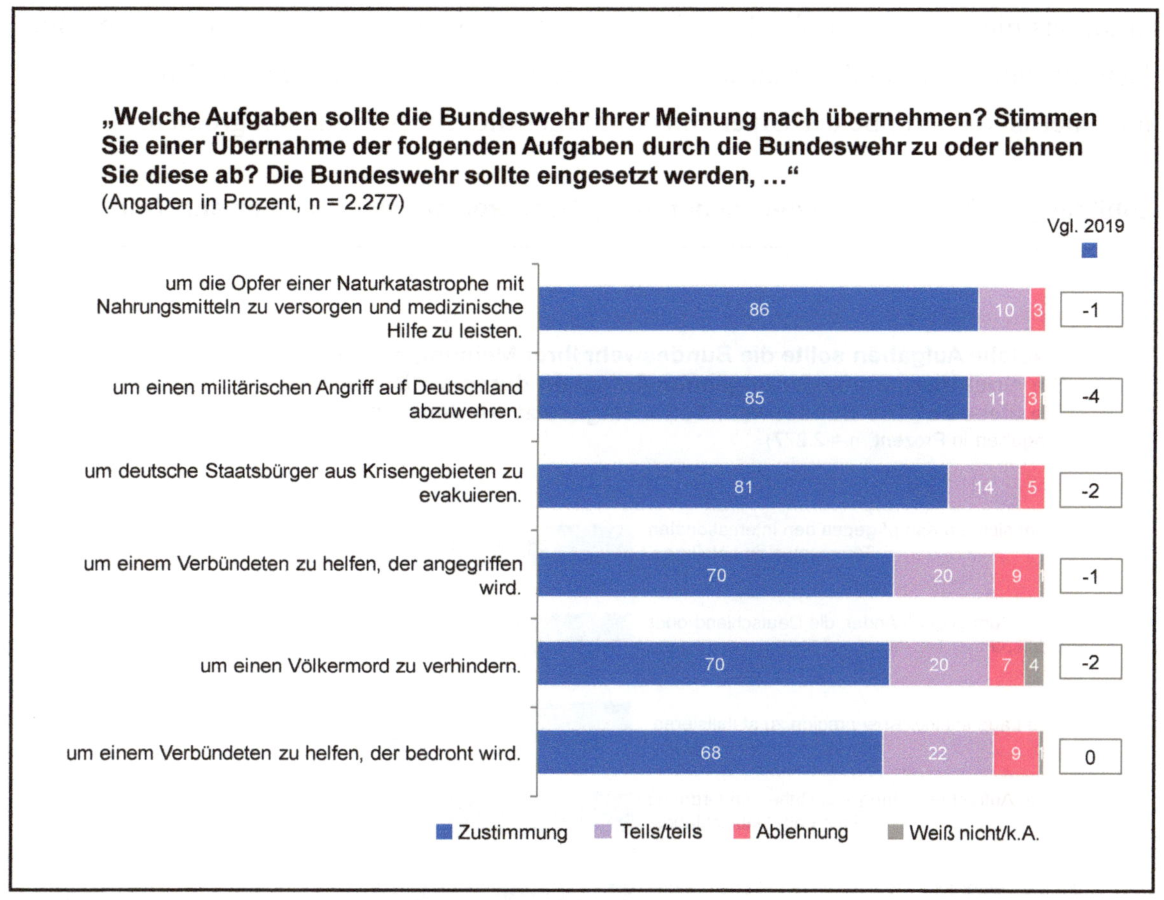

Anmerkungen: Nicht alle Prozentangaben ergeben in der Summe 100 Prozent, da die Einzelwerte gerundet wurden. Zustimmung: Anteile „Stimme völlig zu" und „Stimme eher zu" zusammengefasst; Ablehnung: Anteile „Lehne völlig ab" und „Lehne eher ab" zusammengefasst. Vgl. 2019: Differenz Zustimmung 2020 zu 2019.

Datenbasis: Bevölkerungsbefragungen des ZMSBw 2019 und 2020.

Mehr als 60 Prozent der Befragten sind für den Einsatz der Streitkräfte, um sich am Kampf gegen den internationalen Terrorismus zu beteiligen oder um gegen Länder, die Deutschland oder seine Bündnispartner bedrohen, militärisch vorzugehen[59] (beide 65 Prozent), um die Lage in einer Krisenregion zu stabilisieren oder um Ruhe und Ordnung innerhalb Deutschlands aufrechtzuerhalten (beide 62 Prozent; vgl. Abbildung 12.2). Eine absolute Mehrheit unterstützt zudem die Entsendung der Bundeswehr, um die Versor-

[59] Für das Item „um gegen Länder, die Deutschland oder Bündnispartner bedrohen, militärisch vorzugehen" wurden in der Bevölkerungsbefragung 2020 drei verschiedene Varianten abgefragt. 1.166 Befragte erhielten die erwähnte Variante (Split 1). 610 Personen erhielten die Variante „um gegen Länder, die Deutschland bedrohen, militärisch vorzugehen" (Split 2), 501 Befragte die Version „um gegen Länder, die Deutschlands Bündnispartner bedrohen, militärisch vorzugehen" (Split 3). Die Zustimmung variiert zwischen den verschiedenen Varianten (Split 2: 68 Prozent, Split 1: 65 Prozent, Split 3: 59 Prozent). Die Unterschiede sind aber nicht statistisch signifikant ($p = 0,06$). In diesem Abschnitt werden daher die Splits zusammengefasst dargestellt und interpretiert.

gung Deutschlands mit Energie und Rohstoffen zu sichern (57 Prozent). Das einzige Szenario, das nicht von einer absoluten Mehrheit unterstützt wird, ist der Einsatz der Bundeswehr, um in Auslandseinsätzen gegnerische Kräfte zu bekämpfen (47 Prozent). Aber auch hier ist die Gruppe der Unterstützer mit merklichem Abstand am größten.

Abbildung 12.2: Einstellungen zu den Aufgabenbereichen der Bundeswehr, Teil 2

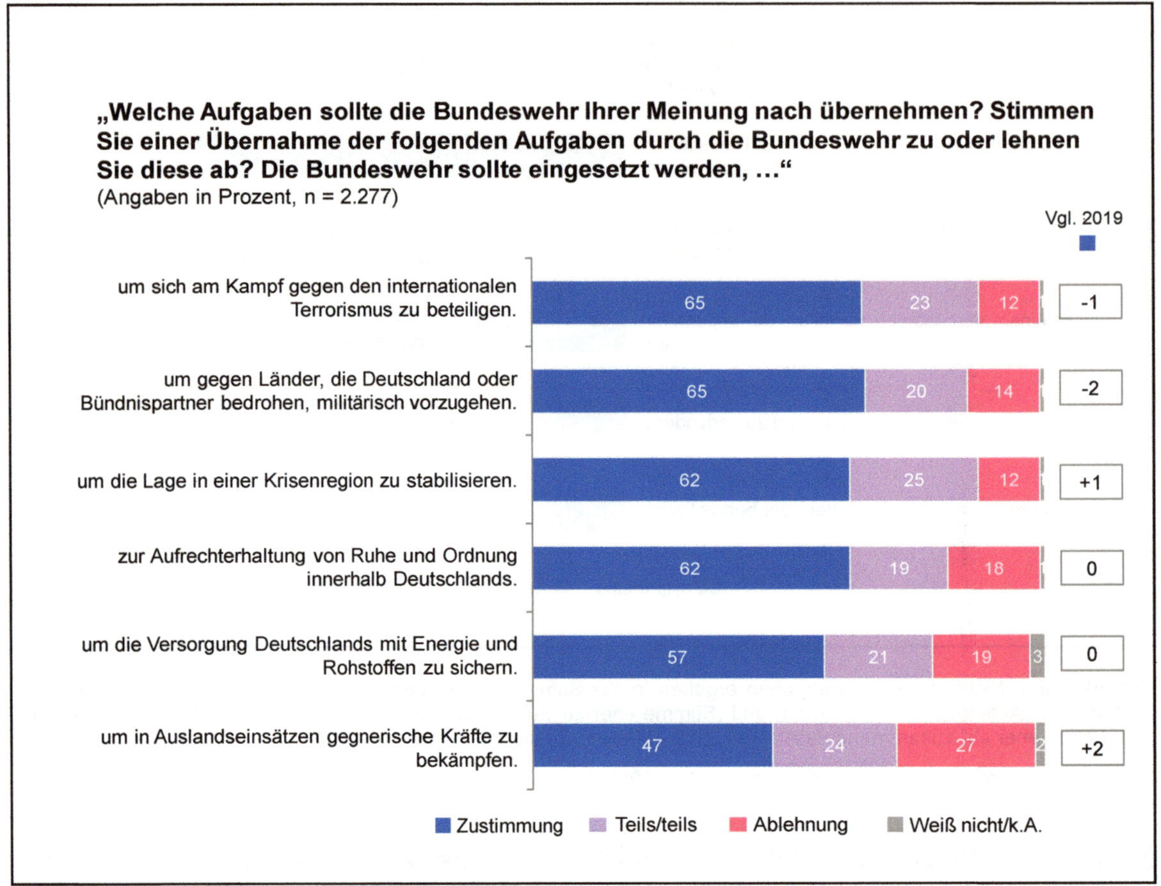

Anmerkungen: Nicht alle Prozentangaben ergeben in der Summe 100 Prozent, da die Einzelwerte gerundet wurden. Zustimmung: Anteile „Stimme völlig zu" und „Stimme eher zu" zusammengefasst; Ablehnung: Anteile „Lehne völlig ab" und „Lehne eher ab" zusammengefasst. Vgl. 2019: Differenz Zustimmung 2020 zu 2019. Für das Item „um gegen Länder, die Deutschland oder Bündnispartner bedrohen, militärisch vorzugehen" wurden in der Bevölkerungsbefragung 2020 drei verschiedene Varianten abgefragt. 1.166 Befragte erhielten den dargestellten Wortlaut, 610 Personen erhielten die Variante „um gegen Länder, die Deutschland bedrohen, militärisch vorzugehen" und 501 Befragte die Version „um gegen Länder, die Deutschlands Bündnispartner bedrohen, militärisch vorzugehen".

Datenbasis: Bevölkerungsbefragungen des ZMSBw 2019 und 2020.

Die Befragten sprechen sich vor allem für die Übernahme von Aufgaben bei den originären Pflichten der Bundeswehr aus: Landesverteidigung, Katastrophenhilfe sowie der Schutz und die Sicherheit deutscher Staatsbürger. Große Zustimmung findet auch die Bündnisverteidigung. Im Vergleich zum Vorjahr ergeben sich für fast alle Aufgabenbereiche geringfügige Veränderungen im Niveau der Zustimmung. Eine stärkere Abnahme der Zustimmung um 4 Prozentpunkte zeigt sich für die Landesverteidigung. Die einzigen

Zuwächse in der Zustimmung erreichen der Einsatz der Streitkräfte, um in Auslandseinsätzen gegnerische Kräfte zu bekämpfen (+2 Prozentpunkte) sowie um die Lage in einer Krisenregion zu stabilisieren (+1 Prozentpunkt).

Welche Eigenschaften und Einstellungen können die Befürwortung der verschiedenen Aufgaben erklären? Um die Analysen hierzu übersichtlich zu halten, wurden die verschiedenen Aufgaben zusammengefasst. Auf der Basis theoretischer Überlegungen ergeben sich fünf Aufgabenbereiche:[60] *Landesverteidigung* („um einen militärischen Angriff auf Deutschland abzuwehren“), *Aufrechterhaltung von Ruhe und Ordnung* in Deutschland, *Bündnisverteidigung* („um einem Verbündeten zu helfen, der angegriffen wird“, „um einem Verbündeten zu helfen, der bedroht wird“ und „um gegen Länder, die Deutschland oder Bündnispartner bedrohen, militärisch vorzugehen“), *Hilfseinsätze* („um die Opfer einer Naturkatastrophe mit Nahrungsmitteln zu versorgen und medizinische Hilfe zu leisten“ und „um deutsche Staatsbürger aus Krisengebieten zu evakuieren“) und *Stabilisierungseinsätze* („um sich am Kampf gegen den internationalen Terrorismus zu beteiligen“, „um einen Völkermord zu verhindern“, „um die Lage in einer Krisenregion zu stabilisieren“ und „um in Auslandseinsätzen gegnerische Kräfte zu bekämpfen“). Die zwei Einzelvariablen sowie die drei Indizes haben einen Wertebereich zwischen 0 (gar keine Zustimmung) und 1 (volle Zustimmung). Die Reliabilität der Indizes ist gut (Bündnisverteidigung, Cronbachs alpha: 0,81; Stabilisierungseinsätze, Cronbachs alpha: 0,78) bzw. zufriedenstellend (Hilfseinsätze, Cronbachs alpha: 0,71).

Tabelle 12.1 zeigt die Mittelwerte für die fünf Variablen bzw. Indizes in den bekannten Teilgruppen für die soziodemografischen Merkmale sowie die Wahlabsicht. Die Befunde entsprechen weitgehend denen der Vorjahre (Steinbrecher 2018b, 2019c). Die *Landesverteidigung* findet mit einem Mittelwert von 0,86 die größte Zustimmung. Wie aus den gruppenspezifischen Mittelwerten hervorgeht, wird die Wahrnehmung dieser Aufgabe durch die Bundeswehr von den meisten Gruppen in der Bevölkerung in gleichem Maße unterstützt – die Mittelwerte variieren lediglich zwischen 0,80 und 0,88. Minimale statistisch signifikante Unterschiede sind zwischen Männern und Frauen, den Einkommensgruppen, unterschiedlichen Parteianhängern und Menschen aus verschiedenen Regionen zu verzeichnen.

---

[60] Eine explorative Faktorenanalyse führt zu einer dreifaktoriellen Lösung, die theoretisch nicht sinnvoll zu interpretieren ist. Daher wird einer theoretisch begründeten Zusammenfassung der Aufgaben der Bundeswehr der Vorzug gegeben. Die zufriedenstellenden bis guten Reliabilitätswerte der entsprechenden Indexvariablen untermauern die Entscheidung für diese Vorgehensweise. Zudem ist so ein Vergleich mit den Ergebnissen der Vorjahre möglich.

Für die anderen Aufgabenbereiche ist die Unterstützung teils deutlich geringer und es gibt stärkere Gruppenunterschiede. Die *Aufrechterhaltung von Ruhe und Ordnung* in Deutschland durch die Bundeswehr findet mit einem Mittelwert von 0,68 breite Unterstützung. Besonders hoch ist die Neigung zur Befürwortung unter Befragten mit Hauptschulabschluss (0,73) sowie Anhängern von CDU/CSU oder SPD (0,72 bzw. 0,71) sowie Befragten in Süd- und Westdeutschland (0,72 bzw. 0,71). Unterdurchschnittlich sind die Mittelwerte von hoch Gebildeten (0,65), von Anhängern der Grünen und von Die Linke (beide 0,61) sowie von Befragten in Nord- (0,60) und Ostdeutschland (0,64). Allerdings bewerten bei allen festzustellenden Unterschieden alle Gruppen eine Übernahme dieser Aufgabe durch die deutschen Streitkräfte positiv.

Die *Bündnisverteidigung* als Verpflichtung der Bundeswehr wird von großen Teilen der Bevölkerung unterstützt (0,72). Es gibt leichte Unterschiede auf Basis des Einkommens, der Wahlabsicht sowie des Wohnorts. Allerdings fallen nur die unterschiedlichen Positionen der Parteianhängerschaften stärker ins Gewicht. Während die Unterstützung für die Bündnisverteidigung unter Wählerinnen und Wählern von Die Linke (0,65), Personen ohne Parteipräferenz (0,67) sowie Unterstützern von Bündnis 90/Die Grünen (0,68) unterdurchschnittlich ist, befürworten Personen, welche CDU/CSU oder die SPD wählen (beide 0,76), die Wahrnehmung dieser Aufgabe durch die Bundeswehr besonders stark.

Hilfseinsätze finden mit einem Mittelwert von 0,84 die breite Unterstützung der Befragten. Große Bewertungsunterschiede zwischen den Teilgruppen sind nicht zu verzeichnen. Die Mittelwerte bewegen sich in den einzelnen Gruppen im Wertebereich zwischen 0,80 und 0,86.

Die mittlere Unterstützung für *Stabilisierungseinsätze* als Aufgabe der Bundeswehr liegt mit 0,68 auf dem gleichen Niveau wie für „Aufrechterhaltung von Ruhe und Ordnung“ und damit deutlich im positiven Bereich der Skala. Die Einkommensgruppen divergieren leicht in ihrer Bewertung. Besonders deutlich werden abweichende Bewertungen aber hinsichtlich der Wahlabsicht und des Wohnorts: Die Unterstützung ist unter den Anhängern der SPD mit 0,73 am höchsten, während potenzielle Wähler von Die Linke (0,61) dieser Aufgabe am wenigsten zustimmen. Befragte in Nord- und Ostdeutschland (beide 0,63) sind ebenfalls etwas skeptischer, im Gegensatz dazu weist Westdeutschland das größte Unterstützungsniveau auf (0,71).

Tabelle 12.1: Einstellungen zu den Aufgabenbereichen der Bundeswehr in soziodemografischen Gruppen

(Mittelwerte)	Landes-verteidi-gung	Ruhe und Ordnung	Bündnis-verteidi-gung	Hilfs-einsätze	Stabili-sierungs-einsätze
Insgesamt	0,86	0,68	0,72	0,84	0,68
Geschlecht	*	n.s.	n.s.	n.s.	n.s.
Männer	0,87	0,68	0,73	0,83	0,68
Frauen	0,85	0,68	0,71	0,84	0,67
Alter	n.s.	n.s.	n.s.	n.s.	n.s.
16 bis 29 Jahre	0,84	0,65	0,71	0,83	0,69
30 bis 49 Jahre	0,86	0,68	0,71	0,83	0,67
50 bis 69 Jahre	0,87	0,68	0,72	0,85	0,67
70 Jahre und älter	0,86	0,71	0,73	0,85	0,68
Bildungsniveau	n.s.	***	n.s.	**	n.s.
Hochschul- bzw. Fachhochschulreife	0,86	0,65	0,71	0,82	0,67
Realschulabschluss	0,85	0,66	0,72	0,83	0,68
Hauptschulabschluss	0,87	0,73	0,72	0,86	0,67
Haushaltsnettoeinkommen pro Monat	*	n.s.	***	*	**
4.001 Euro und mehr	0,87	0,69	0,75	0,86	0,71
2.001 bis 4.000 Euro	0,86	0,68	0,73	0,83	0,68
Bis 2.000 Euro	0,83	0,70	0,68	0,82	0,66
Wahlabsicht Bundestagswahl	***	***	***	*	***
CDU/CSU	0,88	0,72	0,76	0,84	0,70
SPD	0,87	0,71	0,76	0,85	0,73
AfD	0,87	0,68	0,74	0,80	0,68
FDP	0,80	0,67	0,75	0,83	0,72
Die Linke	0,83	0,61	0,65	0,80	0,61
Bündnis 90/Die Grünen	0,82	0,61	0,68	0,83	0,66
Keine Parteipräferenz, Nichtwähler, w.n./k.A.	0,86	0,66	0,67	0,84	0,65
Region	***	***	***	***	***
Norddeutschland (SH, HH, HB, NI)	0,82	0,60	0,70	0,80	0,63
Ostdeutschland (MV, BB, BE, ST, SN, TH)	0,87	0,64	0,68	0,83	0,63
Süddeutschland (BW, BY)	0,88	0,71	0,75	0,86	0,69
Westdeutschland (NW, RP, HE, SL)	0,85	0,72	0,72	0,84	0,71
Migrationshintergrund	n.s.	n.s.	n.s.	n.s.	n.s.
Ja	0,86	0,69	0,71	0,85	0,69
Nein	0,86	0,68	0,72	0,84	0,67

Anmerkungen: Wertebereich der abhängigen Variablen [0 – gar keine Zustimmung; 1 – volle Zustimmung]. Analyseverfahren: Varianzanalysen, Signifikanzniveau: *** $p < 0,001$; ** $p < 0,01$; * $p < 0,05$; n.s. = nicht signifikant ($p \geq 0,05$). Der Signifikanztest für die Varianzanalyse gibt an, ob sich der Mittelwert mindestens einer Gruppe von dem Mittelwert mindestens einer anderen Gruppe unterscheidet.

Datenbasis: Bevölkerungsbefragung des ZMSBw 2020.

Die nachfolgend dargestellten Analysen gehen über die in Tabelle 12.1 dargestellten hinaus. Zusätzlich zu soziodemografischen Gruppenzugehörigkeiten bzw. Ressourcen werden in Tabelle 12.2 in Anlehnung an die Analysen von Steinbrecher und Wanner (2018a) und die generelle Forschung zur Erklärung außen- und sicherheitspolitischer Einstellungen (z.B. Biehl/Schoen 2015) weitere Determinanten aufgenommen. Darunter sind kognitive Aspekte und Fähigkeiten (in diesem Fall das politische Interesse), affektive Bewertungen und Einstellungen (wie die Einstellung zur Bundeswehr oder Sicherheitsbewertungen; vgl. die Abschnitte 4 und 8), außen- und sicherheitspolitische Grundorientierungen (vgl. Abschnitt 5), Einschätzungen der Leistungen der Streitkräfte (bei vorherigen Einsätzen im Ausland) sowie normative und rechtliche Orientierungen (hier mangels anderer Variablen die Einstellung zum Parlamentsbeteiligungsgesetz für Auslandseinsätze). Tabelle 12.2 präsentiert die Ergebnisse von linearen Regressionen für die Erklärung der Einstellungen zu den fünf Aufgabenbereichen der Bundeswehr. Die Anlage der Analysen ist – bis auf das Fehlen der verteidigungspolitischen Kompetenzüberzeugung der Befragten und ergänzt um die Determinante „Kritische Einstellungen zu Russland"– identisch mit denjenigen aus den Forschungsberichten zu den Bevölkerungsbefragungen 2017 bis 2019, sodass die Ergebnisse miteinander verglichen werden können: Es zeigen sich weitgehende Übereinstimmungen und nur wenige Abweichungen in den Erklärungsmustern (Steinbrecher 2017c, 2018b, 2019c).

Die Analysen ergeben, dass es unterschiedliche Determinantenstrukturen zwischen den einzelnen Aufgaben gibt, aber auch einige Gemeinsamkeiten bzw. übergreifende Muster, auf die im Folgenden eingegangen wird: Als erstes allgemeines Ergebnis lässt sich festhalten, dass kognitive Aspekte und Fähigkeiten genauso wie parteipolitische und ideologische Orientierungen sowie soziodemografische Ressourcen unbedeutend für die Erklärung der Unterstützung der fünf Aufgaben sind oder nur eine untergeordnete Rolle spielen.

Zweitens sind Performanzbewertungen besonders wichtig. In allen fünf Fällen hat die Einschätzung der Leistungen der Bundeswehr bei Auslandseinsätzen eine hohe Erklärungskraft – sie ist stets unter den drei erklärungsstärksten Faktoren, in einer Analyse ist sie sogar die bedeutsamste Variable. Bewerten Befragte die Leistungen der Streitkräfte im Ausland positiv, führt dies zu größerer Unterstützung für alle fünf betrachteten Aufgaben der Bundeswehr.

Drittens sind die außen- und sicherheitspolitischen Grundorientierungen von großer Bedeutung. Multilateralismus hat in vier Fällen statistisch signifikante Effekte (mit einheitlicher Wirkungsrichtung). Internationalismus und Militarismus sind in drei Analysen relevant für die Erklärung von Einstellungen zu den Aufgaben der Bundeswehr. Personen, die militärische Gewaltanwendung unterstützen, befürworten einerseits die Übernahme von Bündnisverteidigung und Stabilisierungseinsätzen in stärkerem Maße, andererseits lehnen sie Hilfseinsätze als Aufgabe der Bundeswehr eher ab. Multilateralisten sprechen sich stärker für Landesverteidigung, Bündnisverteidigung, Stabilisierungs- und Hilfseinsätze aus; für die Einstellung zur Aufrechterhaltung von Ruhe und Ordnung durch die Streitkräfte innerhalb Deutschlands spielt diese Grundorientierung keine Rolle. Personen, die sich eher für ein stärkeres internationales Engagement Deutschlands aussprechen, weisen den Streitkräften eher die Aufgabe der Bündnisverteidigung zu, unterstützen aber auch die Übernahme von Stabilisierungs- wie Hilfseinsätzen.

Viertens hat die affektive Nähe zu den Streitkräften stets einen positiven Einfluss auf die Einstellungen gegenüber den Aufgaben: Haben Befragte eine positive Haltung zur Bundeswehr, unterstützen sie die Übernahme aller fünf Aufgaben in stärkerem Maße. Besonders groß ist dieser Effekt im Fall der Bündnisverteidigung, der Aufrechterhaltung von Ruhe und Ordnung und der Landesverteidigung, etwas kleiner bei Hilfs- und Stabilisierungseinsätzen.

Als fünfter übergreifender Befund ist festzustellen, dass Einschätzungen der verschiedenen Dimensionen der Sicherheitslage in vier von fünf Analysen statistisch signifikante Wirkungen haben. Bewertet jemand die weltweite Lage negativer, unterstützt er die Übernahme von Landesverteidigung und Hilfseinsätzen durch die Bundeswehr in stärkerem Maße. Auch Bewertungen der persönlichen Sicherheitslage wirken sich auf die Haltungen zu den Aufgaben der Bundeswehr aus: Fühlt sich jemand sicherer, ist er eher für die Übernahme von Landesverteidigung, Hilfseinsätzen und Stabilisierungseinsätzen.

Sechstens ist zu konstatieren, dass normative oder rechtliche Erwägungen in vier von fünf Fällen eine Rolle für die Erklärung der abhängigen Variablen spielen. Befürworten Befragte die Regeln des Parlamentsbeteiligungsgesetzes, dann stehen sie der Aufrechterhaltung von Ruhe und Ordnung in Deutschland und Stabilisierungseinsätzen der Bundeswehr deutlich skeptischer gegenüber, befürworten aber stärker die Aufgaben Landesverteidigung und Hilfseinsätze.

Tabelle 12.2: Determinanten der Einstellungen zu den Aufgabenbereichen der Bundeswehr

	Landesverteidigung	**Ruhe und Ordnung**	**Bündnisverteidigung**	**Hilfseinsätze**	**Stabilisierungseinsätze**
Kognitive Aspekte und Fähigkeiten					
Politisches Interesse	0,01$^{n.s.}$	-0,07**	0,00$^{n.s.}$	0,02$^{n.s.}$	0,02$^{n.s.}$
Funktionale und performanzbezogene Aspekte					
Leistungsbewertung Bw im Ausland	0,16***	0,20***	0,20***	0,16***	0,29***
Bundeswehr-Standort in der Nähe	0,00$^{n.s.}$	-0,09***	-0,03$^{n.s.}$	-0,01$^{n.s.}$	-0,04*
Parteipolitische und ideologische Orientierungen					
Links-Rechts-Selbsteinstufung	0,05$^{n.s.}$	-0,01$^{n.s.}$	0,06*	0,02$^{n.s.}$	0,03$^{n.s.}$
Wahlabsicht CDU/CSU	-0,05$^{n.s.}$	-0,02$^{n.s.}$	-0,01$^{n.s.}$	-0,14***	-0,05$^{n.s.}$
Wahlabsicht SPD	-0,02$^{n.s.}$	-0,02$^{n.s.}$	0,03$^{n.s.}$	-0,10**	0,02$^{n.s.}$
Wahlabsicht AfD	-0,02$^{n.s.}$	-0,01$^{n.s.}$	-0,03$^{n.s.}$	-0,08**	-0,01$^{n.s.}$
Wahlabsicht FDP	-0,04$^{n.s.}$	-0,02$^{n.s.}$	0,03$^{n.s.}$	-0,02$^{n.s.}$	0,01$^{n.s.}$
Wahlabsicht Die Linke	0,00$^{n.s.}$	-0,04$^{n.s.}$	0,00$^{n.s.}$	-0,05*	-0,03$^{n.s.}$
Wahlabsicht Bündnis 90/Die Grünen	-0,07*	-0,02$^{n.s.}$	0,01$^{n.s.}$	-0,02$^{n.s.}$	-0,01$^{n.s.}$
Normen und Werte					
Zustimmung Parlamentsbeteiligungsgesetz	0,08***	-0,14***	-0,02$^{n.s.}$	0,05*	-0,06**
Affektive Orientierungen					
Einstellung zur Bundeswehr	0,19***	0,22***	0,25***	0,15***	0,11***
Sicherheitsbewertung weltweit	-0,14***	-0,05$^{n.s.}$	-0,03$^{n.s.}$	-0,20***	0,04$^{n.s.}$
Sicherheitsbewertung Deutschland	0,04$^{n.s.}$	-0,08*	0,04$^{n.s.}$	0,05$^{n.s.}$	0,05*
Sicherheitsbewertung persönlich	0,08**	-0,01$^{n.s.}$	0,04$^{n.s.}$	0,12***	0,06*
Kritische Einstellungen zu Russland	-0,08***	0,06*	0,06**	0,02$^{n.s.}$	0,17***
Militarismus	0,00$^{n.s.}$	0,00$^{n.s.}$	0,14***	-0,13***	0,05*
Multilateralismus	0,22***	0,03$^{n.s.}$	0,18***	0,24***	0,07**
Internationalismus	0,00$^{n.s.}$	0,08**	0,10***	0,07**	0,23***
Atlantizismus	-0,04$^{n.s.}$	0,00$^{n.s.}$	0,07**	0,01$^{n.s.}$	0,09***
Ressourcen					
Frauen	-0,04$^{n.s.}$	-0,03$^{n.s.}$	-0,03$^{n.s.}$	0,02$^{n.s.}$	0,02$^{n.s.}$
Alter	-0,03$^{n.s.}$	0,03$^{n.s.}$	-0,01$^{n.s.}$	0,02$^{n.s.}$	-0,05*
Niedrige Bildung	0,03$^{n.s.}$	0,05$^{n.s.}$	0,04$^{n.s.}$	0,05$^{n.s.}$	0,00$^{n.s.}$
Hohe Bildung	0,02$^{n.s.}$	0,03$^{n.s.}$	-0,04$^{n.s.}$	-0,02$^{n.s.}$	-0,02$^{n.s.}$
Haushaltsnettoeinkommen (bis 2.000 Euro)	-0,03$^{n.s.}$	-0,01$^{n.s.}$	-0,03$^{n.s.}$	-0,03$^{n.s.}$	0,03$^{n.s.}$
Haushaltsnettoeinkommen (4.001 und mehr)	-0,03$^{n.s.}$	0,01$^{n.s.}$	0,01$^{n.s.}$	0,01$^{n.s.}$	0,01$^{n.s.}$
Ostdeutschland	0,07**	0,01$^{n.s.}$	0,01$^{n.s.}$	0,04$^{n.s.}$	-0,03$^{n.s.}$
Migrationshintergrund	0,00$^{n.s.}$	0,01$^{n.s.}$	-0,03$^{n.s.}$	0,04$^{n.s.}$	-0,02$^{n.s.}$
Ist/war bei der Bundeswehr	0,01$^{n.s.}$	-0,04$^{n.s.}$	0,00$^{n.s.}$	0,03$^{n.s.}$	0,02$^{n.s.}$
Korrigiertes R^2	0,27	0,20	0,42	0,32	0,44
n	1.611	1.615	1.612	1.616	1.616

Anmerkungen: Wertebereich der abhängigen Variablen [0 – gar keine Zustimmung; 1 – volle Zustimmung]. Alle erklärenden Variablen außer das Alter [16; 88] haben einen Wertebereich von [0; 1]. Analyseverfahren: Multiple lineare Regressionen; standardisierte Regressionskoeffizienten (beta). Signifikanzniveau: *** $p < 0,001$; ** $p < 0,01$; * $p < 0,05$; n.s. = nicht signifikant ($p \geq 0,05$).

Datenbasis: Bevölkerungsbefragung des ZMSBw 2020.

Gemessen am korrigierten R^2 kann das Modell insbesondere die Unterschiede in der Position der Bürgerinnen und Bürger hinsichtlich der Aufgabenbereiche Bündnisverteidigung sowie Stabilisierungs- und Hilfseinsätze erklären. Der Anteil erklärter Varianz liegt hier bei 42, 44 und 32 Prozent, für die anderen beiden Aufgaben bei 27 bzw. 20 Prozent. Angesichts der höheren Varianz der Indexvariablen ist dieser Befund wenig überraschend. Die Ergebnisse zeigen insgesamt die Komplexität der Erklärungsmuster und Determinanten der Einstellungen zu den Aufgaben der Streitkräfte und machen deutlich, dass es die Bundeswehr zum Teil selbst in der Hand hat, Unterstützung für ihre Arbeit, ihre Aufgaben und Einsätze zu generieren.

12.2 Einstellungen zu Aufgaben der Bundeswehr innerhalb Deutschlands[61]

Während die innere Sicherheit grundsätzlich in den Aufgabenbereich der Polizei fällt, obliegt es den deutschen Streitkräften, die äußere Sicherheit zu gewährleisten, worunter die Landesverteidigung, also das militärische Vorgehen gegen einen Angreifer von außen, zu verstehen ist (Artikel 87a Absatz 1 GG; vgl. Tabelle 12.3; Knelangen 2006: 253–256). Im Rahmen des Verteidigungsfalls oder seiner „Vorstufe", dem sogenannten Spannungsfall (Artikel 80a Absatz 1 GG), der mit einer Erhöhung der militärischen Alarmstufe einhergeht, sind die Streitkräfte berechtigt, soweit dies zur Erfüllung ihres Verteidigungsauftrages erforderlich ist, zivile Objekte zu schützen, Aufgaben der Verkehrsregelung wahrzunehmen sowie polizeiliche Aufgaben zu übernehmen (Artikel 87a Absatz 3 GG).

Wie in der Einleitung zu diesem Abschnitt dargestellt, benennt das Weißbuch 2016 zahlreiche Aufgaben der Bundeswehr im Inland. Der Einsatz der Bundeswehr im Inneren jenseits der Landesverteidigung ist in Artikel 87a Absatz 2 GG geregelt: „Außer zur Verteidigung dürfen die Streitkräfte nur eingesetzt werden, soweit dieses Grundgesetz es ausdrücklich zulässt." Die Notstandsgesetze des Jahres 1968, die das Grundgesetz um Regelungen ergänzten, um die staatliche Handlungsfähigkeit in Krisensituationen zu ermöglichen, präzisierten in Artikel 35 GG mögliche Einsatzszenarien der Bundeswehr im Inneren: die Amtshilfe bei Naturkatastrophen oder besonders schweren Unglücksfällen (Artikel 35 Absatz 2 und 3 GG).

---

[61] Teile der folgenden Ausführungen sind dem Beitrag von Steinbrecher und Wanner (2018a) zur Erklärung von Einstellungen zum Einsatz der Bundeswehr im Inneren entnommen.

Tabelle 12.3: Verfassungsrechtliche und gesetzliche Regeln zum Einsatz der Bundeswehr im Inneren

Grundlage	Zweck	Aufgabenbereiche der Bundeswehr
Art. 87a (1) GG	Landesverteidigung	Abwehr eines bewaffneten Angriffs auf das Bundes- oder Bündnisgebiet
Art. 87a (3) GG	Landesverteidigung im Spannungs- oder Verteidigungsfall	Schutz ziviler Objekte, Wahrnehmung von Aufgaben der Verkehrsregelung, Unterstützung polizeilicher Maßnahmen
Art. 87a (4) GG	Sicherung der freiheitlich-demokratischen Grundordnung	Unterstützung von Polizei und Bundesgrenzschutz beim Schutz von zivilen Objekten und zur Bekämpfung organisierter und militärisch bewaffneter Aufständischer
Art. 35 (2) GG	Hilfe im Fall von Naturkatastrophen oder besonders schweren Unglücksfällen (in einem Bundesland)	Aufrechterhaltung und Wiederherstellung öffentlicher Sicherheit und Ordnung, Unterstützung der Polizei
Art 35 (3) GG	Hilfe im Fall von Naturkatastrophen oder besonders schweren Unglücksfällen (in mehr als einem Bundesland)	Aufrechterhaltung und Wiederherstellung öffentlicher Sicherheit und Ordnung, Unterstützung der Polizei
§14 (1) LuftSiG	Schutz vor Angriffen auf die Sicherheit des Luftverkehrs, Flugzeugentführungen, Sabotageakten und terroristischen Anschlägen	Einsatz von Kampfflugzeugen, um entführte Flugzeuge mit Warnschüssen zur Landung zu zwingen oder abzudrängen

Anmerkung: Eigene Darstellung in Anlehnung an Knelangen (2006: 259).

Dabei ist Voraussetzung, dass die zivilen Kräfte ohne die Unterstützung durch die Streitkräfte die Aufgabe nicht oder nur unter erheblichen Schwierigkeiten erfüllen könnten. Das Grundgesetz sieht folglich nur eng begrenzte Möglichkeiten für Bundeswehreinsätze im Inneren vor und besagt in der derzeitigen Form, dass ein Einsatz von Soldatinnen und Soldaten als „Hilfspolizisten" oder Helfer lediglich bei einer Naturkatastrophe (z.B. während des Elbehochwassers im Jahr 2002) oder bei besonders schweren Unglücksfällen (z.B. beim Bahnunglück in Eschede im Jahr 1998) rechtlich abgesichert ist. Weitere Handlungsmöglichkeiten der Bundeswehr im Inneren sieht das Grundgesetz für den Fall vor, dass die freiheitlich-demokratische Grundordnung des Bundes oder eines Landes gefährdet ist (innerer Notstand). In diesem Fall werden den deutschen Streitkräften Handlungsoptionen im Bereich der Unterstützung von Polizei und Bundespolizei beim Schutz von zivilen Objekten und bei der Bekämpfung organisierter und militärisch bewaffneter Aufständischer zugesprochen (Artikel 87a Absatz 4 GG).

Neben der Frage, in welchen Situationen und zu welchem Zweck die Streitkräfte im Inneren zum Einsatz kommen dürfen, ist auch der potenzielle Einsatz militärischer Kampfmittel auf deutschem Territorium gesetzlich geregelt. Als eine Konsequenz aus den Terroranschlägen am 11. September 2001 und einem Zwischenfall im Jahr 2003 im Luftraum von Frankfurt am Main, bei dem ein geistig verwirrter Mann mit einem Motorsegler über dem Bankenviertel kreiste und drohte, sich mit seinem Flugzeug in eines der Hochhäuser zu stürzen (FAZ 2003), bündelte der Deutsche Bundestag am 11. Januar 2005 wesentliche Sicherheitsvorschriften im sogenannten Luftsicherheitsgesetz (LuftSiG). Dieses dient vorrangig dem Zweck, Attentate wie die Terroranschläge am 11. September durch entführte Flugzeuge (Renegades) zu verhindern. Dazu ermächtigte und verpflichtete das Gesetz die Luftsicherheitsbehörden, die Fluggesellschaften und die Flughafenbetreiber, bestimmte Sicherheitsmaßnahmen zu ergreifen. Ferner wurde geregelt, wie im Falle einer Flugzeugentführung ein möglicher Einsatz der Streitkräfte erfolgen sollte. In § 14 (1) wurde festgehalten, dass die Streitkräfte in einem solchen Fall zum Einsatz kommen können, um den Eintritt eines besonders schweren Unglücksfalls zu verhindern und, dass sie ein entführtes Flugzeug mit Warnschüssen zur Landung zwingen oder abdrängen dürfen. Der mögliche Einsatz militärischer Kampfmittel in einem solchen Szenario wurde ursprünglich ebenfalls im Rahmen des Luftsicherheitsgesetzes geregelt: „Die unmittelbare Einwirkung mit Waffengewalt ist nur zulässig, wenn nach den Umständen davon auszugehen ist, dass das Luftfahrzeug gegen das Leben von Menschen eingesetzt werden soll, und sie das einzige Mittel zur Abwehr dieser gegenwärtigen Gefahr ist“ (LuftSiG § 14 Abs. 3). Dieser Absatz wurde jedoch in einem Urteil des Bundesverfassungsgerichts am 15. Februar 2006 für verfassungswidrig und nichtig erklärt, da der damit ermöglichte Einsatz gegen das Leben von Menschen gegen die Menschenwürde verstößt. Auch in anderen möglichen Einsatzszenarien der Bundeswehr im Inneren wurde die Verwendung spezifisch militärischer Waffen bis zu einem Beschluss des Bundesverfassungsgerichts im Jahr 2012 generell ausgeschlossen. Dieser besagt, dass die Bundeswehr bei Einsätzen im Inneren in Ausnahmefällen militärische Mittel zur Abwehr von Gefahren katastrophalen Ausmaßes einsetzen darf. Allerdings muss stets die gesamte Bundesregierung über einen solchen Inlandseinsatz der Bundeswehr entscheiden (Klasen 2012). Insgesamt setzen die gesetzlichen Regelungen also enge Grenzen für den Einsatz der Bundeswehr innerhalb Deutschlands.

Wie schon im Jahr 2018 enthielt die Bevölkerungsbefragung 2020 einen Satz von Fragen, der die Einstellung der Befragten zu möglichen Einsatzszenarien der Bundeswehr im Inneren beleuchtet (vgl. Abbildungen 12.3 und 12.4). Aus gegebenem Anlass wurde ein neues Item in die Befragung aufgenommen, das nach der Bewertung des Einsatzes der Bundeswehr in Deutschland, „um Unterstützung bei der Eindämmung einer gefährlichen Krankheit oder Seuche zu leisten“ fragt. Die Ergebnisse zeigen, dass 86 Prozent der Befragten einem Einsatz der Bundeswehr im Inland zustimmen, um Katastrophenhilfe innerhalb Deutschlands zu leisten. Etwas geringer ist die Unterstützung für einen Einsatz der Streitkräfte, um den deutschen Luftraum und die deutsche Küste zur Verhinderung von Terroranschlägen zu überwachen (79 Prozent). Etwas weniger als drei Viertel der

Befragten sprechen sich außerdem dafür aus, die Bundeswehr im Inland einzusetzen, um Vermisste zu suchen oder zu retten, sowie die deutschen Grenzen gegen illegale Einwanderer zu sichern (74 bzw. 73 Prozent). Der Aussage, dass die Bundeswehr in Deutschland öffentliche Gebäude vor Terroranschlägen schützen soll, stimmen etwa sieben von zehn Befragten zu.

Abbildung 12.3: Einstellungen zu den Aufgabenbereichen der Bundeswehr im Inland, Teil 1

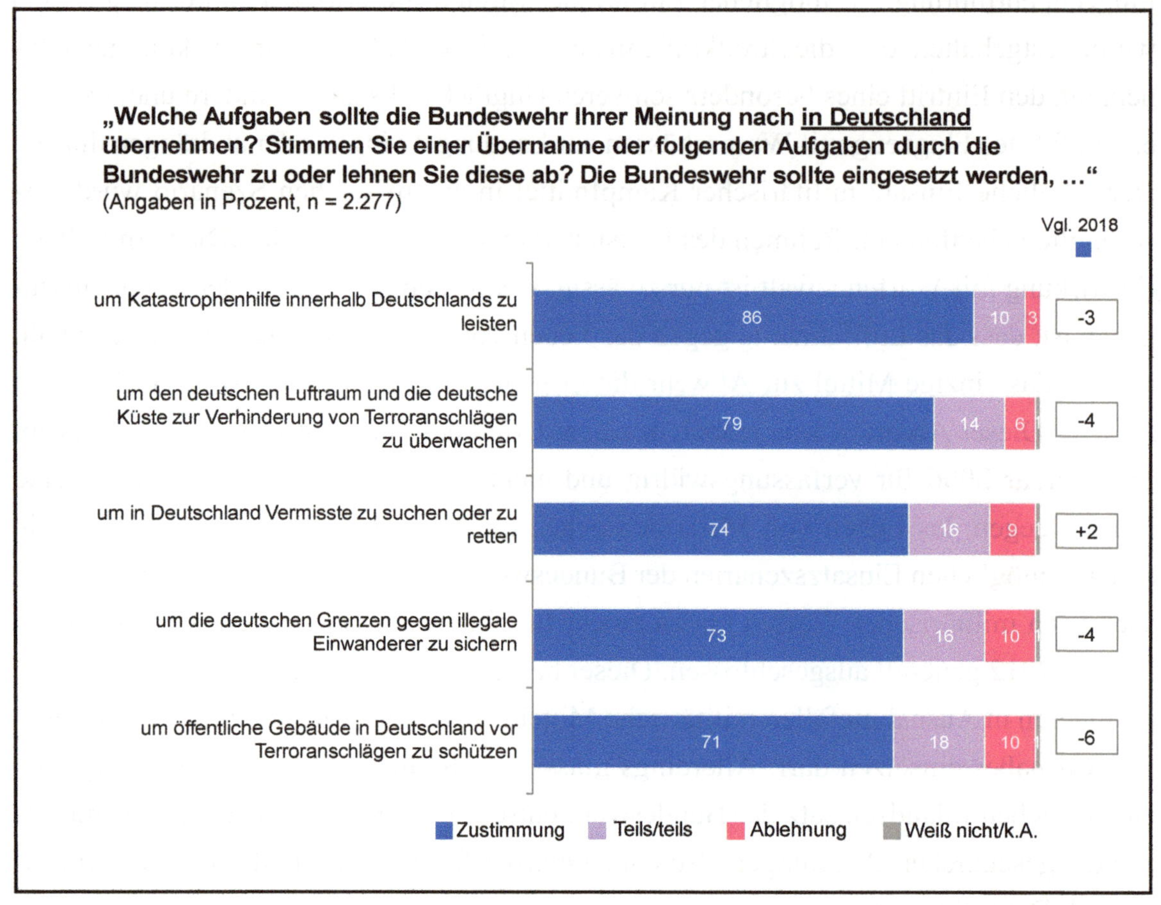

Anmerkungen: Nicht alle Prozentangaben ergeben in der Summe 100 Prozent, da die Einzelwerte gerundet wurden. Zustimmung: Anteile „Stimme völlig zu" und „Stimme eher zu" zusammengefasst; Ablehnung: Anteile „Lehne völlig ab" und „Lehne eher ab" zusammengefasst. Vgl. 2018: Differenz Zustimmung 2020 zu 2018.

Datenbasis: Bevölkerungsbefragungen des ZMSBw 2018 und 2020.

Während die bisher benannten Einsatzmöglichkeiten hypothetischer Natur sind, hat die Bundeswehr seit dem Frühjahr 2020 tatsächlich Unterstützung bei der Bekämpfung und Eindämmung der Corona-Pandemie geleistet sowie seit dem Herbst 2015 bei der Aufnahme von Flüchtlingen in Deutschland geholfen. Das Zustimmungsniveau unterscheidet sich um etwa 20 Prozentpunkte (vgl. Abbildung 12.4): Während 71 Prozent dem Einsatz der Bundeswehr zustimmen, um Unterstützung bei der Eindämmung einer gefährlichen

Krankheit oder Seuche zu leisten, befürworten 52 Prozent der Deutschen die Unterstützung der Streitkräfte bei der Flüchtlingsaufnahme. 50 Prozent unterstützen den Einsatz der Bundeswehr, um Internetangriffe auf öffentliche Einrichtungen in Deutschland zu verhindern und 48 Prozent befürworten den Einsatz zur Verhinderung von Internetangriffen auf die Infrastruktur in Deutschland. Insgesamt werden diese beiden öffentlich diskutierten Aktivitäten des 2017 eingerichteten Organisationsbereichs Cyber- und Informationsraum (CIR) damit nur von einer relativen Mehrheit befürwortet. Im Vergleich zum Jahr 2018 ergeben sich für einige Einsatzszenarien Veränderungen von 5 Prozentpunkten oder mehr. So ist die Unterstützung für die beiden Aufgaben im Cyberraum um jeweils 5 Prozentpunkte gestiegen, die positive Haltung zur Beteiligung der Bundeswehr an der Flüchtlingsaufnahme sogar um 7 Prozentpunkte. Eine relativ starke Abnahme (um 6 Prozentpunkte) ergibt sich für den Schutz öffentlicher Gebäude durch die Streitkräfte.

Abbildung 12.4: Einstellungen zu den Aufgabenbereichen der Bundeswehr im Inland, Teil 2

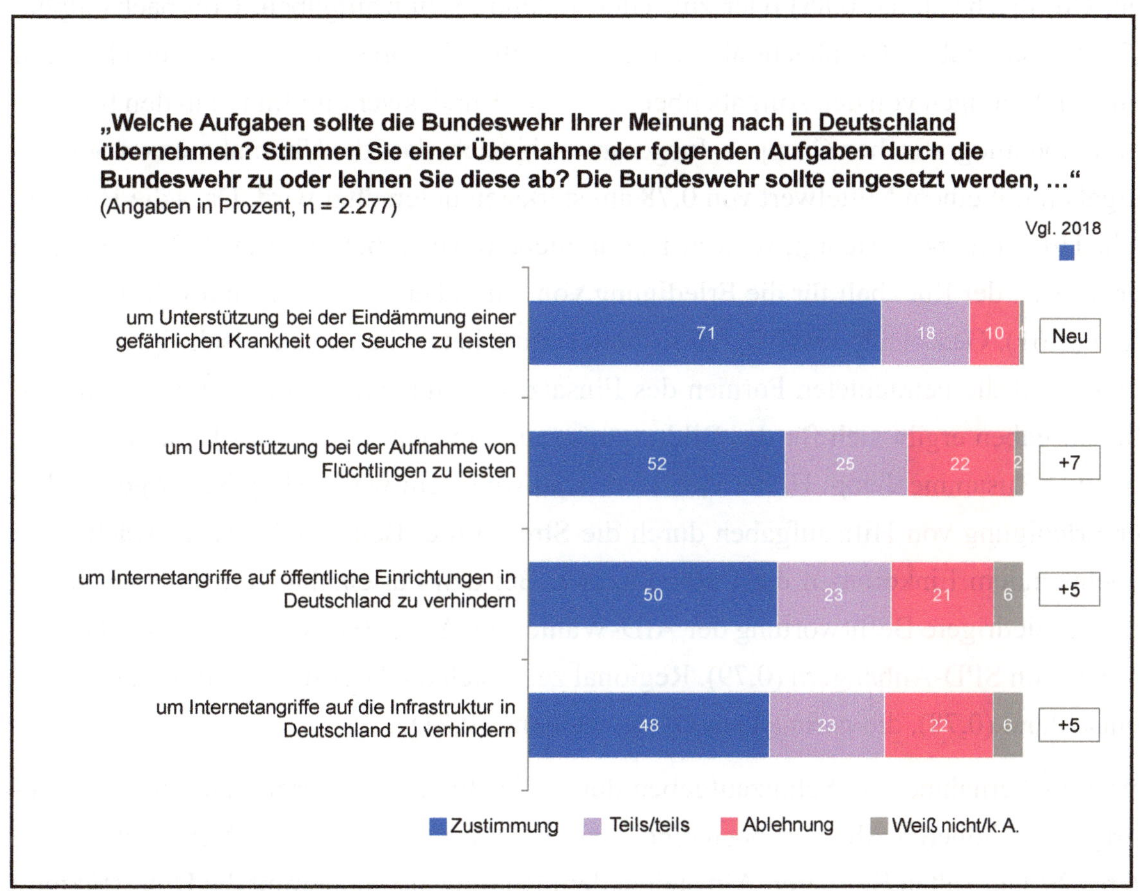

Anmerkungen: Nicht alle Prozentangaben ergeben in der Summe 100 Prozent, da die Einzelwerte gerundet wurden. Zustimmung: Anteile „Stimme völlig zu" und „Stimme eher zu" zusammengefasst; Ablehnung: Anteile „Lehne völlig ab" und „Lehne eher ab" zusammengefasst. Vgl. 2018: Differenz Zustimmung 2020 zu 2018.

Datenbasis: Bevölkerungsbefragungen des ZMSBw 2018 und 2020.

Im Folgenden soll es wie bei den Analysen zu den generellen Aufgaben der Streitkräfte darum gehen, Erklärungsfaktoren für die Einstellungen zum Einsatz der Bundeswehr im Inneren herauszuarbeiten. Dafür werden die abgefragten Einsatzmöglichkeiten zu drei theoretisch begründbaren Gruppen zusammengefasst: *Schutzaufgaben* („um den deutschen Luftraum und die deutsche Küste zur Verhinderung von Terroranschlägen zu überwachen", „um öffentliche Gebäude in Deutschland vor Terroranschlägen zu schützen" und „um die deutschen Grenzen gegen illegale Einwanderer zu sichern"), *Hilfsaufgaben* („um Katastrophenhilfe innerhalb Deutschlands zu leisten", „um in Deutschland Vermisste zu suchen oder zu retten", „um Unterstützung bei der Aufnahme von Flüchtlingen zu leisten" und „um Unterstützung bei der Eindämmung einer gefährlichen Krankheit oder Seuche zu leisten") sowie *Cyberaufgaben* („um Internetangriffe auf die Infrastruktur in Deutschland zu verhindern" und „um Internetangriffe auf öffentliche Einrichtungen in Deutschland zu verhindern"). Die drei Indizes haben einen Wertebereich von 0 (gar keine Zustimmung) bis 1 (volle Zustimmung). Die Reliabilität der Indizes ist gut (Cyberaufgaben, Cronbachs alpha: 0,85) oder zufriedenstellend (Schutzaufgaben, Cronbachs alpha: 0,76; Hilfsaufgaben, Cronbachs alpha: 0,71). Tabelle 12.4 präsentiert die Unterschiede in den Vorstellungen von den Aufgabenbereichen der Bundeswehr im Inland in den bekannten soziodemografischen Gruppen. Insgesamt zeigt sich, dass die Übernahme von Schutzaufgaben mit einem Mittelwert von 0,78 am stärksten unterstützt wird. Dass die Bundeswehr Hilfsaufgaben erledigt, wird in fast ähnlichem Maße befürwortet (0,75). Deutlich geringer ist der Rückhalt für die Erledigung von Aufgaben im Cyber- und Informationsraum (0,61). Geschlecht und Migrationshintergrund haben keine statistisch signifikanten Effekte auf die betrachteten Formen des Einsatzes im Inneren. Für die Übernahme von Hilfsaufgaben ergibt sich für das Bildungsniveau ein negativer, für das Einkommen ein positiver Zusammenhang: Höher Gebildete sind somit ein wenig skeptischer gegenüber der Erledigung von Hilfsaufgaben durch die Streitkräfte. Beim Einkommen wächst mit zunehmendem Einkommen die Unterstützung. Bei den Parteianhängern fällt vor allem die klar niedrigere Befürwortung der AfD-Wähler ins Auge (0,67), der stärkste Rückhalt kommt von SPD-Anhängern (0,79). Regional zeigt sich die höchste Zustimmung in Süddeutschland (0,78), die geringste in Ostdeutschland (0,71).

Für die Übernahme von Schutzaufgaben durch die Bundeswehr ergibt sich unter Angehörigen der höheren Altersgruppen eine leicht höhere Zustimmung im Vergleich zu den 16 bis 29 Jahre alten Befragten. Mit steigendem Bildungsniveau nimmt die Unterstützung einer Übernahme von Schutzaufgaben im Inland durch die Bundeswehr leicht ab. Für das Einkommen ergibt sich wieder ein positiver Effekt.

Tabelle 12.4: Vorstellungen zu den Aufgabenbereichen der Bundeswehr im Inland in soziodemografischen Gruppen

	Hilfsaufgaben	Schutzaufgaben	Cyberaufgaben
Insgesamt	0,75	0,78	0,61
Geschlecht	n.s.	n.s.	n.s.
Männer	0,75	0,78	0,61
Frauen	0,76	0,78	0,61
Alter	n.s.	*	n.s.
16 bis 29 Jahre	0,75	0,75	0,60
30 bis 49 Jahre	0,75	0,78	0,63
50 bis 69 Jahre	0,75	0,78	0,60
70 Jahre und älter	0,76	0,78	0,60
Bildungsniveau	***	*	n.s.
Hochschul- bzw. Fachhochschulreife	0,74	0,77	0,60
Realschulabschluss	0,75	0,77	0,61
Hauptschulabschluss	0,77	0,80	0,62
Haushaltsnettoeinkommen pro Monat	***	*	n.s.
4.001 Euro und mehr	0,79	0,80	0,64
2.001 bis 4.000 Euro	0,75	0,77	0,61
Bis 2.000 Euro	0,75	0,76	0,62
Wahlabsicht Bundestagswahl	***	***	***
CDU/CSU	0,77	0,81	0,63
SPD	0,79	0,79	0,65
AfD	0,67	0,79	0,59
FDP	0,77	0,77	0,65
Die Linke	0,72	0,74	0,58
Bündnis 90/Die Grünen	0,75	0,72	0,54
Keine Parteipräferenz, Nichtwähler, w.n./k.A.	0,74	0,77	0,61
Region	***	***	**
Norddeutschland (SH, HH, HB, NI)	0,73	0,73	0,59
Ostdeutschland (MV, BB, BE, ST, SN, TH)	0,71	0,79	0,57
Süddeutschland (BW, BY)	0,78	0,79	0,61
Westdeutschland (NW, RP, HE, SL)	0,76	0,78	0,64
Migrationshintergrund	n.s.	n.s.	n.s.
Ja	0,77	0,79	0,61
Nein	0,75	0,78	0,61

Anmerkungen: Wertebereich [0 – gar keine Zustimmung; 1 – volle Zustimmung]. Analyseverfahren: Varianzanalysen, Signifikanzniveau: *** $p < 0{,}001$; ** $p < 0{,}01$; * $p < 0{,}05$; n.s. = nicht signifikant ($p \geq 0{,}05$). Der Signifikanztest für die Varianzanalyse gibt an, ob sich der Mittelwert mindestens einer Gruppe von dem Mittelwert mindestens einer anderen Gruppe unterscheidet.

Datenbasis: Bevölkerungsbefragung des ZMSBw 2020.

Unter den Parteianhängern äußern sich die potenziellen Wähler von CDU und CSU (0,81) besonders positiv, während die Anhänger von Die Linke und Bündnis 90/Die Grünen (0,74 bzw. 0,72) etwas kritischer gestimmt sind. Regional fällt der unter dem Mittelwert liegende Wert der Befragten in Norddeutschland auf (0,73). Hinsichtlich der Übernahme von Cyberaufgaben sind nur zwei der sieben untersuchten Gruppenunterschiede statistisch signifikant. Bei der Wahlabsicht zeigt sich das höchste Unterstützungsniveau bei Anhängern von SPD und FDP (beide 0,65), am skeptischsten sind die Wählerinnen und Wähler der Grünen (0,54). Befragte in Ostdeutschland befürworten die Erledigung dieser Aufgabe durch die Bundeswehr in geringerem Maße (0,57). Am höchsten ist der Wert in Westdeutschland (0,64). Insgesamt ist für alle drei Arten von Einsätzen der Bundeswehr im Inland festzuhalten, dass die Unterschiede zwischen den Gruppen eher graduell und nicht substanziell sind, denn die Mittelwerte liegen in allen Gruppen über 0,5.

Im Folgenden werden die Ergebnisse multivariater Regressionsanalysen berichtet, die mithilfe weiterer Determinanten, nämlich politischer Einstellungen, die unterschiedlichen Haltungen zu den Aufgaben im Inneren erklären können. Die Modelle sind dabei ähnlich aufgebaut wie die Analysen zu den generellen Aufgaben (vgl. Tabelle 12.2) und schließen kognitive Aspekte und Fähigkeiten, affektive Bewertungen und Einstellungen, Einschätzungen der Performanz der Streitkräfte (bei vorherigen Einsätzen im Inland) sowie normative und rechtliche Orientierungen ein. Unterschiede zu den Analysen in Tabelle 12.2 bestehen darin, dass die außen- und sicherheitspolitischen Grundorientierungen nicht berücksichtigt werden, sehr wohl aber ausgewählte Bedrohungswahrnehmungen. Tabelle 12.5 präsentiert die Ergebnisse der linearen Regressionen für die Erklärung der Einstellungen zu den drei (möglichen) Einsatzformen der Bundeswehr innerhalb Deutschlands.

Zunächst soll auf die übergreifenden Erklärungsmuster eingegangen werden. Erstens sind für alle untersuchten Einsatzarten vergangene Erfahrungen mit Einsätzen der Streitkräfte in Deutschland von großer bis größter Bedeutung. Bewertet man die Leistungen der Bundeswehr im Inland positiv, führt dies zu einer deutlich stärkeren Unterstützung der Erledigung von Hilfs-, Schutz- und Cyberaufgaben innerhalb des Landes. In den Modellen zur Erklärung der Einstellung zu Hilfs- und Schutzaufgaben ist dies die erklärungsstärkste bzw. zweitstärkste Variable. Zweitens sind Bewertungen der Sicherheitslage in allen drei Modellen relevant. Bewertet jemand die weltweite Situation schlechter, unterstützt er in höherem Maße die Übernahme von Hilfs- und Schutzaufgaben durch die Bundeswehr. Positive Effekte zeigen sich für die Bewertung der persönlichen Sicherheitslage: Personen, welche sich persönlich sicherer fühlen, sprechen sich in stärkerem Maße dafür aus, dass die Bundeswehr alle drei potenziellen Aufgabengebiete im Inland übernehmen sollte. Drittens spielen die verschiedenen Bedrohungswahrnehmungen in allen Modellen eine Rolle. Besonders relevant ist die wahrgenommene Gefahr durch Naturkatastrophen. Der Effekt im Modell für Schutzaufgaben ist negativ, d.h. Personen, die sich stärker durch

Naturkatastrophen bedroht fühlen, sind eher gegen eine Wahrnehmung von Schutzaufgaben im Inland durch die Bundeswehr. In den beiden anderen Modellen ist der Koeffizient positiv: Personen, die sich in stärkerem Maße von Naturkatastrophen bedroht fühlen, sind eher dafür, dass die Bundeswehr Hilfs- und Cyberaufgaben übernehmen sollte. Viertens ist die affektive Nähe zur Bundeswehr in allen Modellen von großer Bedeutung: Bewertet jemand die Bundeswehr positiver, spricht er sich auch stärker für die Erledigung aller drei Aufgabenbereiche durch die Streitkräfte aus. Fünftens zeigt sich, dass kognitive Aspekte und Fähigkeiten, parteipolitische und ideologische Orientierungen sowie soziodemografische Merkmale und Gruppenzugehörigkeiten für die Erklärung der Einstellungen keine Rolle spielen.

Ansonsten zeigen sich einige Unterschiede in den Determinantenstrukturen. Für die Einstellung zu Hilfs- und Schutzeinsätzen sind eigene Erfahrungen mit der Katastrophenhilfe relevant. Hat ein Befragter bereits Hilfe durch die Bundeswehr, z.B. bei einem Hochwasser, erfahren, unterstützt er umso mehr den Einsatz der Streitkräfte für solche Aufgaben. Normen und Werte sind nur in einem Fall von Bedeutung: Personen, die sich für die Regeln des Parlamentsbeteiligungsgesetzes aussprechen, sind eher gegen die Übernahme von Schutzaufgaben durch die Bundeswehr. Angesichts der Verortung dieser Aufgaben in der verfassungsrechtlichen Grauzone ist das wenig verwunderlich.

Zuletzt sollen noch die Einflüsse von zwei Variablen hervorgehoben werden. Bedrohungswahrnehmungen von Pandemien haben im Modell zur Erklärung der Haltung zu Hilfsaufgaben einen statistisch signifikanten Effekt: Fühlt sich jemand stärker von Pandemien bedroht, möchte diese Person in stärkerem Maße, dass die Bundeswehr Hilfsaufgaben übernimmt. Regionale Unterschiede spielen in einem Modell eine Rolle: Befragte in Ostdeutschland sprechen sich im Vergleich zu den Befragten aus anderen Regionen eher gegen die Erledigung von Hilfsaufgaben durch die Bundeswehr aus.

Tabelle 12.5: Determinanten der Vorstellungen von den Aufgabenbereichen der Bundeswehr im Inland

	Hilfsaufgaben	Schutzaufgaben	Cyberaufgaben
Kognitive Aspekte und Fähigkeiten			
Politisches Interesse	0,00$^{n.s.}$	-0,01$^{n.s.}$	-0,01$^{n.s.}$
Funktionale und performanzbezogene Aspekte			
Bundeswehr hat in der Nähe Katastrophenhilfe geleistet	0,06*	0,09***	-0,01$^{n.s.}$
Leistungsbewertung Bw im Inland	0,25***	0,19***	0,07*
Bundeswehr-Standort in der Nähe	-0,08**	-0,04$^{n.s.}$	-0,10***
Parteipolitische und ideologische Orientierungen			
Links-Rechts-Selbsteinstufung	-0,04$^{n.s.}$	-0,02$^{n.s.}$	0,06$^{n.s.}$
Wahlabsicht CDU/CSU	0,00$^{n.s.}$	0,02$^{n.s.}$	-0,03$^{n.s.}$
Wahlabsicht SPD	0,05$^{n.s.}$	0,03$^{n.s.}$	0,02$^{n.s.}$
Wahlabsicht AfD	-0,05$^{n.s.}$	-0,02$^{n.s.}$	-0,03$^{n.s.}$
Wahlabsicht FDP	0,03$^{n.s.}$	0,01$^{n.s.}$	0,03$^{n.s.}$
Wahlabsicht Die Linke	0,00$^{n.s.}$	-0,02$^{n.s.}$	-0,01$^{n.s.}$
Wahlabsicht Bündnis 90/Die Grünen	0,02$^{n.s.}$	-0,02$^{n.s.}$	-0,05$^{n.s.}$
Normen und Werte			
Zustimmung Parlamentsbeteiligungsgesetz	0,01$^{n.s.}$	-0,05*	0,01$^{n.s.}$
Affektive Orientierungen			
Einstellung zur Bundeswehr	0,18***	0,30***	0,19***
Sicherheitsbewertung weltweit	-0,13***	-0,18***	-0,05$^{n.s.}$
Sicherheitsbewertung national	0,07*	0,02$^{n.s.}$	0,03$^{n.s.}$
Sicherheitsbewertung persönlich	0,15***	0,11***	0,08*
Bedrohungswahrnehmung Naturkatastrophe	0,05*	-0,07**	0,07*
Bedrohungswahrnehmung Terrorismus	0,01$^{n.s.}$	0,05$^{n.s.}$	0,08**
Bedrohungswahrnehmung Zuwanderung	-0,06*	0,16***	-0,04$^{n.s.}$
Bedrohungswahrnehmung Pandemie	0,08**	0,00$^{n.s.}$	0,00$^{n.s.}$
Ressourcen			
Frauen	0,03$^{n.s.}$	0,02$^{n.s.}$	-0,03$^{n.s.}$
Alter	-0,04$^{n.s.}$	-0,01$^{n.s.}$	-0,09**
Niedrige Bildung	0,05$^{n.s.}$	0,04$^{n.s.}$	0,03$^{n.s.}$
Hohe Bildung	-0,03$^{n.s.}$	0,02$^{n.s.}$	0,02$^{n.s.}$
Haushaltsnettoeinkommen (bis 2.000 Euro)	0,01$^{n.s.}$	-0,04$^{n.s.}$	0,03$^{n.s.}$
Haushaltsnettoeinkommen (4.001 Euro und mehr)	0,06**	0,03$^{n.s.}$	0,01$^{n.s.}$
Ostdeutschland	-0,09***	0,02$^{n.s.}$	-0,03$^{n.s.}$
Migrationshintergrund	0,03$^{n.s.}$	0,02$^{n.s.}$	0,02$^{n.s.}$
Ist/War bei Bundeswehr	-0,02$^{n.s.}$	-0,02$^{n.s.}$	-0,05$^{n.s.}$
Korrigiertes R^2	0,27	0,30	0,09
n	1.662	1.662	1.628

Anmerkungen: Wertebereich der abhängigen Variablen [0 - gar keine Zustimmung; 1 - volle Zustimmung]. Alle erklärenden Variablen außer das Alter [16; 88] haben einen Wertebereich von [0; 1]. Analyseverfahren: Multiple lineare Regressionen; standardisierte Regressionskoeffizienten (beta). Signifikanzniveau: *** $p < 0{,}001$; ** $p < 0{,}01$; * $p < 0{,}05$; n.s. = nicht signifikant ($p \geq 0{,}05$).

Datenbasis: Bevölkerungsbefragung des ZMSBw 2020.

12.3 Fazit

Fasst man die Ergebnisse zu den Aufgaben im Ausland zusammen, sprechen sich die Befragten dafür aus, dass die Bundeswehr vor allem die Aufgaben Landesverteidigung und Katastrophenhilfe erledigen sowie den Schutz und die Sicherheit deutscher Staatsbürger gewährleisten sollte. Große Zustimmung findet auch die Bündnisverteidigung. Diese Ergebnisse stehen scheinbar im Widerspruch zu den Befunden der Unterstützung der NATO-Partner im Baltikum und der entsprechenden einsatzgleichen Verpflichtungen (vgl. die Abschnitte 6 und 13). Eine offensichtliche Schlussfolgerung ist, dass die Bürgerinnen und Bürger einer Vielzahl von Aufgaben der Streitkräfte grundsätzlich positiv gegenüberstehen. Wenn es aber um konkrete Einsätze, z.B. in Mali oder Afghanistan, oder um einsatzgleiche Verpflichtungen wie im Baltikum mit entsprechenden Aufgaben geht, ist die Unterstützung deutlich geringer.[62]

Die weitergehenden Analysen verdeutlichen, dass es unterschiedliche Determinantenstrukturen zwischen den einzelnen Aufgabenbereichen Landesverteidigung, Aufrechterhaltung von Ruhe und Ordnung, Bündnisverteidigung sowie Hilfs- und Stabilisierungseinsätzen gibt. Es ergeben sich allerdings auch einige Gemeinsamkeiten und übergreifende Muster: 1) Kognitive Aspekte und Fähigkeiten sind genauso wie parteipolitische und ideologische Orientierungen sowie soziodemografische Ressourcen unbedeutend für die Erklärung der Unterstützung der fünf Aufgaben oder spielen nur eine untergeordnete Rolle. 2) Performanzbewertungen sind besonders wichtig. Bewerten Befragte die Leistungen der Bundeswehr in ihren Einsätzen im Ausland positiv, führt dies zu größerer Unterstützung für alle fünf betrachteten Aufgaben. 3) Die außen- und sicherheitspolitischen Grundorientierungen sind von großer Bedeutung. Multilateralismus hat in vier Fällen, Internationalismus und Militarismus in drei Analysen einen statistisch signifikanten Effekt. 4) Die affektive Nähe zu den Streitkräften hat stets einen positiven Einfluss auf die Einstellungen gegenüber den Aufgabenbereichen: Haben Befragte eine positive Einstellung zur Bundeswehr, unterstützen sie die Übernahme aller fünf Aufgaben in stärkerem Maße. 5) Einschätzungen der verschiedenen Dimensionen der Sicherheitslage haben in vier von fünf Analysen statistisch signifikante Wirkungen, allerdings in unterschiedliche Richtungen. 6) Normative Erwägungen spielen in vier von fünf Fällen eine Rolle für die Erklärung der abhängigen Variablen. Befürworten Befragte die Regeln des Parlamentsbeteili-

62 Der 2018 erschienene Sammelband „Freiheit oder Sicherheit? Ein Spannungsverhältnis aus Sicht der Bürgerinnen und Bürger“ (Steinbrecher et al. 2018) sowie Biehl et al. (2017) liefern hierzu weitergehende Befunde und Schlussfolgerungen.

gungsgesetzes, dann stehen sie der Aufrechterhaltung von Ruhe und Ordnung in Deutschland und Stabilisierungseinsätzen der Bundeswehr deutlich skeptischer gegenüber, befürworten aber stärker die Aufgaben Landesverteidigung und Hilfseinsätze.

Für die verschiedenen Dimensionen des Einsatzes der Bundeswehr in Deutschland zeigen sich hohe Zustimmungswerte. Unabhängig von der verfassungsmäßigen Zulässigkeit möchte die Mehrheit der Bevölkerung den Einsatz der Streitkräfte im Inneren in fast allen abgefragten Dimensionen. Bei der Analyse der Determinanten ergeben sich die folgenden Muster: 1) Vergangene (positive) Erfahrungen mit dem Einsatz der Bundeswehr im Inland sind hochgradig relevant und führen zu höherer Unterstützung für alle Aufgaben. 2) Die Bewertung der Sicherheitslage auf allen Ebenen schlägt sich auch auf die Haltung zum Inlandseinsatz der Streitkräfte nieder. 3) Auch die Bedrohungswahrnehmungen, insbesondere in Bezug auf Naturkatastrophen, spielen für die untersuchten Einstellungen eine Rolle. 4) Die affektive Haltung determiniert neben vielen anderen in diesem Forschungsbericht untersuchten Einstellungen auch die Position der Befragten zum Einsatz der Bundeswehr im Inneren: Steht jemand den Streitkräften positiver gegenüber, möchte er sie auch eher in Deutschland einsetzen. 5) Kognitive Aspekte, parteipolitische und ideologische Orientierungen sowie soziodemografische Merkmale und Gruppenzugehörigkeiten sind für die Erklärung der Einstellungen zu den Aufgaben der Bundeswehr im Inland irrelevant.

Am Ende dieses Abschnitts lässt sich festhalten, dass deutliche Mehrheiten der Bürgerinnen und Bürger die Übernahme fast aller abgefragten Aufgaben durch die Bundeswehr – sowohl außerhalb als auch innerhalb Deutschlands – unterstützten. Die Ergebnisse zu den Erklärungsfaktoren zeigen, dass eine Vielzahl von Determinanten eine Rolle spielt. Als übergreifendes Resultat ist aber festzuhalten, dass sowohl funktionale als auch affektive Bewertungen der Streitkräfte die Zuweisung von Aufgaben durchgehend stark beeinflussen. Bewertet jemand die Leistungen der Bundeswehr besser oder sieht sie insgesamt positiv, führt dies generell zu einer stärkeren Präferenz, dass die genannten Aufgaben auch durch Soldatinnen und Soldaten erledigt werden sollen. Die Ergebnisse der Analysen für das gesamte Aufgabenspektrum der Bundeswehr belegen, dass es die Streitkräfte im Wesentlichen selbst in der Hand haben, für sich und ihre aktuellen wie potenziellen Aufgaben Rückhalt in der Bevölkerung zu schaffen.

13 Einstellungen zu den Auslandseinsätzen der Bundeswehr

Heiko Biehl

Die Bundeswehr ist weltweit in Auslandseinsätzen engagiert. Derzeit sind weit über 3.000 Soldatinnen und Soldaten in 13 Missionen auf drei Kontinenten (Europa, Asien, Afrika) aktiv (Stand: September 2020). Dabei stehen infolge des militärischen Vorgehens Russlands in der Ukraine Stabilisierungsmissionen und Maßnahmen zur Bündnis- und Landesverteidigung gleichrangig nebeneinander. Neben den fortlaufenden Ausbildungs-, Stabilisierungs- und Überwachungsmissionen wie in Afghanistan, Mali und im Mittelmeer binden Verpflichtungen im Rahmen der Bündnisverteidigung verstärkt die Aufmerksamkeit und Ressourcen der Bundeswehr (BMVg 2016a: 90–93).

Trotz der globalen Präsenz der Bundeswehr spielen die Auslandseinsätze in der medialen Berichterstattung, der politischen Debatte und der öffentlichen Wahrnehmung nicht mehr die gleiche Rolle wie vor zehn oder zwanzig Jahren. Dies liegt zum einen daran, dass ein gewisser Gewöhnungseffekt eingetreten ist. In den 1990er-Jahren zeigte die Entsendung von Truppen nach Kambodscha, Somalia und auf den Balkan noch einen grundlegenden Wandel der deutschen Außen- und Sicherheitspolitik an. Mittlerweile sind neue Missionen zwar weder für die deutsche Politik und Öffentlichkeit noch für die Bundeswehr reine Routine, aber sie stehen doch in einer jahrzehntelangen Tradition. Zum anderen verlaufen die derzeitigen Einsätze vergleichsweise ruhig. Zwar gibt es durchaus Anschläge auf deutsche Soldatinnen und Soldaten sowie vereinzelt Gefechte, vor allem in Mali, aber im Vergleich zum Kosovokrieg und zur Hochphase der Kämpfe in Afghanistan sind kaum zivile Opfer, getötete gegnerische Kräfte und eigene Gefallene zu beklagen.

Mit der nachlassenden medialen und öffentlichen Aufmerksamkeit könnte vonseiten der Politik das Kalkül vorhanden sein, die Auslandseinsätze aus der politischen Diskussion herauszuhalten. Denn seit Beginn der internationalen Missionen in den frühen 1990er-Jahren hat es immer wieder politische Widerstände und gesellschaftliche Vorbehalte gegen Auslandseinsätze der Bundeswehr gegeben. Diese mögen zwar weiterhin präsent sein, sie dominieren derzeit aber weder die politische Agenda noch die mediale Berichterstattung. Die Vermutung, dass es erhebliche Vorbehalte gegenüber den Auslandseinsätzen der Bundeswehr gibt, sieht sich jedoch mit einem Befund konfrontiert, der sich in den Bevölkerungsbefragungen des ZMSBw seit Jahren zeigt: Die Zustimmung der Bürgerinnen und Bürger zu den Einsätzen der Bundeswehr ist abhängig von deren Kenntnisstand über diese Missionen. Je mehr jemand über die Einsätze weiß, desto stärker stimmt er diesen zu. Wie in Abschnitt 9 festgestellt werden konnte, ist die Bundeswehr im vergangenen Jahr in der medialen Wahrnehmung der Bürgerinnen und Bürger wie in ihrem Alltag weniger präsent (vgl. Abbildungen 9.1 und 9.2). Deshalb ist anzunehmen, dass die Aufmerksamkeit und die Kenntnisse der Befragten zu den Einsätzen ebenfalls rückläufig sind oder auf dem sich in den letzten Jahren abzeichnenden geringen Niveau verharren. In der Folge sollte die Zustimmung zu den Missionen gleichermaßen stagnieren bzw. sinken.

Im Folgenden wird geprüft, ob diese Vermutungen zutreffen und Zusammenhänge zwischen rückläufiger medialer Berichterstattung und sinkender Wahrnehmung und Unterstützung der Missionen existieren. Dazu wird zunächst die Bekanntheit der unterschiedlichen Engagements der Bundeswehr betrachtet. Daran anknüpfend wird dargestellt, wie die Befragten zu diesen Einsätzen stehen: Unterstützen sie die Missionen oder lehnen sie diese eher ab? Des Weiteren wird untersucht, ob es hinsichtlich des Wissensstandes und der Meinung über die Auslandseinsätze der Bundeswehr statistisch signifikante Unterschiede zwischen soziodemografischen Gruppen in der deutschen Bevölkerung gibt. Im letzten Schritt werden diese beiden Perspektiven zusammengeführt und – zunächst bivariat und anschließend multivariat – geprüft, inwiefern die Bekanntheit eines Einsatzes Einfluss auf die Einstellung der Befragten zu diesem Einsatz nimmt.

13.1 Bekanntheit der Auslandseinsätze der Bundeswehr

Hinsichtlich der Auslandseinsätze der Bundeswehr sollten die Befragten zunächst einschätzen, wie gut sie über die einzelnen Einsätze Bescheid wissen. In den nachfolgenden Ausführungen werden die Antwortmöglichkeiten „Ich habe mich intensiv damit beschäftigt und kenne alle wesentlichen Fakten und Zusammenhänge“ sowie „Ich habe davon gehört bzw. gelesen und kenne einige Fakten und Zusammenhänge“ zusammengefasst. Dahinter steht die Annahme, dass Personen, die eine der beiden Antworten wählen, zumindest über einen grundlegenden Kenntnisstand zu den jeweiligen Einsätzen verfügen.

Wie Abbildung 13.1 zeigt, sind der seit über zwanzig Jahren laufende KFOR-Einsatz im Kosovo (29 Prozent; -4 Prozentpunkte) und der Resolute-Support-Einsatz in Afghanistan (25 Prozent; -4 Prozentpunkte) die beiden bekanntesten Missionen der Bundeswehr. Der bemerkenswerte Rückgang von 15 Prozentpunkten in der Bekanntheit des Anti-Terror-Einsatzes in Syrien (23 Prozent) ist wesentlich auf die Umformulierung des entsprechenden Fragetextes wegen der Veränderung des Einsatzmandats zurückzuführen (jetzt: CD [= Counter Daesh]-Einsatz in Syrien zur Bekämpfung des IS, zuvor: Anti-Terror-Einsatz in Syrien zur Bekämpfung des IS). Es folgen der Atalanta-Einsatz vor der Küste Somalias

(20 Prozent; -4 Prozentpunkte), die Operation Sea Guardian im Mittelmeer (19 Prozent) und der EUTM-Einsatz in Mali (18 Prozent).

Abbildung 13.1: Bekanntheit der Auslandseinsätze der Bundeswehr, Teil 1

„Haben Sie schon einmal von den folgenden Auslandseinsätzen der Bundeswehr gehört oder gelesen? Die Beteiligung der Bundeswehr an …“
(Angaben in Prozent, n = 2.277)

	Intensiv beschäftigt	Einige Fakten	Nichts Konkretes	Nie gehört	Weiß nicht/k.A.	Vgl. 2019
dem KFOR-Einsatz im Kosovo zur Stabilisierung der Balkanregion.	3	26	45	25	2	-4
dem Resolute Support-Einsatz in Afghanistan zur Ausbildung und Beratung afghanischer Sicherheitskräfte.	2	23	45	29	2	-4
dem CD-Einsatz in Syrien zur Bekämpfung des IS.	2	21	44	30	3	-15*
dem Atalanta-Einsatz vor der Küste Somalias zur Überwachung der Seegebiete und Eindämmung der Piraterie.	2	18	42	37	2	-4
der Operation Sea Guardian zur Seeraumüberwachung im Mittelmeer.	1	18	38	42	2	-3
dem EUTM-Einsatz in Mali zur medizinischen Versorgung und Ausbildung malischer Sicherheitskräfte und Sanitäter.	2	16	40	41	2	-1

- Ich habe mich intensiv damit beschäftigt und kenne alle wesentlichen Fakten und Zusammenhänge.
- Ich habe davon gehört bzw. gelesen und kenne einige Fakten und Zusammenhänge.
- Ich habe davon gehört bzw. gelesen, weiß aber nichts Konkretes.
- Ich habe noch nie davon gehört bzw. gelesen.
- Weiß nicht/k.A.

Anmerkungen: Nicht alle Prozentangaben ergeben in der Summe 100 Prozent, da die Einzelwerte gerundet wurden. Vgl. 2019: Differenz „Ich habe mich intensiv damit beschäftigt und kenne alle wesentlichen Fakten und Zusammenhänge“ und „Ich habe davon gehört bzw. gelesen und kenne einige Fakten und Zusammenhänge“ 2020 zu 2019. *Hinweis: Die Formulierung zu diesem Einsatz wurde im Vergleich zum Vorjahr geändert, daher ist ein Vergleich nur eingeschränkt möglich.

Datenbasis: Bevölkerungsbefragungen des ZMSBw 2019 und 2020.

Weniger bekannt sind den Bürgerinnen und Bürgern die Verpflichtungen im Rahmen der Bündnisverteidigung: Die Aktivitäten in Litauen innerhalb der NATO Enhanced Forward Presence und das Air Policing im Baltikum sind nur 15 Prozent der Befragten vertraut. Der Rückgang hinsichtlich der Bekanntheit des Einsatzes im Irak (Capacity Building Iraq, CBI) um 9 Prozentpunkte dürfte wiederum in weiten Teilen der aktualisierten Formulierung bei der Erhebung wegen der Änderung des Einsatzmandats geschuldet sein. Am Ende der Bekanntheitsskala rangieren der MINUSMA-Einsatz in Mali mit 14 Prozent (-1 Prozentpunkt), die seit 2006 laufende UNIFIL-Mission vor der Küste des Libanon (13 Prozent; -4 Prozentpunkte) sowie der jüngst gestartete Irini-Einsatz der EU vor Libyen (ebenfalls 13 Prozent).

Abbildung 13.2: Bekanntheit der Auslandseinsätze der Bundeswehr, Teil 2

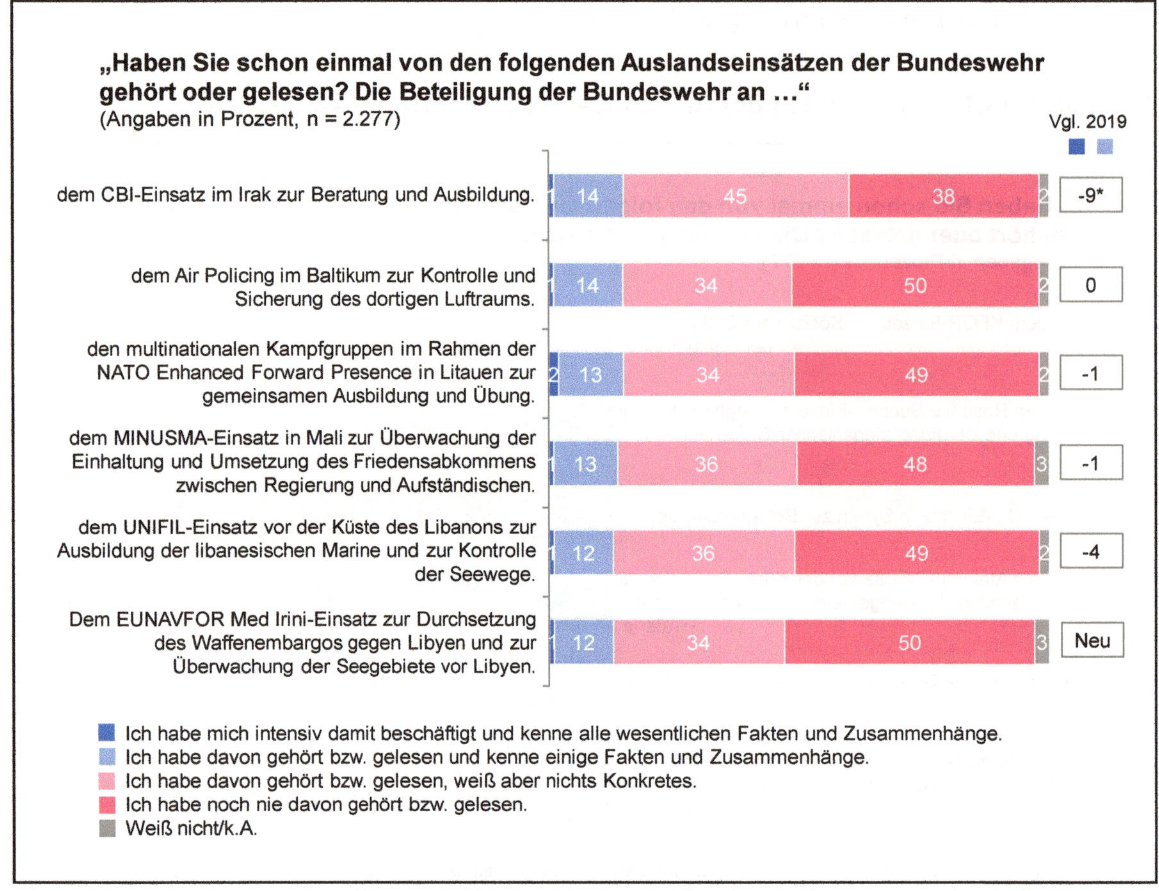

Anmerkungen: Nicht alle Prozentangaben ergeben in der Summe 100 Prozent, da die Einzelwerte gerundet wurden. Vgl. 2019: Differenz „Ich habe mich intensiv damit beschäftigt und kenne alle wesentlichen Fakten und Zusammenhänge“ und „Ich habe davon gehört bzw. gelesen und kenne einige Fakten und Zusammenhänge“ 2020 zu 2019. *Hinweis: Die Formulierung zu diesem Einsatz wurde im Vergleich zum Vorjahr geändert, daher ist ein Vergleich nur eingeschränkt möglich.

Datenbasis: Bevölkerungsbefragungen des ZMSBw 2019 und 2020.

Im Vergleich zum Vorjahr ist – unabhängig von den methodischen Verzerrungen aufgrund der Umbenennungen – ein geringerer (oder allenfalls gleichbleibender) Informationsgrad festzustellen. Dabei ist das Wissen der Bevölkerung rund um die unterschiedlichen internationalen Missionen der Bundeswehr ohnehin begrenzt. Dies bestätigt der subjektive Grad der Informiertheit (Abbildung 13.3).

Abbildung 13.3: Subjektive Informiertheit über Auslandseinsätze im Zeitvergleich

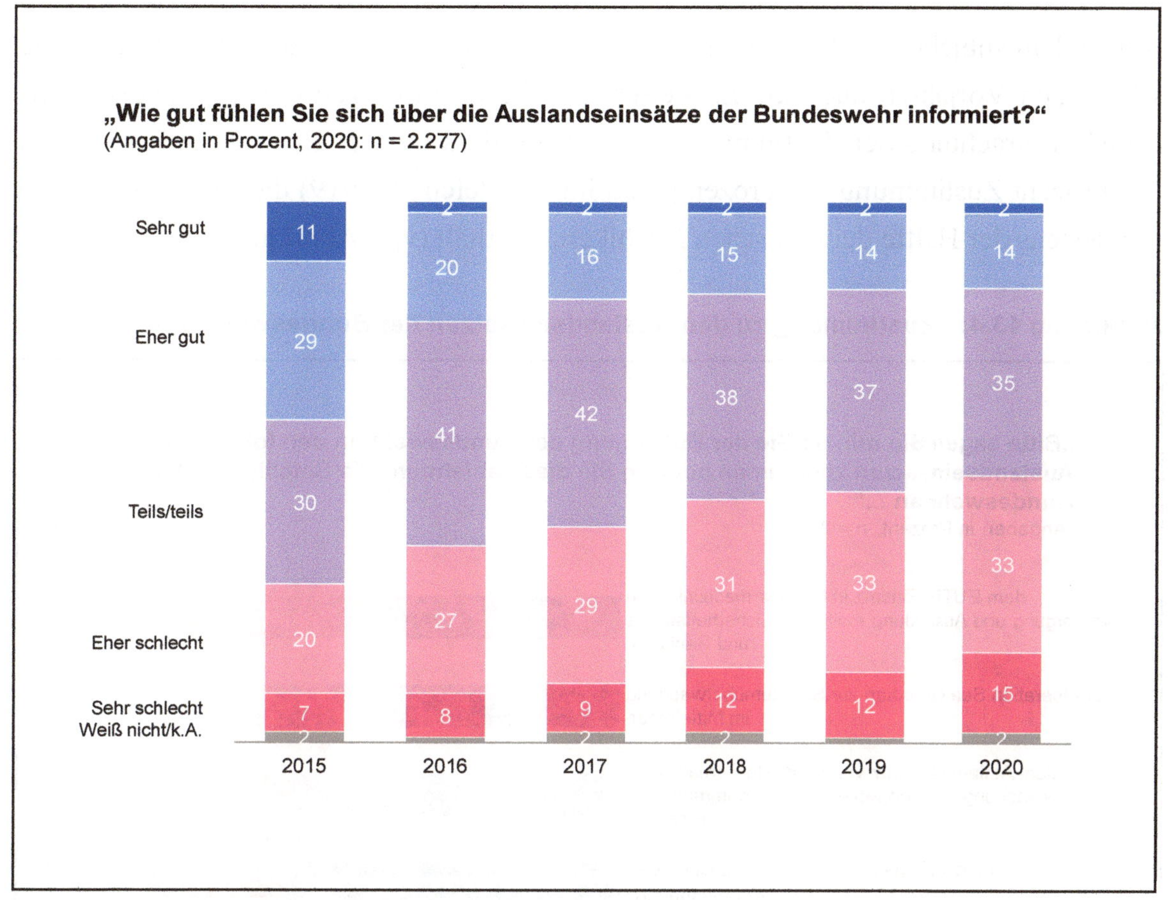

Anmerkungen: Nicht alle Prozentangaben ergeben in der Summe 100 Prozent, da die Einzelwerte gerundet wurden.
Datenbasis: Bevölkerungsbefragungen des ZMSBw 2015–2020.

Die Umfrageteilnehmer wurden gefragt, wie gut sie sich im Allgemeinen über die Auslandseinsätze der Bundeswehr informiert fühlen. Weniger als ein Sechstel (16 Prozent) der Bürgerinnen und Bürger fühlt sich sehr gut oder eher gut über die Einsätze informiert. Ein gutes Drittel fühlt sich teils gut, teils schlecht informiert und 48 Prozent der Befragten fühlen sich eher schlecht oder sehr schlecht informiert. Betrachtet man die Entwicklung der subjektiven Informiertheit über die Auslandseinsätze der Bundeswehr im Zeitverlauf, ist ein negativer Trend zu erkennen: Der Anteil der Bundesbürger, die sich sehr gut oder eher gut informiert fühlen, sank von 40 Prozent im Jahr 2015 kontinuierlich auf 16 Prozent im Jahr 2019 und 2020, während parallel dazu der Anteil derjenigen, die sich sehr schlecht oder eher schlecht informiert fühlen, von 27 auf 48 Prozent anstieg. Diese Zahlen bestätigen die eingangs formulierte Einschätzung, dass die internationalen Missionen der Bundeswehr immer weniger im Fokus der meisten Bürgerinnen und Bürgern stehen.

13.2 Zustimmung zu den Auslandseinsätzen der Bundeswehr

Neben dem subjektiven Wissensstand zu den Auslandseinsätzen der Bundeswehr wurde wie in den Vorjahren auch die Einstellung zu diesen Einsätzen erhoben. Die vergleichende Betrachtung der Zustimmungswerte zeigt, dass nur der EUTM-Einsatz in Mali (51 Prozent Zustimmung; +1 Prozentpunkt im Vergleich zu 2019) die Zustimmung von mindestens der Hälfte der deutschen Bevölkerung erhält (vgl. Abbildung 13.4).

Abbildung 13.4: Zustimmung zu den Auslandseinsätzen der Bundeswehr, Teil 1

„Bitte sagen Sie mir, ob Sie der Beteiligung der Bundeswehr an den folgenden Auslandseinsätzen zustimmen oder ob Sie diese ablehnen. Die Beteiligung der Bundeswehr an ...“
(Angaben in Prozent, n = 2.277)

	Zustimmung	Teils/teils	Ablehnung	Weiß nicht/k.A.	Vgl. 2019
dem EUTM-Einsatz in Mali zur medizinischen Versorgung und Ausbildung malischer Sicherheitskräfte und Sanitäter.	51	25	19	6	+1
der Operation Sea Guardian zur Seeraumüberwachung im Mittelmeer.	49	25	20	6	+5
dem Atalanta-Einsatz vor der Küste Somalias zur Überwachung der Seegebiete und Eindämmung der Piraterie.	44	26	24	6	+1
dem KFOR-Einsatz im Kosovo zur Stabilisierung der Balkanregion	44	28	23	6	+3
den multinationalen Kampfgruppen im Rahmen der NATO Enhanced Forward Presence in Litauen zur gemeinsamen Ausbildung und Übung.	40	27	26	8	+3
dem CD-Einsatz in Syrien zur Bekämpfung des IS.	38	27	31	5	-9*

Anmerkungen: Nicht alle Prozentangaben ergeben in der Summe 100 Prozent, da die Einzelwerte gerundet wurden. Zustimmung: Anteile „Stimme völlig zu“ und „Stimme eher zu“ zusammengefasst; Ablehnung: Anteile „Lehne völlig ab“ und „Lehne eher ab“ zusammengefasst. Vgl. 2019: Differenz Zustimmung 2020 zu 2019.

Datenbasis: Bevölkerungsbefragungen des ZMSBw 2019 und 2020.

Eine relative Mehrheit unterstützt außerdem das Engagement der Bundeswehr in der NATO-Operation Sea Guardian im Mittelmeer (49 Prozent; +5 Prozentpunkte), den Atalanta-Einsatz vor der Küste Somalias (44 Prozent; +1 Prozentpunkt) und den KFOR-Einsatz im Kosovo (44 Prozent; +3 Prozentpunkte). Die beiden Beteiligungen im Rahmen der Bündnisverteidigung erfahren im Vergleich zum Vorjahr einen leicht höheren Zuspruch. Die Beteiligung der Bundeswehr an der NATO-Mission in Litauen befürworten

40 Prozent (+3 Prozentpunkte) und den Luftwaffeneinsatz zum Air Policing im Baltikum 37 Prozent (+5 Prozentpunkte; vgl. Abbildung 13.5).

Jeweils nur rund ein Drittel der Bundesbürgerinnen und -bürger stimmt den übrigen Einsätzen zu, sei es in Syrien (CD; vgl. Abbildung 13.4), in Mali (MINUSMA; vgl. Abbildung 13.5), in Afghanistan (Resolute Support) oder vor den Küsten des Libanons (UNIFIL) und Libyens (Irini). Der deutliche Rückgang der Unterstützung zum Engagement in Syrien (zur Bekämpfung des sogenannten Islamischen Staats, -9 Prozentpunkte) sowie im Irak (zur Beratung und Ausbildung, -4 Prozentpunkte) dürfte wiederum entscheidend auf die aktualisierten Formulierungen im Fragebogen 2020 zurückzuführen sein.

Abbildung 13.5: Zustimmung zu den Auslandseinsätzen der Bundeswehr, Teil 2

„Bitte sagen Sie mir, ob Sie der Beteiligung der Bundeswehr an den folgenden Auslandseinsätzen zustimmen oder ob Sie diese ablehnen. Die Beteiligung der Bundeswehr an ...“
(Angaben in Prozent, n = 2.277)

	Zustimmung	Teils/teils	Ablehnung	Weiß nicht/k.A.	Vgl. 2019
dem Air Policing im Baltikum zur Kontrolle und Sicherung des dortigen Luftraums.	37	29	26	8	+5
dem MINUSMA-Einsatz in Mali zur Überwachung der Einhaltung und Umsetzung des Friedensabkommens zwischen Regierung und Aufständischen.	37	29	26	9	+2
dem Resolute Support-Einsatz in Afghanistan zur Ausbildung und Beratung afghanischer Sicherheitskräfte.	36	29	30	6	-1
dem UNIFIL-Einsatz vor der Küste des Libanons zur Ausbildung der libanesischen Marine und zur Kontrolle der Seewege.	36	28	29	8	-3
Dem EUNAVFOR Med Irini-Einsatz zur Durchsetzung des Waffenembargos gegen Libyen und zur Überwachung der Seegebiete vor Libyen.	33	28	30	9	Neu
dem CBI-Einsatz im Irak zur Beratung und Ausbildung.	32	29	33	6	-4*

Anmerkungen: Nicht alle Prozentangaben ergeben in der Summe 100 Prozent, da die Einzelwerte gerundet wurden. Zustimmung: Anteile „Stimme völlig zu“ und „Stimme eher zu“ zusammengefasst; Ablehnung: Anteile „Lehne völlig ab“ und „Lehne eher ab“ zusammengefasst. Vgl. 2019: Differenz Zustimmung 2020 zu 2019. *Hinweis: Die Formulierung zu diesem Einsatz wurde im Vergleich zum Vorjahr geändert, daher ist ein Vergleich nur eingeschränkt möglich.

Datenbasis: Bevölkerungsbefragungen des ZMSBw 2019 und 2020.

13.3 Subjektives Wissen und Einstellungen zu den Auslandseinsätzen in soziodemografischen Gruppen

Die bisherigen Ergebnisse zeigen, dass die deutsche Bevölkerung (im Mittel) nur über sehr begrenzte Kenntnisse über die Auslandseinsätze der Bundeswehr verfügt und zu vielen Einsätzen ein geteiltes Meinungsbild vorherrscht. Nachfolgend wird untersucht, ob es zwischen den soziodemografischen Gruppen in der deutschen Bevölkerung signifikante Unterschiede im Wissen über und in der Einstellung zu den Auslandseinsätzen gibt.

Dazu wurden die Wissens- und Einstellungsvariablen zu den jeweiligen Einsätzen zu Indexvariablen zusammengefasst. Wie eine Faktorenanalyse zeigt, weist die Einstellung zu den Auslandsengagements der Bundeswehr eine einfaktorielle Struktur auf (Eigenwert = 6,9; erklärte Varianz = 58 Prozent; tabellarisch nicht dargestellt). Damit ergibt sich – wie in den Vorjahren – kein Unterschied zwischen den klassischen Auslandseinsätzen und den Maßnahmen im Rahmen der Bündnisverteidigung. Die Skala auf Basis der einzelnen Einstellungsfragen weist zudem eine sehr hohe Reliabilität auf (Cronbachs alpha = 0,94). Vor diesem Hintergrund ist es empirisch gerechtfertigt und analytisch sinnvoll, aus den einzelnen Einstellungsvariablen eine einzige Indexvariable zu bilden, die die Einstellung zu den Auslandseinsätzen der Bundeswehr in einem globalen Messwert (Mittelwert) abbildet. Die Indexvariable hat einen Wertebereich von 0 (völlige Ablehnung) bis 1 (völlige Zustimmung). Der Mittelwert von 0,5 entspricht der Antwortoption „teils/teils" und definiert somit eine ambivalente Einstellung zu den Auslandseinsätzen. Das subjektive Informationsniveau hat wiederum eine einfaktorielle Struktur (Eigenwert = 6,3; erklärte Varianz = 53 Prozent; tabellarisch nicht dargestellt) und eine sehr hohe Skalenreliabilität (Cronbachs alpha = 0,92). Daher ist es empirisch gerechtfertigt und analytisch ratsam, eine Indexvariable auf der Grundlage der einzelnen Wissensfragen zu bilden. Der Wertebereich der Indexvariable reicht von 0 (kein Wissen) bis 1 (umfassendes Wissen).

Die Ergebnisse in Tabelle 13.1 zeigen, dass zwischen den soziodemografischen Teilgruppen statistisch signifikante Unterschiede im Wissensstand und in der Einstellung bestehen: Männer weisen ein signifikant höheres Informationsniveau auf und unterstützen die Auslandseinsätze der Bundeswehr stärker als Frauen. Die Befragten im Alter von 16 bis 29 Jahren verfügen über weniger Wissen als die älteren Befragten. Hinsichtlich der Unterstützung zu den Auslandseinsätzen bestehen dennoch keine Unterschiede zwischen den Altersgruppen.

Tabelle 13.1: Wissen und Einstellung zu den Auslandseinsätzen in soziodemografischen Gruppen

„Haben Sie schon einmal von den folgenden Auslandseinsätzen der Bundeswehr gehört oder gelesen?“
„Bitte sagen Sie mir, ob Sie der Beteiligung der Bundeswehr an den folgenden Auslandseinsätzen zustimmen oder ob Sie diese ablehnen.“
(Mittelwerte)

	Wissen	Einstellung
Insgesamt	0,26	0,55
Geschlecht	***	**
Männer	0,32	0,57
Frauen	0,21	0,54
Alter	***	n.s.
16 bis 29 Jahre	0,20	0,53
30 bis 49 Jahre	0,27	0,55
50 bis 69 Jahre	0,29	0,56
70 Jahre und älter	0,26	0,56
Bildungsniveau	***	n.s.
Hochschul- bzw. Fachhochschulreife	0,29	0,56
Realschulabschluss	0,27	0,55
Hauptschulabschluss	0,24	0,54
Haushaltsnettoeinkommen pro Monat	**	***
4.001 Euro und mehr	0,28	0,61
2.001 bis 4.000 Euro	0,27	0,54
Bis 2.000 Euro	0,25	0,52
Wahlabsicht Bundestagswahl	***	***
CDU/CSU	0,29	0,59
SPD	0,29	0,61
AfD	0,27	0,51
FDP	0,30	0,58
Die Linke	0,27	0,47
Bündnis 90/Die Grünen	0,23	0,51
Keine Parteipräferenz, Nichtwähler, w.n./k.A.	0,22	0,50
Region	n.s.	***
Norddeutschland (SH, HH, HB, NI)	0,28	0,53
Ostdeutschland (MV, BB, BE, ST, SN, TH)	0,26	0,49
Süddeutschland (BW, BY)	0,25	0,57
Westdeutschland (NW, RP, HE, SL)	0,27	0,59
Migrationshintergrund	n.s.	n.s.
Ja	0,27	0,58
Nein	0,26	0,55

Anmerkungen: Alle Variablen haben einen Wertebereich von [0; 1]. Analyseverfahren: Varianzanalysen, Signifikanzniveau: *** $p < 0{,}001$; ** $p < 0{,}01$; * $p < 0{,}05$; n.s. = nicht signifikant ($p \geq 0{,}05$). Der Signifikanztest für die Varianzanalyse gibt an, ob sich der Mittelwert mindestens einer Gruppe von dem Mittelwert mindestens einer anderen Gruppe unterscheidet.

Datenbasis: Bevölkerungsbefragung des ZMSBw 2020.

Zwischen den Befragten mit unterschiedlichem Bildungsniveau besteht zwar kein Unterschied in der Haltung zu den Auslandseinsätzen, sehr wohl aber eine Differenz beim Wissen: Das Informationsniveau steigt mit dem Bildungsabschluss. Etwas anders verhält es sich beim Haushaltseinkommen. Dieses hat sowohl Einfluss auf die Kenntnisse als auch auf die Haltung zu den Missionen der Bundeswehr. Ausgeprägte und signifikante Unterschiede bestehen insbesondere zwischen den Wählergruppen. Auffällig ist, dass die Anhänger der Grünen über das geringste Informationsniveau verfügen. Einen niedrigeren Kenntnisstand weisen sonst nur Nichtwähler bzw. Personen ohne klare Parteipräferenz auf. Hinsichtlich der Einstellung zu den Auslandseinsätzen ist festzustellen, dass die Anhänger der SPD die positivste Haltung aufweisen und nur die Anhänger der Linken eine (im Mittel) leicht ablehnende Haltung zu den Einsätzen einnehmen. Mit Blick auf die regionale Herkunft der Befragten zeigt sich zwar keine Differenz im Informationsniveau, sehr wohl aber in den Haltungen. Die Bürgerinnen und Bürger in Ostdeutschland stehen den Einsätzen am kritischsten gegenüber, die Befragten in Westdeutschland unterstützen diese am stärksten. Der Migrationshintergrund der Befragten nimmt keinen Einfluss auf die betrachteten Kategorien.

13.4 Der Einfluss des subjektiven Wissens auf die Einstellungen zu den Auslandseinsätzen

Im Folgenden werden das Wissen über und die Haltung zu den Einsätzen zueinander in Bezug gesetzt (Tabelle 13.2). Dabei zeigt sich wie in den Vorjahren der immense Einfluss, den das subjektive Informationsniveau über die Auslandseinsätze der Bundeswehr auf die Einstellung zu diesen hat. Befragte, die über grundlegende Kenntnisse zu den Auslandseinsätzen verfügen, stimmen diesen deutlich stärker zu als jene Befragten, die über wenige oder keine Kenntnisse verfügen. Dieser Zusammenhang ergibt sich gleichermaßen für die klassischen Auslandseinsätze wie für die Bündnismaßnahmen im Baltikum. Die Unterschiede in den Meinungsbildern von mehr und weniger informierten Bürgerinnen und Bürgern sind dabei erheblich und variieren zwischen 21 und 36 Prozentpunkten. Die Befragten, die über ein gewisses Maß an Kenntnissen über die Missionen verfügen, unterstützen diese auch. Dies gilt für alle betrachteten Einsätze der Bundeswehr mehrheitlich (Zustimmungswerte zwischen 51 und 76 Prozent). Umgekehrt erfährt bei Befragten mit geringeren Kenntnissen keine Mission eine mehrheitliche Zustimmung (Zustimmung zwischen 28 und 46 Prozent).

Tabelle 13.2: Einstellungen zu den Auslandseinsätzen der Bundeswehr – Bedeutung des Wissens

„Bitte sagen Sie mir, ob Sie der Beteiligung der Bundeswehr an den folgenden Auslandseinsätzen zustimmen oder ob Sie diese ablehnen."
(Angaben in Prozent)

	Stimme zu[1]	Teils/teils	Lehne ab[2]	Weiß nicht/ k.A.
EUTM (Mali) ***				
Wissen vorhanden[3]	76	16	(9)	(0)
Wissen nicht vorhanden[4]	46	27	21	7
Operation Sea Guardian (Mittelmeer) ***				
Wissen vorhanden	74	16	(10)	(0)
Wissen nicht vorhanden	44	27	22	7
KFOR (Kosovo) ***				
Wissen vorhanden	62	23	15	(1)
Wissen nicht vorhanden	36	31	26	8
Atalanta (Somalia) ***				
Wissen vorhanden	74	15	11	(0)
Wissen nicht vorhanden	38	28	27	7
Enhanced Forward Presence (Litauen) ***				
Wissen vorhanden	66	18	(14)	(2)
Wissen nicht vorhanden	35	29	28	8
CD (Syrien) ***				
Wissen vorhanden	59	23	18	(0)
Wissen nicht vorhanden	32	29	34	6
Air Policing (Baltikum) ***				
Wissen vorhanden	66	21	(12)	(1)
Wissen nicht vorhanden	33	31	28	9
MINUSMA (Mali) ***				
Wissen vorhanden	68	19	(12)	(1)
Wissen nicht vorhanden	32	31	29	8
Resolute Support (Afghanistan) ***				
Wissen vorhanden	51	21	26	(2)
Wissen nicht vorhanden	30	32	31	7
UNIFIL (Libanon) ***				
Wissen vorhanden	63	19	16	(2)
Wissen nicht vorhanden	32	29	31	8
Irini (Mittelmeer) ***				
Wissen vorhanden	63	20	(15)	(2)
Wissen nicht vorhanden	30	29	32	9
CBI (Irak) ***				
Wissen vorhanden	58	21	20	(1)
Wissen nicht vorhanden	28	31	35	6

Anmerkungen: 1) Anteile „Stimme völlig zu" und „Stimme eher zu" zusammengefasst; 2) Anteile „Lehne völlig ab" und „Lehne eher ab" zusammengefasst; 3) Anteile „Kenne alle wesentlichen Fakten und Zusammenhänge" und „Kenne einige Fakten und Zusammenhänge" zusammengefasst; 4) Anteile „Habe noch nie davon gehört oder gelesen" und „Habe davon gehört oder gelesen, weiß aber nichts Konkretes" zusammengefasst. Einzelne Prozentangaben ergeben mitunter in der Summe nicht 100 Prozent, da sie gerundet wurden. Analyseverfahren: Chi²-Unabhängigkeits-Test, Signifikanzniveau: *** $p < 0{,}001$; ** $p < 0{,}01$; * $p < 0{,}05$; n.s. = nicht signifikant ($p \geq 0{,}05$); Werte in Klammern: $n \leq 50$.

Datenbasis: Bevölkerungsbefragung des ZMSBw 2020.

Damit konzentriert sich ein Großteil der Vorbehalte und Ablehnung bei den Bevölkerungsteilen, die weniger über die Bundeswehrengagements wissen – und dies trifft ausweislich der vorangegangenen Auswertungen (vgl. Abbildungen 13.1 und 13.2) auf die meisten Bundesbürgerinnen und Bundesbürger zu. Damit erweist sich der Wissensstand durchweg als eine entscheidende Größe für die Haltung zu den Auslandseinsätzen der Bundeswehr.

13.5 Determinanten der Einstellungen zu den Auslandseinsätzen der Bundeswehr

Welche Faktoren beeinflussen die Einstellung zu den Auslandseinsätzen der Bundeswehr und welche Rolle kommt in diesem Zusammenhang dem subjektiven Wissensstand zu? Ein Einwand gegen die Relevanz des subjektiven Wissensstands könnte lauten, dass er kein geeigneter Erklärungsfaktor für die Einstellung zu den Einsätzen ist, da sich im Sinne eines sicherheitspolitischen Themenpublikums nur diejenigen über die Auslandsengagements informieren, die den Streitkräften ohnehin wohlwollender begegnen und in der Folge eine positivere Einstellung zu den Auslandseinsätzen haben. Der in Tabelle 13.2 gezeigte Zusammenhang zwischen dem subjektiven Wissensstand und der Einstellung zu den Auslandseinsätzen sollte demnach verschwinden, wenn man ihn auf die Haltung zu den Streitkräften und weitere (sicherheits-)politische Orientierungen kontrolliert. Deshalb wurde geprüft, inwiefern diese Vermutung zutrifft oder der subjektive Wissensstand über die Auslandseinsätze einen eigenständigen Einfluss auf die Haltung zu ihnen ausübt. Dazu wurden multiple lineare Regressionsanalysen berechnet, in die die zusammengefasste Einstellung zu allen Einsätzen als abhängige Variable einging.

Als mögliche Erklärungsvariable wurde im ersten Schritt allein das Informationsniveau über die Einsätze herangezogen (vgl. Modell I in Tabelle 13.3). In weiteren Schritten wurden soziodemografische Merkmale, politische Orientierungen, Erfahrungen bzw. Kontakte mit der Bundeswehr sowie sicherheitspolitische Einstellungen geschlossen berücksichtigt (Modell II). Dieses Vorgehen ermöglicht es, den Effekt der jeweiligen Indikatoren auf die Haltung zu den Einsätzen zu schätzen (Biehl 2012; Fiebig 2012; Mader 2017). Anschließend wurde umfassend getestet, inwieweit das subjektive Wissen zu den Auslandseinsätzen der Bundeswehr einen eigenständigen Einfluss auf die Haltung zu den Einsätzen ausübt, wenn die anderen relevanten Größen zugleich betrachtet werden (Modell III).

Tabelle 13.3: Determinanten der Einstellung zu den Auslandseinsätzen der Bundeswehr

	Einstellung zu den Auslandseinsätzen der Bundeswehr		
	Modell I	**Modell II**	**Modell III**
Informationsgrad Einsätze der Bundeswehr	0,38***		0,28***
Soziodemografie			
Frauen		$-0,02^{n.s.}$	$0,02^{n.s.}$
Alter		$-0,01^{n.s.}$	$-0,02^{n.s.}$
Niedrige Bildung		$-0,03^{n.s.}$	$0,01^{n.s.}$
Hohe Bildung		$-0,01^{n.s.}$	$-0,02^{n.s.}$
Haushaltsnettoeinkommen (bis 2.000 Euro)		$0,02^{n.s.}$	$0,00^{n.s.}$
Haushaltsnettoeinkommen (4.001 Euro und mehr)		0,04*	$0,04^{n.s.}$
Ostdeutschland		-0,09***	-0,08***
Migrationshintergrund		$0,02^{n.s.}$	$0,02^{n.s.}$
Wahlabsicht			
AfD		-0,06**	-0,05*
FDP		$0,01^{n.s.}$	$0,02^{n.s.}$
Die Linke		$-0,03^{n.s.}$	-0,04*
Bündnis90/Die Grünen		-0,04*	-0,04*
Keine Parteipräferenz, Nichtwähler, w.n./k.A.		$-0,01^{n.s.}$	$-0,02^{n.s.}$
Kontakte und Erfahrungen mit der Bundeswehr			
Wahrnehmung Bundeswehr im Alltag		-0,09***	-0,12***
Wahrnehmung Bundeswehr in den Medien		$0,04^{n.s.}$	-0,04*
Ist/war bei der Bundeswehr		$-0,02^{n.s.}$	$-0,02^{n.s.}$
Verwandter/Bekannter ist/war bei Bundeswehr		-0,06**	-0,05**
Sicherheitspolitische Einstellungen			
Atlantizismus		0,09***	0,09***
Internationalismus		0,21***	0,19***
Militarismus		$0,02^{n.s.}$	$0,03^{n.s.}$
Multilateralismus		0,12***	0,12***
Haltung zur Bundeswehr		0,23***	0,19***
Leistungen Bw im Ausland		0,17***	0,16***
Interesse an Verteidigungspolitik		0,16***	0,10***
Korrigiertes R^2	0,14	0,41	0,46
n	1.811	1.676	1.632

Anmerkungen: Die abhängige Variable sind Mittelwerte des Indexes für die Einstellungen zu den Einsätzen der Bundeswehr. Wertebereich der abhängigen Variable [0 – völlige Ablehnung; 1 – völlige Zustimmung]. Alle erklärenden Variablen außer Wahrnehmung Bundeswehr im Alltag [0; 3] und Wahrnehmung Bundeswehr in den Medien [0; 4] haben einen Wertebereich von [0 – geringe bzw. negative Ausprägung; 1 – hohe bzw. positive Ausprägung). Referenzkategorie für die Wahlabsicht sind CDU/CSU und SPD. Analyseverfahren: Multiple lineare Regressionen; standardisierte Regressionskoeffizienten (beta). Signifikanzniveau: *** $p < 0,001$; ** $p < 0,01$; * $p < 0,05$; n.s. = nicht signifikant ($p \geq 0,05$).

Datenbasis: Bevölkerungsbefragung des ZMSBw 2020.

In der Einzelbetrachtung bestätigt sich die Einsicht, dass der subjektive Wissensstand zu den Auslandseinsätzen der Bundeswehr einen wesentlichen Einfluss auf die Haltung zu ihnen nimmt (vgl. Tabelle 13.3). Allein durch diese Größe sind immerhin 14 Prozent der vorhandenen Varianz in der Einstellung zu den Auslandseinsätzen der Bundeswehr zu erklären (vgl. Modell I). Betrachtet man die soziodemografischen Merkmale, parteipolitischen Orientierungen, Erfahrungen bzw. Kontakte mit der Bundeswehr sowie die sicherheitspolitischen Einstellungen der Befragten, dann zeigt sich, dass sich die sozialen Faktoren kaum auf die Haltung zu den internationalen Engagements niederschlagen (vgl. Modell II). Allein ein hohes Haushaltseinkommen und ein Wohnort in den ostdeutschen Bundesländern nehmen Einfluss auf die Haltung zu den Auslandsmissionen. Auch der parteipolitischen Ausrichtung kommt eine überschaubare Bedeutung zu: Anhänger der AfD und der Grünen neigen im Vergleich zu Wählern von CDU/CSU und SPD (die Regierungsparteien bilden hier die Referenzkategorie) eher zur Ablehnung der Auslandseinsätze. Entgegen einer verbreiteten Position, die die Relevanz eigener Erfahrungen in den und mit den Streitkräften betont (z.B. Feaver/Kohn 2001; Franke 2012; Pfaffenzeller 2010), kommt diesen Erklärungsvariablen kaum eine Bedeutung zu. Jedoch stehen diejenigen, die jemanden bei der Bundeswehr kennen, den Missionen kritischer gegenüber. Zugleich gilt: Je ausgeprägter die Wahrnehmung der Bundeswehr im Alltag, desto niedriger ist die Zustimmung zu deren Auslandsengagements. Am wichtigsten für die Haltung der Befragten zu den Auslandseinsätzen sind, wie zu erwarten, deren sicherheitspolitische Einstellungen. Wer eine transatlantisch bzw. international ausgerichtete und multilateral geprägte Außen- und Sicherheitspolitik unterstützt, hat eine positivere Einstellung zu den Auslandseinsätzen der Bundeswehr. Darüber hinaus zeigt sich, dass eine positive Haltung zur Bundeswehr im Allgemeinen, eine wohlwollende Beurteilung der Leistung der Bundeswehr bei ihren Auslandseinsätzen sowie ein Interesse an Verteidigungspolitik ebenfalls mit einer stärkeren Unterstützung für die Auslandseinsätze der Bundeswehr einhergehen. Insgesamt erklären die Merkmale und Einstellungen in Modell II 41 Prozent der Varianz in der Haltung zu den Auslandseinsätzen.

In der Gesamtschau aller Einflussgrößen (vgl. Modell III) bleiben die in der Einzelbetrachtung zutage tretenden Muster weitgehend bestehen. So ist der Einfluss der soziodemografischen Merkmale äußerst schwach bzw. nicht existent. Das gilt in ähnlicher Art und Weise für die politische Orientierung der Befragten sowie deren Kontakte und Erfahrungen mit der Bundeswehr. Hingegen bestätigt sich der zentrale Stellenwert der außen- und sicherheitspolitischen Grundorientierungen und des subjektiven Wissensstandes über die Einsätze der Bundeswehr. Wichtig ist zudem, dass der Einfluss des subjektiven Wissens stark und statistisch signifikant bleibt, selbst wenn die Haltung der Befragten zur Bundeswehr und die Bewertung ihrer Leistungen in den Einsätzen kontrolliert werden. Die Kenntnisse verbleiben im umfassenden Modell III als stärkster Prädiktor der Einstellung zu den Bundeswehrmissionen. Damit wird deutlich: Wissen führt zu Unterstützung – unabhängig von der Haltung zur Bundeswehr und zur Außen- und Sicherheitspolitik.

13.6 Fazit

Insgesamt zeigt sich wie in den Vorjahren, dass nur ein geringer Teil der Bürgerinnen und Bürger Kenntnisse über die Auslandsmissionen hat. Zugleich ist die Zustimmung zu den Einsätzen überschaubar – gerade im Vergleich zum Zuspruch, den die Bundeswehr in vielen anderen Bereichen erfährt (wie in anderen Abschnitten, insbesondere in Abschnitt 8, dokumentiert). Von den zwölf durch die Befragung erfassten Missionen erfährt nur der EUTM-Einsatz in Mali mehrheitlichen Zuspruch. Für alle anderen Engagements zeigen sich differenzierte Meinungsbilder, bei denen stets beachtliche Teile der Bürgerinnen und Bürger ihre ambivalente bzw. ablehnende Haltung kundtun.

Zugleich unterstreichen die Auswertungen erneut den Zusammenhang von Wissen und Unterstützung sowie die Relevanz von Information und Kommunikation. Der Anteil derjenigen, die sich sehr gut oder eher gut über die Auslandseinsätze der Bundeswehr informiert fühlen, hat seit 2015 um mehr als die Hälfte abgenommen. Die Mehrheit der Bundesbürgerinnen und Bundesbürger gibt inzwischen an, schlecht über die Auslandseinsätze informiert zu sein. Ist es gewollt, dass die Engagements der Bundeswehr – seien es die Auslandseinsätze oder die Verpflichtungen im Rahmen der Bündnisverteidigung – auf breiten gesellschaftlichen Zuspruch treffen, dann sollte über diese stärker und besser informiert werden.

Literaturverzeichnis

Altheide, David L. (1997): The News Media, the Problem Frame, and the Production of Fear. In: The Sociological Quarterly 38: 4, 647–668.

Altheide, David L. (2002): Creating Fear: News and the Construction of Crisis. New York: Routledge.

Argus Data Insights (2020): Bundeswehr. Social Media & Onlinemedien Jahresanalyse 2019. Unveröffentlichte Powerpoint-Präsentation.

Asmus, Ronald D./Everts, Philip P./Isernia, Pierangelo (2005): The Transatlantic Gap in Public Opinion. In: Jäger, Thomas/Höse, Alexander/Oppermann, Kai (Hrsg.): Transatlantische Beziehungen. Sicherheit – Wirtschaft – Öffentlichkeit. Wiesbaden: VS Verlag für Sozialwissenschaften, 397–424.

Auswärtiges Amt (2020): Leitlinien zum Indo-Pazifik. Deutschland – Europa – Asien: Das 21. Jahrhundert gemeinsam gestalten <https://www.auswaertiges-amt.de/blob/2380500/33f978a9d4f511942c241eb4602086c1/200901-indo-pazifik-leitlinien--1--data.pdf> [8.9.2020].

Balmas, Meital (2018): Tell Me Who Is Your Leader, and I Will Tell You Who You Are: Foreign Leaders' Perceived Personality and Public Attitudes toward Their Countries and Citizenry. In: American Journal of Political Science 62: 2, 499–514.

Bardes, Barbara A./Oldendick, Robert W. (1990): Public Opinion and Foreign Policy. A Field in Search of Theory. In: Long, Samuel (Hrsg.): Research in Micropolitics. A Research Annual. Public Opinion. London: Jai Press, 227–247.

Bartels, Hans-Peter (2017): Große Verantwortung, große Möglichkeiten. In: Bartels, Hans-Peter/Kellner, Anna Maria/Optenhögel, Uwe (Hrsg.): Strategische Autonomie und die Verteidigung Europas: Auf dem Weg zur Europäischen Armee? Bonn: Dietz, 38–48.

Bartels, Larry M. (1994): The American Public's Defense Spending Preferences in the Post-Cold War Era. In: The Public Opinion Quarterly 58: 4, 479–508.

Baur, Nina/Blasius, Jörg (Hrsg.) (2014): Handbuch Methoden der empirischen Sozialforschung. Wiesbaden: Springer Fachmedien.

Biehl, Heiko (2012): United We Stand, Divided We Fall? Die Haltungen europäischer Bevölkerungen zum ISAF-Einsatz. In: Langer, Phil C./Pietsch, Carsten/Seiffert, Anja (Hrsg.): Der Einsatz der Bundeswehr in Afghanistan: Sozial- und politikwissenschaftliche Perspektiven. Wiesbaden: VS Verlag für Sozialwissenschaften, 169–186.

Biehl, Heiko/Keller, Jörg (2016): Ein anderer Blick auf den Einsatz. Die Forschung des SOWI zu Auslandseinsätzen. In: Dörfler-Dierken, Angelika/Kümmel, Gerhard (Hrsg.): Am Puls der Bundeswehr. Militärsoziologie in Deutschland zwischen Wissenschaft, Politik, Bundeswehr und Gesellschaft. Wiesbaden: Springer VS, 189–205.

Biehl, Heiko/Rothbart, Chariklia/Steinbrecher, Markus (2017): Cold War Revisited? Die deutsche Bevölkerung und die Renaissance der Bündnisverteidigung. In: Hartmann, Uwe/von Rosen, Claus (Hrsg.): Jahrbuch Innere Führung 2017. Die Wiederkehr der

Verteidigung in Europa und die Zukunft der Bundeswehr. Berlin: Carola Hartmann Miles-Verlag, 137–154.

Biehl, Heiko/Schoen, Harald (Hrsg.) (2015): Sicherheitspolitik und Streitkräfte im Urteil der Bürger. Theorien, Methoden, Befunde. Wiesbaden: Springer VS.

BMF – Bundesministerium der Finanzen (2019): Bundeshaushalt 2019 <https://www.bundeshaushalt.de/#/2019/soll/ausgaben/einzelplan.html> [3.7.2019].

BMVg – Bundesministerium der Verteidigung (2008): Zentrale Dienstvorschrift A-2600/1 Innere Führung. Selbstverständnis und Führungskultur der Bundeswehr. Bonn.

BMVg (2016a): Weißbuch 2016. Zur Sicherheitspolitik und der Zukunft der Bundeswehr. Berlin.

BMVg (2016b): Personalstrategie der Bundeswehr. Berlin.

BMVg (2017): Arbeitgeber Bundeswehr im Visier. Ausgabe 5, Sommer 2017. Berlin.

BMVg (2018a): Bundeswehr soll weiter wachsen – Personalboard 2018 hat getagt, 29.11.2018 <https://www.bmvg.de/de/aktuelles/bundeswehr-soll-weiter-wachsen-29414> [2.7.2019].

BMVg (2018b): Konzeption der Bundeswehr. Berlin.

BMVg (2020a): Personalzahlen der Bundeswehr. Stand: August 2020 <https://www.bundeswehr.de/de/ueber-die-bundeswehr/zahlen-daten-fakten/personalzahlen-bundeswehr> [24.9.2020].

BMVg (2020b): Verteidigungshaushalt 2020 <https://www.bmvg.de/de/themen/verteidigungshaushalt/verteidigungshaushalt-2020> [30.9.2020].

BMVg (2020c): Bericht des Bundesministeriums der Verteidigung an den Deutschen Bundestag zur Debatte über eine mögliche Beschaffung bewaffneter Drohnen für die Bundeswehr. Berlin.

Breunig, Christian/van Eimeren, Birgit (2015): 50 Jahre „Massenkommunikation“: Trends in der Nutzung und Bewertung der Medien. In: Media Perspektiven 11/2015, 505–525.

Brunner, Otto (Hrsg.) (1984): Geschichtliche Grundbegriffe: Historisches Lexikon zur politisch-sozialen Sprache in Deutschland. Band 5: Pro – Soz. Stuttgart: Klett Cotta.

Bulmahn, Thomas/Höfig, Chariklia (2013): Ergebnisse der repräsentativen Bundeswehrumfrage zur Attraktivität des Arbeitgebers Bundeswehr. Ergebnispräsentation am 22. Oktober 2013 im BMVg. Berlin (Powerpoint-Präsentation).

Bunde, Tobias/Hartmann, Laura/Stärk, Franziska/Carr, Randolf/Erber, Christoph/Hammelehle, Julia/Kabus, Juliane (2020): Zeitenwende, Wendezeiten. Sonderausgabe des Munich Security Report zur deutschen Außen- und Sicherheitspolitik. München: Stiftung Münchner Sicherheitskonferenz.

Bundeswehr (2020a): Dein Jahr für Deutschland <https://www.bundeswehrkarriere.de/deinjahrfuerdeutschland> [20.8.2020].

Bundeswehr (2020b): Aktuelles zum Coronavirus und der Bundeswehr <https://www.bundeswehr.de/de/aktuelles/coronavirus-bundeswehr> [21.9.2020].

Burstein, Paul (2006): Why Estimates of the Impact of Public Opinion on Public Policy Are Too High: Empirical and Theoretical Implications. In: Social Forces 84: 4, 2273–2289.

Buzan, Barry/Waever, Ole/Wilde, Jaap de (1998): Security. A New Framework for Analysis. Boulder, CO: Lynne Rienner.

CDU/CSU/SPD (2018): Ein neuer Aufbruch für Europa, eine neue Dynamik für Deutschland, ein neuer Zusammenhalt für unser Land. Koalitionsvertrag zwischen CDU, CSU und SPD, 19. Legislaturperiode. Berlin.

Centrum für Strategie und Höhere Führung (2020): Sicherheitsreport 2020 Spezial Corona. Pressemitteilung, 26.5.2020 <https://www.sicherheitsreport.net/wp-content/uploads/2-PM_Sicherheitsreport2020_Spezial_Corona_DEU.pdf> [31.8.2020].

Chittick, William O./Billingsley, Keith R./Travis, Rick (1995): A Three-Dimensional Model of American Foreign Policy Beliefs. In: International Studies Quarterly 39: 3, 313–331.

Cognita AG (2020): Medienresonanzanalyse 2019. Zeitraum: 1.1. bis 31.12.2019. Unveröffentlichte Powerpoint-Präsentation.

Daase, Christopher (2010): National, Societal, and Human Security: On the Transformation of Political Language. In: Historical Social Research 35: 4, 22–37.

Daase, Christopher (2012): Sicherheitskultur als interdisziplinäres Forschungsprogramm. In: Daase, Christopher/Offermann, Philipp/Rauer, Valentin (Hrsg.): Sicherheitskultur: Soziale und politische Praktiken der Gefahrenabwehr. Frankfurt a. M.: Campus, 23–44.

Daehnhardt, Patricia (2018): German Foreign Policy, the Ukraine Crisis and the Euro-Atlantic Order: Assessing the Dynamics of Change. In: German Politics 27: 4, 516–538.

Dake, Karl (1992): Myths of Nature: Culture and the Social Construction of Risk. In: Journal of Social Issues 48: 4, 21–37.

Dal Bó, Ernesto/Hernández, Pablo/Mazzuca, Sebastián (2016): The Paradox of Civilization: Pre-Institutional Sources of Security and Prosperity. National Bureau of Economic Research Working Paper No. 21829. Cambridge, MA: National Bureau of Economic Research.

Dembinski, Matthias/Peters, Dirk (2018): Eine Armee für die Europäische Union? Europapolitische Konzeptionen und verteidigungspolitische Strukturen. PRIF-Report 1/2018. Frankfurt am Main: Hessische Stiftung Friedens- und Konfliktforschung.

Deutscher Bundestag (2020): Stenografischer Bericht 159. Sitzung, Berlin, 13.5.2020. Plenarprotokoll 19/159 <https://dipbt.bundestag.de/dip21/btp/19/19159.pdf> [7.10.2020].

De Vreese, Claes H. (2005): News Framing: Theory and Typology. In: Information Design Journal 13: 1, 51–62.

Diekmann, Andreas (2016): Empirische Sozialforschung. Grundlagen, Methoden, Anwendungen. Reinbek bei Hamburg: Rowohlt.

Die Welt (2013): Diesen Institutionen vertrauen die Deutschen, 6.2.2013 <https://www.welt.de/wirtschaft/article113432065/Diesen-Institutionen-vertrauen-die-Deutschen.html> [2.7.2019].

DLR – Deutsches Zentrum für Luft- und Raumfahrt (2018): Einsatz ziviler Drohnen in Deutschland: DLR-Studie zeigt Zustimmung für Rettungs- und Forschungseinsätze sowie bestehende Vorbehalte, 18.12.2018 <https://www.dlr.de/content/de/artikel/news/2018/4/20181218_einsatz-ziviler-drohnen-deutschland.html> [2.10.2020].

Dowler, Ken/Fleming, Thomas/Muzzatti, Stephen L. (2006): Constructing Crime: Media, Crime, and Popular Culture. In: Canadian Journal of Criminology and Criminal Justice 48: 6, 837–865.

Ehle, Jürgen (2018): Die Implementierung der Ständigen Strukturierten Zusammenarbeit (PESCO) – Sachstand und weiteres Vorgehen. In: Sirius 2: 3, 261–264.

Eichenberg, Richard C./Stoll, Richard J. (2003): Representing Defense: Democratic Control of the Defense Budget in the United States and Western Europe. In: Journal of Conflict Resolution 47: 4, 399–422.

Eichenberg, Richard C./Stoll, Richard J. (2017): The Acceptability of War and Support for Defense Spending: Evidence from Fourteen Democracies, 2004–2013. In: Journal of Conflict Resolution 61: 4, 788–813.

Eisenman, David P./Glik, Deborah/Ong, Michael/Zhou, Qiong/Tseng, Chi-Hong/Long, Anna/Fielding, Jonathan/Asch, Steven (2009): Terrorism-Related Fear and Avoidance Behavior in a Multiethnic Urban Population. In: American Journal of Public Health 99: 1, 168–174.

Endres, Fabian (2018): Öffentliche Meinung und strategische Kulturen. Außenpolitische Überzeugungen in Deutschland, Frankreich und Großbritannien. Wiesbaden: Springer VS.

Endreß, Christian/Petersen, Nils (2012): Die Dimensionen des Sicherheitsbegriffs. In: Bundeszentrale für Politische Bildung (Hrsg.): Dossier Innere Sicherheit, 14.6.2012 <http://www.bpb.de/politik/innenpolitik/innere-sicherheit/76634/dimensionen-des-sicherheitsbegriffs?p=all> [24.1.2019].

Endreß, Christian/Schattschneider, Leonard (2010): Was ist Sicherheit? Interdisziplinäre Betrachtung einer unklaren Begrifflichkeit. In: Notfallvorsorge 2, 8–9.

Eschholz, Sarah (1997): The Media and Fear of Crime: A Survey of the Research. In: Journal of Law and Public Policy 9: 1, 37-59

European Commission (2019): Standard Eurobarometer 91, Wave EB91.5. Public Opinion in the European Union. Annex. Brüssel.

European Union (2016): Shared Vision, Common Action: A Stronger Europe. A Global Strategy for the European Union's Foreign and Security Policy. Brüssel.

Fantapié Altobelli, Claudia/Hensel, David/Langhinrichs, Birthe/Mühlbach, Cordelia/Znanewitz, Judith (2015): Trendforschung zur Optimierung und Sicherstellung der externen Personalbedarfsdeckung der Bundeswehr. 1. Zwischenbericht: Ergebnisse der Referenzstudie. Hamburg: Helmut-Schmidt-Universität.

FAZ – Frankfurter Allgemeine Zeitung (2003): Irrflug versetzt Frankfurt in Angst und Schrecken, 5.1.2003 <https://www.faz.net/-gum-4215> [12.7.2016].

FAZ (2020): Vertrauen in den Staat nimmt deutlich zu, 17.9.2020 <https://www.faz.net/-gpg-a3ggl> [21.9.2020].

Feaver, Peter D./Kohn, Richard H. (Hrsg.) (2001): Soldiers and Civilians. The Civil-Military Gap and American National Security. Cambridge, MA: MIT Press.

Feldman, Stanley (1988): Structure and Consistency in Public Opinion: The Role of Core Beliefs and Values. In: American Journal of Political Science 32: 2, 416–440.

Fiebig, Rüdiger (2012): Die Deutschen und ihr Einsatz. Einstellungen der Bevölkerung zum ISAF-Einsatz. In: Langer, Phil C./Pietsch, Carsten/Seiffert, Anja (Hrsg.): Der

Einsatz der Bundeswehr in Afghanistan: Sozial- und politikwissenschaftliche Perspektiven. Wiesbaden: VS Verlag für Sozialwissenschaften, 187–204.

Fisk, Kerstin/Merolla, Jennifer L./Ramos, Jennifer M. (2019): Emotions, Terrorist Threat, and Drones: Anger Drives Support for Drone Strikes. In: Journal of Conflict Resolution 63: 4, 976–1000.

Franke, Jürgen (2012): Wie integriert ist die Bundeswehr? Eine Untersuchung zur Integrationssituation der Bundeswehr als Verteidigungs- und Einsatzarmee. Baden-Baden: Nomos.

Franke, Ulrike E. (2016): Proliferated Drones. A Perspective on Germany. Washington, DC: Center for a New American Security.

Gabel, Matthew/Scheve, Kenneth (2007): Estimating the Effect of Elite Communications on Public Opinion Using Instrumental Variables. In: American Journal of Political Science 51: 4, 1013–1028.

Goodwin, Robin/Willson, Michelle/Stanley, Gaines (2005): Terror Threat Perception and Its Consequences in Contemporary Britain. In: British Journal of Psychology 96: 4, 389–406.

Graf, Timo (2018a): Subjektive Sicherheit. In: Steinbrecher, Markus/Biehl, Heiko/Graf, Timo: Sicherheits- und verteidigungspolitisches Meinungsbild in der Bundesrepublik Deutschland. Ergebnisse und Analysen der Bevölkerungsbefragung 2018. Forschungsbericht 118. Potsdam: Zentrum für Militärgeschichte und Sozialwissenschaften der Bundeswehr, 17–36.

Graf, Timo (2018b): Einstellungen zum außen- und sicherheitspolitischen Engagement Deutschlands. In: Steinbrecher, Markus/Biehl, Heiko/Graf, Timo: Sicherheits- und verteidigungspolitisches Meinungsbild in der Bundesrepublik Deutschland. Ergebnisse und Analysen der Bevölkerungsbefragung 2018. Forschungsbericht 118. Potsdam: Zentrum für Militärgeschichte und Sozialwissenschaften der Bundeswehr, 37–71.

Graf, Timo (2019a): Subjektive Sicherheit und Bedrohungswahrnehmungen. In: Steinbrecher, Markus/Graf, Timo/Biehl, Heiko: Sicherheits- und verteidigungspolitisches Meinungsbild in der Bundesrepublik Deutschland. Ergebnisse und Analysen der Bevölkerungsbefragung 2019. Forschungsbericht 122. Potsdam: Zentrum für Militärgeschichte und Sozialwissenschaften der Bundeswehr, 19–37.

Graf, Timo (2019b): Einstellungen zum Außen- und Sicherheitspolitischen Engagement Deutschlands. In: Steinbrecher, Markus/Graf, Timo/Biehl, Heiko: Sicherheits- und verteidigungspolitisches Meinungsbild in der Bundesrepublik Deutschland. Ergebnisse und Analysen der Bevölkerungsbefragung 2019. Forschungsbericht 122. Potsdam: Zentrum für Militärgeschichte und Sozialwissenschaften der Bundeswehr, 38–81.

Graf, Timo (2019c): Die Bundeswehr als Mittel deutscher Außenpolitik aus Sicht der Bevölkerung: „Brunnenbohrer“ oder „Kampftruppe“? In: Hartmann, Uwe/von Rosen, Claus (Hrsg.): Jahrbuch Innere Führung 2019: Bundeswehr im Aufbruch. Hindernisse von den verteidigungspolitischen Vorstellungen der AfD bis zu den sicherheitspolitischen Meinungen in der Zivilgesellschaft. Berlin: Miles, 80–100.

Graf, Timo (2020a): Unity in the Face of Threat? Exploring the Empirical Relationship between Strategic Threat Perceptions and Public Support for a Common European Army in Germany. In: European Security 29: 1, 55–73.

Graf, Timo (2020b): Die öffentliche Meinung in der Bundesrepublik Deutschland zur Verteidigungszusammenarbeit in der Europäischen Union. Forschungsbericht 123. Potsdam: Zentrum für Militärgeschichte und Sozialwissenschaften der Bundeswehr.

Graf, Timo/Biehl, Heiko (2019): Einstellungen zu den Auslandseinsätzen der Bundeswehr. In: Steinbrecher, Markus/Graf, Timo/Biehl, Heiko: Sicherheits- und verteidigungspolitisches Meinungsbild in der Bundesrepublik Deutschland. Ergebnisse und Analysen der Bevölkerungsbefragung 2019. Forschungsbericht 122. Potsdam: Zentrum für Militärgeschichte und Sozialwissenschaften der Bundeswehr, 176–190.

Haverkamp, Rita (2014): Grundzüge eines Sicherheitsbarometers in Deutschland. In: Hoch, Hans/Zoche, Peter (Hrsg.): Sicherheiten und Unsicherheiten. Münster: Lit Verlag, 15–30.

Handelsblatt (2014): Mehrheit der Deutschen gegen Kampfdrohnen, 3.7.2014 <https://www.handelsblatt.com/10149768.html> [2.10.2020].

Heath, Linda/Gilbert, Kevin (1996): Mass Media and Fear of Crime. American Behavioral Scientist 39: 4, 379–386.

Hentschel, Katrin (2013): Ergebnisse der Jugendstudie 2011. Berufswahl Jugendlicher und Einstellungen zum Arbeitgeber Bundeswehr. Forschungsbericht 100. Potsdam: Zentrum für Militärgeschichte und Sozialwissenschaften der Bundeswehr.

Holsti, Ole R. (1992): Public Opinion and Foreign Policy: Challenges to the Almond-Lippmann Consensus. In: International Studies Quarterly 36: 4, 439–466.

Huddy, Leonie/Feldman, Stanley/Capelos, Theresa/Provost, Colin (2002): The Consequences of Terrorism: Disentangling the Effects of Personal and National Threat. In: Political Psychology 23: 3, 485–509.

Huddy, Leonie/Feldman, Stanley/Taber, Charles/Lahav, Gallya (2005): Threat, Anxiety, and Support of Antiterrorism Policies. In: American Journal of Political Science 49: 3, 593–608.

Hummelsheim-Doss, Dina (2017): Objektive und subjektive Sicherheit in Deutschland. Eine wissenschaftliche Annäherung an das Sicherheitsgefühl. In: Aus Politik und Zeitgeschichte 67: 32–33, 34–39.

Hunter, Lance Y./Robbins, Joseph W. (2016): Military Spending and Electoral Systems: A Reconsideration. In: Armed Forces & Society 42: 1, 51–74.

Hurwitz, Jonathon M./Peffley, Mark A. (1987): How Are Foreign Policy Attitudes Structured? A Hierarchical Model. In: American Political Science Review 81, 1099–1119.

Hurwitz, Jonathon M./Peffley, Mark A./Seligson, Mitchell A. (1993): Foreign Policy Belief Systems in Comparative Perspective: The United States and Costa Rica. In: International Studies Quarterly 37, 245–270.

IfD Allensbach (2020): Das Streben nach Sicherheit als Gefahr für die Freiheit. Eine Dokumentation des Beitrags von Dr. Thomas Petersen in der Frankfurter Allgemeinen Zeitung Nr. 96 vom 24. April 2020 <https://www.ifd-allensbach.de/fileadmin/kurzberichte_dokumentationen/FAZ_April2020_Sicherheit.pdf> [21.9.2020].

Infratest dimap (2016): ARD-DeutschlandTREND Januar 2016. Eine Studie im Auftrag der tagesthemen <https://www.tagesschau.de/inland/deutschlandtrend-469.pdf> [2.7.2019].

IP-Forsa (2013): IP-Forsa-Frage. Einsatz bewaffneter Drohnen? In: Internationale Politik 68: 3, 4.

Ipsos (2020a): Sicherheitspolitisches Meinungsbild 2020. Methodenbericht. 21. September 2020. Berlin.

Ipsos (2020b): What Worries the World – July 2020 <https://www.ipsos.com/sites/default/files/ct/news/documents/2020-08/ipsos-pi_what-worries-the-world_juli2020_0.pdf> [31.8.2020].

Irondelle, Bastien/Mérand, Frédéric/Foucault, Martial (2015): Public Support for European Defence: Does Strategic Culture Matter? In: European Journal of Political Research 54: 2, 363–383.

Isernia, Pierangelo/Juhász, Zoltán/Rattinger, Hans (2002): Foreign Policy and the Rational Public in Comparative Perspective. In: Journal of Conflict Resolution 46: 2, 201–224.

Jacobs, Lawrence R./Page, Benjamin I. (2005): Who Influences U.S. Foreign Policy? In: American Political Science Review 99: 1, 107–123.

Joslyn, Mark/Haider-Markel, Donald (2007): Sociotropic Concerns and Support for Counterterrorism Policies. In: Social Science Quarterly 88: 2, 306–319.

Kamp, Karl-Heinz (2015): Die Europa-Armee: Pro und Kontra. Arbeitspapier Sicherheitspolitik, Nr. 4/2015. Berlin: Bundesakademie für Sicherheitspolitik.

Karp, Jeffrey A./Bowler, Shaun (2006): Broadening and Deepening or Broadening versus Deepening: The Question of Enlargement and Europe's "Hesitant Europeans". In: European Journal of Political Research 45: 3, 369–390.

Karstens, Felix (2019): How Public Discourse Affects Attitudes Towards Freedom of Movement and Schengen. In: European Union Politics 21: 1, 147–171.

Kellner, Anna Maria/Optenhögel, Uwe (2017): Strategische Autonomie für Europa als Friedensmacht. In: Bartels, Hans-Peter/Kellner, Anna Maria/Optenhögel, Uwe (Hrsg.): Strategische Autonomie und die Verteidigung Europas: Auf dem Weg zur Europäischen Armee? Bonn: Dietz, 13–37.

Kentmen, Cigdem (2010): Bases of Support for the EU's Common Foreign and Security Policy: Gender, Attitudes toward Economic Integration, and Attachment to Europe. In: International Political Science Review 31: 3, 285–299.

Klasen, Oliver (2012): Was sich mit der Karlsruher Entscheidung ändert. In: Süddeutsche Zeitung, 17.8.2012 <https://sz.de/1.1443366> [7.10.2020].

Knelangen, Wilhelm (2006): Innere Sicherheit als neue Aufgabe für die Bundeswehr? In: Krause, Joachim/Irlenkäuser, Jan C. (Hrsg.): Bundeswehr – Die nächsten 50 Jahre: Anforderungen an deutsche Streitkräfte im 21. Jahrhundert. Opladen: Barbara Budrich, 253–273.

Körber-Stiftung (2019): The Berlin Pulse 2019/2020: German Foreign Policy in Perspective. Hamburg: Körber-Stiftung.

Konrad-Adenauer-Stiftung (2020): Mehrheit schaut optimistisch in die Zukunft. Krisenbarometer der Konrad-Adenauer-Stiftung, 9.7.2020 <https://www.kas.de/documents/252038/7995358/Corona+Krisenbarometer+Folge+8.pdf/fce7d886-e8ef-bc13-f3bc-c106701a8248?t=1594289723183> [31.8.2020].

Krasmann, Susanne/Kreissl, Reinhard/Kühne, Sylvia/Paul, Bettina/Schlepper, Christina (2014): Die gesellschaftliche Konstruktion von Sicherheit. Zur medialen Vermittlung und Wahrnehmung der Terrorismusbekämpfung. Berlin: Forschungsforum Öffentliche Sicherheit.

Kreps, Sarah (2014): Flying Under the Radar: A Study of Public Attitudes towards Unmanned Aerial Vehicles. In: Research and Politics 1:1, 1–7.

Kreps, Sarah E. (2016): Drones. What Everyone Needs to Know. New York: Oxford University Press.

Kreps, Sarah E./Wallace, Geoffrey P.R. (2016): International Law, Military Effectiveness, and Public Support for Drone Strikes. In: Journal of Peace Research 53: 6, 830–844.

Lecheler, Sophie/De Vreese, Claes H./Slothuus, Rune (2009): Issue Importance as a Moderator of Framing Effects. In: Communication Research 36: 3, 400–425.

Levin, Irwin P./Schneider, Sandra L./Gaeth, Gary J. (1998): All Frames Are Not Created Equal: A Typology and Critical Analysis of Framing Effects. In: Organizational Behavior and Human Decision Processes 76: 2, 149–188.

Levin, Irwin P./Gaeth, Gary J./Schreiber, Judy/Lauriola, Marco (2002): A New Look at Framing Effects: Distribution of Effect Sizes, Individual Differences, and Independence of Types of Effects. In: Organizational Behavior and Human Decision Processes 88: 1, 411–429.

Lippert, Barbara/von Ondarza, Nicolai/Perthes, Volker (2019): Strategische Autonomie Europas: Akteure, Handlungsfelder, Zielkonflikte. SWP-Studie 2. Berlin: Stiftung Wissenschaft und Politik.

Mader, Matthias (2015): Grundhaltungen zur Außen- und Sicherheitspolitik in Deutschland. In: Biehl, Heiko/Schoen, Harald (Hrsg.): Sicherheitspolitik und Streitkräfte im Urteil der Bürger. Theorien, Methoden, Befunde. Wiesbaden: Springer VS, 69–96.

Mader, Matthias (2017): Öffentliche Meinung zu Auslandseinsätzen der Bundeswehr. Zwischen Antimilitarismus und transatlantischer Orientierung. Wiesbaden: Springer VS.

Mader, Matthias/Pötzschke, Jana (2014): National Identities and Mass Belief Systems on Foreign and Security Policy in Germany. In: German Politics 23: 1–2, 59–77.

Maier, Michaela/Adam, Silke/Maier, Jürgen (2012): The Impact of Identity and Economic Cues on Citizens' EU Support: An Experimental Study on the Effects of Party Communication in the Run-Up to the 2009 European Parliament Elections. In: European Union Politics 13: 4, 580–603.

Marktforschung.de (2020): Studie von Rogator. Diesen Institutionen vertrauen die Bürger während der Krisenzeit, 18.6.2020 <https://www.marktforschung.de/aktuelles/marktforschung/diesen-institutionen-vertrauen-die-buerger-waehrend-der-krisenzeit> [21.9.2020].

Masala, Carlo (2018): Chinas geopolitische Ambitionen. In: China – Perspektiven und Herausforderungen: Bericht zur 3. Sitzung des Netzwerks „Strategie und Vorausschau". Berlin: Bundesministerium der Verteidigung, 13–19.

Maslow, Abraham (1943): A Theory of Human Motivation. In: Psychological Review 50: 4, 370–396.

Meier, Ernst-Christoph/Nelte, Klaus-Michael/Huhn, Walter (Hrsg.) (2008): Wörterbuch zur Sicherheitspolitik. Deutschland in einem veränderten internationalen Umfeld. Hamburg et al.: Mittler & Sohn.

Medrano, Juan D. (2003): Framing Europe: Attitudes to European Integration in Germany, Spain, and the United Kingdom. Princeton: Princeton University Press.

Meyer zum Felde, Rainer (2018): Erfolg und Desaster zugleich. Der NATO-Gipfel in Brüssel und seine Konsequenzen. In: Sirius 2: 4, 385–388.

NATO Public Diplomacy Division (2019): Defence Expenditure of NATO Countries (2012–2019). Pressemitteilung 25.6.2019. Brüssel.

Nellis, Ashley M. (2009): Gender Differences in Fear of Terrorism. In: Journal of Contemporary Criminal Justice 25: 3, 322–340.

Noll, Heinz-Herbert (1994): Zustand der öffentlichen Sicherheit beeinträchtigt Wohlbefinden der Bürger: Befunde zur subjektiven Wahrnehmung und Bewertung der öffentlichen Sicherheit. In: Informationsdienst Soziale Indikatoren 12, 5–8.

O'Dwyer, Emma/Çoymak, Ahmet (2020): Basic Human Values and Their Contexts: A Multilevel Analysis of Support for the Use of Armed Drones in the United States, United Kingdom, and Turkey. In: Political Psychology 41: 2, 249–264.

Page, Benjamin I./Shapiro, Robert Y. (1983): Effects of Public Opinion on Policy. In: The American Political Science Review 77: 1, 175–190.

Page, Benjamin I./Shapiro, Robert Y. (1992): The Rational Public: Fifty Years of Trends in Americans' Policy Preferences. Chicago, IL: University of Chicago Press.

Patrick, Stewart M. (2017): Trump and World Order: The Return to Self-Help. In: Foreign Affairs 96: 2, 52–57.

Peffley, Mark A./Hurwitz, Jonathon M. (1993): Models of Attitude Constraint in Foreign Affairs. In: Political Behavior 15, 61–90.

Personalboard (2017): Question & Answer Paper. Berlin: Bundesministerium der Verteidigung.

Pew Research Center (2017): U.S. Image Suffers as Publics Around the World Question Trump's Leadership. Washington, DC: Pew Research Center.

Pew Research Center (2020): Despite Pandemic, Many Europeans Still See Climate Change as Greatest Threat to Their Countries. Washington, DC: Pew Research Center.

Pfaffenzeller, Stephan (2010): Conscription and Democracy. The Mythology of Civil-Military Relations. In: Armed Forces & Society 36: 3, 481–504.

Potthoff, Matthias (2012): Medien-Frames und ihre Entstehung. Wiesbaden: Springer VS.

Presseportal (2020): Mediengruppe RTL Deutschland. RTL/N-tv Trendbarometer. Forsa-Aktuell: Institutionen-Ranking: Ärzte und Polizei auf den ersten Plätzen – Vertrauen zu Ärzten in der Corona-Krise besonders stark gestiegen, 10.6.2020 <https://www.presseportal.de/pm/72183/4619512> [21.9.2020].

Rapoport, Anatol (1988): Risiko und Sicherheit in der heutigen Gesellschaft: Die subjektiven Aspekte des Risikobegriffs. In: Leviathan 16: 1, 123–136.

Rattinger, Hans/Schoen, Harald/Endres, Fabian/Jungkunz, Sebastian/Mader, Matthias/Pötzschke, Jana (2016): Old Friends in Troubled Waters: Policy Principles, Elites, and U.S.-German Relations at the Citizen Level After the Cold War. Baden-Baden: Nomos.

Reuband, Karl-Heinz (2009): Kriminalitätsfurcht. In: Lange, Hans-Jürgen/Ohly, H. Peter/Reichertz, Jo (Hrsg.): Auf der Suche nach neuer Sicherheit: Fakten, Theorien und Folgen. Wiesbaden: VS Verlag für Sozialwissenschaften, 233–251.

Richter, Gregor (2016): Wie attraktiv ist die Bundeswehr als Arbeitgeber? Ergebnisse der Personalbefragung 2016. Forschungsbericht 113. Potsdam: Zentrum für Militärgeschichte und Sozialwissenschaften der Bundeswehr.

Richter, Gregor (2020): Wie attraktiv ist die Bundeswehr als Arbeitgeber? Ergebnisse der Personalbefragung 2020. Forschungsbericht 126. Potsdam: Zentrum für Militärgeschichte und Sozialwissenschaften der Bundeswehr.

Risse-Kappen, Thomas (1991): Public Opinion, Domestic Structure, and Foreign Policy in Liberal Democracies. In: World Politics 43: 4, 479–512.

Robert-Koch-Institut (2020): COVID-19: Fallzahlen in Deutschland und weltweit, 7.10.2020 <https://www.rki.de/DE/Content/InfAZ/N/Neuartiges_Coronavirus/Fallzahlen.html> [7.10.2020].

Rosenthal, Claudius (2000): Zur medialen Konstruktion von Bedrohung. In: Schatz, Heribert/Holtz-Bacha, Christina/Nieland, Jörg-Uwe (Hrsg.): Migranten und Medien. Wiesbaden: VS Verlag für Sozialwissenschaften, 196–206.

Rothbart, Chariklia (i.V.): Messfehler in interviewer-administrierten Befragungen zu politischen Einstellungen. Dissertation Universität Potsdam.

Rüland, Jürgen (2018): “Principled Multilateralism” versus “Diminished Multilateralism:” Some General Reflections. In: Echle, Christian/Rüppel, Patrick/Sarmah, Megha/Hwee, Yeo Lay (Hrsg.): Multilateralism in a Changing World Order. Singapore: Konrad-Adenauer-Stiftung, 1–12.

R+V (2020): Die Ängste der Deutschen 2020. Die Deutschen haben mehr Angst vor Trump als vor Corona. Pressemitteilung, 10.9.2020 <https://www.ruv.de/presse/pressemitteilungen/20200910-presseinfo-aengstestudie-2020> [10.9.2020].

Scheufele, Dietram A. (1999): Framing as a Theory of Media Effects. In: Journal of Communication 49: 1, 103–122.

Schnell, Rainer/Hill, Paul B./Esser, Elke (2018): Methoden der empirischen Sozialforschung. München/Wien: Oldenbourg.

Schoen, Harald (2008): Identity, Instrumental Self-Interest and Institutional Evaluations. Explaining Public Opinion on Common European Policies in Foreign Affairs and Defence. In: European Union Politics 9: 1, 5–29.

Schuck, Andreas R.T./De Vreese, Claes H. (2006): Between Risk and Opportunity: News Framing and Its Effects on Public Support for EU Enlargement. In: European Journal of Communication 21: 1, 5–32.

Shapiro, Robert Y./Page, Benjamin I. (1988): Foreign Policy and the Rational Public. In: Journal of Conflict Resolution 32: 2, 211–247.

SIPRI – Stockholm International Peace Research Institute (2018): SIPRI Military Expenditure Database 2018 <https://www.sipri.org/databases/milex> [12.7.2019].

SIPRI (2020): Trends in World Military Expenditure, 2019 <https://www.sipri.org/sites/default/files/2020-04/fs_2020_04_milex_0.pdf> [31.8.2020].

Skitka, Linda J./Bauman, Christopher W./Aramovich, Nicholas P./Morgan, G. Scott (2006): Confrontational and Preventative Policy Responses to Terrorism: Anger Wants a Fight and Fear Wants ‘Them’ to Go Away. In: Basic and Applied Social Psychology 28: 4, 375–384.

Slothuus, Rune (2008): More than Weighting Cognitive Importance. A Dual-Process Model of Issue Framing Effects. In: Political Psychology 29: 1, 1–28.

Sobel, Richard (2001): The Impact of Public Opinion on U.S. Foreign Policy Since Vietnam. New York: Oxford University Press.

Sönmez, Sevil F./Graefe, Alan R. (1998): Influence of Terrorism Risk on Foreign Tourism Decision. In: Analysis of Tourism Research 25: 1, 112–144.

Soroka, Stuart N. (2003): Media, Public Opinion, and Foreign Policy. In: The International Journal of Press/Politics 8: 1, 27–48.

Steinbrecher, Markus (2017a): Attraktivität des Arbeitgebers Bundeswehr. In: Steinbrecher, Markus/Biehl, Heiko/Rothbart, Chariklia: Sicherheits- und verteidigungspolitisches Meinungsbild in der Bundesrepublik Deutschland. Ergebnisse und Analysen der Bevölkerungsbefragung 2017. Forschungsbericht 117. Potsdam: Zentrum für Militärgeschichte und Sozialwissenschaften der Bundeswehr, 99–128.

Steinbrecher, Markus (2017b): Einstellungen zur Höhe der Verteidigungsausgaben sowie zum Personalumfang der Bundeswehr. In: Steinbrecher, Markus/Biehl, Heiko/Rothbart, Chariklia: Sicherheits- und verteidigungspolitisches Meinungsbild in der Bundesrepublik Deutschland. Ergebnisse und Analysen der Bevölkerungsbefragung 2017. Forschungsbericht 117. Potsdam: Zentrum für Militärgeschichte und Sozialwissenschaften der Bundeswehr, 129–147.

Steinbrecher, Markus (2017c): Vorstellungen von den Aufgabenbereichen der Bundeswehr. In: Steinbrecher, Markus/Biehl, Heiko/Rothbart, Chariklia: Sicherheits- und verteidigungspolitisches Meinungsbild in der Bundesrepublik Deutschland. Ergebnisse und Analysen der Bevölkerungsbefragung 2017. Forschungsbericht 117. Potsdam: Zentrum für Militärgeschichte und Sozialwissenschaften der Bundeswehr, 148–165.

Steinbrecher, Markus (2017d): Wahrnehmung der Bundeswehr in der Öffentlichkeit. In: Steinbrecher, Markus/Biehl, Heiko/Rothbart, Chariklia: Sicherheits- und verteidigungspolitisches Meinungsbild in der Bundesrepublik Deutschland. Ergebnisse und Analysen der Bevölkerungsbefragung 2017. Forschungsbericht 117. Potsdam: Zentrum für Militärgeschichte und Sozialwissenschaften der Bundeswehr, 78–98.

Steinbrecher, Markus (2018a): Einstellungen zur Höhe der Verteidigungsausgaben sowie zum Personalumfang der Bundeswehr. In: Steinbrecher, Markus/Biehl, Heiko/Graf, Timo: Sicherheits- und verteidigungspolitisches Meinungsbild in der Bundesrepublik Deutschland. Ergebnisse und Analysen der Bevölkerungsbefragung 2018. Forschungsbericht 118. Potsdam: Zentrum für Militärgeschichte und Sozialwissenschaften der Bundeswehr, 139–157.

Steinbrecher, Markus (2018b): Vorstellungen von den Aufgabenbereichen der Bundeswehr. In: Steinbrecher, Markus/Biehl, Heiko/Graf, Timo: Sicherheits- und verteidigungspolitisches Meinungsbild in der Bundesrepublik Deutschland. Ergebnisse und Analysen der Bevölkerungsbefragung 2018. Forschungsbericht 118. Potsdam: Zentrum für Militärgeschichte und Sozialwissenschaften der Bundeswehr, 158–176.

Steinbrecher, Markus (2018c): Einigkeit macht stark! Erklärung von Einstellungen zur Gemeinsamen Sicherheits- und Verteidigungspolitik der EU. In: Steinbrecher, Markus/Biehl, Heiko/Bytzek, Evelyn/Rosar, Ulrich (Hrsg.): Freiheit oder Sicherheit? Ein Spannungsverhältnis aus Sicht der Bürgerinnen und Bürger. Wiesbaden: Springer VS, 217–251.

Steinbrecher, Markus (2018d): Attraktivität des Arbeitgebers Bundeswehr. In: Steinbrecher, Markus/Biehl, Heiko/Graf, Timo: Sicherheits- und verteidigungspolitisches

Meinungsbild in der Bundesrepublik Deutschland. Ergebnisse und Analysen der Bevölkerungsbefragung 2018. Forschungsbericht 118. Potsdam: Zentrum für Militärgeschichte und Sozialwissenschaften der Bundeswehr, 119–138.

Steinbrecher, Markus (2019a): Wahrnehmung der Bundeswehr in der Öffentlichkeit. In: Steinbrecher, Markus/Biehl, Heiko/Graf, Timo: Sicherheits- und verteidigungspolitisches Meinungsbild in der Bundesrepublik Deutschland. Ergebnisse und Analysen der Bevölkerungsbefragung 2019. Forschungsbericht 122. Potsdam: Zentrum für Militärgeschichte und Sozialwissenschaften der Bundeswehr, 110–125.

Steinbrecher, Markus (2019b): Einstellungen zur Höhe der Verteidigungsausgaben sowie zum Personalumfang der Bundeswehr. In: Steinbrecher, Markus/Graf, Timo/Biehl, Heiko: Sicherheits- und verteidigungspolitisches Meinungsbild in der Bundesrepublik Deutschland. Ergebnisse und Analysen der Bevölkerungsbefragung 2019. Forschungsbericht 122. Potsdam: Zentrum für Militärgeschichte und Sozialwissenschaften der Bundeswehr, 147–163.

Steinbrecher, Markus (2019c): Vorstellungen von den Aufgabenbereichen der Bundeswehr. In: Steinbrecher, Markus/Graf, Timo/Biehl, Heiko: Sicherheits- und verteidigungspolitisches Meinungsbild in der Bundesrepublik Deutschland. Ergebnisse und Analysen der Bevölkerungsbefragung 2019. Forschungsbericht 122. Potsdam: Zentrum für Militärgeschichte und Sozialwissenschaften der Bundeswehr, 164–174.

Steinbrecher, Markus (2019d): Attraktivität des Arbeitgebers Bundeswehr. In: Steinbrecher, Markus/Graf, Timo/Biehl, Heiko: Sicherheits- und verteidigungspolitisches Meinungsbild in der Bundesrepublik Deutschland. Ergebnisse und Analysen der Bevölkerungsbefragung 2019. Forschungsbericht 122. Potsdam: Zentrum für Militärgeschichte und Sozialwissenschaften der Bundeswehr, 126–147.

Steinbrecher, Markus/Biehl, Heiko (2017): Die Legende vom fehlenden Wissen. Verteidigungspolitische Kenntnisse in Deutschland. In: if – Zeitschrift für Innere Führung 60: 4, 53–59.

Steinbrecher, Markus/Biehl, Heiko (2020a): Military Know-Nothings or (At Least) Military Know-Somethings? Knowledge of Defense Policy in Germany and Its Determinants. In: Armed Forces & Society 46: 2, 302–322.

Steinbrecher, Markus/Biehl, Heiko (2020b): The Other Civil-Military Gap: Researching Public Opinion on Security and Defence Policy. In: Deschaux-Dutard, Delphine (Hrsg.): Research Methods in Defence Studies. A Multidisciplinary Overview. London/New York: Routledge, 189–209.

Steinbrecher, Markus/Biehl, Heiko/Bytzek, Evelyn/Rosar, Ulrich (Hrsg.) (2018): Freiheit oder Sicherheit? Ein Spannungsverhältnis aus Sicht der Bürgerinnen und Bürger. Wiesbaden: Springer VS.

Steinbrecher, Markus/Graf, Timo/Biehl, Heiko (2019): Sicherheits- und verteidigungspolitisches Meinungsbild in der Bundesrepublik Deutschland. Ergebnisse und Analysen der Bevölkerungsbefragung 2019. Forschungsbericht 122. Potsdam: Zentrum für Militärgeschichte und Sozialwissenschaften der Bundeswehr.

Steinbrecher, Markus/Höfig, Chariklia (2017): Aktiv, aber auch Attraktiv und Anders? Ausgewählte Einstellungen der deutschen Bevölkerung zur Attraktivität der Bundeswehr als Arbeitgeber. In: if – Zeitschrift für Innere Führung 60: 1, 54–59.

Steinbrecher, Markus/Wanner, Meike (2018a): Dein Schützer, Freund und Helfer? Einstellungen der deutschen Bevölkerung zum Einsatz der Bundeswehr im Inneren. In:

Steinbrecher, Markus/Biehl, Heiko/Bytzek, Evelyn/Rosar, Ulrich (Hrsg.): Freiheit oder Sicherheit? Ein Spannungsverhältnis aus Sicht der Bürgerinnen und Bürger. Wiesbaden: Springer VS, 141–176.

Steinbrecher, Markus/Wanner, Meike (2018b): Hohe Akzeptanz. Die Bevölkerung unterstützt den Einsatz der Bundeswehr im Inneren. In: if – Zeitschrift für Innere Führung 61: 4, 68–75.

Stern (2013): Mehrheit der Deutschen sind Kampfdrohnen suspekt, 10.4.2013 <https://www.stern.de/politik/deutschland/stern-umfrage-mehrheit-der-deutschen-sind-kampfdrohnen-suspekt-3019172.html> [2.10.2020].

Stevens, Daniel/Vaughn-Williams, Nick (2014): Citizens and Security Threats: Issues, Perceptions and Consequences Beyond the National Frame. In: British Journal of Political Science 46: 1, 149–175.

Stewart, Frances (2004): Development and Security. In: Conflict, Security & Development 4: 3, 261–288.

Trendence (2018): Arbeitgeberranking von Trendence. Die beliebtesten Arbeitgeber der Schüler <https://www.trendence.com/arbeitgeberrankings/schueler.html> [10.8.2018].

Vereinte Nationen (1948): The Universal Declaration of Human Rights. New York.

Varwick, Johannes (2020): Europas Emanzipation. In: Y – Das Magazin der Bundeswehr 2020: 4, 44–47.

Vliegenthart, Rens/Schuck, Andreas R.T./Boomgaarden, Hajo G./De Vreese, Claes H. (2008): News Coverage and Support for European Integration, 1990–2006. In: International Journal of Public Opinion Research 20: 4, 415–439.

Walsh, James I. (2015): Precision Weapons, Civilian Casualties, and Support for the Use of Force. In: Political Psychology 36: 5, 507–523.

Wanner, Meike (2014): Einstellungen zum Personalumfang, zur Höhe der Verteidigungsausgaben sowie zur Ausrüstung und Bewaffnung der Bundeswehr. In: Wanner, Meike/Biehl, Heiko: Sicherheits- und verteidigungspolitisches Meinungsklima in der Bundesrepublik Deutschland. Ergebnisse der Bevölkerungsumfrage 2013. Forschungsbericht 110. Potsdam: Zentrum für Militärgeschichte und Sozialwissenschaften der Bundeswehr, 19–29.

Wanner, Meike (2015): Einstellungen zur Höhe der Verteidigungsausgaben sowie zur Ausrüstung und Bewaffnung der Bundeswehr. In: Biehl, Heiko/Höfig, Chariklia/Wanner, Meike: Sicherheits- und verteidigungspolitisches Meinungsklima in der Bundesrepublik Deutschland. Ergebnisse der Bevölkerungsumfrage 2014. Forschungsbericht 111. Potsdam: Zentrum für Militärgeschichte und Sozialwissenschaften der Bundeswehr, 42–49.

Wanner, Meike (2019): Das Ansehen der Bundeswehr. Persönliche Einstellung versus Meinungsklimawahrnehmung. Baden-Baden: Nomos.

Weitzer, Ronald/Kubrin, Charis E. (2006): Breaking News: How Local TV News and Real-World Conditions Affect Fear of Crime. In: Justice Quarterly 21: 3, 497–520.

WHO – World Health Organization (2020a): Archived: WHO Timeline COVID-19 <https://www.who.int/news-room/detail/27-04-2020-who-timeline---covid-19> [2.9.2020].

WHO (2020b): WHO Coronavirus Disease (COVID-19) Dashboard, 7.10.2020 <https://covid19.who.int/> [7.10.2020].

Wilcox, Pamela/Ozer, Murat M./Gunbeyi, Murat/Gundogdu, Tarkan (2009): Gender and Fear of Terrorism in Turkey. In: Journal of Contemporary Criminal Justice 25: 3, 341–357.

Windzio, Michael/Simonson, Julia/Pfeiffer, Christian/Kleimann, Matthias (2007): Kriminalitätswahrnehmung und Punitivität in der Bevölkerung. Welche Rolle spielen die Massenmedien? Ergebnisse der Befragungen zu Kriminalitätswahrnehmung und Strafeinstellungen 2004 und 2006. Hannover: Kriminologisches Forschungsinstitut Niedersachsen e.V.

Wittkopf, Eugene R. (1990): Faces of Internationalism: Public Opinion and American Foreign Policy. Durham: Duke University Press.

Wlezien, Christopher (1995): The Public as Thermostat: Dynamics of Preferences for Spending. In: American Journal of Political Science 39: 4, 981–1000.

Wolf, Christof/Best, Henning (Hrsg.) (2010): Handbuch der sozialwissenschaftlichen Datenanalyse. Wiesbaden: VS Verlag für Sozialwissenschaften.

Yordanova, Nikoleta/Angelova, Mariyana/Lehrer, Roni/Osnabrügge, Moritz/Renes, Sander (2020): Swaying Citizen Support for EU Membership: Evidence from a Survey Experiment of German Voters. In: European Union Politics 21: 3, 429–450.

YouGov (2015): Knappe Mehrheit für deutsche Kampfdrohnen, 29.4.2016 <https://yougov.de/news/2015/04/29/knappe-mehrheit-fur-deutsche-kampfdrohnen> [2.10.2020].

Methodenanhang

Seit der ZMSBw-Bevölkerungsumfrage 2017 enthält der (ausführliche) Forschungsbericht umfassende Informationen zur methodischen Vorgehensweise, die in diesem Anhang zusammengefasst sind. Der Anhang richtet sich an Leserinnen und Leser, die sich umfassender mit Umfragedesign und Analysemethoden beschäftigen möchten. Abschnitt 3 des Haupttexts enthält im Gegensatz dazu einige Informationen, die für das grundlegende Verständnis der Analyseergebnisse in den Abschnitten 4 bis 13 hilfreich sind. Einige kleinere Dopplungen sind durch die verschiedene Zielrichtung von Abschnitt 3 und diesem Methodenanhang nicht zu vermeiden.

Der Methodenanhang gliedert sich in Unterabschnitt 1 zu Stichproben, Datenaufbereitung und Güte, Unterabschnitt 2 zu Messung und Datenmodifikation und Unterabschnitt 3 zu Methoden der Datenauswertung. Für weitergehende Informationen sei auf die Auswahlbibliografie am Ende des Methodenanhangs verwiesen.

1. Stichproben, Datenaufbereitung und Güte

1.1 Individual- und Aggregatdaten

Individualdaten

Daten, die Ausprägungen der Merkmale von Individuen oder Untersuchungseinheiten (Objekten) darstellen, nennt man Individualdaten. Sie werden in den Sozial- und Verhaltenswissenschaften – wie in der Bevölkerungsbefragung 2020 – typischerweise aus Befragungen, aber auch durch Experimente, Beobachtungen oder anderen Quellen gewonnen. In der Mehrebenenanalyse können Individualdaten (Mikroebene: Erklärung der abhängigen Variable durch Individual- und Kontextvariablen) mit Aggregatdaten (Makroebene: Merkmale des Kontextes) verbunden und die Interaktion dieser beiden Ebenen modelliert werden (Cross-Level-Interaktion). Oft dienen Individualdaten als Basis für Aggregatdaten (siehe Eintrag Aggregatdaten).

Aggregatdaten

Aggregatdaten sind nach bestimmten Regeln zusammengefasste Daten, d.h. aggregierte Einheiten für eine Gruppe von Merkmalsträgern. Aggregatdaten findet man typischerweise als Raten, Quoten, Anteilswerte oder als Mittelwerte. Durch die Verbreitung des

Internets sind aggregierte Informationen zu wirtschaftlichen, politischen, sozialen Aspekten sowie Einstellungsstrukturen zunehmend sehr leicht verfügbar. Diese Daten werden durch Behörden, Forschungseinrichtungen, Organisationen oder Unternehmen bereitgestellt oder verbreitet. Mithilfe von Aggregatdaten werden oft Länder miteinander verglichen. Beachtet werden sollte dabei die oft eingeschränkte Vergleichbarkeit der Einheiten. So können unterschiedliche Berechnungen, verschiedene Erhebungsmethoden, aber auch divergierende Datenquellen mit spezifischen Forschungs- oder auch Täuschungsabsichten die Vergleichbarkeit einschränken (siehe 1.5 Vergleichbarkeit). Außerdem muss bei der Analyse mit Aggregatdaten auf Multikollinearität (hohe Korrelation von Variablen in einem Modell) sowie auf Validitäts- und Operationalisierungsprobleme (keine passenden Indikatoren bzw. keine direkte Messung der interessierenden Variablen für die Fragestellung) geachtet werden.

1.2 Grundgesamtheit

In den Sozial- und Verhaltenswissenschaften ist die Grundgesamtheit oder auch Population die Gesamtheit von Personen, die ein Merkmal oder Merkmalskombinationen aufweist und Ziel der empirischen Untersuchung ist. In der Bevölkerungsbefragung 2020 ist die Grundgesamtheit definiert als deutschsprachige Bevölkerung ab 16 Jahren in Privathaushalten in Deutschland. Über diese Gruppe sollen generalisierbare Aussagen getroffen werden, d.h. die Untersuchungsergebnisse sollen für sie gültig sein. Werden alle Elemente der definierten Grundgesamtheit untersucht, d.h. in einer Umfrage befragt, spricht man von einer Vollerhebung – ein Beispiel dafür wäre eine Volkszählung. Dementsprechend werden keine inferenzstatistischen Analysen benötigt. Ist es (bspw. aufgrund der hohen Zahl der Elemente der Grundgesamtheit) nicht möglich, alle Elemente zu erfassen, so wird eine Auswahl getroffen, also eine Stichprobe gezogen (siehe 1.3 Stichprobe). Um eine Auswahl treffen bzw. eine Stichprobe ziehen zu können, muss die Grundgesamtheit vorab exakt definiert werden.

1.3 Stichprobe

Eine Stichprobe ist eine Teilmenge bzw. eine Auswahl von Elementen einer definierten Grundgesamtheit nach bestimmten Regeln. Sie soll exakte Schätzungen über die Objekte oder die Merkmalsverteilungen (Parameter) in der Grundgesamtheit liefern. Die Stichprobe muss der Grundgesamtheit möglichst ähnlich sein, damit generalisierbare Aussagen bezüglich der relevanten Merkmale möglich sind und der dabei gemachte Fehler bestimmt werden kann (Stichprobenfehler). Es gibt verschiedene Möglichkeiten, nach denen die

Auswahl der Elemente getroffen werden kann (siehe Eintrag Stichprobenziehung). Für die Bevölkerungsbefragung 2020 wurden 2.277 Befragte zufällig ausgewählt – zur genauen Vorgehensweise siehe Abschnitt 3 und die Einträge Stichprobenziehung, Zufallsstichprobe sowie Stichprobenfehler.

Stichprobenziehung

Es gibt verschiedene Möglichkeiten, nach denen die Auswahl oder Ziehung der Elemente der Grundgesamtheit getroffen werden kann: zufällig und nicht-zufällig (willkürliche oder bewusste Auswahl nach bestimmten Kriterien entsprechend der Fragestellung). In der ZMSBw-Bevölkerungsbefragung 2020 wurde eine zufällige Stichprobe aus der zuvor definierten Grundgesamtheit gezogen (siehe Abschnitt 3).

Zufallsstichprobe

In einer Zufallsstichprobe haben alle Elemente der Grundgesamtheit eine Chance größer als null, in die Auswahl zu gelangen. Idealerweise sollte diese Wahrscheinlichkeit für alle Elemente der Grundgesamtheit identisch sein. Es gibt einstufige (einfache Zufalls- oder Klumpenstichprobe) und mehrstufige Auswahlverfahren (disproportional geschichtete versus proportional geschichtete Stichproben). Nur Zufallsstichproben erlauben inferenzstatistische Analysen bzw. Aussagen. In der Bevölkerungsbefragung 2020 wurden die Befragten daher in einem mehrstufig geschichteten Verfahren aus der Grundgesamtheit ausgewählt (siehe Abschnitt 3).

Stichprobenfehler

Da sowohl der Mittelwert eines interessierenden Merkmals als auch die Streuung des Mittelwertes in der Grundgesamtheit meist nicht bekannt sind, werden diese aus der bzw. durch die Stichprobe geschätzt. Den dabei gemachten Fehler nennt man Stichprobenfehler ($\sigma(\hat{\vartheta})$ oder auch $\hat{\sigma}_{\bar{x}}$). Dieser auch als Standardfehler bezeichnete Fehler ist die geschätzte Streuung der Stichprobenkennwerte (gemessene Merkmale/Antworten) um den wahren Wert in der Grundgesamtheit (Parameter ϑ). Er ist abhängig einerseits vom Stichprobenumfang (Fallzahl n) und andererseits von der tatsächlichen Streuung der Werte in der Grundgesamtheit. Demnach gilt: Je größer die Stichprobe und je kleiner die Streuung in der Grundgesamtheit ist, desto kleiner ist auch der Stichprobenfehler. Neben dem Standardfehler für den Mittelwert gibt es auch einen Standardfehler des Medians, der Standardabweichung und des Anteilswertes eines Merkmals (siehe Abschnitt 3 sowie Tabelle 3.2).

$$\hat{\sigma}_{\bar{x}} = \sqrt{\frac{\sigma^2}{n}} = \sqrt{\frac{\sum_{i=1}^{n}(x_i-\bar{x})^2}{n*(n-1)}}$$

Statistische Signifikanz

Da die empirische Sozialforschung in der Regel nur mit Stichproben arbeiten kann, ist es notwendig, Informationen darüber bereitzustellen, mit welcher Sicherheit man die aus der Stichprobe gewonnenen Informationen auf die Grundgesamtheit übertragen kann. Als statistisch signifikant wird das Ergebnis eines statistischen Tests bezeichnet, wenn die Stichprobendaten so stark von einer vorher festgelegten Annahme – der Nullhypothese – abweichen, dass diese Annahme nach einer vorher festgelegten Regel verworfen wird. Bei den Analysen zur Bevölkerungsbefragung 2020 ist die zu testende Annahme bzw. Hypothese in der Regel, dass es keinen Zusammenhang zwischen den Variablen (z.B. beim Chi^2-Unabhängigkeits-Test oder beim t-Test für Mittelwerte) bzw. keinen Effekt von einer unabhängigen auf eine abhängige Variable (z.B. bei Regressionsanalysen) gibt. Will man Befunde von der Stichprobe auf die Grundgesamtheit übertragen, kann es zu Fehlern kommen. Beim Fehler 1. Art wird eine richtige Nullhypothese, dass es keinen Zusammenhang zwischen zwei Merkmalen gibt, irrtümlicherweise verworfen. Man geht also auf Basis der Stichprobe fälschlicherweise davon aus, dass es beispielsweise einen Einfluss des Einkommens auf die Einstellung zur Bundeswehr gibt, obwohl dieser in der Grundgesamtheit nicht besteht. Die Wahrscheinlichkeit dieses Fehlers kann man mit dem Signifikanzniveau angeben. Der Fehler 2. Art tritt dann auf, wenn eine falsche Nullhypothese nicht verworfen wird. Eine Wahrscheinlichkeit für diesen Fehler kann in der Regel nicht ermittelt werden.

Für die Angabe des Signifikanzniveaus, d.h. der Sicherheit, mit der die Nullhypothese (kein Zusammenhang/Effekt) verworfen werden kann, haben sich verschiedene Konventionen entwickelt. Diese werden in den Tabellen dieses Forschungsberichts mit ein bis drei Sternen dargestellt. Ein Stern steht für ein Signifikanzniveau kleiner als 5 Prozent, d.h. die Wahrscheinlichkeit dafür, dass man irrtümlich einen Zusammenhang bzw. einen Effekt feststellt, obwohl dieser in der Grundgesamtheit nicht existiert, ist kleiner als 5 Prozent. Zwei Sterne repräsentieren im vorliegenden Bericht ein Signifikanzniveau kleiner als 1 Prozent und drei Sterne eines kleiner als 0,1 Prozent. Dies bedeutet, dass die Ergebnisse von Tests oder Analysen, die eines dieser Signifikanzniveaus erreichen, mit einer größeren Wahrscheinlichkeit auf die Grundgesamtheit übertragen werden können.

Statistische Signifikanz von berichteten Ergebnissen bedeutet nicht automatisch, dass der berichtete Zusammenhang oder Effekt wirklich kausaler Natur ist oder praktische Relevanz hat. Um wirklich von einem kausalen Effekt ausgehen zu können, muss der festgestellte Zusammenhang oder Effekt auch bei Kontrolle durch andere Variablen/Merkmale bestehen bleiben. Zudem muss eine plausible Beziehung zwischen den beiden Variablen/Merkmalen theoretisch begründet werden können. Und beide müssen in einer Ursache-Wirkungs-Beziehung stehen, d.h. die unabhängige geht der abhängigen Variable zeitlich voraus. Die letztgenannte Bedingung ist mit den Daten der Bevölkerungsbefragung 2020 nicht zu erfüllen, da es sich um eine Querschnittsbefragung handelt, bei der unabhängige und abhängige Variablen gleichzeitig erhoben worden sind.

Die statistische Signifikanz ist von zwei Faktoren abhängig: der Größe der jeweiligen Stichprobe sowie der Stärke des Effekts. Bei einer großen Stichprobe ist eine wesentlich bessere Schätzung möglich, sodass selbst sehr schwache Effekte oder kleine Zusammenhänge den Schwellenwert zur statistischen Signifikanz überschreiten. Dies kann auch bedeuten, dass sich wie in Tabelle 12.1 die Unterstützung für die Übernahme der Aufgabe Landesverteidigung durch die Bundeswehr zwischen Frauen und Männern statistisch signifikant um 0,02 Skalenpunkte unterscheidet. Große inhaltliche Relevanz hat dieser Unterschied aufgrund der kleinen Differenz allerdings nicht. Umgekehrt kann es bei kleinen Stichproben auch passieren, dass sehr große Unterschiede zwischen Gruppen gemessen werden, diese sich aber nicht auf die Grundgesamtheit übertragen lassen, also nicht statistisch signifikant sind.

1.4 Umfrage- und Datenqualität

Umfragequalität ist ein komplexes, multidimensionales Konzept. In der Literatur gibt es teilweise recht unterschiedliche Auffassungen darüber, was eine gute Umfrage ausmacht, und der Terminus Datenqualität wird teils sehr unterschiedlich definiert.

Klassische Gütekriterien

Allgemein klassische Gütekriterien für die Qualität von standardisierten Umfragen sind Objektivität (Unabhängigkeit der Ergebnisse von den Interviewern und Forschern), Reliabilität (Zuverlässigkeit der Messung, d.h. Messergebnisse müssen reproduzierbar sein; siehe 2.1) und Validität (Gültigkeit der Messung). Bei der Validität wird zudem zwischen der inhaltlichen Validität (messen die Items tatsächlich die Eigenschaft bzw. Einstellung, die man messen möchte), der Kriteriumsvalidität (inwieweit hängt die Skala mit einem anderen, nicht gemessenen, objektiven Kriterium zusammen) und der Konstruktvalidität (wie gut hängen die einzelnen Items miteinander und mit der zu messenden Dimension zusammen) unterschieden.

Totaler Umfragefehler

Neben der Erfüllung der klassischen Gütekriterien determinieren andere methodische Aspekte die Qualität der in Umfragen gemessenen Daten. Diese sind im Konzept des totalen Umfragefehlers (Total Survey Error) systematisiert. Darin wird meist zwischen zwei Arten von Fehlern unterschieden: Fehlern aufgrund der Stichprobe (englisch: sampling error) und sogenannten Nicht-Stichprobenfehlern (englisch: non-sampling error). Manche Arbeiten unterscheiden auch zwischen Fehlern, welche die Repräsentativität beeinflussen, und Fehlern, welche die Messung beeinflussen. Unabhängig von der Systematisierung finden sich die gleichen Fehlerquellen und Fehlerarten: Rahmenfehler, Stichprobenfehler, Ausfallfehler, Validität, Messfehler und Prozessfehler. Messfehler sind dabei Fehler aufgrund von Eigenschaften des Befragten, des Interviewers, der Situation und des verwendeten Messinstruments. Zu Letzterem zählen unter anderem die verwendete Datenerhebungsmethode und der Datenerhebungsmodus sowie der verwendete Fragebogen (Fragen und Antworten). Messfehler beeinflussen die Qualität der Umfragedaten negativ, wenn sie dazu führen, dass die Messungen vom „wahren" Wert, also der tatsächlichen Einstellung der Befragten, abweichen. In der Umfrageforschung werden daher zur Überprüfung der Datenqualität häufig verschiedene Aspekte untersucht und berichtet wie bspw. die Anzahl der Wörter bei offenen Fragen, Antwortreaktionszeiten, fehlende Werte (Antwortverweigerungen und „Weiß nicht"-Antworten), Antwortraten bei sensiblen Fragen, Antwortmuster (Zustimmungstendenz, extremes Antworten, sozial erwünschtes Antworten usw.) sowie auch die Meinung der Befragten selbst zur durchgeführten Befragung. Von den angesprochenen Punkten werden im Rahmen dieses Berichts konsequent die sogenannten fehlenden Werte ausgewiesen.

1.5 Vergleichbarkeit von Umfragen

In standardisierten Umfragen wie der Bevölkerungsbefragung des ZMSBw erhalten die Befragten dieselben Fragen und Antwortmöglichkeiten. Durch diese Vereinheitlichung der Reize soll die Vergleichbarkeit der Antworten zwischen den Befragten erreicht werden. In der Folge sollen Differenzen im Antwortverhalten bzw. Unterschiede zwischen den Interviewten auf deren individuelle Merkmale zurückführbar sein. Wie die Umfrageforschung zeigt, verarbeiten die Befragten die unterschiedlichen Reize im Interview aber individuell und einzigartig. Die Vergleichbarkeit der Daten bzw. der Antworten der Befragten selbst innerhalb der gleichen Studie kann daher nicht allein durch die Konstanthaltung der Fragen und Antworten gewährleistet, sondern muss durch die Kontrolle (möglichst aller) Reize im Interview erhöht werden. Noch problematischer ist die Vergleichbarkeit von unterschiedlichen Studien.

Oft werden in und von den Medien Zahlen oder Prozentangaben verschiedener Studien zum gleichen Thema wiedergegeben, die sich mitunter widersprechen. Die Gründe hierfür sind vielfältig und basieren zumeist auf Aspekten des Totalen Umfragefehlers (siehe 1.4 Umfrage- und Datenqualität). So können z.B. die Grundgesamtheiten in verschiedenen Studien unterschiedlich definiert worden sein. In der Folge beziehen sich die gemessenen Meinungen oder Merkmalsausprägungen mitunter auf unterschiedliche Bevölkerungsgruppen und weichen daher voneinander ab. Auch verschiedene Stichprobenverfahren und ungleiche Ausschöpfungsquoten bzw. Ausfallfehler können dazu führen, dass sich Umfrageergebnisse unterscheiden. Werden Ergebnisse von Studien mit verschiedenen Messzeitpunkten verglichen, so können die Differenzen das Resultat kurzzeitiger Veränderungen der Meinung durch bestimmte Ereignisse oder längerfristige Einstellungsänderungen über einen längeren Zeitraum sein. Auch unterschiedlich große Messfehler können dazu führen, dass Befragungsergebnisse verschiedener Studien voneinander abweichen.

Viele Untersuchungen zu Fragebögen haben gezeigt, dass Unterschiede bezüglich des Formates, der Formulierung, der Länge und Position einer Frage sowie die Anzahl, Reihenfolge und Formulierung von Antwortmöglichkeiten das Antwortverhalten der befragten Personen und damit die Untersuchungsergebnisse verändern. So können bspw. Antwortvorgaben zur Interpretation der Frage und als Vergleichskriterium verwendet werden. Bei Untersuchungen in unterschiedlichen Ländern kommen sprachliche und kulturelle Unterschiede hinzu, die die Vergleichbarkeit der Erhebungen beeinträchtigen können. Aus den genannten Gründen könnten die Forschungsergebnisse des ZMSBw zum sicherheits- und verteidigungspolitischen Meinungsbild in der Bundesrepublik Deutschland von den Ergebnissen anderer Studien zu ähnlichen Themen abweichen. Ein gutes Beispiel für die Effekte unterschiedlicher Frageformulierungen und Antwortskalen innerhalb derselben Studie bieten die Fragen zur Einstellung gegenüber Deutschlands internationalem Engagement in Abschnitt 5 (vgl. die Abbildungen 5.2 und 5.4).

1.6 Soziale Erwünschtheit

Sozial erwünschtes Antworten ist eine Form der inhaltsbezogenen Verzerrung. Gemeint ist dabei die Neigung eines Befragten im Interview, bei (sensiblen) Fragen nur vermeintlich akzeptierte Antworten zu geben und damit den „wahren“ Wert (also die tatsächliche Meinung oder Merkmalsausprägung) zu verschleiern. Die Gründe für dieses Verhalten sind vielschichtig. Sozial erwünschtes Antworten kann als Befriedigungsversuch des Bedürfnisses nach sozialer Anerkennung vom Befragten und demnach als Persönlichkeitsmerkmal oder aber als situationsspezifische Reaktion auf die Datenerhebung und die damit verbundenen Folgen und Konsequenzen interpretiert werden. Unabhängig von den Beweggründen werden von den Befragten demzufolge Angaben im Interview gemacht, von denen er oder sie annimmt, dass sie den sozialen Normen und Werten der Gesellschaft oder aber des Interviewers entsprechen. Dies kann im Interview eher unbewusst (Selbsttäuschung) oder bewusst (Fremdtäuschung) geschehen.

Zufällige Antwortfehler der Befragten sind für die Datenqualität eher unproblematisch, da sie in beide Richtungen um den „wahren" Wert streuen. Antworten aber viele Befragte sozial erwünscht, also systematisch anders als der „wahre" Wert, sind die erhobenen Daten in der Folge in eine Richtung verzerrt. Bei heiklen Fragen können daher bestimmte sozial unerwünschte Merkmale, Einstellungen oder Verhaltensweisen für die untersuchte Population systematisch unterschätzt werden. Wie die Umfrageforschung zeigt, ist der Effekt der sozialen Erwünschtheit, aufgrund der Anwesenheit des Interviewers, in mündlichen und vor allem in persönlichen Interviews – wie der Bevölkerungsbefragung 2020 – am stärksten.

1.7 Repräsentativität

Der Begriff der Repräsentativität einer Umfrage oder der repräsentativen Stichprobe wird zwar in fast allen empirischen Arbeiten verwendet, wird aber in der Umfrageforschung stark diskutiert. Bis heute gibt es keine allgemein akzeptierte Definition, da die Markt- und Meinungsforschung, wissenschaftliche Befragungen und amtliche Erhebungen meist unterschiedliche Ansprüche an die Messung und dementsprechend an die Verwendung des Begriffs haben. Allgemein gehört die Repräsentativität einer Umfrage oder Stichprobe neben Objektivität, Validität und Reliabilität der Messung bzw. des Messvorgangs, zu den Gütekriterien der empirisch-quantitativen Forschung. Um Rückschlüsse aus einer Stichprobe auf die Grundgesamtheit ziehen zu können, muss die Stichprobe die Grundgesamtheit bezüglich bestimmter relevanter Merkmale möglichst gut widerspiegeln. Wenn die Stichprobe hinsichtlich dieser Merkmale möglichst ähnlich bzw. strukturgleich ist, können die interessierenden Merkmale (Parameter) – zumindest annähernd – unverzerrt geschätzt werden. Repräsentativität ist aber eher als Zielvorgabe zu verstehen, da es in der Praxis schwierig ist, ein exaktes Abbild der Grundgesamtheit in einer Stichprobe zu erhalten. In der Markt- und Meinungsforschung werden meist soziodemografische Merkmale wie Alter, Geschlecht und Bildung verwendet, um den Grad der Repräsentativität zu bestimmen, weil die Verteilung dieser Merkmale in der Grundgesamtheit (durch den Mikrozensus oder die Volkszählung) bekannt ist. Oft wird Repräsentativität als gegeben angesehen, wenn die Stichprobe die Grundgesamtheit bezüglich dieser festgelegten Merkmale exakt abbildet. Repräsentativ ist eine Stichprobe strenggenommen aber immer nur hinsichtlich dieser Eigenschaften oder Zielvorgaben. Da die Daten der Bevölkerungsbefragung 2020 nach den Merkmalen Alter, Geschlecht, Bildung und Ortsgröße gewichtet wurden, ist die Stichprobe repräsentativ bezüglich dieser Merkmale (siehe 1.8 Gewichtung). Eigenschaften der Zielpersonen können auch nicht-soziodemografische Aspekte wie bspw. Persönlichkeitseigenschaften, Einstellungen, Motive o.Ä. sein. Eine wissenschaftliche Definition des Begriffs muss aber mehr berücksichtigen, da die Repräsentativität einer Umfrage durch verschiedenste Aspekte bestimmt oder beeinflusst wird. Dazu zählen das Stichprobendesign (Stichprobenverfahren, Schätzmethode, Stichprobenumfang) sowie methodische Aspekte wie Teilnahmeverweigerungen ((Unit-)Nonresponse), Antwortausfälle (Item-Nonresponse) und Falschangaben.

1.8 Gewichtung

Die Auswahl einer Stichprobe von Befragten soll ein repräsentatives Bild der Grundgesamtheit darstellen. Das heißt, die Befragten sollen sich ebenso zusammensetzen wie die Gruppe aller potenziell zu Befragenden (siehe 1.2 Grundgesamtheit, 1.3 Stichprobe und 1.7 Repräsentativität). In der Praxis ist dies jedoch nicht immer passgenau der Fall. Manche Gruppen – etwa männliche und ältere Befragte oder solche mit höherem Bildungsgrad – sind typischerweise bei persönlichen Befragungen wie der Bevölkerungsbefragung mit höheren Anteilen in der Stichprobe vertreten als es ihrem Anteil in der Grundgesamtheit aller möglichen Befragten (für die vorliegende Untersuchung die deutschsprachige Bevölkerung Deutschlands ab 16 Jahren; vgl. aber Tabelle 3.3) entspricht. Gewichtungen korrigieren diese Verzerrungen von Stichproben mit dem Ziel, dass sich die Stichprobe hinsichtlich ausgewählter Kriterien genauso zusammensetzt wie die Gesamtpopulation, aus der die Stichprobe gezogen wurde. Die Korrektur von Stichprobenfehlern konzentriert sich in der Praxis auf soziodemografische Variablen, da diese für die Gesamtpopulation exakt zu bestimmen sind (siehe 1.7 Repräsentativität).

In der vorliegenden Untersuchung wird die Stichprobe mittels Gewichtung unter Einbeziehung von Geschlecht, Alter, Bildung und Ortsgröße korrigiert (vgl. Abschnitt 3). Dazu gehen die Angaben jedes einzelnen Befragten entsprechend seiner sozialstrukturellen Merkmale mit einer spezifischen Gewichtungsgröße in die Analysen ein. Durch Gewichtungen soll vermieden werden, dass Unter- und Überrepräsentationen von sozialstrukturellen Gruppen unter den Befragten zu verzerrten Befragungsergebnissen führen.

Einschränkend ist zu berücksichtigen, dass die Verteilung der außen- und sicherheitspolitischen Einstellungen, die im Mittelpunkt der Bevölkerungsbefragung 2020 stehen, zumeist nicht bekannt ist und daher auch nicht durch Gewichtungen korrigiert werden kann. Dennoch beeinflusst der Einsatz von Gewichten auf der Basis von soziodemografischen Merkmalen die Verteilung der anderen, nicht in die Berechnung der Gewichtungsfaktoren eingehenden Variablen (etwa die Verteilung von Einstellungsvariablen).

2. Messung und Datenmodifikation

2.1 Reliabilität

Reliabilität ist ein Gütekriterium für Messverfahren in den Sozialwissenschaften. Reliabel sind wissenschaftliche Instrumente und Skalen, wenn ihre Messergebnisse reproduzierbar sind, d.h., sie zeigen bei wiederholten Messungen unter den gleichen Bedingungen dasselbe Ergebnis. Reliabilität ist ein zentrales Kriterium für die Zuverlässigkeit einer Messung. Eine in der Literatur übliche und in diesem Forschungsbericht wiederholt verwendete Kennzahl zur Bestimmung der Reliabilität ist Cronbachs alpha.

Cronbachs alpha

Cronbachs alpha ist ein in den Sozialwissenschaften üblicher Indikator, um die Reliabilität einer Skala auszuweisen. Cronbachs alpha bestimmt die interne Konsistenz einer Skala und berechnet, inwieweit die Variablen einer Skala miteinander zusammenhängen. Bei der Verwendung von Cronbachs alpha wird stets von einer eindimensionalen Struktur der Skala ausgegangen. Im Gegensatz hierzu bestimmen Faktorenanalysen (siehe 3.4 Eintrag Faktorenanalyse) empirisch, welche Dimensionalität eine Skala aufweist, d.h., es werden unter Umständen mehrere Dimensionen ermittelt. Cronbachs alpha kann Werte zwischen minus unendlich und 1 annehmen. In der Literatur hat sich als Konvention etabliert, dass ein Cronbachs alpha zwischen 0,6 oder 0,7 auf eine ausreichende Reliabilität einer Skala verweist. Werte größer als 0,8 zeigen eine hohe, Werte größer als 0,9 eine sehr hohe Reliabilität an. Skalen mit einem Cronbachs alpha kleiner als 0,6 gelten als wenig reliabel. Ihre Verwendung – wie etwa bei der Skala zu den außen- und sicherheitspolitischen Grundorientierungen (vgl. Abschnitt 5) – sollte nur bei theoretisch zwingenden Argumenten oder zu Vergleichszwecken mit anderen Erhebungen erfolgen. Bei der Einordnung von Cronbachs alpha ist zu berücksichtigen, dass diese Kennzahl abhängig von der Anzahl der berücksichtigten Variablen ist. Je mehr Variablen in eine Skala eingehen, desto höher ist – bei sonst gleichen Bedingungen – der Wert von Cronbachs alpha.

2.2 Kodierung

Unter Kodierung ist die Zuweisung von Angaben und Antworten der Befragten zu bestimmten Variablenwerten zu verstehen (siehe 3.1 Skalenniveau). In der Praxis werden qualitative Angaben, etwa das Geschlecht oder der Bildungsgrad der Befragten ebenso wie deren Haltungen und Einstellungen, in quantitative Angaben überführt. Als Beispiele: Aus der Angabe des Geschlechts der Befragten wird im Datensatz die Variable *Geschlecht* mit den Ausprägungen *0 = Mann* und *1 = Frau*. Personen mit der Angabe „divers“ werden aus den Analysen ausgeschlossen, weil im Datensatz nur zwei Personen mit diesem Merkmal enthalten sind. Ebenso werden aus der persönlichen Haltung zur Bundeswehr, die auf einer sechsstufigen Skala von sehr positiv bis zu sehr negativ reichen kann, die Ausprägungen: 1 = sehr positiv, 2 = positiv, 3 = eher positiv, 4 = eher negativ, 5 = negativ und 6 = sehr negativ. Diese Angaben werden zur besseren statistischen Handhabung und zur weiteren Vereinheitlichung über verschiedene Variablen hinweg in folgende Werte rekodiert: 1 = sehr positiv, 0,8 = positiv, 0,6 = eher positiv, 0,4 = eher negativ, 0,2 = negativ und 0 = sehr negativ. Diese Transformationen von Inhalten zu Zahlen sind Voraussetzung, um statistische Auswertungen durchzuführen.

Für die Auswertungen in diesem Forschungsbericht sind vielfältige Kodierungen durchgeführt worden. In Kurzform finden sich Angaben zur Kodierung in der Regel in den Anmerkungen unter den jeweiligen Tabellen. Im Forschungsbericht werden wiederholt Vergleiche zwischen den Haltungen verschiedener soziodemografischer Gruppen bzw. nach der Wahlabsicht der Befragten durchgeführt (etwa in den Tabellen 4.1 und 6.1). Die diesen Auswertungen zugrunde liegenden Kodierungen werden nachstehend detailliert dokumentiert:

Geschlecht: Interviewerangabe zum Befragten: 0: Männer, 1: Frauen. Personen mit der Angabe „divers“ werden aus den Analysen ausgeschlossen, weil im Datensatz nur zwei Personen mit diesem Merkmal enthalten und substanzielle Analysen so nicht möglich sind.

Bildungsniveau: Frage: Welchen höchsten Bildungsabschluss haben Sie oder streben Sie an? 1: Hauptschulabschluss (Volksschulabschluss) oder Abschluss polytechnische Oberschule 8. oder 9. Klasse, 2: Mittlere Reife, Realschulabschluss, Fachschulreife oder Abschluss polytechnische Oberschule 10. Klasse, 3: Fachhochschulreife, Abschluss einer Fachoberschule, 4: Abitur (INT.: allgemeine oder fachgebundene Hochschulreife), 5: Hochschul- oder Fachhochschulabschluss, 6: Einen anderen Schulabschluss und zwar: *OFFEN, 7: noch Schüler, 97: keinen Abschluss, 98: Weiß nicht, 99: Keine Antwort.

Rekodierung: Hauptschulabschluss: Ausprägungen 1 und 97 zusammengefasst, Realschulabschluss: Ausprägung 2, Hochschul- bzw. Fachhochschulreife: Ausprägungen 3 bis 5 zusammengefasst, alle anderen Ausprägungen wurden als fehlende Werte definiert.

Alter: Frage: Bitte sagen Sie mir, wie alt Sie sind.

Rekodierung: 1: 16 bis 29 Jahre, 2: 30 bis 49 Jahre, 3: 50 bis 69 Jahre, 4: 70 Jahre und älter.

Haushaltsnettoeinkommen pro Monat: Frage: Wie hoch ist etwa das monatliche Netto-Einkommen, das Sie alle zusammen im Haushalt haben, nach Abzug von Steuern und der Sozialversicherung? Alle Einnahmequellen zusammen genommen: In welche der folgenden Netto-Einkommensgruppen fällt dann Ihr Haushalt? 1: unter 500 Euro, 2: 501 – 1.000 Euro, 3: 1.001 – 2.000 Euro, 4: 2.001 – 3.000 Euro, 5: 3.001 – 4.000 Euro, 6: 4.001 – 5.000 Euro, 7: 5.001 oder mehr, 99: Keine Antwort.

Rekodierung: Bis 2.000 Euro: Ausprägungen 1 bis 3 zusammengefasst, 2.001 bis 4.000 Euro: Ausprägungen 4 und 5 zusammengefasst, 4.001 Euro und mehr: Ausprägungen 6 und 7 zusammengefasst, alle anderen Ausprägungen wurden als fehlende Werte definiert.

Wahlabsicht: Frage: Wenn am nächsten Sonntag Bundestagswahl wäre, welche der folgenden Parteien würden Sie dann wählen? 1: CDU/CSU, 2: SPD, 3: Bündnis 90/Die Grünen, 4: Die Linke, 5: FDP, 6: AfD, 7: Andere Partei und zwar, 8: Keine Partei, würde nicht wählen gehen, 97: Nicht wahlberechtigt, 98: Weiß nicht, 99: Keine Antwort.

Rekodierung: Keine Parteipräferenz, Nichtwähler: Ausprägungen 8 sowie 97 bis 99 zusammengefasst, die Ausprägungen für CDU/CSU, SPD, Bündnis 90/Die Grünen, Die Linke, FDP, AfD und andere Partei wurden beibehalten. Die Ausprägung „Andere Partei“ wird in der Regel nicht separat in den Tabellen des Forschungsberichts ausgewiesen.

Region: Interviewerangabe zum Bundesland der Befragten: 1: Schleswig-Holstein, 2: Hamburg, 3: Niedersachsen, 4: Bremen, 5: Nordrhein-Westfalen, 6: Hessen, 7: Rheinland-Pfalz, 8: Baden-Württemberg, 9: Bayern, 10: Saarland, 11: Berlin, 12: Brandenburg, 13: Mecklenburg-Vorpommern, 14: Sachsen, 15: Sachsen-Anhalt, 16: Thüringen.

Rekodierung: Norddeutschland: Ausprägungen 1 bis 4 zusammengefasst, Ostdeutschland: Ausprägungen 11 bis 16 zusammengefasst, Süddeutschland: Ausprägungen 8 und 9 zusammengefasst, Westdeutschland: Ausprägungen 5 bis 7 sowie 10 zusammengefasst.

Migrationshintergrund: Frage S20: Sind Sie im Gebiet des heutigen Deutschland geboren? (Intervieweranweisung: ES IST DEUTSCHLAND IN DEN GRENZEN VON 1990 GEMEINT. IST JEMAND AUF EHEMALIGEM DEUTSCHEM GEBIET GEBOREN, Z.B. IN SCHLESIEN ODER OSTPREUSSEN, BEDEUTET DAS „NEIN, IM AUSLAND“) 1: Ja, im Gebiet des heutigen Deutschland, 2: Nein, im Ausland, 98: Weiß nicht, 99: Keine Antwort.

Frage S21: **Filter: WENN S20 = 2 (wenn im Ausland). Bitte sagen Sie mir, wo Sie geboren wurden. 1: frühere deutsche Ostgebiete (z.B. Schlesien, Pommern, Ostpreußen), 2: Türkei, 3: Polen, 4: Italien, 5: Rumänien, 6: Griechenland, 7: Russland, Russische Föderation, ehemalige Sowjetunion (UdSSR), 8: Kroatien, Serbien, Bosnien und Herzegowina, Kosovo, ehemaliges Jugoslawien, 9: Österreich, 10: Schweiz, 11: Frankreich, 12: USA, 13: Anderes Land, und zwar _____, 98: Weiß nicht, 99: Keine Antwort.

Frage S22: Wurden Ihre Eltern im Gebiet des heutigen Deutschland geboren? (Intervieweranweisung: ES IST DEUTSCHLAND IN DEN GRENZEN VON 1990 GEMEINT. IST JEMAND AUF EHEMALIGEM DEUTSCHEM GEBIET GEBOREN, Z.B. IN SCHLESIEN ODER OSTPREUSSEN, BEDEUTET DAS „NEIN, IM AUSLAND“.) 1: Ja, im Gebiet des heutigen Deutschland, 2: Nein, Mutter im Ausland geboren, 3: Nein, Vater im Ausland geboren, 4: Nein, Mutter und Vater im Ausland geboren, 98: Weiß nicht, 99: Keine Antwort.

Frage S23: **Filter: WENN S22 = 2, 4 (wenn im Ausland). Bitte sagen Sie mir, wo Ihre Mutter geboren wurde. Länderliste wie bei S15.

Frage S24: **Filter: WENN S22 = 3, 4 (wenn im Ausland). Bitte sagen Sie mir, wo Ihr Vater geboren wurde. Länderliste wie bei S15.

Rekodierung: Migrationshintergrund: 1: Wenn S20 gleich 2 und S21 ungleich 1 und S22 ungleich 1. Wenn S22 ungleich 1 und S23 ungleich 1. Wenn S22 ungleich 1 und S24 ungleich 1. 0: alle anderen Befragten. Das heißt, Befragte, die im Ausland (Ausnahme: deutsche Ostgebiete) geboren sind oder bei denen mindestens ein Elternteil im Ausland (Ausnahme: deutsche Ostgebiete) geboren ist, haben einen Migrationshintergrund.

3. Methoden der Datenauswertung

3.1 Skalenniveau

Das Skalenniveau ist eine Eigenschaft einer Variablen und beschreibt ihren Informationsgehalt. Bei einer Messung werden Zahlen zu Objekten auf der Grundlage von verschiedenen mathematischen Merkmalen zugeordnet. In der vorliegenden Befragung wurde bspw. die Variable Geschlecht mit den Ausprägungen „männlich“, „weiblich“ und „divers“ gemessen. Allen befragten Männern wurde dabei die Zahl „0“ zugeordnet, die befragten Frauen wurden mit „1“ kodiert, Personen mit der Angabe „divers“ wurden aus den Analysen ausgeschlossen, da nur zwei Personen mit dieser Angabe im Datensatz enthalten waren. Die zugeordneten Zahlenwerte haben dabei keine empirische Bedeutung und dienen nur der Unterscheidung der Befragten in Gruppen. Je nach Skalenniveau der gemessenen Variablen sind unterschiedliche Rechenoperationen für die Messung und die Datenanalyse zulässig (siehe 3.2 univariate Maßzahlen, 3.3 bivariate Zusammenhangsmaße und Verfahren sowie 3.4 multivariate Verfahren).

Nominalskalen

Das niedrigste Messniveau haben nominale Daten. Beim Messen werden den Objekten (in der Bevölkerungsbefragung 2020: Befragte) Zahlen (im Interview: Merkmalsausprägungen) zugeordnet. Für die unterschiedlichen Merkmalsausprägungen werden dabei beliebige, voneinander verschiedene Zahlen verwendet. Teilt man die Befragten – wie im vorliegenden Bericht – nach ihrem Geschlecht auf, so erhalten alle Männer eine „0“, alle Frauen hingegen eine „1“. Diese numerischen Skalenwerte können nur nach Kategorien unterschieden (gleich/ungleich), nicht aber in eine bestimmte Rangfolge gebracht werden. Beispiele für nominalskalierte Merkmale, die in der Befragung erhoben wurden, sind Nationalität, Wohnort oder Parteipräferenz. Für diese Variablen können Häufigkeitsverteilungen berichtet werden. In der gewichteten Stichprobe dieser Umfrage sind z.B. 49 Prozent der Befragten männlich und 51 Prozent weiblich (vgl. Tabelle 3.3).

Ordinalskalen

Im Vergleich zu nominalen Daten besitzen ordinale Daten ein höheres Skalenniveau. Wie bei der Nominalskala können Objekte kategorisiert werden. Zusätzlich können diese Kategorien oder Merkmalsausprägungen in einer Rangfolge geordnet werden. Die Abstände zwischen den Kategorien sind jedoch nicht gleich, daher kann man nur „Größer-kleiner“- bzw. „Besser-schlechter“-Aussagen über die Merkmalswerte treffen. Beispiele für Merkmale mit ordinalem Skalenniveau aus dem vorliegenden Bericht sind der Schulabschluss und das (klassiert abgefragte) Einkommen der Befragten. Strenggenommen besitzen die meisten in dieser Umfrage gemessenen verteidigungs- und sicherheitspolitischen Einstellungen, wie z.B. das Sicherheitsempfinden, die Einstellung zum außen- und sicherheitspolitischen Engagement Deutschlands oder die Einstellung zur Bundeswehr ordinales Skalenniveau, da sie mit einer Antwortskala mit mehreren vollständig gelabelten Antwortmöglichkeiten gemessen wurden (sogenannte Likert-Skala). In der Forschungspraxis werden solche und andere ordinale Einstellungsvariablen allerdings meist als metrische oder quasi-metrische Merkmale verwendet. Dementsprechend können dann statistische Verfahren für dieses höhere Skalenniveau verwendet werden. So wurde bspw. für das Sicherheitsempfinden der Befragten das arithmetische Mittel gebildet, um mithilfe statistischer Tests (Mittelwerttest und Varianzanalyse) das Sicherheitsgefühl zwischen verschiedenen Gruppen vergleichen (vgl. Tabelle 4.1) oder aber mit multivariaten Verfahren erklären zu können (vgl. Tabellen 4.5 und 4.7).

Metrische Skalen

Metrische Daten haben das höchste Skalenniveau, wobei hier nach Verhältnis-, Intervall- und Absolutskala unterschieden wird. Bei Intervallskalen können Objekte, ebenso wie bei ordinalen Daten, kategorisiert und geordnet werden. Darüber hinaus sind die Abstände der Merkmalsausprägungen (Intervalle) gleich groß. Ein Beispiel für ein Intervallskalenniveau ist die Messung der Temperatur (in Grad Celsius). Im Kontrast dazu besitzt eine Verhältnisskala zusätzlich einen natürlichen Nullpunkt (gleichbedeutend mit der Abwesenheit des Merkmals), der es erlaubt, Aussagen über Größenverhältnisse bzw. Differenzen zu treffen. So kann der Umsatz eines Geschäfts beispielsweise doppelt so groß sein wie der Umsatz des Nachbarladens. Andere Beispiele einer Verhältnisskala sind Länge, Gewicht, Sehvermögen, Einkommen (nicht wie im vorliegenden Bericht in Klassen gemessen) oder das in der Befragung erfasste Alter der Befragten in Jahren. Haben die Merkmale zusätzlich eine natürliche Maßeinheit, wie beispielsweise die Anzahl von Kindern, so spricht man von einer Absolutskala.

3.2 Univariate Maßzahlen

Univariate Maßzahlen beziehen sich immer nur auf eine Variable bzw. ein Merkmal. Sie beschreiben die zentrale Lage (z.B. Mittelwert) oder die Streuung (z.B. Varianz bzw. Standardabweichung) einer Merkmalsverteilung in der Stichprobe. Neben dieser reinen Beschreibung der Daten (deskriptive Statistik) lassen andere univariate Kennzahlen wie der Standardfehler (Güte der Schätzung des Mittelwertes) und Konfidenzintervalle (Bereich von möglichen wahren Mittelwerten der Grundgesamtheit) zusätzlich Aussagen über die Grundgesamtheit zu (Inferenzstatistik).

Lage- und Streuungsmaße

Je nach Skalenniveau (siehe 3.1 Skalenniveau) der Daten können unterschiedliche Lage- und Streuungsmaße verwendet werden.

Modus

Der Modus oder Modalwert ist der häufigste Wert bzw. die am häufigsten vorkommende Ausprägung eines Merkmals in einer Stichprobe. Die Anwendung des Modus ist ab nominalem Skalenniveau, also für alle Arten von empirischen Variablen, möglich. Da der Modus nur die häufigste Merkmalsausprägung ist, wird er nicht von ungewöhnlichen Werten in der Stichprobe (Ausreißer oder Extremwerte) beeinflusst bzw. verzerrt. Der Diversitätsindex als Streuungsmaß für nominale Daten beschreibt, wie stark sich die Objekte (bei der Bevölkerungsbefragung 2020 die Befragten der Stichprobe) auf die Merkmalsausprägungen verteilen.

Median

Beim Median, auch Zentralwert genannt, werden die Daten der Rangfolge nach geordnet und die so erzeugte Datenreihe in der Mitte geteilt. 50 Prozent der Messwerte liegen dann über und 50 Prozent unter dem mittleren Messwert, dem Median. Bei einer geraden Anzahl von Objekten (Befragten) wird der Mittelwert aus den beiden Datenpunkten gebildet, die in der Mitte liegen. Durch diese Art der Berechnung ist der Median wenig von Ausreißern und Extremwerten beeinflusst. Er kann für Daten ab ordinalem Skalenniveau verwendet werden. Die Streuung von ordinalen Daten kann durch Ranginformationen, wie die Spannweite oder den Quartilsabstand, aufgezeigt werden. Der Quartilsabstand beschreibt die Differenz zwischen dem ersten Quartil (25 Prozent der Messwerte sind kleiner) und dem dritten Quartil (75 Prozent der Messwerte sind kleiner).

Arithmetisches Mittel/Mittelwert

Das arithmetische Mittel (meist einfach Mittelwert ($\bar{x}$) genannt) sollte strenggenommen nur bei metrischem Skalenniveau berechnet werden. Dabei wird die Summe der beobachteten Ausprägungen eines Merkmals (x_i) durch die Anzahl der Beobachtungen (n) geteilt (umgangssprachlich: Durchschnitt). Da alle Messwerte in die Berechnung für das arithmetische Mittel einfließen, können Ausreißer und Extremwerte den Mittelwert verzerren. Daher ist es wichtig, neben dem Mittelwert auch die Streuung der Werte in der Stichprobe, also die Stichprobenverteilung, zu berücksichtigen (siehe Eintrag Standardabweichung).

Die Formel für die Berechnung des Mittelwerts lautet:

$$\bar{x} = \frac{1}{n}\sum_{i=1}^{n} x_i$$

Standardabweichung

Die üblichsten Maße, um die Streuung von metrischen Daten zu bestimmen, sind die Varianz und die Standardabweichung (s). Berechnet wird die Varianz, indem die Summe der quadrierten Abweichungen der beobachteten Werte (x_i) vom arithmetischen Mittel ($\bar{x}$) durch die Anzahl der Beobachtungen (n) dividiert wird. Da die Varianz nicht entsprechend der Maßeinheit des gemessenen Merkmals interpretiert werden kann, wird die Quadratwurzel aus ihr gezogen. Im Ergebnis erhält man die Standardabweichung, welche die Streuung der Werte in der tatsächlichen Maßeinheit beschreibt. Die Formel für die Berechnung der Standardabweichung lautet:

$$s = \sqrt{\frac{1}{n}\sum_{i=1}^{n}(x_i - \bar{x})^2}$$

3.3 Bivariate Zusammenhangsmaße und Verfahren

Bivariate Maße beschreiben bzw. testen den Zusammenhang zwischen zwei Merkmalen. Basierend auf theoretischen Annahmen kann bei bivariaten Koeffizienten kausal zwischen der abhängigen (AV) und unabhängigen Variable (UV) unterschieden werden. Angenommen wird dabei, dass die UV auf die AV wirkt.

Chi-Quadrat (χ^2)

Chi-Quadrat gehört zu den nominalskalierten Zusammenhangs- bzw. Assoziationsmaßen und bildet die Basis für andere nominalskalierte Maße. Mit dem Chi-Quadrat-Test nach Pearson wird die stochastische Unabhängigkeit von zwei nominalskalierten empirischen Merkmalen geprüft (Unabhängigkeits-Test). Dabei wird die Abweichung der beobachteten Zellhäufigkeiten (Merkmalskombinationen) in einer Kreuztabelle (Kontingenztafel) von den bei statistischer Unabhängigkeit der Merkmale zu erwartenden Zellhäufigkeiten verglichen. Chi-Quadrat testet die Annahme, dass es keinen Zusammenhang zwischen den beiden Merkmalen in der Grundgesamtheit gibt (Nullhypothese). Die Alternativhypothese geht davon aus, dass ein Zusammenhang besteht, d.h., dass Gruppenunterschiede oder Zusammenhänge in der Grundgesamtheit bestehen. Ist der Chi-Quadrat-Wert statistisch signifikant, dann kann die Nullhypothese mit einer gewissen Irrtumswahrscheinlichkeit (meist 5%) verworfen werden. Chi-Quadrat ist allerdings stark abhängig von der Fallzahl (n) der Stichprobe und hat einen Wertebereich von [0; n]. Demnach kann statistisch nur ermittelt werden, ob ein Zusammenhang zweier Merkmale besteht, nicht aber, wie stark dieser ist. Darüber hinaus sind keine Aussagen über die Richtung des Zusammenhangs (positiv oder negativ) oder über die kausale Beziehung (UV, AV) der beiden untersuchten Merkmale möglich.

Korrelationskoeffizient r

Der Korrelationskoeffizient von Bravais-Pearson zeigt die Stärke eines linearen Zusammenhangs zwischen zwei metrischen Variablen. Er kann nur für metrische Variablen verwendet werden, die normalverteilt (Wahrscheinlichkeitsverteilung) sind. Der Wertebereich des Korrelationskoeffizienten liegt bei [-1; +1], wobei -1 eine perfekt negative lineare Korrelation und +1 eine perfekt positive lineare Korrelation zeigt. Bei einem positiven Zusammenhang gehen höhere Werte der einen Variable (X) mit höheren Werten der anderen Variable (Y) einher. So zeigt sich in den verwendeten Befragungsdaten z.B. mit einem r von 0,77 ein starker positiver Zusammenhang zwischen der Einstellung der Befragten zu den Verteidigungsausgaben und zum Personalumfang der Streitkräfte (vgl. Abschnitt 11). Die Zusammenhänge zwischen zwei Variablen können allerdings auch nicht-linear, beispielsweise exponentiell oder u-förmig sein. Daher bedeutet ein Korrelationskoeffizient um null nicht automatisch, dass kein Zusammenhang zwischen den beiden Merkmalen besteht. Darüber hinaus können Ausreißer und Extremwerte den Korrelationskoeffizienten beeinflussen. Daher sollte man immer auch das Streudiagramm, also die grafische Darstellung der Messwertepaare überprüfen. Der Korrelationskoeffizient erlaubt nur Aussagen über einen möglichen Zusammenhang der betrachteten Variablen, nicht aber über eine kausale Beziehung.

Mittelwerttest

In der Inferenzstatistik gibt es verschiedene Arten von Mittelwerttests. Der Einstichproben-t-Test untersucht, ob die Schätzung des Mittelwertes der Stichprobe mit einer bestimmten Irrtumswahrscheinlichkeit auch für die Grundgesamtheit gilt. Der Mittelwerttest für zwei Stichproben untersucht Unterschiede bzw. Beziehungen zwischen zwei unabhängigen (t-Test bei unabhängigen Stichproben) bzw. abhängigen (t-Test bei abhängigen Stichproben) Gruppen. Dabei wird getestet, ob sich die Mittelwerte zwischen unterschiedlichen Gruppen bzw. zwischen zwei unterschiedlichen Zeitpunkten (beispielsweise nach einem Ereignis oder einer Maßnahme) unterscheiden. Mittelwerttests können nur für metrische, normalverteilte Daten verwendet werden. Möchte man Mittelwerte zwischen mehr als zwei Gruppen vergleichen, kann man Varianzanalysen (siehe 3.4 Eintrag Varianzanalyse) durchführen. Im vorliegenden Bericht werden t-Tests bei unabhängigen Stichproben bzw. Varianzanalysen zum Beispiel verwendet, um Einstellungen oder Wahrnehmungen der Befragten nach soziodemografischen Gruppen vergleichen zu können (vgl. z.B. Tabelle 9.1).

3.4 Multivariate Verfahren

Varianzanalyse

Die Varianzanalyse ist im Grunde eine Erweiterung des Mittelwerttests (siehe 3.3 Eintrag Mittelwerttest). Im Gegensatz zum Mittelwerttest können hier die Mittelwerte von zwei und mehr Gruppen miteinander verglichen werden. Zudem kann der Einfluss nur einer Gruppenvariable (einfaktorielle Varianzanalyse) oder der gleichzeitige Effekt mehrerer Gruppenvariablen (mehrfaktorielle Varianzanalyse) untersucht werden. Für die Gruppenvariable genügt nominales Skalenniveau, für die Variable, deren Mittelwerte analysiert werden sollen, wird metrisches Skalenniveau vorausgesetzt. Die Nullhypothese der Varianzanalyse geht davon aus, dass es keine Mittelwertunterschiede zwischen den betrachteten Gruppen gibt. Kann die Nullhypothese verworfen werden, gibt es Mittelwertunterschiede zwischen einer und mindestens einer anderen Gruppe. Welche Gruppen sich genau in ihrem Mittelwert unterscheiden, kann erst mithilfe sogenannter Post-hoc-Vergleiche (z.B. einem Scheffé-Test) ermittelt werden. Mit diesem Verfahren werden die Mittelwerte aller Gruppen miteinander verglichen und getestet, ob sie sich unterscheiden. Ein Beispiel für die in diesem Forschungsbericht einzig verwendeten einfaktoriellen Varianzanalysen findet sich in Tabelle 9.1. Die Stärke des Einflusses der Gruppenzugehörigkeit auf die Ausprägung der abhängigen Variablen mit den Maßen eta oder eta^2 wird bei den vorliegenden Analysen nicht betrachtet.

Lineare Regression

Die lineare Regression ist ein Verfahren zur Erklärung von Zusammenhängen zwischen einer (einfache oder bivariate Regression) oder mehreren unabhängigen Variablen (multivariate Regression) und einer abhängigen Variable. Für ihre Anwendung sollte man vorab theoretische Erwartungen zu kausalen Wirkungsmechanismen haben. Für die unabhängigen Variablen spielt das Skalenniveau keine Rolle, die abhängige Variable sollte metrisches Skalenniveau haben. Das Verfahren testet, inwiefern es einen linearen Einfluss der unabhängigen Variablen auf die abhängige Variable gibt. So werden beispielsweise in Tabelle 12.2 die Determinanten von Einstellungen zu verschiedenen Aufgaben der Bundeswehr analysiert.

Zentraler Bestandteil von Regressionsanalysen sind Regressionskoeffizienten für jede einzelne im Modell berücksichtigte unabhängige Variable. Diese Koeffizienten geben an, ob und wenn ja, wie stark und in welcher Weise sich ein Erklärungsfaktor auf die abhängige Variable auswirkt. Aufgrund des Tests von linearen Zusammenhängen kann man für den Einfluss der unabhängigen Variablen auf die abhängige Variable ab mindestens ordinalem Skalenniveau „Je-desto-Aussagen" aufstellen. Ergibt sich ein statistisch signifikanter negativer Effekt für eine unabhängige Variable, bedeutet dies, dass die abhängige Variable kleiner wird, wenn die unabhängige Variable zunimmt. In Tabelle 12.2 trifft dies etwa für den Einfluss der weltweiten Sicherheitsbewertung auf die Einstellung zur Übernahme der Aufgabe Landesverteidigung durch die Bundeswehr als abhängige Variable zu: Fühlt sich jemand unsicherer, befürwortet er den Einsatz der Bundeswehr zur Landesverteidigung stärker. Im Falle eines statistisch signifikanten positiven Effekts einer unabhängigen Variablen gibt es einen gleichgerichteten Effekt, d.h. nimmt die unabhängige Variable zu, nimmt auch die abhängige Variable zu. In Tabelle 12.2 gilt dies beispielsweise für die Leistungsbewertung von bisherigen Bundeswehreinsätzen im Ausland. Bewertet jemand die Leistungen der Bundeswehr positiver, ist er auch stärker für den zukünftigen Einsatz der Streitkräfte für die verschiedenen Aufgaben. Ist die unabhängige Variable nicht ordinal oder metrisch, sondern nominal, erfolgt in der Regel eine Dichotomisierung, d.h. es werden Variablen gebildet, die angeben, ob ein bestimmtes Merkmal bei einem Befragten vorliegt oder nicht, wie bei den Wahlabsichtsvariablen oder Bildungsvariablen in Tabelle 12.2. So kann der Effekt des Vorliegens oder Nicht-Vorliegens eines Merkmals getestet werden. Der negative Koeffizient für Personen mit einer Wahlabsicht für Die Linke im Modell zur Erklärung der Einstellung gegenüber Hilfseinsätzen durch die Bundeswehr in Tabelle 12.2 bedeutet daher, dass Befragte dieser Gruppe den Einsatz der Bundeswehr für diese Aufgabe weniger befürworten als Befragte ohne Wahlabsicht für eine Partei, die in diesen Analysen als Referenzgruppe dienen.

Neben der statistischen Signifikanz und der Richtung eines Zusammenhangs ist auch die Stärke eines Effekts von Bedeutung für die Interpretation. Bei linearen Regressionen wird zwischen nicht-standardisierten und standardisierten Effekten unterschieden. Beide geben an, um welchen Wert sich die abhängige Variable verändert, wenn man die unabhängige Variable um eine Einheit oder einen Skalenpunkt variiert bzw. das Merkmal vorliegt. Nicht-standardisierte Effekte können nicht zwischen den einzelnen unabhängigen Variablen verglichen werden, da sie in der Regel weder die gleiche Maßeinheit haben noch mit einem identischen Instrument erhoben wurden. Vergleichbar sind hingegen die standardisierten Koeffizienten, bei denen die Maßeinheit herausgerechnet und die unabhängigen Variablen durch eine Verrechnung mit dem jeweiligen Mittelwert und der Standardabweichung standardisiert werden. Aufgrund der Vergleichbarkeit über Variablen und Modelle hinweg werden bei den Analysen der Bevölkerungsbefragung 2020 vor allem standardisierte Koeffizienten berichtet und interpretiert (vgl. z.B. Tabelle 12.2).

Bezogen auf das gesamte Modell versucht die lineare Regression mithilfe der Streuung oder Variation der unabhängigen Variablen die Streuung der abhängigen Variablen (um den Mittelwert) zu erklären. Ein Maß für die Güte dieser Erklärungsleistung ist R^2. Dieses Maß nimmt einen Wertebereich zwischen 0 und 1 an. 0 bedeutet, dass die Streuung der abhängigen Variablen nicht durch die ins Modell aufgenommenen unabhängigen Variablen erklärt werden kann – es besteht kein (linearer) Zusammenhang. 1 bedeutet, dass die Streuung der abhängigen Variablen vollständig erklärt werden kann und somit ein perfekter linearer Zusammenhang besteht. Da R^2 von der Zahl der unabhängigen Variablen und vom Stichprobenumfang beeinflusst wird, werden diese beiden Aspekte bei multivariaten Regressionen berücksichtigt und korrigiert, daher wird in den Analysen dieses Berichts, z.B. in Tabelle 12.2, das korrigierte R^2 ausgewiesen.

Die lineare Regressionsanalyse ist sehr robust gegenüber Verletzungen der Anwendungsvoraussetzungen (Skalenniveau, Additivität, Linearität, Abwesenheit perfekter Multikollinearität und Zahl der unabhängigen Variablen sowie Struktur der Residuen), zum Beispiel beim Skalenniveau der unabhängigen wie abhängigen Variable(n). Daher werden in diesem Forschungsbericht alle Merkmale mit mindestens fünf Ausprägungen als quasimetrische Merkmale betrachtet und lineare Regressionsanalysen berechnet. Bei vier oder weniger Ausprägungen werden stattdessen logistische Regressionsanalysen verwendet.

Logistische Regression

Die logistische Regression ist ein Verfahren zur Erklärung von Zusammenhängen zwischen einer (einfache oder bivariate logistische Regression) oder mehreren unabhängigen Variablen (multivariate logistische Regression) und einer abhängigen Variable. Genauso wie bei der linearen Regression sind vor Anwendung des Verfahrens theoretische Erwartungen zu Wirkungsmechanismen zu formulieren. Die abhängige Variable in der logistischen Regression ist eine nominale Variable. Im Fall der binär-logistischen Regression, die für die Analysen der Bevölkerungsbefragung 2020 verwendet wird (vgl. z.B. Tabelle 10.6), ist die abhängige Variable dichotom, d.h. sie hat nur zwei Ausprägungen. In der Regel geht es bei dem Verfahren darum zu erklären, unter welchen Bedingungen eine Eigenschaft vorliegt bzw. ein Ereignis eintritt oder nicht (Beispiele: krank zu sein, sich an einer Wahl zu beteiligen oder die Bundeswehr als attraktiven Arbeitgeber zu bewerten, Letzteres vgl. Tabelle 10.6). Die unabhängigen Variablen können ein beliebiges Skalenniveau aufweisen.

Das Verfahren ist notwendig, weil bei nominalen abhängigen Variablen wesentliche Anwendungsvoraussetzungen der linearen Regressionsanalyse verletzt sind. Vereinfacht gesagt schätzt das Verfahren nach (logistischer) Transformation der unabhängigen und abhängigen Variablen die Wahrscheinlichkeit dafür, dass das in der abhängigen Variable definierte Ereignis eintritt bzw. das Merkmal vorliegt. Dabei wird nicht wie in der linearen Regression ein linearer Zusammenhang zwischen unabhängiger und abhängiger Variable unterstellt, sondern ein logistischer (s-förmiger) Zusammenhang. Wegen des s-förmigen Verlaufs der vorhergesagten Kurve ist der Effekt der unabhängigen Variable auf die abhängige Variable nicht mehr konstant, sondern hängt vom Ausgangspunkt der Betrachtung ab: Bei Werten an den Enden der Kurve gibt es geringere Wahrscheinlichkeitsveränderungen für das Auftreten der abhängigen Variable als im mittleren Bereich.

Wie für die lineare Regression berechnen Statistikprogramme unterschiedliche Ergebniskoeffizienten. Dies sind Logit-(b) und Effektkoeffizienten (Exp(b)). Die Logitkoeffizienten geben an, in welchem Ausmaß sich die Logits der abhängigen Variable verändern, wenn man die unabhängige Variable um eine Einheit verändert. Da bei diesen Koeffizienten lediglich das Vorzeichen sinnvoll interpretiert werden kann (positiver, negativer oder gar kein Einfluss), werden in diesem Forschungsbericht die Effektkoeffizienten verwendet. Diese basieren auf den sogenannten Odds. Odds geben ein Wahrscheinlichkeitsverhältnis zwischen der Wahrscheinlichkeit für das Eintreten des Ereignisses (p) und der entsprechenden Gegenwahrscheinlichkeit (1-p) an. Sie werden mit der Formel (p/(1-p)) berechnet. Effektkoeffizienten bzw. Odds bieten Informationen darüber, inwiefern sich die Chancenverhältnisse verändern, wenn sich die unabhängige Variable um eine Einheit verändert. Werte größer 1 geben an, dass die Wahrscheinlichkeit für das Eintreten des Ereignisses bzw. für das Auftreten des Merkmals zunimmt (z.B. der Effekt der Einstellung zur Bundeswehr in Tabelle 10.6, Modell V). Werte kleiner 1 zeigen, dass sich die Wahrscheinlichkeit entsprechend verringert (z.B. der Effekt des Geschlechts in Tabelle 10.6, Modell I). Die entsprechenden Werte können als Wahrscheinlichkeitsveränderungen in Prozentpunkten interpretiert werden.

Wie bei linearen gibt es auch bei logistischen Regressionsanalysen Maße, die angeben, wie gut die unabhängigen Variablen die Ausprägungen der abhängigen Variablen insgesamt erklären, die sogenannten Pseudo-R^2-Maße. Da die abhängige Variable bei logistischen Regressionen 0/1-verteilt ist, können diese Maße nicht im Sinne einer Erklärung der Streuung der abhängigen Variablen interpretiert werden. Wohl aber gilt für die verschiedenen Pseudo-R^2-Maße ein identischer Wertebereich zwischen 0 und 1. Dabei bedeutet 0, dass die Variablen im Modell keine Erklärungskraft haben, während 1 dagegen eine vollständige Erklärungskraft bietet. Da die Formeln für die Berechnung unterschiedlicher Pseudo-R^2-Maße variieren, kann die Erklärungsleistung voneinander abweichen.

Das in diesem Forschungsbericht verwendete Nagelkerkes R^2 nimmt beispielsweise systematisch höhere Werte an.

Marginale Effekte/Durchschnittliche marginale Effekte

Der Begriff marginaler Effekt bezeichnet in multivariaten Verfahren wie der linearen oder der logistischen Regression (siehe die entsprechenden Einträge) den Effekt, den eine unabhängige Variable auf die abhängige Variable hat, wenn sie sich um eine Einheit ändert und die anderen Variablen im entsprechenden Modell konstant gehalten werden. Bei der linearen Regression sind die marginalen Effekte gleich den Regressionskoeffizienten und werden daher in der Regel nicht separat ausgewiesen.

Da in nichtlinearen Regressionsmodellen wie der logistischen Regression die marginalen Effekte nicht konstant sind und von den Ausprägungen der jeweiligen Variablen abhängen, werden für solche Verfahren üblicherweise durchschnittliche marginale Effekte berechnet. Sie geben den durchschnittlichen Einfluss einer unabhängigen Variablen auf die Wahrscheinlichkeit des Auftretens der abhängigen Variable in einer einzigen Kennziffer wieder. Für die Analysen in Tabelle 10.8 wurde ein Mittelweg zwischen beiden Verfahren gewählt, indem eine Wahrscheinlichkeitsdifferenz gebildet wurde. Die Werte in Tabelle 10.8 geben an, um wie viele Prozentpunkte sich die Wahrscheinlichkeit für das Eintreten der abhängigen Variable ändert, wenn die jeweilige Variable zwischen Mittelwert minus 2 Standardabweichungen und Mittelwert plus 2 Standardabweichungen variiert wird (metrische Variablen) bzw. das Merkmal vorliegt oder nicht vorliegt (dichotome Variablen). Die anderen Variablen werden auf den Modus (dichotome Variablen) oder Mittelwert gesetzt.

Faktorenanalyse

In Datensätzen und der sozialwissenschaftlichen Praxis gilt häufig, dass es mehrere Indikatoren bzw. Variablen gibt, um ein und dasselbe theoretische Konstrukt zu messen. So enthält die Bevölkerungsbefragung 2020 zahlreiche Fragen, welche die Haltung der Befragten zur Bundeswehr abbilden. Dazu gehören beispielsweise das Ansehen der Bundeswehr, die Einstellung zu den Streitkräften und das Vertrauen in die Bundeswehr (vgl. Abschnitt 8). Mithilfe der Faktorenanalyse kann geprüft werden, ob die genannten Indikatoren wirklich separate oder aber sehr ähnliche Aspekte messen. Ist Letzteres der Fall, kann die Anzahl der unabhängigen Variablen in einer multivariaten Analyse reduziert und die Modelle einfacher gehalten werden.

Grundsätzlich sind bei der Faktorenanalyse eine exploratorische bzw. explorative und eine konfirmatorische Vorgehensweise zu unterscheiden. Während im Rahmen der exploratorischen Verfahren das Statistikprogramm nach Anwendervorgaben und bestimmten Kriterien berechnet, wie viele Faktoren in einer festgelegten Menge an Variablen zu finden sind, überprüft die konfirmatorische Faktorenanalyse, ob sich eine theoretisch begründete Struktur in den Daten identifizieren lässt. Im Rahmen dieses Forschungsberichts werden lediglich explorative Faktorenanalysen verwendet (vgl. z.B. die Abschnitte 5, 8, 12 und 13).

Ein Faktor ist dabei eine lineare Kombination der einzelnen Beobachtungsvariablen. Er basiert auf einer Reihe von bivariaten Korrelationen. Dabei sollen die beobachteten Variablen, die zu einem theoretischen Konzept bzw. einem Faktor gehören, möglichst stark miteinander zusammenhängen – man spricht hier auch von einer „hohen Ladung" einer Variable auf einen Faktor. Mit anderen Faktoren bzw. Variablen, die stark mit anderen Faktoren korrelieren, sollte es möglichst gar keine Zusammenhänge geben. Synonyme für den Faktorenbegriff sind „latentes Konstrukt" bzw. „Dimension". Was ein Konstrukt genau misst, ergibt sich aus dem kleinsten gemeinsamen Nenner der Inhalte der für den Faktor relevanten Variablen. Die Benennung liegt dabei in der Verantwortung des Anwenders.

Für die Festlegung, wie viele Faktoren zur Beschreibung einer Korrelationsmatrix herangezogen werden sollen, gibt es formale wie theoretische Kriterien. Das Kaiser-Kriterium zielt auf den sogenannten Eigenwert eines Faktors ab. Der Eigenwert ist die Summe seiner quadrierten Faktorladungen über alle Variablen. Wird ein Wert von 1 überschritten, ist eine Extraktion sinnvoll, weil er ein ausreichendes Maß an Streuung erklären kann. Bei einem Wert unter 1 kann man auf den entsprechenden Faktor verzichten, weil er weniger Varianz erklären kann als ein Faktor, der extrahiert wird, wenn die Messzahlen untereinander überhaupt nicht zusammenhängen. Aus theoretischen Erwägungen kann es aber auch sinnvoll sein, auf die Extraktion oder Verwendung eines Faktors zu verzichten, wenn die Ladungsstrukturen der einzelnen Variablen nicht sinnvoll interpretierbar sind.

Aus diesen kurzen Ausführungen wird deutlich, dass Anwender der Faktorenanalyse eine recht anspruchsvolle Aufgabe übernehmen, denn im Laufe der Methode sind diverse Entscheidungen zu treffen, die das Ergebnis des Verfahrens beeinflussen können. Es ist deshalb wichtig, alle Schritte im Entscheidungsprozess zu dokumentieren und zu begründen. Die Dimensionen, die mithilfe von Faktorenanalysen gebildet werden, werden normalerweise in weitergehenden Analysen verwendet, z.B. als abhängige oder unabhängige Variable(n) in Regressionsanalysen (vgl. Abschnitt 13). Dabei ist zu entscheiden, ob man mit den berechneten Faktorwerten weiterarbeitet oder aber auf Basis der Ergebnisse Indizes bildet (vgl. die Abschnitte 8, 12 und 13).

Empfehlungen für weiterführende Literatur:

Baur, Nina/Blasius, Jörg (Hrsg.) (2014): Handbuch Methoden der empirischen Sozialforschung. Wiesbaden: Springer Fachmedien.

Diekmann, Andreas (2016): Empirische Sozialforschung. Grundlagen, Methoden, Anwendungen. Reinbek bei Hamburg: Rowohlt.

Schnell, Rainer/Hill, Paul B./Esser, Elke (2018): Methoden der empirischen Sozialforschung. München/Wien: Oldenbourg.

Wolf, Christof/Best, Henning (Hrsg.) (2010): Handbuch der sozialwissenschaftlichen Datenanalyse. Wiesbaden: VS Verlag für Sozialwissenschaften.